로마인 이야기

로마인 이야기 9
현제賢帝의 세기

시오노 나나미 지음·김석희 옮김

한길사

ROMA-JIN NO MONOGATARI IX

KENTEI NO SEIKI
by Nanami Shiono

Copyright © 2000 by Nanami Shiono

Original Japanese edition published by Shincho-sha Co., Ltd.
Korean translation rights arranged with Nanami Shiono.
through Japan Foreign-Rights Centre

Translated by Kim Seok-hee
Published by Hangilsa Publishing Co., Ltd., Korea, 2000

塩野七生, ローマ人の物語IX(賢帝の世紀), 新潮社, 2000

역사적 자료로서뿐 아니라 로마 조형예술의 걸작품이기도 한 '트라야누스 원기둥'(부분).
이 원기둥에 새겨진 '다키아 전쟁기'는 원기둥 아래쪽에서
위쪽으로 나선형으로 올라가면서 이야기가 전개되는데,
각 장면은 가느다란 나무로 구획되어 있다.

트라야누스 시장.
속주 출신으로 최초의 황제가 된 트라야누스는 대규모 토목공사를 벌이고
사회복지를 확대했는데, 이 시장도 그러한 정책의 일환이었다.

하드리아누스 황제.
광대한 로마 제국 전역을 순행하며 통치체제를 공고하게 재구축한
하드리아누스는 구레나룻을 기른 최초의 황제로 알려져 있는데,
오늘날 남아 있는 그의 초상들은 대부분 구레나룻을 기른 모습이다.

판테온(위). 원래는 아우구스투스의 오른팔인 아그리파가 세웠으나
후세의 우리가 보는 판테온은 하드리아누스 황제가 토대부터 다시 지은 것이다.
신전 정면에 'M. AGRIPPA L.F. CONSUL TERTIUM FECIT'라고 새겨져 있는데,
이는 하드리아누스가 초대 건설자를 존중하여 새긴 것이다.

하드리아누스 방벽(아래).
현대 영국인들이 '헤이드리언스 월'이라고 부르는 이 방벽은 하드리아누스 황제가
브리타니아 속주 순행 때 그곳의 방위를 위해 만든 방어설비다.

로마인 이야기

로마인 이야기 ⑨

현제賢帝의 세기

시오노 나나미 지음 · 김석희 옮김

한길사

로마인 이야기 ⑨
현제賢帝의 세기

- 독자들에게 · 19

제1부 **트라야누스 황제** ························· 29

제위(帝位)로 가는 길 • 31
기개를 가슴에 품고 • 44
로마 귀환 • 52
고대 로마의 '군주론' • 58
공동화(空洞化) 대책 • 65
육영자금 • 67
다키아 문제 • 75
제1차 다키아 전쟁 • 77
건축가 아폴로도로스 • 99
'트라야누스 다리' • 109
흑해에서 홍해로 • 113
제2차 다키아 전쟁 • 117
개선 • 131
전후 처리 • 134
공공사업 • 140
속주 통치 • 168
플리니우스 • 178
사인(私人)으로서 트라야누스 • 195
파르티아 문제 • 198
파르티아 원정 • 203
죽음 • 216

제2부 하드리아누스 황제 · 219

소년 시절 • 221
청년 시절 • 225
황제로 가는 길 • 232
연상의 여인 • 235
즉위의 수수께끼 • 239
황제로서 • 243
숙청 • 249
실지회복책 • 261
하드리아누스의 '순행' • 272
라인강 • 276
방위체제 재구축 • 280
브리타니아 • 297
히스파니아 • 304
지중해 • 308
오리엔트 • 309
아테네 • 312
북아프리카 • 321
『로마법 대전』 • 328
베누스 신전 • 336
판테온 • 339
빌라 아드리아나 • 342
다시 '순행'에 • 350
로마 군단 • 360
이집트 • 372

미소년 안티노 • 379
유대 반란 • 384
'디아스포라' • 392
로마인과 유대인 • 394
여생 • 405
후계자 문제 • 413
죽음 • 420

제3부 **안토니누스 피우스 황제** 427

행복한 시대 • 429
인격자 • 438
마르쿠스 아우렐리우스 • 449
'국가의 아버지' • 455

- 연표 · 460
- 참고문헌 · 469

전쟁은 두려워해서도 안 되지만 먼저 도발해서도 안 된다.

조직에는 책임 소재가 분명해지는 것을 꺼리는 사람이 많다.
그것은 당사자 자신이 책임을 지고 싶어 하지 않기 때문이다.
다종다양한 인간이 섞여 사는 게 인간 사회니까 이런 부류의 사람이
완전히 사라지는 일은 없겠지만, 그런 사람이 다수를 차지하게 되면
그 조직의 기능은 퇴화한다.

선정은 요컨대 정직한 사람이
무참한 꼴을 당하지 않아도 되는 사회를 만드는 것이다.

인간이란 참으로 복잡미묘한 존재여서, 호평을 받은 일은
계속하고 악평을 받은 일은 그만두면 그걸로 일이 끝나는 게 아니다.
호평을 받았다고 해서 계속하다 보면 싫증을 내고,
악평을 받은 정책을 그만두고 정반대의 정책을 택하면
그때까지 비난을 퍼붓는 데 열심이었던 사람들이 뒤늦게
이전의 정책의 필요성을 깨닫고 부활을 요구하는 일이 자주 일어난다.

독자들에게

사실을 말하면 나는 지금 꽤나 난감하다. 그 곤혹스러움의 원인을 비유로 바꿔 말하면 다음과 같은 느낌이 되지 않을까 싶다.

로마사 수업을 듣는 학생들 가운데 타키투스라는 우등생이 있었다. 그가 왜 우등생인가 하면, 교수의 질문에 다른 학생들이 저마다 의견을 피력한 뒤에 전개되는 그의 견해가 그 간결한 문체와 적절한 어휘 선택, 그리고 마치 제 눈으로 직접 보고 온 것처럼 현장감 넘치는 묘사력으로 다른 의견들을 압도했기 때문이다. 정말 대단한 녀석이라고 감탄한 것은 동료 학생들만이 아니었다. 교수까지도 고개를 끄덕이며 동감의 뜻을 표하는 것이 당연한 일로 되어 있었다.

하지만 이때 내가 뒷자리에서 손을 들어 발언권을 청한다. 그러고는 말한다. 이러저러한 역사적 사실까지 시야에 넣어 생각하면, 타키투스가 내린 해석과는 다른 해석도 가능하지 않을까요. 실제로 나의 『악명 높은 황제들』은 타키투스의 『연대기』가 있었기에 가능했고, 나의 『위기와 극복』은 그의 『아그리콜라』와 『역사』가 있었기에 성립된 작품이었다.

그런데 여름방학이 끝나고 대학으로 돌아가보니 그 우등생의 모습이 보이지 않는다. 동료 학생들한테 물어보니, 아버지의 임지가 바뀌는 바람에 학교를 옮겼다고 한다. 맙소사, 이를 어쩌나. 나는 난감해지고 말았다.

이 책 —『로마인 이야기』제9권— 에서 다루려고 하는 것은 트라야누스, 하드리아누스, 안토니누스 피우스 등 세 황제다. 연대로 치면 서기 98년부터 161년까지의 시대다. 타키투스가 사망한 것은 서기 120년이니까, 이들 세 황제의 치세를 모두 다룬 저술까지는 바랄 수 없는 게 당연하지만, 98년부터 117년까지 재위한 트라야누스 황제의 치세는 그가 마음만 먹으면 쓸 수 있었을 것이다. 게다가 타키투스가 트라야누스를 다룰 마음이 없었던 것도 아니다. 69년의 내전부터 —현재 남아 있는 것은 69년 한 해 동안의 사건에 대한 서술뿐이지만— 96년에 일어난 도미티아누스 황제의 암살까지, 그러니까 타키투스로서는 '동시대'를 다룬『역사』의 첫머리에 다음과 같은 구절이 적혀 있기 때문이다.

"이것을 다 쓴 뒤에도 나에게 목숨이 남아 있다면, 그 노년기는 네르바와 트라야누스 황제를 이야기하는 데 바칠 작정이다."

그런데 타키투스는 이 약속을 지키지 않았다. 그렇다고 해서 집필 자체를 그만둔 것은 아니다. 네르바와 트라야누스에 대해서는 쓰지 않았지만, 초대 황제 아우구스투스가 사망한 뒤부터 시작하여 네로 황제의 자결로 끝나는『연대기』를 썼기 때문이다.

더구나 50대 후반부터 60대까지라면 역사가에게는 가장 좋은 시기라고 할 수 있다. 그런 시기에 왜 타키투스는, 서술 순서로 보아도『역사』의 속편이 되는 네르바와 트라야누스 황제를 쓰지 않고 그 전편이라고 할 수 있는『연대기』쪽을 선택했을까.

현대의 연구자들 중에는, 아직 생존해 있는 권력자를 다루면 여러 가지 불편이 예상되기 때문에 과거의 황제들에 대해 쓰는 쪽을 택한 게 아닐까 하고 말하는 사람도 있다. 타키투스보다 한 세대 젊은 수에토니우스가 『황제열전』에서 다룬 것도 율리우스 카이사르에서 도미티아누스까지이고 네르바 이후의 황제들은 다루지 않았으니까, 이 추측은 어쩌면 정곡을 찔렀는지도 모른다.

그러나 타키투스는 『역사』를 다 쓴 뒤에도 아직 살아 있다면 네르바와 트라야누스에 대해 쓸 작정이라고 말한 뒤 이런 말을 덧붙였다. "사료도 풍부한데다, 어떻게 판단을 내리고 그것을 어떤 식으로 표현하든 신변의 안전을 염려할 필요가 없는, 보기 드물게 행복한 시대니까." 그런데도 그는 쓰지 않았다. 당초 예정에 없었던 『연대기』를 다 쓴 뒤에 쓸 작정이었는데 그만 목숨이 다해버린 것일까.

그렇긴 하지만, 또 다른 추측도 가능할 듯싶다. 그것은 역사가로서 타키투스의 성격을 고려한 추측이다.

역사 서술의 동기는 크게 다음 세 가지로 나눌 수 있다.

(1) 호기심이 풍부하여, 그로써 알게 된 사실에 대해 이야기하기를 천성적으로 좋아하는 경우.
(2) 과거를 서술함으로써 현재와 미래에 교훈이 되기를 바라는 경우.
(3) 비참한 상태에서 벗어나지 못하고 있는 동포에 대한 강렬한 분노.

(1)의 전형은 『역사』를 쓴 그리스의 헤로도토스, (2)는 『로마 제국 쇠망사』를 쓴 영국의 에드워드 기번, (3)의 전형으로는 『전사』(戰史)의 저자인 투키디데스를 들 수밖에 없을 것이다. 물심양면으로 우세했을 터인 조국 아테네가 왜 스파르타에 패했는가. 그 책임을 남에게 전가할 수도 없는 아테네 사람 투키디데스의 깊은 회한과 뜨거운 분노가 역사 저술의 최고 걸작을 낳았다.

상상하건대, 제정 로마 시대의 최고 역사가인 타키투스는 (2)와 (3)의 혼합형이었던 듯하다. 아니, (2)가 4분의 1, (3)이 4분의 3을 차지하

타키투스 저작 일람(연대는 모두 서기)

제목	다룬 시기	집필 시기	당시의 나이	당시의 황제
Agricola (아그리콜라)	40~93년	98년	43세	네르바 트라야누스
Germania (게르마니아)	서기 1세기까지	98~100년	43~45세	트라야누스
Historiae (역사)	69~96년	106~109년	51~54세	트라야누스
Annales (연대기)	14~68년	115~117년	60~62세	트라야누스

서기 55년에 태어나 120년에 사망한 푸블리우스 코르넬리우스 타키투스(Publius Cornelius Tacitus)는 베스파시아누스 황제(69~79년 재위) 밑에서 군단장 휘하의 대대장(트리부누스), 티투스 황제(79~81년 재위) 밑에서 회계감사관(콰이스토르), 도미티아누스 황제(81~96년 재위) 밑에서 법무관(프라이토르), 네르바 황제(96~98년 재위) 밑에서 보결 집정관(콘술 수펙투스)을 지냈다. 회계감사관을 지낸 뒤에는 원로원에 들어가는 것이 당시 관례였으니까, 타키투스도 30세가 지난 도미티아누스 황제 시대에 원로원에 들어갔을 게 분명하다.

다만 보결이라 해도 집정관을 지낸 사람은 10년의 휴직 기간이 지나면 속주 총독으로 부임하는 것이 보통이다.

그런데 서기 107년이 되어도 타키투스는 속주 총독에 임명되지 않았다. 그에게는 자식이 없었다. 초대 황제 아우구스투스의 '자식을 적게 낳으려는 풍조에 대한 대책'에 따라, 동등한 자격을 가진 총독 후보자가 여럿일 경우에는 셋 이상의 자녀를 둔 집정관 경험자를 우선하도록 되어 있었기 때문에, 타키투스는 이 법률에 걸려 뒷전으로 밀려나버렸는지도 모른다. 그렇긴 하지만 황제가 필요하다고 생각한 사람은 이 법의 적용을 받지 않는 경우도 적지 않았으니까, 트라야누스 황제에게 타키투스는 뛰어난 문인이기는 할망정 꼭 필요한 행정관은 아니었는지도 모른다. 결국 타키투스는 저술에서 비난을 퍼부은 황제들 밑에서는 공직 경력을 쌓았지만, 현제라고 평가한 트라야누스 밑에서는 활용되지 않았던 셈이다. 이것도 인간의 자질이란 무엇인가를 생각게 해주는 사례다.

는 혼합형이라고 말해야 할지도 모른다. 그는 분통이 터져야 창작욕을 자극받는 기질의 작가가 아니었을까.

그렇다면 그 자신이 '보기 드물게 행복한 시대'라고 평가한 트라야누스 시대를 쓰지 않은 이유도 미루어 짐작할 수 있을 것 같다. 동포를 비난하면서도 본질적으로는 애국자였던 타키투스에게, 트라야누스 치하의 행복한 시대는 오히려 집필 의욕이 나지 않는 시대였을 것이다. 그렇기 때문에 네르바와 트라야누스 시대를 쓰겠다고 말해놓고도, 그의 저술 활동에 '산소' 역할을 하는 분노를 불러일으켜주는 시대─티베리우스부터 네로까지─를 다룬『연대기』를 쓴 게 아닐까.

물론 타키투스 자신이 트라야누스 시대를 쓰지 않은 이유를 밝히지 않았으니까 나의 이런 생각은 모두 추측에 불과하다. 하지만 진짜 이유가 무엇이든, 사실은 하나밖에 없다.

후세가 오현제(五賢帝)의 한 사람으로 꼽았을 뿐 아니라 동시대의 로마인들마저 '최고의 제일인자'(Optimus Princeps)로 찬양하고, 게다가 이것을 공식 칭호로 삼기로 원로원이 의결했을 만큼 평판이 좋았던 트라야누스 황제의 치세에 관해서는 신뢰할 만한 문헌자료가 전혀 없다는 사실이다.

동시대 사람인 타키투스나 수에토니우스만 쓰지 않은 게 아니다. 200년 뒤인 디오클레티아누스 황제 시대에 여섯 명의 역사가가 분담하여 쓴『황제실록』(Historia Augusta)은 도미티아누스 황제로 끝난 수에토니우스의『황제열전』속편을 쓰는 것이 목적이었는데도 하드리아누스 황제부터 시작했다. 여기서도 네르바와 트라야누스는 구멍이라도 뚫린 것처럼 빠져버렸다. 1년 반밖에 재위하지 않은 네르바를 무시한 것은 이해할 수 있지만, 20년이나 재위한 트라야누스를, 게다가 온갖 분야에서 많은 업적을 쌓은 트라야누스를 다루려 한 로마 시대의 역사가가 한 사람도 없다니!

아니, 한 사람 있기는 있었다. 하지만 그는 소아시아 출신의 그리스 사람인 카시우스 디오였다. 원로원 의원으로 속주 총독까지 지낸 인물이지만, 그의 저술에서 신뢰할 수 있는 것은 그 자신이 '현장증인'이었던 세베루스 왕조 시대의 기술뿐이고, 나머지는 확실한 방증이 없는 한 신빙성이 희박하다는 것이 후세 연구자들의 일치된 의견이다. 사정이 이래서는, 문헌자료에만 의존했다고 해도 좋은 기번(1737~94) 시대의 로마사 연구자들이 사료가 없음을 한탄한 것도 당연하다. 우등생 타키투스의 '전학'으로 난감해진 것은 그의 의견에 감탄을 금치 못했던 동료 학생들이나 교수였으니까.

후세에 쓰인 연구서를 흔히 '제2차 사료'라고 부르는 로마사 연구자들이 '제1차 사료'나 '원사료'라고 부르는 것은 다음 여섯 가지다.

(1) 문헌자료(로마 시대 사람이 써서 남긴 글)
(2) 고고학적 성과
(3) 금석문(비석, 동판 등)
(4) 금화, 은화, 동전
(5) 초상 등의 조형미술
(6) 파피루스 문헌(이집트를 중심으로 한 중동 일대의 것에 한함)

(2)~(6)의 사료가 주목을 받기 시작한 것은 19세기 중반 이후였다. 2천 년 전의 로마인을 연구 대상으로 삼는 사람들에게는 극히 최근의 일이라고 해도 좋다. (1)에 기댈 수밖에 없었던 기번 시대 학자들의 한탄을 오늘날의 우리는 공유하지 않아도 된다. 타키투스가 거리낌없이 비난한 티베리우스나 클라우디우스나 도미티아누스 황제를 다시 보게 된 것도 (2)~(6)의 연구 성과를 참고할 수 있게 된 결과다.

그렇긴 하지만 문헌자료의 중요성이 사라진 것은 아니니까, 후세의 우리에게도 타키투스의 '전학'이 유감스러운 노릇인 것은 변함이 없다.

게다가 역사 서술에 관심을 가진 사람에게는 가장 좋은 시기인 43세부터 62세까지의 세월을 타키투스는 트라야누스 황제 치하에서 살았다. 네르바 황제 밑에서 보결 집정관에 선출된 것을 마지막으로 공직을 맡지 않았으니까, 정신적으로나 시간적으로도 여유 있는 시기였을 것이다. 그 여유를 『아그리콜라』와 『게르마니아』, 『역사』, 『연대기』를 집필하는 데 투입한 것은 이해할 수 있지만, 성숙한 어른의 눈으로 바라본 트라야누스 황제의 치세를 쓰지 않은 이유는 무엇일까. 그 시대에 대해서는 '보기 드물게 행복한 시대'라는 한마디 말을 남겼을 뿐이다.

하지만 이 한마디가 트라야누스에 대한 후세 역사가들의 견해를 결정했다. 그리고 고고학, 금석문, 화폐, 조형미술, 파피루스 문헌 등이 이 견해를 실증했다.

그렇다면 이제 더 이상 타키투스를 '원안'(原案)으로 삼을 수 없게 된 내 입장도 결정된다. 제7권과 제8권에서는 "타키투스여, 당신은 트라야누스가 못된 황제라고 단죄하지만 정말로 그랬을까" 하는 의문을 중심축으로 삼은 반면, 이 제9권에서는 "그가 현제라는 데에는 뭇사람의 의견이 일치된 모양인데, 그렇다면 현제란 과연 무엇이며, 어떤 이유로 로마인들은 그를 현제로 찬양했을까"가 내 생각의 중심축이 될 것이다.

어쨌거나 그 시대를 '오현제 시대'라고 부른 것은 후세지만, 동시대 로마인들도 'Saeculum Aureum'(황금 시대)이라고 불렀으니까.

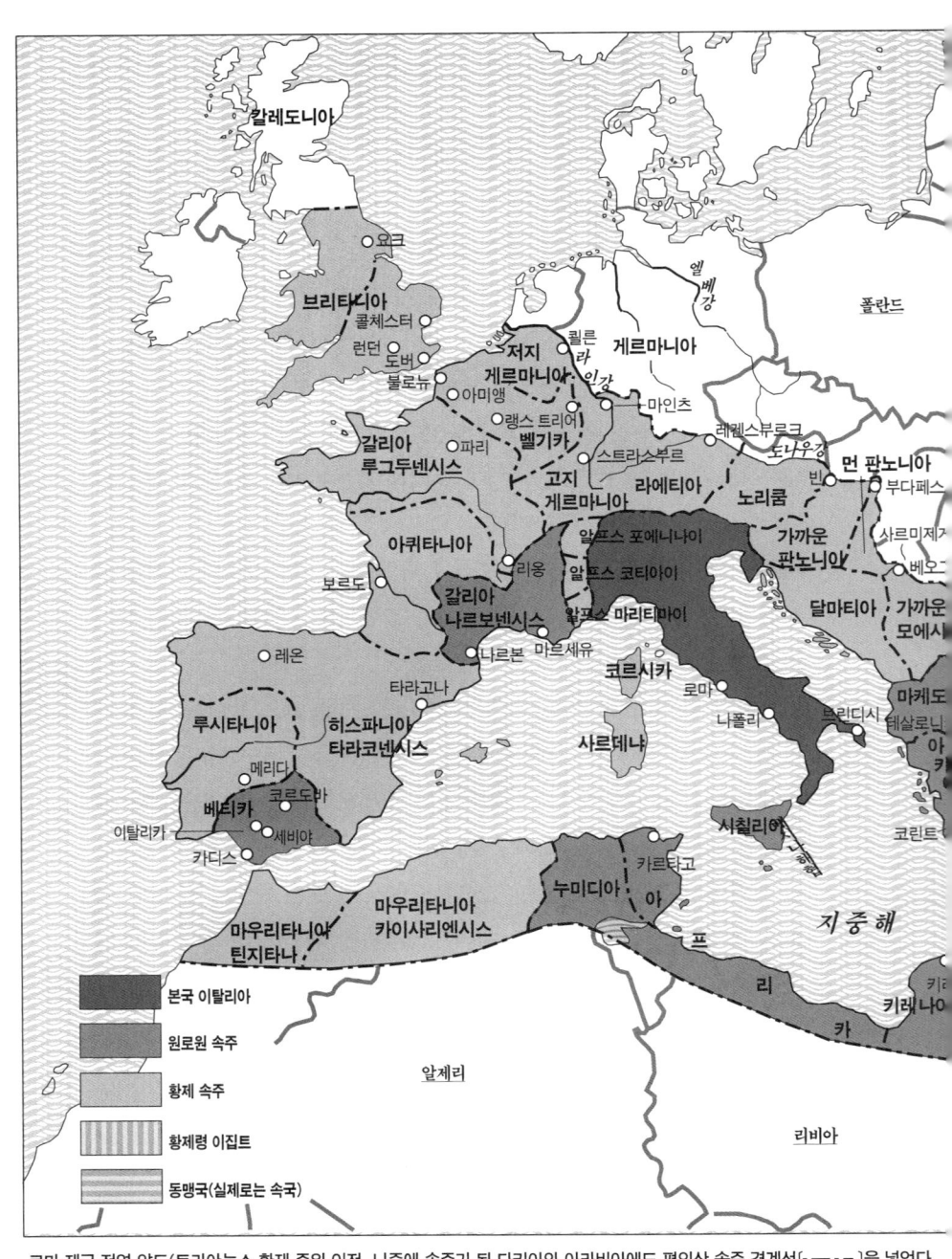

로마 제국 전역 약도(트라야누스 황제 즉위 이전. 나중에 속주가 된 다키아와 아라비아에도 편의상 속주 경계선(-·-·-)을 넣었다. ——은 현재의 국경을 나타낸다. 오늘날의 국명도 일부 넣었다.)

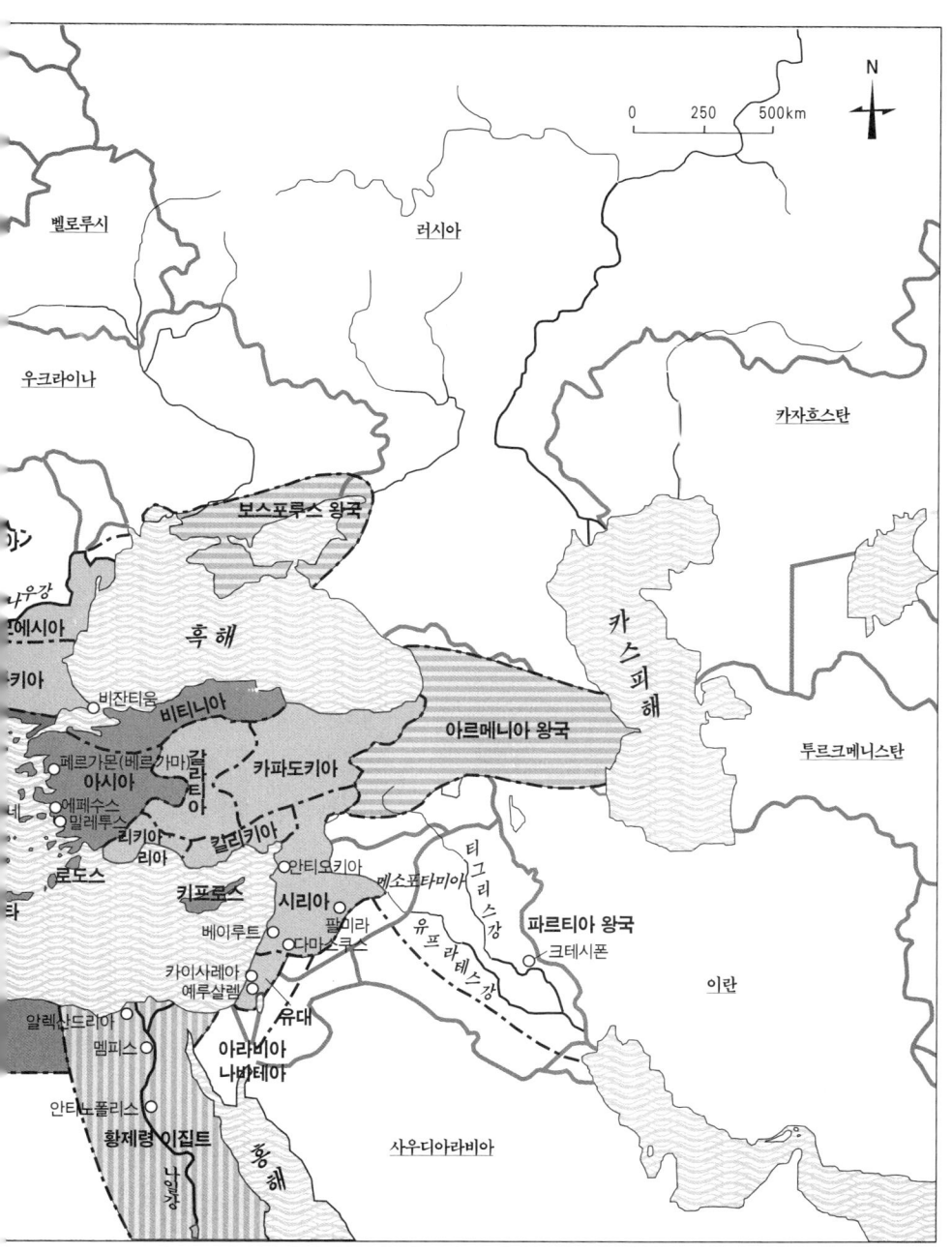

제1부

트라야누스 황제

[재위: 서기 98년 1월 27일~117년 8월 9일]

제위(帝位)로 가는 길

왕정 시대부터 명문 귀족이었던 율리우스 카이사르는 말할 것도 없고, 카이사르의 양자가 되어 초대 황제에 즉위한 아우구스투스와 티베리우스 · 칼리굴라 · 클라우디우스 · 네로 등 이른바 '율리우스-클라우디우스 왕조'의 황제들은 모두 수도 로마 출신이라는 공통점을 지니고 있었다. 네로의 자결로 촉발된 1년의 내전 기간 동안 차례로 바뀐 갈바 · 오토 · 비텔리우스 황제 역시 '본적지'가 로마라는 점에서는 변함이 없다.

그런데 내란을 수습하고 제위에 오른 베스파시아누스부터 제국의 최고통치자의 출신지는 수도 로마라는 전통이 무너졌다. '플라비우스 왕조'라고 불리는 베스파시아누스 · 티투스 · 도미티아누스 황제의 '본적지'는 로마에서 북동쪽으로 60킬로미터 떨어진 레아테(오늘날의 리에티)다. 아우구스투스는 제국의 본체인 이탈리아반도를 11개 주로 분할했는데, 수도 로마는 나폴리를 포함한 '제1주', 리에티는 '제4주'에 속한다. 도미티아누스가 암살된 뒤 후임 황제가 된 네르바의 '본적지'는 수도 로마니까 흐름이 역류한 것처럼 보이지만, 이 네르바로 말미암아 흐름이 더욱 빨라진다.

네르바가 후계자로 지명한 마르쿠스 울피우스 트라야누스(Marcus Ulpius Trajanus)는 서기 53년 9월 18일 에스파냐 남부의 베티카 속주에 있는 이탈리카에서 태어났다. 오늘날에도 로마 시대의 이름 그대로 이탈리카(Italica)라고 불리는 이 소읍은 로마 시대의 히스팔리스(오늘날의 세비야)에서 북서쪽으로 8킬로미터 떨어진 곳에 자리 잡고 있다. 하지만 어디에나 있는 작은 교외 도시는 아니다. 이베리아반도를 지중해에서 대서양까지 관통한 당시의 간선도로 가운데 하나로서 카디스에서 세비야와 메리다를 거쳐 북상하는 가도가 이탈리카 한복판을 지나고 있었기 때문이다. 제국 전역에 가도망을 깐 로마인도 순환도로의 개념만은 갖고 있지 않았다. 가도란 도시든 읍이든 촌락이든 거주지역 한복판을 지나야 한다고 생각했다. 소읍인 이탈리카에서도 사람이나 물산의 왕래는 익숙한 풍경이었을 게 분명하다.

그리고 이탈리카에는 다른 도시에는 없는 특수성이 있었다. 이탈리아인의 도시를 뜻하는 '이탈리카'라는 이름이 말해주듯, 로마인이 본국 이외의 땅에 건설한 최초의 식민지(콜로니아)였기 때문이다. 기원전 206년에 이탈리카 건설을 결정한 사람은 그로부터 4년 뒤에 자마 회전에서 명장 한니발을 무찌르게 될 스키피오 아프리카누스였다. 그 무렵은 로마와 카르타고가 사투를 벌인 포에니 전쟁이 한창일 때였다. 카르타고에서 빼앗아 로마 영토로 삼은 지 얼마 되지 않은 이베리아반도를 지키기 위해 파견된 퇴역병들이 이탈리카 최초의 주민이 되었다.

당시 로마 군단은 본국 이탈리아 출신의 로마 시민권 소유자로 편성되어 있었다. 병역을 마치기 전에는 결혼이 허락되지 않으니까, 그들은 모두 독신자였다고 해도 좋다. 그 후에 생겨난 로마 식민도시의 주민들이 그러했듯이, 이탈리카에 정착한 퇴역병들도 현지 여자와 결혼했을 것이다. 배우자는 에스파냐의 원주민 아가씨였을지도 모르고, 좁은 지브롤터해협(고대에는 '헤라클레스의 기둥'으로 불렸다)을 건너 에스파냐와 왕래가 잦았던 북아프리카 출신의 여자였을지도 모른다. 또는 카르타고인의 피를 이어받은 여자였을지도 모른다. 로마 영토가 되기 전에 이베리아반도를 지배한 것은 카르타고인이었기 때문이다. 일부러 모국 이탈리아에서 여자를 불러들인 예는 알려져 있지 않다. 그리스인과 달리 로마인은 타민족과의 혼혈에 전혀 신경질적인 반응을 보이지 않았다. 따라서 트라야누스의 조상이 본국 이탈리아 출신의 로마 시민이었던 것은 확실하지만, 그의 몸속을 흐르는 피는 혼혈이었을 게 분명하고, 그렇기 때문에 트라야누스가 최초의 속주 출신 황제라는 것은 특기할 만하다.

속주 출신 로마인이라는 이 특수한 사정 때문에 트라야누스의 청소년 시절은 거의 알려져 있지 않다. 어머니의 이름조차 알 수 없다. 로마 역사에 '트라야누스'라는 이름이 등장하는 것은 그의 아버지 때부터였고, 그때도 트라야누스의 처지는 28개인 로마 군단 가운데 1개 군단을 지휘하는 군단장의 아들에 불과했다.

그와 이름이 같았던 아버지는 서기 66년부터 70년까지 계속된 유대 전쟁 당시 총사령관 베스파시아누스 밑에서 제10군단을 지휘했고, 총사령관이 티투스로 바뀐 예루살렘 공략전에서도 공격에 참가한 4개 군단 가운데 하나를 이끌고 눈부신 전공을 세운 무인이다. 이 무렵 아들은 17세의 성년식을 치렀을까 말까 한 나이였다. 어쩌면 유대교의 본산인 대신전의 화재로 종결된 예루살렘 함락의 자초지종을 제10군단의 군단장 막사 앞에서 바라보고 있었을지도 모른다.

로마의 지도층에 속하는 가정에서는 자녀가 성년이 될 때까지는 어머니가 양육을 책임지고, 성년이 된 뒤에는 아버지가 그 임무를 계승하는 것이 관습이었기 때문이다. 아마 트라야누스도 고향 이탈리카에서 초등교육을 받고 베티카 속주의 도읍이었던 코르두바(오늘날의 코르도바)에서 중등교육을 받은 뒤에는, 제국의 동방에서 군무를 수행하고 있는 아버지에게 보내졌을 것이다.

현실적인 로마인은 현장 교육을 중시했다. 그리고 아버지의 현직이 무엇이든, 현장 교육은 군단에서 받는 것이 상례였다. 지도자 계급의 등용문인 회계감사관에 입후보하려 해도 보통 10년, 적어도 3~4년은 군단 경험을 쌓는 것이 당연한 일로 여겨지고 있었다. 사춘기를 갓 벗어난 트라야누스도 예루살렘 함락을 체험한 뒤 고향으로 돌아가지 않고 그대로 군단 생활을 시작했을지 모른다. 다만 어느 전선에서 군단 생활을 시작했는지는 알 수 없다.

아버지가 지휘한 제10군단은 유대 땅에 남아 있었으니까, 아버지 밑에서 견습기간을 보냈을지도 모른다. 로마로 불려간 아버지와 동행하여 난생처음으로 제국의 수도 로마를 본 것도 이 무렵일지 모른다. 베스파시아누스 황제는 이 부하를 원로원 의원에 천거했을 뿐만 아니라 귀족(파트리키)의 반열에 올려주었다.

베스파시아누스는 본국 이탈리아의 지방자치단체 출신으로는 처음으로 황제가 된 사람이지만, 자기와 같은 계층에 속하는 이탈리아 지방 출신만 우대하려 하지 않았던 것은 흥미롭다. 트라야누스의 아버지는 제국의 서방인 에스파냐 출신이지만, 제8권에서도 말했듯이 제국의 동방에 있는 속주 출신도 베스파시아누스의 천거로 원로원에 들어가게 되었다. 트라야누스의 황제 즉위로 더욱 높아지는 본국 이탈리아와 속주의 균등화 물결은 그보다 30년 전에 이미 시작되어 있었다.

아버지의 출세 덕택에 청년 트라야누스의 처지도 완전히 달라졌다. 서기 75년, 시리아 속주 총독에 임명된 아버지를 따라 총독 관저가 있는 안티오키아로 간 트라야누스는 견습기간을 끝낸 뒤 '대대장'(트리부누스)으로 진급했지만, 그것도 군단의 밑바닥부터 잔다리를 밟으며 한 계급씩 올라온 사람들이 백인대장을 거친 뒤에야 겨우 손에 넣을 수 있는 대대장이 아니라 '트리부누스 라티클라비우스'(Tribunus laticlavius)였다.

'주홍색 띠를 두른 대대장'이라고 번역할 수밖에 없는 이 계급은 10명의 대대장 가운데 가장 높은 수석 대대장이었다. 이 대대장만은 원로원 의원의 옷자락 장식과 같은 주홍색으로 물들인 '숄'을 어깨에 두르는 것이 허용되었기 때문에 이런 이름으로 불린다. 이것은 원로원 의원의 자제들에게만 허용되는 특권이지만, 수석 대대장으로서 책임도 막중했다. 20대 초반의 나이인데도, 군단장이 어떤 사정으로 직무를 수행할 수 없는 경우에는 대신해서 군단을 지휘하는 임무가 부여되었기 때문이다. 경험도 모자란 풋내기한테 이런 중책을 맡기는 것도 지도자 예비군인 그들에게만 주어지는 현장 교육의 일환이었다. 덧붙여 말하면, 문인으로 더 유명한 타키투스와 소(小) 플리니우스도 원로원 계급에 속했기 때문에 '주홍색 띠를 두른 대대장'을 지냈다. 이들의 군대 경력은 '주홍색 띠를 두른 대대장'으로 끝나버렸지만.

트라야누스는 22세 때 군단장 차석에 취임했다. 제국의 안전보장에 아주 중요한 전선 가운데 하나인 시리아가 그의 첫 임지였다.

아버지 트라야누스가 부임한 시리아 속주 총독은 30명이나 되는 다른 속주 총독들과 한 묶음으로 논할 수 없다. 로마 제국의 중요한 방위선은 라인강과 도나우강이지만, 시리아 속주는 예부터 줄곧 로마의 가상 적국이었던 파르티아 왕국과 유프라테스강을 사이에 두고 마주 보는 위치에 있다. 당시 로마와 파르티아는 평화조약을 맺고 있었지만, 로마는 우호관계에 있는 나라에 대해서도 경계를 게을리하지 않는 나라였다. 이 시리아 속주에는 3개 군단이 상주해 있었다.

게다가 파르티아 북쪽에 있는 아르메니아는 로마와 동맹관계에 있었지만, 베스파시아누스 황제는 이곳 국경에도 2개 군단을 상주시켰다. 그리고 반란을 진압한 지 얼마 되지 않은 유대에도 1개 군단, 이집트에는 2개 군단이 주둔해 있었다. 제국 동방의 안전보장을 맡고 있는 이들 8개 군단은 주전력인 군단병만 해도 4만 8천 명에 이르고, 보조병력까지 포함하면 10만 명이나 되는 막강한 전력이다. 이들에 대한 총지휘권이 시리아 총독에게 맡겨져 있었다. 시리아 총독이라면 로마에서는 전통적으로 동방군 총사령관과 동의어였다.

베스파시아누스 휘하에서 유대 전쟁을 치르기 전의 경력은 전혀 알려져 있지 않으니까, 트라야누스의 아버지도 베스파시아누스와 마찬가지로 백인대장부터 잔다리를 밟아 출세한 인물이었을 것이다. 하지만 75년부터 79년까지 4년 동안 이 어려운 임무를 무난히 수행한 것만 보아도 상당한 역량을 갖춘 사람임은 분명하다. 아들 트라야누스에게도 가장 좋은 스승이었을 것이다. 그런데 이 아버지는 아들을 2년 뒤인 77년에 자기 슬하에서 떠나 보낸다.

당시 24세였던 트라야누스는 여전히 왼쪽 어깨에 주홍색 띠를 두른 군단장 차석의 지위를 유지한 채, 제국 서방에서 가장 중요한 전선인 라인강 주둔 군단으로 보내졌다. 오리엔트와는 전혀 다른 풍토 속에서 추위와 비를 견디며 3년을 보내게 된다. 그동안 아버지는 베스파시아누스 황제의 뒤를 이어 제위에 오른 티투스의 명으로 아시아 속주 총독에 부임해 있었다. 이 노장과 함께 싸운 경험이 있는 티투스 황제는 4년 동안의 격무에 보답할 셈으로 적과 대치할 필요가 없는 평화로운 소아시아 서부의 속주로 보내주었는지도 모른다. 하지만 그리스 문명의 발상지이자 에페수스나 밀레투스처럼 문화와 생활 수준이 높은 도시도 많은 속주에 부임해 있으면서도 아버지는 아들을 불러들이지 않았다. 그 덕분에 트라야누스의 변경 '수업'은 24세부터 27세까지 계속된다.

서기 81년, 28세가 된 트라야누스는 로마인들이 '명예로운 경력'(쿠르수스)이라고 부른 엘리트 코스에 첫걸음을 내딛는다. 국고 출납 책임자인 회계감사관에 당선되었기 때문이다. 근무지는 수도 로마, 임기는 1년이었다.

아버지는 이 무렵 아시아 속주 총독의 임기도 무사히 마쳤을 테지만, 그 후 거기에 버금가는 요직에는 앉지 않았다. 수도 로마에서 종신직인 원로원 의원만 지냈거나, 아니면 고향 이탈리카로 돌아가 은둔했을까. 언제 죽었는지도 알 수 없는 것은, 비록 귀족의 반열에 올랐다 해도 결국 신흥계급 제1세대에 불과했다는 사실을 보여준다.

그러나 제2세대인 아들이 밟은 경력은 이미 원로원 계급에 속하는 사람과 다를 바 없었다. 회계감사관 임기를 마친 뒤에는 다시 전선에 복귀하여 '주홍색 띠를 두른 대대장'의 임무를 재개한다. 어느 전선이었는지는 알 수 없지만, 로마 군단에서는 병사가 근무지를 이동하는 경우는 거의 없어도 장교급의 전근은 활발했으니까 각지의 군단을 옮겨다녔을 가능성은 충분하다. 때는 탁월한 인사(人事)로 정평이 있는 도미티아누스 황제 시대였다. 83년 무렵에는 원로원에도 들어간 것 같다. 그리고 87년, 34세가 된 트라야누스는 '명예로운 경력'의 두 번째 단계인 법무관에 당선되었다. 법무관도 근무지는 역시 수도 로마이고, 재판장처럼 사법을 담당하는 관직이지만, 법무관을 거쳐야만 비로소 군단장을 맡을 자격을 가질 수 있다. 전시에는 이 조건을 무시하는 경우도 있지만, 평시에는 원칙을 지키는 것이 로마인이었다.

트라야누스도 법무관 임기를 마치자마자 군단장에 임명되었다. 근무지는 로마화가 오랫동안 진행된 탓에 적과 대치할 일이 전혀 없는 히스파니아(오늘날의 에스파냐), 그에게 맡겨진 군단은 오래전부터 이 지방에 주둔하고 있는 제7군단이었다. 그리고 오늘날의 에스파냐 면적의 3분의 2에 해당하는 타라코넨시스 속주 총독도 겸했기 때문에, 군단기지가 있는 레온과 총독 관저가 있는 타라고나를 오가는 데만도 바빠서 고향 이탈리카를 찾을 여유는 전혀 없었다.

이렇게 35세의 1년이 지나간다. 그대로 계속 에스파냐에 머물러 있었다면 훗날의 트라야누스는 없었겠지만, 운명의 전환점은 1년 뒤에 벌써 그를 찾아왔다.

서기 89년, 라인강 상류의 방위를 맡고 있던 고지 게르마니아군 사령관 사투르니누스가 반란을 일으켰다. 수도 로마에 있던 도미티아누스 황제는 몸소 근위대를 이끌고 북상하는 동시에 트라야누스 휘하의 제7군단에도 출동을 명령했다. 그러나 이 반란은 라인강 하류를 담당하는 저지 게르마니아군이 당장 행동을 개시했기 때문에 도미티아누스가 도착하기도 전에 진압되고, 사령관 사투르니누스는 자결하여 모든 상황이 끝나 있었다. 더구나 트라야누스가 군단과 함께 피레네산맥을 넘고 프랑스를 횡단하여 라인강에 도착했을 때는 진압 과정에 파괴된 마인츠 군단기지를 복구하는 일까지도 다 끝난 뒤였다.

그렇긴 하지만 36세의 트라야누스에게는 결코 헛걸음이 아니었다. 두 살 위인 도미티아누스 황제에게 인정받을 수 있는 기회가 되었기 때문이다. 그때는 근무지로 돌아가는 제7군단과 행동을 함께한 모양이지만, 도미티아누스는 이 젊고 우수한 군단장을 에스파냐 같은 평온한 곳에 계속 놓아둘 마음이 없었다. 사투르니누스의 자결로 가장 중요한 전선 가운데 하나인 고지 게르마니아군 사령관 자리가 비어 있었다.

그러나 법무관만 거치면 맡을 수 있는 1개 군단장과 4개 군단을 지휘하는 사령관은 다르다. 전략단위인 2개 군단 이상의 전력을 지휘하려면 집정관 경력이 있어야 했다.

트라야누스는 90년에 치러진 91년도 집정관 선거에 출마하여 당선된다. 하기야 황제의 천거를 받았으니, 입후보는 곧 당선이나 마찬가지이기도 했다. 이리하여 트라야누스는 38세라는 젊은 나이에 벌써 '명예로운 경력'의 세 번째 단계에 도달한 셈이다. 그것도 집정관 경력을 만들어내기 위한 방편이기도 했던 '보결 집정관'(consul suffectus)이 아니라 1월 1일부터 임기가 시작되는 '정규 집정관'(consul ordinarius)이었다. 원로원 계급에 속하는 자의 책무인 '명예로운 경력'에 따라 법무관과 집정관을 경험한 타키투스나 소플리니우스는 '보결 집정관'밖에 지내지 못했다. 트라야누스는 아버지 대에야 겨우 원로원

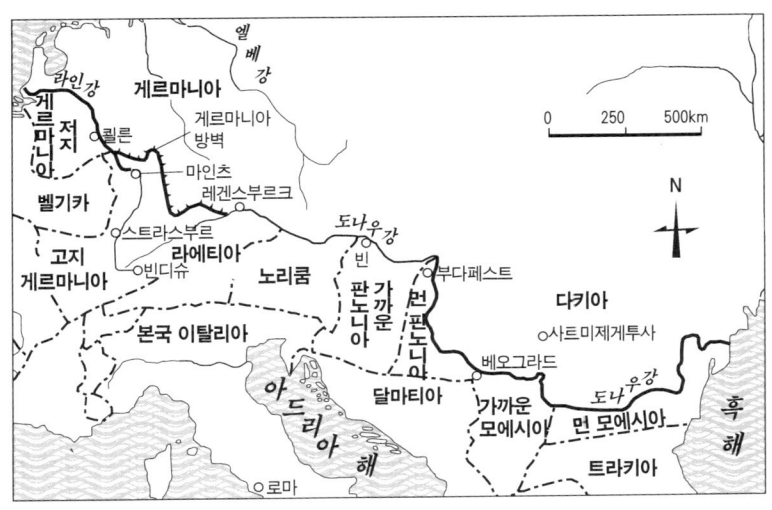

라인강과 도나우강 일대

계급에 들어왔지만, 이 단계에서 이미 그들을 앞지른 셈이다.

서기 92년, 도미티아누스 황제는 집정관 경력으로 충분한 자격을 갖춘 39세의 트라야누스를 고지 게르마니아군 사령관에 임명했다. 고지 게르마니아 속주 총독도 겸하는 중책이다. 이런 트라야누스의 경력은 군대 경력과 민간 경력이 혼연일체를 이룬 로마의 엘리트 육성 과정을 보여주고 있어서 흥미롭다.

또한 도미티아누스 황제는 다른 전선과 달리 고지 게르마니아 전선에는 특별한 애착을 갖고 있었을 것이다. 고지 게르마니아를 맡고 있는 4개 군단 가운데 2개 군단이 상주하는 마인츠에서 라인강을 따라 레겐스부르크까지 이어지는 '게르마니아 방벽'(Limes Germanicus)의 방위도 고지 게르마니아군 사령관이 맡고 있었는데, 이 방벽 건설을 시작한 것은 도미티아누스였다. 황제는 이런 지방을 트라야누스에게 맡긴 것이다. 92년부터 97년까지 5년 동안, 트라야누스는 황제의 신뢰에 훌륭하게 보답한다. 96년 가을, 도미티아누스 황제가 살해되었다.

그러나 황제가 네르바로 바뀐 뒤에도, 트라야누스의 출세가 도미티아누스 황제의 천거 덕택임이 분명한데도 그의 지위는 변하지 않았다.

그것은 트라야누스가 5년 동안 쌓은 업적이 인정을 받았기 때문만은 아니다. 인간은 '기록말살형'(제8권에서 상세히 설명함)으로 단죄하더라도 그의 뛰어난 업적은 계승하는 것이 로마인의 평소 방식이었기 때문이다. 도미티아누스 황제를 줄기차게 비난한 타키투스도 자신이 공직에서 출세한 것은 도미티아누스 시대였다고 솔직하게 말하고 있다.

네르바는 제위에 오른 해에 이미 70세였다. 아들이 없고 고령이라는 점이 원로원이 네르바를 추대한 이유라는 소문이 있었다. 하지만 진짜 이유는 네르바의 출신 가문이었다. 그 자신의 출생지는 이탈리아의 지방도시인 나르니지만, 공화정 시대부터 이어져 내려온 명문 귀족이다. 이런 귀족 가문은 서기 1세기 말의 시점에서는 손가락으로 꼽을 수 있을 정도밖에 남아 있지 않았다. 2대 황제인 티베리우스가 카프리 섬에 은둔했을 때 동행한 몇 사람 가운데 하나가 바로 네르바의 할아버지였다. 교양인이었던 티베리우스는 자신과 대등하게 대화를 나눌 수 있는 교양을 가진 사람만 카프리섬에 데려갔다. 티베리우스와 네르바의 할아버지의 관계는 황제와 원로원 의원의 관계라기보다 교양이 풍부한 친구 사이였을 것이다. 네르바 가문의 남자들은 모두 원로원 의원이었지만, 정치가로서보다 교양인으로 더 잘 알려져 있었다. 원로원과 험악한 관계에 있었던 도미티아누스 황제도 자신과 함께 집정관을 맡을 사람을 원로원 의원들 중에서 골라야 했을 때는 네르바를 선택했다. 자기가 죽은 뒤에 그 네르바가 황제가 되리라고는 상상도 못 했겠지만.

요컨대 네르바는 플러스 요인보다 마이너스 요인이 없었기 때문에 황제로 추대되었다는 느낌이 들지만, 그가 걱정해야 할 상대는 네르바를 제위에 앉혀놓고 만족해 있는 원로원이 아니라 도미티아누스 지지파라 해도 좋은 근위대나 전선에 배치되어 있는 군단이었다. 병사들의 오랜 숙원이었던 봉급 인상을 실현하고 전선에도 자주 찾아간 도미티아누스 황제는 병사들에게 인기가 높았기 때문이다.

도미티아누스 황제는 서기 96년 9월 18일, 45세 생일을 한 달 앞둔 젊은 나이에 살해되었다. 15년에 이르는 치세 뒤의 죽음이다. 이 황제는 원로원 의원들한테는 미움을 받았지만, 로마사 연구의 획기적인 업적을 쌓은 19세기의 역사가 몸젠은 그를 아주 높이 평가하고 있다. 암살은 원로원 내부의 도미티아누스 반대파가 음모를 꾸민 결과가 아니었다. 네로 황제 때처럼 속주에서 일어난 불만이 도화선 역할을 한 것도 아니다. 궁중 측근들이 잠자고 있는 황제를 기습하여 살해한 사건이다. 하수인은 황후를 모시는 해방노예였다.

하지만 원로원이 전혀 무관했다고도 말할 수 없다. 황제가 살해된 날 밤에 이미 도미티아누스와 함께 공동 집정관을 지낸 적이 있는 네르바에게 연락이 가고, 이튿날 아침 일찍 소집된 원로원 회의는 일사천리로 네르바를 황제로 승인했기 때문이다. 게다가 원로원은 도미티아누스를 '기록말살형'으로 단죄한다는 결의안까지 가결해버렸다. 한밤중부터 이튿날 아침까지의 짧은 시간에 이처럼 손씨좋게 일을 처리한 것만 보아도, 누군가 뒤에서 조종한 사람이 있었던 게 분명하다. 하지만 그 배후 인물이 누구인지는 끝내 알려지지 않았다. 원로원도 추적하지 않았다. 온후하고 비정치적인 네르바의 성격 때문에, 아무도 그가 주모자일지 모른다는 의심조차 품지 않았다. 진상은 영원히 수수께끼로 남겨졌다.

도미티아누스가 암살된 것을 알고도 수도의 근위대나 변경의 군단들은 움직이지 않았다. 전광석화처럼 빠른 솜씨로 '정권 교체'를 기정 사실화해버린 원로원의 방식이 주효했음을 보여준다. 하지만 병사들의 방관은 오래 계속되지 않았다. 도미티아누스에게 심취하여 암살 주모자가 밝혀지기를 기다리고 있던 근위대는, 1년이 지나도록 네르바가 아무런 조치도 취하지 않자 불만이 고조되어 있었다. 마침내 네르바 황제를 방에 감금하고, 주모자를 색출하여 사형에 처해야 한다고 강력하게 요구했다.

네르바도 사태 수습의 필요성을 느꼈다. 71세인 네르바가 자신의 신변 안전을 걱정하지는 않았을 것이다. 근위대의 불만이 변경 군단에 파급되는 것을 더 우려했을 게 분명하다. 네로 황제가 죽은 뒤 1년 반 동안 계속된 내전은 그로부터 28년이 지난 뒤에도 로마인들에게 악몽으로 남아 있었다. 그런 사태를 막기 위한 대책을 네르바는 원로원에 맡기지 않고 독단적으로 결정한 듯하다. 그 대책이 공표되었을 때 누구보다 놀란 것은 원로원 의원들이었기 때문이다.

서기 97년 10월 27일, 카피톨리노 언덕에 우뚝 서 있는 유피테르 신전 앞에서 제사를 끝낸 네르바 황제는 오른손을 들어 막 자리를 뜨려는 참석자들의 발을 붙잡았다. 무슨 일인가 하고 돌아본 사람들에게 황제는 단도직입적으로 말했다.

첫째, 고지 게르마니아군 사령관 마르쿠스 울피우스 트라야누스를 양자로 맞이한다.

둘째, 트라야누스에게는 '호민관 특권'(Tribunicia potestas)과 '로마군 최고통수권'(Proconsulare maius)도 할양한다.

셋째, 트라야누스는 이듬해인 98년도 집정관에 황제 자신과 함께 입후보한다.

요컨대 트라야누스를 후계자로 지명했을 뿐만 아니라 공동 황제로 지명한다고 선언한 것이나 마찬가지다. 이리하여 최초의 속주 출신 황제가 탄생하게 되었다.

그 시대의 상식에 따르면, 트라야누스는 겨울철 휴전기간을 이용하여 수도 로마에 돌아와, 원로원에서 실시되는 집정관 선거—당선이야 따놓은 당상이지만—에 출마하고, 이듬해 1월 1일 열리는 원로원 첫 회의에 참석하여 네르바에게 감사하는 연설을 하고, 그런 일을 모두 마친 다음에 라인강 연안의 군단기지로 돌아가는 게 당연했다. 아니, 그렇게 하는 게 당연하다고 누구나 생각했을 것이다. 그러나 44세의 트라야누스는, 전투에서 이기려면 예측불허의 작전을 구사함으로써 적의 의표를 찔러야 한다는 것을 아는 무인이기도 했다. 속주 출신인 그에게 제위로 가는 길을 열어주었으니, 로마로 곧장 달려가 네르바에게 감사 인사를 늘어놓을 거라고, 원로원 의원부터 일반 서민에 이르기까지 누구나 그렇게 믿고 있었다. 그러나 그들의 예상은 완전히 빗나갔다. 서기 98년 1월 1일에도 트라야누스는 수도 로마에 없었다. 1월 27일 쾰른에서 네르바의 죽음을 통고받은 뒤에도 그는 계속 전선에 머물러 있었다.

하지만 황제가 된 이상 수도 로마와 본국 이탈리아반도의 질서 유지는 그의 책임이다. 본국 안에 배치된 유일한 군사력인 근위대가 현직 황제를 감금하는 사태가 일어나서는 질서 유지가 보장되지 않는다. 그래도 그는 당분간 수도로 돌아가지 않기로 결심했다. 트라야누스는 근위대장과 그 동조자 몇 명만 쾰른으로 불러들인다. 황제의 명령이니까 응하지 않을 수는 없었지만, 그들은 쾰른에 도착하자마자 모두 살해되었다. 이것으로 근위대 내부의 불온분자 문제는 해결되었다. 수도에 남아 있던 1만 명의 근위대 병사들은 네르바한테는 불만을 품고 있었지만 트라야누스는 존경하고 있었기 때문에, 그의 엄격한 조치에 복종했다. 덧붙여 말하면 네르바는 1개 군단도 지휘해본 경험이 없고 민간 경력만 있는 사람이었다. 그렇기 때문에 트라야누스를 후계자로 지명했을 것이다.

그런데 트라야누스가 수도 귀환을 미루면서까지 완수하려고 생각한 일은 무엇이었을까. 네르바의 부음을 트라야누스는 쾰른에서 받았다. 쾰른은 저지 게르마니아군 사령관의 관할구역이다. 로마군의 담당 구역을 중시한다면, 고지 게르마니아군 사령관인 트라야누스가 '월경'할 수 없는 지역이다. 하지만 97년 10월에 네르바의 양자가 되었을 때 트라야누스는 황제의 독점적 권한인 로마군 최고통수권까지 할양받은 상태였다. 그가 98년 1월에 쾰른에 머물고 있었다는 것은 네르바의 사망으로 제위에 오르기 전부터 이미 공동 황제의 지위를 충분히 활용하고 있었다는 뜻이다. 45세 생일을 8개월 남겨둔, 남자로서는 더할 나위 없이 성숙한 나이에 제위에 오른 이 속주 출신 황제는 정식으로 제위에 오르기 전에 이미 자기가 해야 할 일을 완벽하게 이해하고 있었다. 그것은 도미티아누스 황제가 이루려다가 끝내 이루지 못한 사업의 계승이었지만, 그와 동시에 더 이상의 영토 확장을 금지한 초대 황제 아우구스투스의 유훈을 거스르는 일이기도 했다. 따라서 그것을 결행하는 이상은 반드시 성공하지 않으면 안 되었다.

기개를 가슴에 품고

신격(神格) 아우구스투스의 유훈에 어긋나는 일이니까, 로마 제국의 공식 주권자인 원로원과 로마 시민을 납득시킬 만한 이유가 있어야 한다. 로마 황제는 이 양대 주권자한테서 정치를 위임받은 로마 시민 중의 '제일인자'(프린켑스)에 불과하기 때문이다. 그리고 '납득시킬 만한 이유'는 원로원과 로마 시민이라는 양대 유권자 계층이 왜 도미티아누스 황제의 방식에 납득하지 않았는가를 생각하면 미루어 알 수 있는 것이었다.

제8권에서 도미티아누스 황제를 다룰 때 자세히 설명했으니까 여기서는 그 부분을 간단히 요약하는 것으로 그치겠다. 라인강 방위선을 철벽화하고 '게르마니아 방벽'을 구축함으로써 라인강과 도나우강 상류 지역의 방위체계도 완성한 로마인 앞에 새로운 적으로 나타난 것이 도나우강 하류 일대에 세력을 키우고 있던 다키아족이다. 도나우강이라는 천연 방위선 바깥에 사는 부족들의 존재 자체가 로마에 위협이 되었던 것은 아니다. 문제는 이런 부족들이 단결했을 경우였다. 다키아족을 무시할 수 없게 된 것은 족장이 '왕'을 자칭할 만큼 주변의 약소 부족을 통합하는 데 성공했기 때문이다.

다키아족의 세력은 유능한 지도자 데케발루스의 등장으로 더욱 강해진다. 데케발루스는 부족의 거주지인 도나우강 하류 지역만이 아니라 오늘날의 헝가리에서 유고슬라비아에 이르는 중류 지역의 다른 부족들까지 통합하여 도나우강 북쪽 일대에 거대한 왕국을 세우겠다는 야망을 품고 있었다. 그리고 그 야망을 실현할 만한 힘이 있다는 것을 과시하기 위해서라도 로마 영토인 도나우강 남쪽으로 침입한 것이다.

불의의 습격은 보기 좋게 성공했다. 이들을 맞아 싸운 로마 군단은 참패하고, 군단을 지휘하고 있던 모에시아 속주 총독은 전사했다.

도미티아누스는 몸소 전선에 나가기로 결정한다. 로마군 최고사령관인 황제를 맞아, 5개 군단이나 되는 병력을 투입한 전투는 로마의 승리로 끝났다. 다키아 왕이 사절을 보내 강화를 제의했으나, 로마는 검토도 해보지 않고 거부했다. 두 번째 전투에서는 로마군이 도나우강을 건너 북쪽으로 진격하여, 다키아족의 본거지를 공격할 작정이었기 때문이다.

그러나 승전보를 선물로 안고 수도 로마에 돌아와 있던 도미티아누스에게 보고된 두 번째 전투 결과는 참패였다. 1개 군단과 근위대 절반이 궤멸했고, 총지휘를 맡고 있던 근위대장 푸스쿠스도 전사했다는 것이다. 게다가 군단기인 은독수리 깃발마저 적에게 빼앗기는 수모까지 당했다. 두 번째 전투는 오늘날의 세르비아에서 루마니아에 이르는 지역에서 벌어졌는데, 로마군은 다키아족의 본거지인 사르미제게투사로 쳐들어가기는커녕, 도나우강을 건너자마자 협공을 당하여 여지없이 무너진 것이다.

통렬한 타격이긴 했지만, 도미티아누스 황제는 기가 꺾이지 않았다. 꼬박 1년 동안 설욕전을 준비한다. 후임 사령관에는 도나우강 방위선에서 오래 근무하여 현지 사정에 밝은 율리아누스가 임명되었다.

서기 88년, 군대를 이끌고 도나우강을 건너 다키아 땅으로 쳐들어간 율리아누스는 교묘한 책동으로 적을 유인하여 평원으로 끌어내는 데 성공한다. 로마군은 평원을 무대로 벌어지는 회전에서는 천하무적이었다. 이리저리 도망쳐 다니는 다키아족 병사들을 이번에는 로마군 병사들이 추격하여 마구 죽였다. 하지만 다키아족의 본거지까지는 쳐들어가지 못했다. 겨울이 눈앞에 다가와 있었기 때문이다. 그 지방의 겨울이 얼마나 혹독한지를 알고 있는 율리아누스는 도나우강 남쪽으로 철수한 뒤, 배다리를 해체하고, 이듬해 봄까지 병사들에게 휴식을 주었다. 그러나 이듬해인 89년, 로마군은 도나우강을 건너지 않았다.

도미티아누스가 다키아족과의 화해를 선택했기 때문이다. 그가 화해를 선택할 수밖에 없었던 이유로는 몇 가지 정세 변화를 들 수 있다.

첫째, 한 달도 지나기 전에 해결되긴 했지만, 고지 게르마니아군 사령관 사투르니누스 반란의 사후 처리가 필요했다.

둘째, 가짜 네로 황제를 내세워 반(反)로마 기운이 다시금 높아지고 있던 파르티아 왕국을 견제할 필요가 있었다.

셋째, 로마군에 패배한 다키아족 따위는 두렵지 않다고 생각했는지,

도나우강 중류 일대에서 공세를 취하기 시작한 게르만계 부족들에게 대처할 필요가 있었다.

도나우강 하류의 전선이 중류 지역까지 확대되는 것을 우려한 도미티아누스와 참패를 당한 뒤 열세를 만회할 필요에 쫓기고 있던 데케발루스의 이해관계가 맞아떨어졌다. 평화협정을 맺기 위해 다키아 왕의 대리인 자격으로 로마를 방문한 다키아 왕자를 도미티아누스는 우호국 군주처럼 환대했다. 도미티아누스는 다키아족과 강화를 맺으면 도나우강 중류 일대에서 공세를 취하기 시작한 게르만족도 모조리 쓸어버릴 수 있다고 생각했을 것이다. 실제로 로마군은 다키아와 강화를 맺은 뒤 도나우강 중류 일대에 전력을 집중한다. 그 결과, 빈에서 부다페스트와 베오그라드로 이어지는 로마 군단기지를 공격하고 있던 게르만 부족들은 원래의 거주지로 후퇴할 수밖에 없었다.

도미티아누스가 죽은 뒤에 내려진 '기록말살형' 때문에 그가 다키아 왕과 맺은 평화협정의 내용은 알 수 없다. 그러나 한 가지만은 알려져 있다. 로마가 다키아에 참패했을 당시 포로가 된 로마 병사들을 돌려받는 대가로 1인당 1년에 2아시스를 지불한다는 조항이다.

포로가 몇 명이었는지도 알 수 없다. 다키아족의 본거지로 쳐들어갈 가능성이 멀어진 이상, 포로로 붙잡혀 있는 로마 병사를 구출하려면 돈으로 사는 수밖에 없다고 생각했는지도 모른다. 2아시스는 공중목욕탕 입장료의 네 배다. 시장에서 거래되는 밀가루 500그램 값에 불과하다. 병사 연봉을 기준으로 셈하면 450분의 1이다. 이만한 비용으로 도나우강 하류 지역에 대한 걱정을 접을 수 있다면 값싼 대가라고 생각했는지도 모른다.

하지만 이 협약이 로마인들의 비난을 사게 되었다. 원로원파인 타키투스가 내린 혹평을 보아도 알 수 있듯이 원로원과 황제의 관계는 갈

수록 험악해졌지만, 그때까지만 해도 도미티아누스에 대한 일반 시민의 평가는 결코 나쁘지 않았다. 그런데 이 일로 시민들까지 황제에게 차가운 눈길을 돌리게 되었다.

로마인들은 1개 군단에다 근위대 절반을 합한 1만 명의 병사가 희생된 것도 참아냈다. 그러나 평화를 돈으로 사는 것은 용납할 수 없었다. 설령 그 돈이 상징적인 액수에 불과하다 해도, 아니 그렇기 때문에 더더욱 받아들일 수 없었던 것이다. 패자가 승자에게 바치는 연공(年貢)으로 느껴졌기 때문이다. 평화란 어떤 대가를 치르고라도 얻을 가치가 있는 것일까? 이 문제에 대한 해답은, 제정 중기에 접어든 이 무렵에도 로마인들에게는 새삼 생각해볼 필요도 없을 만큼 분명했을 것이다.

도미티아누스의 성격으로 보아, 그는 다키아와의 평화협정을 제반 정세가 호전될 때까지의 일시적인 조치로 생각한 게 아닌가 싶다. 하지만 그로부터 2년 뒤에 그는 살해되고 말았다. 그리고 도미티아누스에게 발탁되어 고지 게르마니아군 사령관이 된 트라야누스는 도나우 강 방위선과 맞닿아 있는 임지에서 이 사태의 자초지종을 지켜보고 있었다.

그보다 두 살 위였던 도미티아누스 황제가 암살된 지 1년 뒤, 트라야누스는 네르바 황제로부터 단순한 후계자가 아니라 공동 황제의 지위를 받았다. 로마군 최고통수권을 네르바 황제와 공유할 수 있는 권한이다. 그는 당장 이 권한을 활용한다. 관할구역 밖에 있는 쾰른에 가 있었던 것이 그가 주어진 권한을 재빨리 활용하기 시작했다는 증거다. 그리고 석 달 뒤에 네르바가 죽었다. 단독 황제가 된 트라야누스가 수도 로마로 귀환을 미루면서까지 '사업'을 속행하기로 결정한 것은 20세기의 미국인이 실제적인 로마 황제들 중에서도 한층 더 실제적인 인물이라고 평가한 트라야누스다운 선택이었다.

그가 네르바의 부음을 쾰른에서 받았다는 사실이 보여주듯, 그 '사업'이란 당시에 '저지 게르마니아'(Germania Inferior)라고 불린 라인강 중류와 하류 지역의 방위체계를 완비하는 일이었다. '고지 게르마니아'(Germania Superior)와 도나우강 상류 지역을 잇는 '게르마니아 방벽'의 방위체계를 완비하는 작업은 그가 고지 게르마니아군 사령관이었던 5년 동안 끝내놓았을 것이다.

그가 라인강 일대와 도나우강 상류 지역까지의 방위체계 완비를 서두른 것은 다키아족을 상대로 전력을 투입했을 경우 배후에 대한 걱정을 없애기 위해서였다. 로마군이 도나우강 중류와 하류 지역에 전력을 집중시킨 틈을 타서, 거리도 멀리 떨어져 있는데다 방위력도 허술해진 라인강 하류 지역을 공격하는 것은, 호시탐탐 침입할 기회만 노리고 있는 야만족이라면 누구나 생각할 수 있는 일이었다.

도미티아누스는 냉철하고 세심한 통치자일 뿐 아니라 전략적인 통찰력도 갖추고 있었지만, 그의 '아킬레스 힘줄'은 군단에서의 실전 경험이 없었다는 점이다. 군단에서 견습을 시작할 무렵에는 네로 황제가 죽은 뒤에 일어난 내전으로 기회를 놓쳤다. 아버지인 베스파시아누스는 군단에서 잔다리를 밟아 지휘관까지 진급했으면서도, 자신이 제위에 올라 세상이 안정된 뒤에도 무엇 때문인지 둘째 아들 도미티아누스한테는 군무를 체험할 기회를 주지 않았다. 형 티투스에 이어 두 번째 제위계승자가 된 도미티아누스를 대대장이나 군단장으로 임명하는 것은 부적절하다고 생각했던 것일까. 그 덕분에 도미티아누스는 군단 경험을 쌓기에 가장 좋은 19세부터 30세까지의 시기를 제왕 교육만 받으면서 보내게 된다. 게다가 형 티투스 황제가 요절했기 때문에, 30세의 젊은 나이에 로마군 최고사령관이 되어버렸다.

경험이 없어도 천부적 재능을 타고났다면 결함도 수정되었을 게 분명하다. 또는 군사적 재능을 타고나지 않았어도, 아그리파를 활용한 아우구스투스처럼 적절한 인재를 등용하여 그 사람에게 일임할 수도 있었을 것이다. 브리타니아 전선에서 활약한 아그리콜라라는 인재도 있었다. 하지만 도미티아누스는 군무를 경험하지 않은 탓인지, 군단 생활에 대한 동경이 남보다 훨씬 강했다. 게다가 자기한테는 군사적 재능이 있다고 굳게 믿고 있었다.

하지만 '게르마니아 방벽' 건설을 착상하고 실행한 공적은 인정할 수 있어도, 다키아 전쟁을 보면 그에게 군사적 재능이 없는 것은 한눈에 알 수 있다.

첫째, 계속 뒷북만 치고 있다. 전쟁의 주도권을 장악하지 못하고 상대방에게 선수를 빼앗겼다는 뜻이다.

둘째, 전선의 총사령관이 둘이나 전사한 것은 명확한 전략도 없이 전투에 들어갔기 때문에 간단히 난전에 말려든 것을 보여준다.

셋째, 다키아족의 힘을 경시했다. 따라서 전력의 집중적인 투입을 게을리하여 2승 2패가 되었고, 모든 정세가 악화되었기 때문이라고는 하지만 치욕적인 강화를 맺을 수밖에 없었다.

동년배이긴 하지만 군무 경험이 훨씬 많은 트라야누스가 이런 결함을 알아차리지 못했을 리는 없다. 그리고 로마의 뛰어난 무인은 적보다 훨씬 많은 전력을 투입하여 싸우는 것을 전혀 꺼리지 않는 인종이었다. 많은 전력을 집중적으로 투입하면 사태를 빨리 해결할 수 있어서, 결과적으로는 값이 싸게 먹히기 때문이다. 군비만 싸게 먹히는 것이 아니다. 전쟁 상태가 오래 지속될수록 전쟁터 근처에 사는 주민들의 불만은 높아지게 마련인데, 조기 해결은 그 불만을 해소하는 데에도 효과가 있었다. 게다가 "로마군은 병참으로 이긴다"는 평판을 듣고 있었다.

사전에 따르면 병참은 후방에서 식량이나 무기 같은 군수품 일체의 보급과 수송 등을 맡는 기능이다. 병참에서 만전을 기하려면 전쟁터

인접 지역 민간인의 협력은 필수불가결한 요소였다.

트라야누스는 다키아족을 상대로 도미티아누스 시대의 갑절이나 되는 전력을 투입하기로 결정했다. 하지만 이를 실행하려면 도나우강 방위선의 현재 전력만으로는 턱없이 부족하다. 인접한 라인강 방위선에서 병력을 이동시킬 필요가 있었다. 병력이 절반으로 줄어든 상태에서도 안보를 지키기 위해서는 우선 라인강 방위체계를 완비해두어야 했다.

트라야누스는 통치 첫해인 서기 98년의 대부분을 라인강 연안에서 보낸다. 그리고 그해 겨울에는 도나우강 연안으로 이동하여, 이번에는 전쟁 재개를 염두에 두고 만반의 준비를 지휘했다. 네로 황제 시대의 명장 코르불로는 "로마군은 곡괭이로 이긴다"고 말했다. 로마군에는 공병대가 따로 존재하지 않고, 군단병 전원이 토목기사이자 인부이기도 했다.

트라야누스가 도나우강 연안에서 한 '사업'은 서기 98년 겨울부터 이듬해 여름까지 계속되었다. 도미티아누스가 이미 원형경기장이나 공중목욕탕까지 갖춘 항구적인 군단기지를 만들어두었기 때문에, 트라야누스는 그 기지들을 잇는 도로와 교량을 포장하는 데 진력한 모양이다. 로마인은 전쟁을 시작하기도 전에 벌써 그만한 '인프라'를 정비해버리는 민족이다. 도로와 교량을 정비해두면, 전쟁에 졌을 때 적의 추격도 쉬워질 거라고는 생각지 않았을까 싶지만, 그보다는 아군의 진격이 용이해진다는 점을 우선했을 것이다. 또한 이 시기에 이루어진 토목사업의 흔적만 더듬어보아도, 트라야누스가 그 후에 시행한 토목공사의 특색이 벌써 뚜렷이 나타나 있음을 알 수 있다. 절벽이 앞을 가로막으면, 우회하지 않고 절벽을 깎아버린다. 이것은 트라야누스만이 아니라 로마인의 토목공사 전반에서 찾아볼 수 있는 특색이지만, 이 속주 출신 황제는 로마에서 태어난 사람보다 훨씬 로마인다웠는지도 모른다.

트라야누스가 황제의 신분으로 수도 로마에 처음으로 입성한 것은 서기 99년 여름도 다 지나갈 무렵이었다.

로마 귀환

도나우강에서 로마로 갔다고 되어 있으니까, 이때 트라야누스가 택한 길은 오늘날의 유고슬라비아와 보스니아-헤르체고비나를 지나 아드리아해에 이른 뒤, 배를 타고 꼬박 하루를 항해하여 이탈리아 중부의 항구도시 안코나에 상륙한 다음, 해안을 따라 남하하다가 발레리아 가도를 따라 로마로 들어가는 코스였을 것이다. 사료가 남아 있지 않아서 추측할 수밖에 없지만, 이 경로를 택했다면 수도 로마에는 동쪽에서 들어갔을 것이다. 역대 황제들의 노력으로, 바닷길 외에는 완전 포장된 로마 가도를 이용할 수 있었다. 거리로는 로마에서 프랑스를 가로질러 런던까지 가는 거리의 절반이다. 지도만 놓고 보아도, 당시 로마의 지도층이 도나우강 방위선의 행방이 제국의 안전보장을 결정한다고 믿었던 이유를 납득하지 않을 수 없다. 로마에서 베오그라드까지의 거리는 로마에서 파리까지보다 가깝다. 로마 시대에는 지도상의 거리가 실제 거리와 같았다고 생각해도 좋다. 오늘날에는 발칸 지방보다 서유럽의 도로망이 훨씬 충실하게 갖추어져 있어서 로마에서 베오그라드까지 가는 시간보다 로마에서 파리까지 가는 시간이 짧지만, 로마 시대에는 이 두 지방에 깔려 있는 도로망에 밀도 차이가 전혀 없었다.

동쪽에서 수도에 들어간 트라야누스 황제는 그를 보려고 몰려든 수많은 인파의 마중을 받았다. 서민들은 트라야누스가 2년 가까운 세월을 들인 '준비'까지는 이해하지 못했을 테니까, 그들의 관심은 단순한 호기심 때문이었을 것이다.

첫째, 트라야누스는 최초의 속주 출신 황제였다.

둘째, 이제까지의 경력을 대부분 속주에서 보낸 트라야누스는 수도 로마에서는 미지의 '얼굴'이었다.

셋째, 황제에 즉위했으면서도 1년 반 동안이나 수도에 모습을 나타내지 않았다.

원로원 의원들도 모두 마중을 나왔다는데, 그들도 아마 호기심 쪽이 더 강했을 것이다. 원로원은 네르바가 트라야누스를 후계자로 지명한 것도 승인했고, 네르바가 죽은 뒤 트라야누스가 제위에 오르는 것도 승인했다. 하지만 이 속주 출신 황제가 즉위한 뒤 눈으로 직접 보는 것은 처음이라는 점에서는 그들 역시 서민들과 다를 게 없었다.

트라야누스는 성문 앞에 이르자 말에서 내렸다. 로마군 최고사령관이기도 한 황제답게 하얀 투니카 위에 은빛 강철 흉갑을 대고 어깨에는 진홍빛 망토를 걸치고 있었지만, 말을 탄 채 수도에 입성할 거라는 사람들의 예상을 깨고 걸어서 로마에 들어간 것이다. 아우구스투스만큼 키가 작았다면 마중나온 인파 속에 묻혀버렸겠지만, 트라야누스는 키가 크고 건장한 체격을 갖고 있었다. 사람들의 물결 속에서도 그의 머리만 우뚝 솟아 있었다고 한다.

서민들이 이 황제를 어떻게 생각했는지는 알려져 있지 않다. 어쩌면 말을 타고 당당하게 입성한 편이 그들을 더욱 만족시켰을지 모른다. 하지만 역사가 타키투스도 끼어 있었을 터인 원로원 의원들은 이 일로 당장 트라야누스에게 호감을 가졌다.

로마 시민과 더불어 제국의 양대 주권자인 원로원은, 선거로 뽑히는 것도 아니고 임기도 종신이라는 차이는 있지만, 입법기관이라는 점에서 현대 국가의 국회와 비슷한 존재다. 또한 국가 요직은 대부분 원로원 의원들 중에서 선출되었다. 제정으로 바뀐 뒤에는 '명예로운 경력'이라고 불리는 공직인 회계감사관도 법무관도 집정관도 모두 원로원에서 선거로 결정되었다. 트라야누스도 원로원 의원들이 표를 던져주

로마 장수의 군장

었기 때문에 '명예로운 경력'을 쌓을 수 있었다. 2년 전 네르바에 의해 후계자로 지명될 때까지 트라야누스는 600명이나 되는 원로원 의원들 가운데 한 사람에 불과했다. 그런데 이제 로마 최고의 권력자가 된 그가 말을 타고 그들을 내려다보는 모습이 아니라, 그들과 나란히 걸어서 수도에 들어간 것이다. 나이도 의원들의 중간 세대인 40대. 공화정 지지자인 타키투스조차 광대한 제국을 효율적으로 통치하려면 권력은 한 사람에게 집중해 있는 편이 적절하다고 말할 만큼, 로마인들 사이에서는 제정이라는 정치체제에 찬성하는 여론이 정착해 있었다. 다만 공화정 시대에 비하면 권력에서 배제되어 있었다고 말할 수밖에 없는 그들 편에 서면, 황제는 원로원 의원들에 대한 배려를 소홀히 해서는 안 된다.

황제로서 수도 생활을 시작한 트라야누스의 일상은 그런 면에 대한 배려로 가득 차 있었다.

우선 화려한 궁전 따위는 지을 필요가 없었다. 도미티아누스가 팔라티노 언덕을 거의 절반이나 사용하여 관저와 공저로 이루어진 아름답고 기능적인 궁전을 지어놓았기 때문이다. 별궁도 도미티아누스가 지은 것으로 충분했다. 산의 맑은 공기를 쐬고 싶으면 알바의 산장, 바다를 보고 싶으면 치르체오의 별궁이 있었다. 트라야누스 자신이 지은 별궁은 치비타베키아 별궁 하나뿐인데, 이것도 특별히 호화롭지는 않고, 게다가 나중에 이곳이 항구가 되었을 때 지은 것이었다.

궁중에서 열리는 야회도 원로원 계급에 속하는 사람이라면 누구나 베풀 수 있는 수준이어서, 초대받은 원로원 의원들이 그 소박함에 놀랄 정도였다. 트라야누스는 사생활에서 지출이 아주 적은 황제였다.

아내인 플로티나도 남프랑스의 니스 태생이니까, 최초의 속주 출신 황후였다. 교양 있고 현명한 여자였지만, 미인도 아니고 사치하지도 않았기 때문에 부러움이나 질투의 대상이 될 염려는 없었다. 황후는 원로원 의원 부인들보다 지위가 높지만, 여자는 같은 여성의 미모나 재산에는 부러움이나 질투를 느낄지언정 교양이나 명석한 머리는 부러워하지도 않고 질투도 느끼지 않는 법이다.

트라야누스의 '도보 스타일'은 그 후에도 변함이 없었다. 그는 가마 타기를 싫어했다. 시내라면 어디를 가든 걸어다녔다. 율리우스 카이사르가 제정한 법률에 따르면 도심에서는 기혼부인만 가마를 탈 수 있도록 되어 있었지만, 황제들 중에서도 사람들의 시선을 꺼리는 사람은 가마를 타는 경우가 많았다. 가마를 자주 이용한 황제는 티베리우스와 도미티아누스인데, 이것도 이들 두 사람이 나쁜 평판을 얻은 이유 가운데 하나였을지 모른다.

긴급한 사항이 없는 한 원로원 회의는 한 달에 두 번 열렸는데, 트라야누스는 반드시 참석했다. 의장을 겸한 집정관이 입장할 때는 의원들이 모두 일어나서 맞이하는 것이 관례로 되어 있었고, 트라야누스도 당연하다는 듯 다른 의원들과 함께 일어나곤 했다. 회의 도중에 자리를 뜨는 일도 드물었다니까, 그 성실한 태도는 철저했을 것이다.

원로원 토의에서도 트라야누스의 '도보 스타일'은 변함이 없었다. 고압적인 태도는 전혀 보이지 않고, 지루하게 이어지는 연설도 참을성 있게 경청했다. 그러면서도 자기 의견은 분명하게 밝혔다. 트라야누스는 타키투스나 소플리니우스와는 달리 변호사로 일한 경험이 없다. 즉 화려한 변론술을 구사하여 사람들의 탄성을 자아내는 웅변가는 아니었다. 그래도 원로원 의원인 소플리니우스가 증언했듯이, "말에 담긴 진실감, 강하고 의연한 음성, 위엄에 찬 얼굴, 솔직하고 성실한 눈빛"으로 누구나 경청하지 않을 수 없게 했다.

트라야누스는 원로원 의원들 앞에서, 국가반역죄라는 이름으로 원로원 의원을 처형하는 일은 절대 하지 않겠노라고 약속했다. 이 약속은 완벽하게 지켜졌다. 그의 치세 20년 동안 살해되거나 유배된 원로원 의원은 한 사람도 없다.

'국가반역죄'라는 죄목이 붙어 있기는 하지만, 실제로는 황제에 대한 반역이다. 이 죄목이 원로원 의원들을 공포에 떨게 한 이유는, 실제로 반역이나 암살을 기도하지 않아도 단지 황제에게 동조하지 않았다는 이유만으로 이 죄를 뒤집어쓸 우려가 있었기 때문이다. 황제가 반대파 의원을 숙청할 때 '국가반역죄'를 도구로 이용한 사례가 과거에 여러 번 있었기 때문이다. 티베리우스 황제 말년의 공포정치는 유명했고, 도미티아누스 황제의 마지막 몇 년은 트라야누스와 같은 세대였던 타키투스의 분노가 보여주듯 잊기 어려운 공포로 가득 차 있었다. 그것이 불과 몇 년 전의 일이었다.

그러나 트라야누스는 공정하고 성실하기만 한 남자는 아니었다. 그는 20년에 걸친 치세 동안 세 번밖에 집정관에 취임하지 않았다. 그 결과 원로원 의원들은 '명예로운 경력'의 정점인 집정관에 취임할 수 있는 기회를 더 많이 누리게 되었다. 또한 트라야누스는, 매년 1월 1일 취임하는 '정규 집정관'이 임기를 마치기 전에 죽거나 사임하면 '보결 집정관'이 그 뒤를 이어 취임하는 제도도 활용했다. 그 결과 집정관을 경험한 원로원 의원의 수가 늘어났다. 그러나 원로원이 트라야누스에게 더욱더 호감을 품는 것도 당연했다.

하지만 집정관의 의미도 달라지고 있었다. 공화정 시대에는 문자 그대로 '정무 집행'의 최고책임자였지만, 제정 시대로 넘어온 뒤에는 황제가 집정의 최고책임자가 된다. 그러나 제정에 대한 원로원의 알레르기 반응을 배제하고 싶어 했던 초대 황제 아우구스투스는 스스로 자주 집정관에 취임하여, 실제로는 제정인데도 겉으로는 공화정이 계속되는 것처럼 보이게 했다. 율리우스 카이사르처럼 암살당하고 싶지 않으면 그렇게 위장할 수밖에 없었다. 브루투스는 죽었어도 공화정 시대를 그리워하는 사람이 없어진 것은 아니었기 때문이다.

집정관에 여러 차례 취임한 황제로는 베스파시아누스가 있었다. 이 사람도 아우구스투스로 시작되는 '율리우스-클라우디우스 왕조'가 네로에서 끊긴 뒤에 창설된 '플라비우스 왕조'의 시조라는 점에서는 아우구스투스와 같은 처지에 있었다. 집정관에 자주 취임하여 원로원과의 일체감을 호소할 필요가 있었던 것이다. 도미티아누스 황제가 저지른 잘못 가운데 하나는 '플라비우스 왕조'가 자리를 잡은 뒤에도 아버지의 방식을 계속 답습한 것이었다.

그러나 트라야누스는 달랐다. 자식도 없었기 때문에 '울피우스 왕조'를 개설할 필요도 없었다. 집정관을 대량 배출하여 원로원의 호의를 얻을 수 있다면 좋지 않은가 하는 생각이었을 것이다. 게다가 집정관 대량 배출은 시대의 요청과도 일치했다.

광대한 로마 제국은 황제를 도와서 정무에 종사할 '인재'를 늘상 필요로 했다. 게다가 제국의 통치체제가 정비되어갈수록 점점 더 많은 인재가 필요하게 되었다. 로마에는 요직을 맡는 원로원 의원들 중에서도 특별히 '집정관급'(consulares)이라고 불리는 계층이 있었다. 집정관을 지낸 사람이라는 뜻이다. 국난이 발생했을 때 집정관급에 속하는 사람이 책임자로 취임하는 것만으로도 그 문제에 국가가 얼마나 진지하게 대처하고 있는가를 가늠할 수 있을 정도였다. 자연 재해에 따른 사후 대책에서도 '집정관급'이 담당 책임자로 취임하면, 그것은 단순한 홍수 대책이 아니라 근본적인 치수 사업이 시행된다는 것을 의미했다.

고대 로마의 '군주론'

이런 트라야누스의 방식 덕분에 집정관이 된 소플리니우스가 서기 100년 9월에 원로원에서 연설했다는 취임사가 남아 있다. 「트라야누스에게 바치는 송가」라는 제목인데, 요컨대 집정관이 될 기회를 준 트라야누스에게 감사한다는 것이다. 취임 날짜가 9월인 것으로 보아, 당시 마흔 살 안팎이었던 소플리니우스는 정규 집정관이 아니라 보결 집정관에 선출된 모양이다.

그런데 이 「송가」는 소플리니우스가 변호사로 성공한 것도 당연하다는 느낌이 들 만큼 장황해서, 계속 읽으려면 트라야누스 못지않은 인내심이 필요하겠구나 싶을 정도다. 장문인데다, 도미티아누스 황제에 대한 비난과 트라야누스 황제에 대한 찬사가 줄기차게 되풀이되는 데에는 질려버린다. 하지만 그래도 계속 읽어나가다 보면, 황제란 어떠해야 하는가에 대해 양질의(소플리니우스는 인품이 훌륭한 사람이었다) 원로원 의원이 어떤 생각을 했는지를 분명히 알 수 있다. 다시 말해서 「트라야누스에게 바치는 송가」는 고대 로마인이 쓴 '군주론'이다. 여기서 요점만 발췌해보면 다음과 같다.

소플리니우스는 트라야누스가 "황제에 즉위한 것은 혈연 때문이 아니며, 선제 네르바가 그를 양자로 삼은 것도 그의 역량을 높이 평가했기 때문이지 그의 개인적 야심이 낳은 결과는 아니"라고 강조한다.

로마인이 정국의 불안정을 피하기 위해 세습제를 받아들였지만, 그래도 항상 세습제에 의문을 품고 있었음을 보여준다. 또한 지도자의 개인적 야심, 즉 사욕을 좋지 않게 생각한 것은 "나서고 싶어 하는 사람보다 내세우고 싶은 사람을 선택하라"는 격언이 생각나게 한다.

이어서 소플리니우스는, 로마 황제란 "원로원과 로마 시민, 군대, 속주, 동맹국으로 이루어진 제국의 통치를 위임받은 유일한 존재이며" 그 목적은 "오직 만민의 자유와 번영과 안전보장뿐"이라고 밝힌다. 그리고 "만민에 대한 통치자는 만민 가운데 선택된 자여야 한다"고 말한다. 이 한마디 ─ 라틴어 원문으로는 "Imperaturus omnibus eligi debet ex omnibus" ─ 는 계몽주의를 거친 근대 서유럽 국가의 위정자들에게도 "늘 명심해야 할 말"이 된다. 이 구절은 영국 하원 의사당에서 라틴어 그대로 말해도 누구나 당장 이해할 수 있었다고 할 만큼 유명한 구절이다.

법치국가에서 황제의 권력에 대해, 소플리니우스는 바로 눈앞에 앉아 있었을 게 분명한 트라야누스를 향하여 이렇게 말한다.

"당신이 우리 원로원 의원을 넘어서는 권력을 탐내지 않는다는 것은 알고 있지만, 그 권력을 당신이 가져주기를 바란 것은 우리입니다." 그러고는 이렇게 말을 잇는다. "황제란 법 위에 서는 존재가 아니라, 법이 황제 위에 서는 존재입니다."

듣고 보면 당연한 말이다. 로마 황제는 취임할 때 집정관 앞에서 국법에 충성할 것을 서약하는 것이 관례였다. 게다가 똑같은 선서를 또 한 번 해야 한다. 이번에는 포로 로마노의 연단 위에 올라가, 몰려든 로마 시민 앞에서 서약하는 것이다.

그러면 후천적으로 강대한 권력을 부여받은 황제는 어떻게 행동해야 하는가. 소플리니우스는 여기에 대해 이렇게 말한다. "주인으로서가 아니라 아버지로서, 전제군주가 아니라 시민의 한 사람으로서"라고. 그리고 인간적으로는 "쾌활한 동시에 진지하고, 소박한 동시에 위엄이 있고, 상냥하면서도 당당하지 않으면 안 됩니다."

이래서는 슈퍼맨이 되라는 거나 마찬가지라는 생각이 들지만, 최고 권력자는 초인적이어야 한다고 로마인들은 생각했을 것이다. 덧붙여 말하면, 로마의 역대 황제들은 율리우스 카이사르에게 맨 처음 주어진 '국가의 아버지'(Pater Patriae)라는 칭호를 이어받는 것이 관례가 되어 있었다. 트라야누스도 수도에 귀환했을 때 이 칭호를 받았다. 하지만 근대 국가는 이 사고방식을 '퍼터널리즘'(온정주의·가부장주의)이라고 부르고, 전근대적이라 하여 물리치는 것이 일반적이다.

이어서 원로원과 함께 제국의 양대 주권자인 로마 시민권 소유자에 대한 언급이 나온다.

"당신이 위임받은 통치권은 국익을 지키는 데 행사되어야 하지만, 그 국가는 시민 모두의 것입니다. 따라서 황제는 시민의 목소리에 귀를 기울일 의무가 있습니다."

트라야누스의 후임 황제인 하드리아누스 시절의 일이다. 하드리아누스가 제사를 거행하러 신전으로 가는 길에 한 여자가 황제를 불러세웠다. 여자는 황제에게 무언가를 청원하려고 길목에서 기다리고 있었던 것이다. 하드리아누스는 "지금은 시간이 없다"고 대답하고 그냥 지나가려고 했다. 그러자 여자는 황제의 등에 대고 외쳤다. "그러면 당신은 통치할 권리가 없습니다!"

하드리아누스 황제는 발길을 돌려 여자에게 돌아와서 이야기를 들어주었다.

그러나 인간은 빈부에 관계없이 실리에 민감한 생물이기도 하다. 소플리니우스의 '군주론'에도 돈 이야기가 빠지지 않는다. 그중 하나는 네르바 시절에 시작되어 트라야누스도 답습한 황제의 재산 사용법인데, 소플리니우스는 그것을 칭송하여 이렇게 말한다.

"우리는 황제의 재산을 마치 공동 소유권이라도 갖고 있는 것처럼 사용할 수 있을뿐더러, 우리 개개인의 사유재산권은 완벽하게 보장되어 있습니다."

로마의 세금은 크게 두 종류로 나눌 수 있다. 원로원 속주에서 거두어들인 세금은 국고로 들어가고, 황제 속주에서 거두어들인 세금은 황제에게 들어가도록 되어 있었다. 이것은 초대 황제 아우구스투스가 시작한 제도인데, 당시에는 이집트를 제외한 황제 속주는 모두 변경에 있어서 방위비가 많이 들었기 때문이다. 하지만 이것이 공과 사를 혼동한다는 비난의 온상이 되기도 했다. 원래 나랏돈인데 사유재산처럼 낭비한다는 것이다. 경기장이나 공중목욕탕 같은 공공시설을 짓는 데 쓰면 좋지만, 호화 별장 따위를 지으면 비난을 면할 수 없었다. 도미티아누스 황제가 지은 광대한 팔라티노 궁전이 비난을 받자, 다음 황제 네르바는 'Villa publica'(공관)라고 새긴 석판을 내걸고 정문을 항상 열어두게 했다. 물론 트라야누스는 그런 일로 악평을 받은 도미티아누스의 전철을 밟을 생각이 전혀 없었다. 그의 시대에도 선제 네르바가 내건 석판은 그대로 걸려 있었다.

로마 시민권 소유자는 군무에 종사한다는 이유로 속주세를 면제받고 있었지만, 상속세는 면제받지 못했다. 상속세는 로마 시민에게 부과된 유일한 직접세다.

이 세금을 제정한 아우구스투스 황제는 군무에 실제로 종사하지 않는 로마 시민까지 직접세를 면제받는 것은 불공평하다고 생각하여 상속세를 만들었고, 따라서 이 상속세만은 만기 제대자에게 주는 퇴직금으로 사용하는 목적세다. 세율은 5퍼센트, 6촌 이내의 근친자는 면제되었다.

하지만 로마인도 탈세는 한다. 6촌 이내의 근친자가 되기 위해 양자로 들어가는 등의 편법을 쓰려는 사람이 적지 않았기 때문에, 누구도 상속세를 면제받지 못하도록 세법이 바뀌었다. 이 세법 개정도 도미티아누스가 단행한 모양이다.

도미티아누스가 살해된 뒤 제위에 오른 네르바는 이 세법을 다시 개정하여, 부모와 자식 간에 상속이 이루어지는 경우에는 세금을 전액 면제해주었다. 그리고 2만 세스테르티우스 이하는 누가 상속하든 상속세를 전액 면제해주기로 결정했다. 소플리니우스는 이것도 트라야누스가 계승해야 할 정책 가운데 하나로 들고 있다. "로마 시민권은 매력 있는 권리여야 하고, 근친을 잃은 슬픔에다 재산을 잃는 슬픔까지 덧붙여서는 안 된다"는 게 그 이유였다.

황제에게 통치권이 위임된 여러 분야 가운데 소플리니우스가 원로원과 로마 시민 다음으로 거론한 것은 군대였다. 군대와 황제의 관계는 어떠해야 하는가에 대해서, 그는 지금까지 군단에서 트라야누스가 취한 태도를 칭송하는 것으로 대신하고 있다. 트라야누스가 병사들의 존경과 사랑을 받은 것은 그의 태도가 낳은 당연한 결과였다는 것이다.

"병사들은 당신과 함께 굶주림도 목마름도 견뎌냈습니다. 훈련에도

(로마군의 훈련은 실전보다 더 진지했다) 당신은 병사들과 함께 참가하여, 당신의 뒤를 따르는 기병들과 똑같이 땀을 흘리고 흙먼지를 뒤집어썼습니다. 그들 속에서 당신이 유독 눈에 띄었다면, 그것은 병사로서 당신의 탁월함과 용맹함 때문이었습니다. 투창 훈련에서는 누구보다도 정확하게 창을 던지고, 상대가 창을 던지면 누구보다도 재빨리 몸을 피했습니다. 당신의 갑옷이나 방패를 찌른 병사에게는 당신의 노여움이 아니라 칭찬이 주어졌습니다. 그러면서도 당신은 냉철한 관찰자요 사령관이었습니다. 병사들의 무기를 일일이 점검하여 부적당한 것은 바꾸게 하고, 병사가 짊어진 짐이 너무 무거워 보이면 당신이 대신 져주었습니다. 부상병은 육친처럼 정성껏 돌봐주었습니다. 게다가 병사 전원에 대한 최종 점호가 끝날 때까지는 결코 막사에 들어가지 않고, 모든 병사에게 휴식을 준 뒤에야 자신도 휴식을 취했습니다."

하지만 소플리니우스는 트라야누스에게 이렇게 호소한다. "전쟁을 두려워해서는 안 됩니다. 하지만 먼저 도발해서도 안 됩니다." 라틴어로는 "Non times bella nec provocas"다. 이 구절은 오늘날의 사관학교에서도 가르치는 격언이다.

소플리니우스가 군대 다음으로 언급한 것은 속주다. 황제는 속주에 어떻게 대처해야 하는가. 소플리니우스는 "속주민도 로마인의 일부"라고 강조하면서, "자연은 어디에나 균등한 혜택을 주는 것은 아니므로, 도움이 필요한 지방을 원조하는 것은 당연하다"고 말한다. 그리고 속주를 포함한 로마 제국의 현상황에 대해서는 이렇게 말하고 있다.

"교역은 서방과 동방을 이어주고, 따라서 제국 안의 모든 민족은 자신들이 생산하는 물산 가운데 수출할 수 있는 게 무엇이고 자기네 고장에서 생산되지 않기 때문에 수입할 필요가 있는 물산이 무엇인가를 이제는 완전히 알고 있다."

이 말은 로마 제국이 현대의 유럽과 북아프리카와 오리엔트 지방을 망라한 대경제권이었다는 것을 보여준다. 그리고 그 경제권을 부흥시키는 것이야말로 황제의 최대 책무라는 것이 소플리니우스로 대표되는 당시 로마의 지적·사회적·경제적 지도층의 생각이었을 것이다.

인간이란 참으로 복잡미묘한 존재여서, 호평을 받은 일은 계속하고 악평을 받은 일은 그만두면 그걸로 일이 끝나는 게 아니다. 호평을 받았다고 해서 계속하다 보면 싫증을 내고, 악평을 받은 정책을 그만두고 정반대의 정책을 택하면 그때까지 비난을 퍼붓는 데 열심이었던 사람들이 뒤늦게 이전 정책의 필요성을 깨닫고 부활을 요구하는 일이 자주 일어난다.

네르바는 오현제의 첫 번째 황제인 만큼 1년 반도 채 안 되는 짧은 치세에도 불구하고 선정을 베푼 사람이지만, 도미티아누스 황제를 지나치게 의식한 것이 그의 통치의 결함이 되었다.

엄격한 위정자이기도 했던 도미티아누스는 속주 통치를 담당하는 총독들의 행동을 항상 빈틈없이 감시했지만, 네르바는 원로원 의원들한테 평판이 좋지 않다는 이유만으로 그것을 그만두어버렸다. 그 결과는 당장 나타났다. 트라야누스 시대에 접어들자마자 속주민들이 총독의 부정부패를 고발하는 사례가 급증한 것이다. 임기 중에는 총독을 고발하는 것이 허용되지 않았기 때문에 임기가 끝난 뒤에 재판이 열리는데, 속주민의 의뢰를 받으면 검사로, 전임 총독 편에 서면 변호사로 이 재판에 관여한 것이 타키투스나 소플리니우스 같은 원로원 의원 겸 변호사들이었다. 도미티아누스를 혹평한 그들도 고삐를 놓아준 결과가 어떻게 되었는지는 인정할 수밖에 없었을 것이다. 어쨌든 이런 재판은 대부분 속주민 측의 승소로 끝났기 때문이다.

트라야누스는 도미티아누스에 대한 원로원의 반감에 공감하지 않앉기 때문에 방임의 폐해를 더욱 무겁게 인식하고 있었다. 그리고 트라야누스도 도미티아누스와 마찬가지로 속주 통치를 잘하느냐 못하느냐가 제국 전체의 명운을 결정짓는다는 사실을 잘 알고 있었다.

'원로원 속주'는 공식적으로는 황제 관할이 아니다. 이런 속주에 파견되는 총독은 원로원 의원들이 집정관 경험자들 중에서 호선으로 선출한다. '황제 속주'에 파견되는 총독은 황제에게 임명권이 있었다.

도미티아누스는 황제 속주나 원로원 속주의 구별없이 모든 총독을 엄격하게 관리 감독했지만, 도미티아누스가 사망한 나이인 45세에 황제가 된 트라야누스가 총독을 단속하는 방법은 상당히 교묘했다. 속주민의 고발이 잦아서 감시할 필요가 있는 속주가 원로원 속주인 경우, 트라야누스는 그 속주만 일시적으로 황제 속주에 편입시켰다. 그러면 황제 관할이 되니까, 선정을 베풀기에 적당한 인재를 속주 총독에 임명할 수 있었다.

공동화(空洞化) 대책

나아가서 트라야누스는 도미티아누스가 발을 들여놓지 않은 데까지 뛰어든다. 원로원 회의장에서 트라야누스는 "말에 담긴 진실감, 강하고 의연한 음성, 위엄에 찬 얼굴, 솔직하고 성실한 눈빛"으로 법안 하나를 가결해달라고 의원들에게 호소했다. 로마 사회의 지도층인 원로원 의원은 적어도 재산의 3분의 1을 본국 이탈리아에 투자해야 한다는 법안이었다.

당시의 주요 산업은 뭐니뭐니 해도 농업이었지만, 율리우스 카이사르가 자작농 진흥책으로 '농지법'을 제정한 이후 본국 이탈리아의 농업은 중소 자작농이 대다수를 차지하는 구조가 되어 있었다. 이들은 로마 시민권 소유자이고 따라서 유권자이기도 했기 때문이다. 하지만 이 법이 적용되지 않는 속주에서는 대농장이 지배적인 구조가 되어 있었다. 본국은 중소기업 사회이고 속주는 대기업 사회 같은 느낌이었다. 이 격차가 분명해질수록 재산가인 원로원 계급의 투자가 속주로 몰리는 것은 당연한 추세다. 대기업에 투자하는 편이 더 안전하고 수익도 높기 때문이다. '팍스 로마나'가 정착될수록 본국과 속주 사이에 투자 위험도의 격차도 계속 줄어든다. 속주 출신 원로원 의원의 수가 늘어난 것도 이 경향에 박차를 가했다. 본국 이탈리아에는 수도 로마의 저택과 해변 별장만 있을 뿐, 나머지 재산은 모두 속주에 투자했다고 큰소리치는 의원도 나오는 형편이다. 이를 방치해두면 제국의 중추여야 할 본국 이탈리아가 공동화할 것은 뻔했다.

트라야누스가 제출한 법안은 여기에 제동을 거는 것을 목적으로 하고 있었다. 하한선을 3분의 1로 정한 것은 그게 더 현실적이기 때문이다. 전 재산을 본국에 투자하라고 하면 반드시 빠져나갈 구멍을 찾아내는 사람이 나타나, 훌륭한 법도 사문화되게 마련이다. 3분의 1 정도면 괜찮다고 의원들도 생각했는지, 이 법안은 간단히 가결되어 당장 시행되었다. 소플리니우스가 남긴 편지에 주인의 저택은 물론 농업 생산에 필요한 농지와 농민의 주거지와 작업장까지 갖춘 본국 이탈리아의 대농장 가격이 올랐다는 말이 나온다. '트라야누스 투자법'의 성립으로 말미암아 속주에 투자한 자본 일부를 회수하여 본국에 투자할 수밖에 없었던 원로원 의원이 적지 않았음을 짐작할 수 있다. 게다가 본국 농장에 투자할 경우에는 금리 우대도 받을 수 있었다.

본국 이탈리아 농업의 건전한 발전이야말로 이탈리아가 계속 제국의 중추 역할을 맡는 데 가장 긴요한 요소라고 생각한 것은 악정으로 단죄된 황제들도 마찬가지여서, 이탈리아의 중소 자작농은 그 황제들에게 여러 가지 혜택을 받았다. 그 혜택 가운데 하나가 금리 우대책이다. 연리 12퍼센트가 보통인데, '중소기업은행'이라 해도 좋은 국가 기관에서 돈을 빌리면 이자를 5퍼센트만 내면 된다. 대규모 농장이라도 본국에 있으면 6퍼센트의 낮은 금리가 적용된 모양이다. 그리고 어느 경우든 담보는 필요했지만, 원금 상환기간은 정해져 있지 않기 때문에 실제로는 매년 5퍼센트 내지 6퍼센트의 이자만 지불하는 영구 대출이나 마찬가지였다.

육영자금

트라야누스는 또 하나의 본국 공동화 방지책을 시행했다. 통칭 '알리멘타'(Alimenta)라는 법인데, 당시 로마인은 이것을 차세대 육성기금으로 생각하고 있었다. 요즘 말로 바꾸면 '육영자금제도'다.

트라야누스 이전에 이런 제도가 전혀 없었던 것은 아니다. 개인 규모로는 이미 훌륭하게 기능을 발휘하고 있었다.

네로 황제 시절, 나폴리 근처의 작은 도시 아티나 출신인 엘비우스라는 인물은 고향의 진흥기금으로 40만 세스테르티우스를 기부했다. 시의회가 이 기금을 운용하여 얻은 수익금 중에서, 결혼하여 아티나에 정착한 젊은이들에게 1인당 1천 세스테르티우스의 보조금을 주는 것이 기부 조건이었다.

또한 도미티아누스 황제 시절에는 조상 대대로 내려온 부자에다 사회적 책무(이것을 후세는 '노블레스 오블리주'라고 부른다)에도 열심이었던 소플리니우스는 북이탈리아의 아름다운 코모 호숫가에 있는 고향에 신전과 도서관을 기증했고, 차세대 육성도 잊지 않았다. 그는 백만 세스테르티우스 상당의 토지를 코모시 당국에 기증하면서, 1년에 3만 세스테르티우스로 예상되는 수익금을 시에 거주하는 빈곤 가정의 자제가 성인이 될 때까지의 육영자금으로 쓰라는 조건을 달았다. 덧붙여 말하면 3퍼센트라는 수익률은 당시 기준으로도 낮은 편이니까, 소플리니우스가 기부한 땅은 당시 로마인들이 안전성이 높은 대신 수익률이 낮은 투자 대상으로 여겼던 삼림지대였는지도 모른다.

예를 드는 것은 이 정도로 그치겠지만, 트라야누스 황제가 시작한 것은 이런 육영제도의 국책화였다.

본국 이탈리아의 농업을 진흥하기 위해 설립된 '중소기업은행'에는 국고 세입(Erarium)이 아니라 황제 세입(Fiscus)에서 자금이 출자되었다. 그리고 그 이자 수입을 '알리멘타'의 재원으로 삼았다. 이자를 받는 곳도 '중소기업은행'이 아니라 이자를 내는 사람의 농지가 있는 지방자치단체(무니키피아)였다. 이자가 1년에 5퍼센트밖에 안 되기 때문에 원금을 갚지 않고 계속 이자만 내는 영구 대출의 비율이 높았고, 따라서 지방자치단체에 들어오는 이자도 정기적이고 항구적인 수입으로 생각할 수 있었다. 이처럼 액수가 안정되어 있고 매년 들어오는 수입이 육영자금의 재원으로는 이상적이었다.

트라야누스의 '알리멘타법'에는 미성년자만 보조금을 받을 자격이 있다고 규정되어 있고, 그 액수도 정해져 있었다.

적출 남자 — 매달 16세스테르티우스
적출 여자 — 매달 12세스테르티우스
서출 남자 — 매달 12세스테르티우스
서출 여자 — 매달 10세스테르티우스

남자의 성년은 17세, 여자의 성년은 14세다. 로마 시대의 육영자금은 성년이 된 뒤에도 갚을 필요가 없었다. 분할 상환도 요구받지 않았다. 군단병 월급이 75세스테르티우스였던 시절이다.

현대의 여권론자들은 남녀가 받는 보조금 액수의 차이를 비난할지 모르지만, 1900년 전에 여자를 포함시킨 것만도 커다란 진전이고, 게다가 액수에는 차이가 있지만 서출 자녀까지 포함시킨 것은 획기적이기까지 하다. 로마 시대에 뒤이은 기독교 시대는 신에게 서약한 정식 결혼에서 태어난 자녀밖에 인정하지 않았다. 기독교 국가에서 서자도 유산을 상속받을 수 있게 된 것은 아주 최근의 일이다.

차세대 육성을 목적으로 한 트라야누스의 '알리멘타법'은 직접 수혜자인 본국의 빈곤 가정을 돕는 데 머물지 않았다.

첫째, 자기가 내는 이자가 제 고장의 가난한 아이들에게 도움을 주게 되자, 농민들도 기꺼이 이자를 내게 되었다.

둘째, 법률 시행을 위임받은 지방자치단체가 분발했다. '알리멘타법'에는 1인당 보조금 액수는 정해져 있지만 인원까지는 정해져 있지 않았다. 재원은 이자 수입이니까 자치단체에 따라서는 적은 곳도 있다. 그렇다고 해서 도움이 필요한 가난한 가정의 자녀수가 재원에 비례하는 것은 아니다. 하지만 되도록 많은 아이`가 이 법의 혜택을 받는 것이 황제의 소망임은 분명했다. 그래서 이자 수입이 적은 자치단체에서는 소플리니우스 같은 부자들의 기부를 유도하여 부족한 액수를 벌충하려고 애썼다.

이리하여 개인의 육영제도와 국가의 육영제도를 가장 이상적인 형태로 통합할 수 있게 되었다. 그리고 이 법은 이탈리아 본국의 '자식을 적게 낳으려는 풍조에 대한 대책'으로도 효과를 발휘하게 되었는데, 이것도 트라야누스가 애당초 이 법을 입안한 의도의 결과였던 게 분명하다. 공동화는 우선 인구 감소로 시작되기 때문이다.

이 '알리멘타법'의 수혜자가 이탈리아 전역에 몇 명이나 되었는지는 사료가 남아 있지 않아서 알 수 없지만, 베레이아라는 도시의 경우는 알려져 있다. 베레이아는 북이탈리아의 주요 도시 가운데 하나인 피아첸차 근교의 아주 작은 도시인데, 여기서 육영자금을 받은 사람은 남자 18명, 여자 1명이었다고 한다.

많은 이자 수입을 바랄 수 없는 것은 농지가 적은 수도 로마도 마찬가지였다. 그런데 로마는 대도시인 만큼 빈곤 가정의 수도 많다. 그래서 트라야누스는 빈민층에게 매달 약 30킬로그램의 밀을 무상으로 배급하도록 규정한 '소맥법'을 빈곤 가정의 미성년 자녀한테도 확대 적용했다. 밀을 무상으로 배급받을 자격은 성년이 된 시민한테만 주어지는데, 그 자격 연령을 10세까지 낮춘 것이다. 소플리니우스에 따르면, 이로써 주식인 밀을 공짜로 받게 된 빈곤 가정의 자녀는 무려 5천 명에 이르렀다고 한다.

원로원 의원은 재산의 3분의 1을 본국 이탈리아에 투자해야 한다는 법률과 빈곤 가정의 자녀에게 육영자금을 제공하도록 규정한 법률은, 입안자인 트라야누스가 의식했든 안 했든 또 하나의 무시할 수 없는 효과를 낳았다.

600명의 원로원 의원들 가운데 속주 출신이 차지하는 비율은 늘어나기는 할망정 줄어들지는 않았다. 게다가 이제는 속주 출신 황제까지 등장했다. 본국 출신 의원들은 이런 상황을 의심스러운 눈길로 보고 있었다. 속주 출신인 트라야누스의 등장으로 제국의 중심이 로마와 이탈리아를 떠나 트라야누스의 고향인 에스파냐로 옮아가버리는 게 아닐까 걱정하고 있었다. 위의 두 법률은 본국을 중시하고 이탈리아의 활성화를 노린 정책으로서, 그들의 불안을 진정시키는 데 한몫을 했다.

트라야누스 자신도 이런 불안을 해소할 필요성은 의식하고 있었을지 모른다. 그는 황제로 즉위한 뒤에도 고향을 찾지 않았다. 이베리아 반도에는 발도 들여놓지 않았다. 고향 이탈리카에 신전 하나 세워주지 않았다. 오늘날 유적으로 남아 있는 신전 같은 공공건물은 트라야누스가 죽은 뒤에 지어진 것들이다.

그러나 트라야누스가 본국과 속주의 격차를 명확히 하기 위해 위의 두 법률─그중에서도 특히 '알리멘타법'─을 성립시킨 것은 아니다.

황제와 아이들이 도안된 금화

본국 출신 원로원 의원들의 비위를 맞추기 위해 성립시킨 것은 더더욱 아니다. 트라야누스는 본국 이탈리아를 속주의 본보기가 되어야 할 존재로 생각하고 있었다. 수도 로마의 시가지가 속주 도시들의 본보기가 되었듯이. 이탈리아 지방자치단체(무니키피아)의 자치기구가 속주 도시들의 본보기가 되었듯이.

그렇긴 하지만 두 법률의 목적에는 미묘한 차이가 있다. 원로원 의원은 재산의 3분의 1을 본국 이탈리아에 투자해야 한다는 법률의 목적은 본국에 대한 지도층의 관심을 높이는 데 있었다. 인간은 자기 돈을 투자해야만 투자 대상의 성쇠를 진심으로 걱정하게 되기 때문이다.

트라야누스는 육영제도가 속주까지 확대되기를 진심으로 바라고 있었던 게 분명하다. 황제와 아이들을 형상화한 도안은 금화(아우레우스)만이 아니라 일상 통화로 널리 보급되어 있던 은화(데나리우스)나 동전(세스테르티우스)에도 사용되었다. 그리스와 카르타고의 통화에 비해 로마의 통화는 도안이 다양하고 문자도 많이 새겨져 있는데, 그것은 로마의 위정자들이 통화를 선전매체로 적극 활용했기 때문이다. 그 덕분에 로마의 통화는 후세 연구자들에게 일급 사료가 되었지만, 트라야누스도 통화의 로마식 활용법을 실천한 사람 가운데 하나였다.

트라야누스의 치세는 수도에서 시작되어 속주까지 파급된 공공건설 러시로도 유명하지만, 트라야누스가 수도에 머물러 있었던 서기 99년 가을부터 101년 봄까지는 이 분야에서의 활약을 거의 보여주지 않는다. 이 시기에는 다른 일로 머리가 꽉 차 있었기 때문이지만, 이 시기의 로마는 공공건설의 필요성이 적었던 것도 이유의 하나였다.

도미티아누스는 공공건설에도 열심이었기 때문에, 살해되었을 당시에도 몇 건의 공사가 진행되고 있었다. 그 공사는 모두 네르바 시대에 완성된다. 도미티아누스가 '기록말살형'에 처해진 탓도 있어서 포룸도 테베레강 연안의 대규모 창고도 네르바의 이름으로 불리게 되지만, 고대 로마인은 현대 이탈리아인과 달리 공사의 진척 속도가 빨랐다 해도 이런 대형 건물을 1년 남짓 만에 완성할 수 있을 리가 없다. 따라서 착공은 모두 도미티아누스 시대에 이루어졌을 텐데, 그 때문에 수도 로마의 주민들에게는 공사 현장과 인접하여 사는 생활이 오랫동안 계속되었다.

율리우스 카이사르의 '교통규제법'에 따라 수도 로마에서는 낮 동안에 짐수레의 통행이 금지되어 있었다. 다만 공공건물 공사용 짐수레는 통행이 허용되었다.

로마는 인구 100만의 도시다. 트라야누스 시대에는 그보다 훨씬 많았다는 학자도 있다. 도심은 대단히 혼잡했을 것이다. 무거운 석재를 산더미처럼 실은 짐수레 행렬이 인파를 헤치고 바퀴소리를 내면서 지나간다. 도로는 포장되어 있지만 고무 타이어까지는 아직 개발되지 않은 시대, 공사용 자재를 실은 짐수레의 통행만으로도 견디기 어려웠을 것이다. 거리가 아름답고 훌륭해지는 것은 좋지만, 주민들은 때로 이 소음에서 해방되고 싶지 않았을까. 누구나 교외에 별장을 가질 수 있는 것은 아니었다.

트라야누스와 동시대인이었던 소아시아 출신의 그리스 사람인 디오 클리소스토무스는 로마 황제의 3대 책무로 첫째는 안전보장, 둘째는 내치, 셋째는 사회간접자본 정비를 들고 있다. 황제의 책무를 누구보다 훨씬 강하게 의식하고 있었던 트라야누스가 사회간접자본 정비에 무관심할 리는 없었다. 실제로 그는 훗날, '러시'라고 해도 좋을 만큼 많은 공공건설사업을 앞장서서 벌인다. 하지만 아무리 의욕이 넘쳐도 건축기사의 협력이 없으면 뜻을 실현할 수 없다. 서기 100년 당시 이런 엔지니어들은 대부분 도나우강 전선에 파견되어 있었다.

트라야누스는 다키아족과의 전쟁을 재개하겠다는 의지를 굳혔다. 그러려면 먼저 주도면밀한 준비가 필요했다. 전쟁에 투입하기로 결정한 전력도 도미티아누스 때의 3배나 된다. 도나우강 중류에서 하류까지의 전선을 맡고 있는 7개 군단 외에, 라인강 방위선에서도 빈디슈에 주둔해 있는 제11군단과 본에 주둔해 있는 제1군단에 이동 명령이 내려져 있었다. 그리고 제2군단과 제30군단도 새로 편성되어 훈련에 들어갔다. 그밖에 라인강 전선과 유프라테스강 전선에서 분견대 규모로 참전하는 병력까지 합하면, 주전력인 로마 군단병만 해도 8만 명에 이른다. 게다가 로마군은 항상 보조전력인 보조부대나 특수 기능에 뛰어난 부대와 함께 싸우는 방식을 취한다. 반나체 차림으로 싸우는 게르만 병사, 전쟁터에서도 긴옷 차림을 고집하는 오리엔트 궁사, 맹공으로 이름난 북아프리카 마우리타니아 출신 기병 등 국적도 다양하고 군장도 다채로운 것이 로마군이다. 온갖 언어가 오가는 가운데, 화려한 군장을 갖춘 근위대가 말을 타고 달려간다. 로마 군대는 곧 로마 제국의 축소판이기도 했다.

트라야누스가 벌인 다키아 전쟁에는 군단병 8만 명과 그보다 조금 적은 수의 보조병을 합친 15만 명이 투입된다. 로마 황제가 이끄는 전

갖가지 군장을 갖춘 로마군(트라야누스 원기둥에서)

력으로는 로마 역사상 최대 규모가 되었다.

트라야누스는 현지에서의 모든 준비를 리키니우스 술라에게 일임한다. 술라는 트라야누스가 수도로 귀환한 서기 99년 여름 이후에도 전선에 계속 남아 준비 작업을 총지휘한 인물이다. 트라야누스와는 동년배이고 동향인데다 군단 경력도 함께 쌓은 사이였다. 트라야누스의 친구라 해도 좋은, 황제가 누구보다도 신임하고 있던 사내였다.

하지만 준비가 갖추어졌다고 해서 당장 공격에 나서도 좋은 것은 아니었다. 소플리니우스도 말했듯이, 전쟁을 두려워해서는 안 되지만 먼저 도발해서도 안 된다. 게다가 로마와 다키아 사이에는 도미티아누스와 데케발루스가 맺은 평화협정이 건재했다. 다키아 쪽에서 평화협정을 위반하지 않는 한 이쪽에서 먼저 전쟁을 일으킬 수는 없다. 다키아 쪽의 도발을 기다릴 수밖에 없었는데, 도나우강 건너편에 대군이 집결한 것을 보고 겁을 먹은 다키아군 일부가 분별없는 행동을 저지른 모양이다. 이 소식은 당장 수도 로마에 전해졌다. 원정에 적합한 봄이 찾아오자마자 트라야누스는 수도를 떠난다. 서기 101년 3월 25일이었다.

다키아 문제

서기 14년에 사망한 초대 황제 아우구스투스가 영토를 더 이상 확대하지 말 것을 유훈으로 남긴 지 90년 가까운 세월이 지났다. '더 이상'의 한계를 라인강, 도나우강, 유프라테스강, 사하라사막까지로 명확하게 못박은 것은 제2대 황제 티베리우스다. 그 후 제4대 황제 클라우디우스가 브리타니아(오늘날의 잉글랜드)를 정복했지만, 이곳은 율리우스 카이사르가 이미 손을 댄 지역이니까 아우구스투스의 유훈에 어긋나는 군사행동이라고는 말할 수 없었다. 브리타니아 정복을 제외하면 로마 제국의 군사행동은 모두 제국의 방위선 유지나 제국 내부의 반란 진압을 목적으로 한 것이었다.

이렇게 로마 제국 역사상 특기할 만한 사건인데도 트라야누스 황제의 다키아 전쟁은 자세한 내용이 거의 알려져 있지 않다. 트라야누스는 역사가를 비분강개시키지 않은 현제였기 때문에 오히려 전기조차도 쓰이지 않았고, 다키아 정복에 관한 사료도 다음 세 가지뿐이다.

(1) 트라야누스 자신이 쓴 것으로 알려진 『다키아 전쟁기』(*Commentarii Dacii*).

(2) 카시우스 디오가 쓴 『로마사』의 다키아 전쟁 부분.

(3) '트라야누스 원기둥'(코론나 트라야나)이라고 불리는 승전기념비에 새겨진 부조. 길이가 200미터를 넘는 이 돌을새김에는 전쟁의 진전 상황이 묘사되어 있다.

이 세 가지 사료를 실증하는 데 도움이 되었을 고고학적 조사 연구는 전쟁터가 오늘날의 루마니아 국내인 탓도 있어서 전혀 이루어지지 않았다.

로마사 연구자들은 누구나 『다키아 전쟁기』만 남아 있다면 얼마나 좋았을까 하고 아쉬워하지만, 트라야누스가 율리우스 카이사르의 『갈리아 전쟁기』를 본받아 기술했다는 이 저작은 훗날 다른 사람이 인용한 글에 한 줄의 흔적을 남긴 채 완전히 사라져버렸다.

또한 카시우스 디오의 『로마사』도 오현제 시대를 다룬 부분은 단편밖에 남아 있지 않다.

'트라야누스 원기둥'은 1900년이 지난 오늘날에도 건설 당시와 같은 장소에 서 있지만, 로마 교외의 에우르에 있는 '로마 문명 박물관'에 정교한 복제품도 존재하니까, 좀더 가까이에서 살펴보고 싶은 사람은 이곳을 찾아가면 된다. '트라야누스 원기둥'은 펜이 아니라 끌로 쓴 『다키아 전쟁기』이기도 하다. 다만 여기에는 결함도 있다. 전체 길이가 200미터를 넘고 장면도 140개를 헤아릴 정도지만, 문장으로 전달할 수 있는 정보의 양과 정확성에는 한참 미치지 못한다. 리얼리즘을 중시했다는 증거로 하얀 대리석에 돋을새김으로 묘사된 병사들이 들고 있는 창과 칼은 모두 구리였다. 제국이 멸망한 뒤 이것을 녹여서 다른 물건으로 만들어버렸겠지만, 그것이 당초 위치에 있었을 때의 박진감은 상당했을 것이다. '트라야누스 원기둥'은 역사적 자료로서 중요할 뿐 아니라 로마 조형예술의 걸작품이기도 하다.

이런 여러 가지 사정 때문에 다키아 전쟁을 서술하는 일은 누구에게나 어려운 작업이 되어버렸다. 전문 연구자들의 저서를 읽어보아도 그 전모가 떠오르지 않는 것을 보면, 그들도 어지간히 애를 먹은 모양이다. 명쾌하게 이해할 수 없으면 명쾌하게 서술할 수도 없는 것은 당연하지만, 그럼에도 내가 어떻게든 다키아 전쟁의 상황을 알았다고 생각한 것은 '트라야누스 원기둥'에 새겨진 장면들을 추적하기 시작한 뒤였다. 그래서 여기서도 전쟁의 진행 상황을 내 생각대로 정리하여 서술하는 작업은 아예 포기하고, '원기둥'의 각 장면을 해설하는 것으로 대신

트라야누스 원기둥

할 작정이다. 모든 장면의 사진을 싣는 게 이상적이지만, 비용 관계로 어렵기 때문에 사진도 몇 장면만 싣는 것으로 그칠 수밖에 없다.

제1차 다키아 전쟁

트라야누스가 이끄는 로마군이 서기 101년 봄에 어느 지점에서 도나우강을 건넜는지에 대해 카시우스 디오의 『로마사』는 전혀 언급하고 있지 않다. 트라야누스의 『다키아 전쟁기』 중에서 남아 있는 것은 앞에서도 말했듯이 다음 한 줄뿐이다.

"inde Berzobim, deinde Aizi processimus"

번역하면 "베르조비스로, 그리고 아이지스로 우리는 진군했다"가 된다.

베르조비스는 오늘날 루마니아의 레시차라는 게 연구자들의 공통된 의견이지만, 아이지스가 어딘지는 알 수 없다. 어쨌든 목적지는 다키아족의 본거지인 사르미제게투사(오늘날에도 같은 이름)였을 테니까, 트란실바니아 알프스산맥 북쪽에 있는 이 땅으로 쳐들어가려면 산맥 서쪽을 지나 도나우강으로 흘러드는 지류를 따라서 베르조비스를 거쳐 북동쪽으로 진군했을 게 분명하다.

그렇다면 도나우강을 건넌 지점은 로마 군단기지를 기원으로 하는 오늘날의 베오그라드에서 직선거리로 60킬로미터 동쪽에 있는 로마 시대의 비미나키움(오늘날의 코스트라크)이 아니었을까. 서기 101년에 로마군은 유고슬라비아와 루마니아의 접경 부근에서 도나우강을 건넌 다음, 그대로 북동쪽으로 방향을 잡아서 루마니아로 쳐들어간 것이다. 그보다 1898년 뒤에 이루어진 나토(NATO)군의 유고 폭격에서는 도나우강에 걸려 있는 다리가 대부분 파괴되지만, 트라야누스는 거기서 조금 하류로 내려간 지점에서 도나우강을 건넜을 것이다.

하지만 군단기지나 요새에 일부 병력을 수비군으로 남겨두고 왔다 해도 10만 명은 족히 넘는 대군이 배다리로 강을 건너려면 시간이 너무 걸린다. 또한 이런 대군을 한 군데 집결시킨 다음 며칠에 걸쳐 어렵게 큰 강을 건너는 것은 전략적으로도 현명한 방식이 아니다. 그래서 군대를 양분하여 강을 건넜다는 설이 유력해지는데, 그렇다면 코스트라크 이외의 도강 지점은 어디일까.

첫 번째 도강 지점으로 되어 있는 코스트라크보다 직선거리로 100킬로미터쯤 동쪽으로 가면, 도나우강이 북쪽으로 크게 휘는 물굽이가 나온다. 서기 98년부터 101년까지의 전쟁 준비 기간에 도로 등의 토목공사가 집중적으로 이루어진 곳으로, 절벽을 깎아서 길을 낸 흔적이 지금도 남아 있다. 그리고 제1차와 제2차 전쟁 사이의 기간을 이용하여 도나우강의 북쪽과 남쪽을 잇는 최초의 돌다리를 건설했는데, 그 다리도 이 부근에 있다. 제1차 전쟁 당시에는 여기서도 배다리를 가설

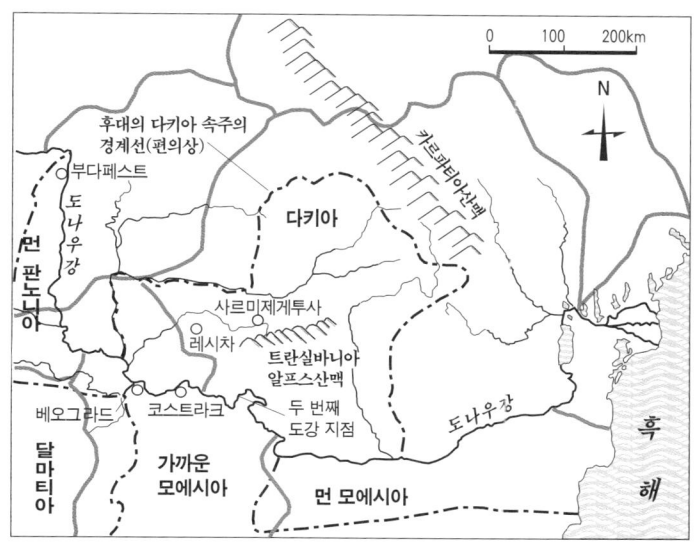

다키아와 그 주변(━━ 은 현재의 국경선)

하여 건넜을 게 분명하고, 뒤따라온 제2군의 도강 지점도 이 일대였을 가능성이 크다. 이 지점에서 도나우강을 건넜다면, 그대로 곧장 북쪽으로 방향을 잡아 레시차에서 제1군과 합류할 수도 있었다.

'트라야누스 원기둥'에 새겨진 『다키아 전쟁기』는 원기둥 아래쪽에서 위쪽을 향해 나선형으로 올라가면서 이야기가 전개되고, 각 장면은 가느다란 나무로 구획되어 있다. 그리고 카이사르의 『갈리아 전쟁기』가 서론도 없이 다짜고짜 이야기의 핵심으로 들어간 것과 마찬가지로, 『다키아 전쟁기』도 도나우강 연안에서 이야기가 시작된다.

① 도나우강에 면하여 세워진 감시용 요새가 보인다. 모두 소형이지만 석조 건물이고, 주위에는 목책을 둘러 이중으로 보호하고 있다. 목책을 만들기 위해 엇갈리게 쌓아놓은 통나무들도 보인다. 높은 요새인

경우에는 맨 위층에 만들어진 테라스에서 긴 횃불이 튀어나와 있다. 긴급할 때의 의사전달이 어떤 방식으로 이루어지고 있었는지를 알 수 있다. 요새 근처에는 완전무장한 보초들이 서 있는 것도 보인다.

② 석조 건물 몇 채를 나무 울타리로 둘러싼 구역은 군량 창고였을 것이다. 포도주 통이 배에 실리고 있다. 로마 병사들의 식사에는 포도주가 빠지지 않았다. 그래서 로마인들은 제패한 땅에는 기후만 허락하면 어디에나 포도밭을 만들었다. 독일의 대표적 포도주인 모젤 와인의 산지는 모두 과거 로마 제국의 국경 안쪽에 자리 잡고 있다.

③ 장면이 바뀌어, 회당(바실리카)이나 높은 석조 건물이 줄지어 늘어선 도시가 보이고, 그 성문에서 완전무장한 군단병의 행렬이 나타나 배다리를 건너기 시작한다. 강물 속에서 상반신을 드러낸 도나우강의 신이 로마군의 도강을 축복이라도 하듯 부드러운 표정으로 바라보고 있다.

완전무장이라 해도 전투용이 아니라 행군용 차림인 것은, 무기만이 아니라 식량에다 냄비며 식기까지 창끝에 동여매고 있는 것을 보면 알 수 있다. 로마군의 주전력인 군단병이 행군할 때 짊어져야 하는 군장의 무게는 몸에 걸친 갑옷을 합치면 40킬로그램이나 되었다고 한다.

배다리를 놓는다 해도, 그냥 배를 잇대어 나란히 늘어놓고 그 위에 널빤지를 걸쳐놓으면 되는 것은 아니다. 우선 흐르는 물살의 저항을 줄이기 위해 배의 고물을 상류 쪽으로 돌려서 늘어놓는다. 그것도 빈틈없이 늘어놓으면 물살을 정면으로 받아서 떠내려가게 되니까, 배 한 척의 너비만큼 간격을 띄워놓고 배들을 굵은 목재로 연결한다. 그 위에 널빤지를 걸쳐놓아 사람이 지나다닐 수 있게 한다. 로마인이 만드는 이런 종류의 다리에는 말이나 수레가 강물로 떨어지지 않도록 나무 난간까지 달려 있었다.

다리를 놓는 지점도 강폭이 좁을수록 좋은 것은 아니다. 강폭이 좁

배다리를 건너는 로마군

으면 물살도 빨라지기 때문이다. 다리를 놓을 때는 강폭이 넓고 물살도 느린 편이 적당했다. 그렇다면 유럽 최대의 하천인 도나우강에 놓은 배다리의 전체 길이는 적어도 1킬로미터를 넘었을 게 분명하다.

④ 여기서 처음으로 트라야누스가 등장하지만, 화려한 최고사령관의 군장으로 말을 탄 모습은 아니다. 다리를 다 건넌 병사들이 행군을 계속하는 옆에서 의자에 앉아 참모들과 함께 작전회의를 주재하는 모습으로 묘사되어 있다. 황제 왼쪽에 역시 의자에 앉은 모습으로 묘사되어 있는 인물이 트라야누스의 친구이자 다키아 전쟁 때 부사령관 역할을 맡은 술라라고 한다.

⑤ 적지인 도나우강 북안으로 건너가 최초의 제사가 거행된다. 제물로 바쳐질 소와 양이 끌려오고, 병사들도 노력하겠지만 신들도 로마에 승리를 베풀어달라고 최고제사장 차림을 한 트라야누스가 기원한다. 제사장 차림이라 해도, 붉은 망토와 강철 흉갑을 벗고 하얀 투니카 위에 토가를 걸치고, 그 토가 끝자락으로 머리를 덮는 것뿐이니까 간단

제1부 트라야누스 황제 81

하다.

⑥ 장면이 바뀌면, 다시 군장 차림으로 돌아간 트라야누스가 등장한다. 이번에는 숲처럼 늘어선 군단기를 등지고 병사들 앞에서 연설하는 모습으로 묘사된다. 경청하는 병사들의 군장이 다양한 것으로 보아, 황제의 연설이 군단병만 대상으로 한 게 아님을 알 수 있다. 생각해보면 당연한 일이다. 로마 시민으로 이루어진 군단병이 전과를 올리려면 속주민으로 구성된 보조부대의 협력이 반드시 필요하기 때문이다.

로마군의 경우, 사령관이 병사들 앞에서 행하는 연설은 "힘내라!"를 외치는 것이 아니다. 트라야누스의 연설문은 남아 있지 않지만, 다른 장수들의 연설문을 보면 설득을 통해 병사들을 독려하는 경우가 많다.

연설에서는 우선 병사의 수와 군량 같은 확정적인 요소를 언급하고, 병사들의 사기나 전의(戰意) 같은 비확정적인 요소는 맨 마지막에 언급한다. 이러이러한 면에서는 적보다 우리가 단연 우세하니까 나머지는 너희 마음가짐에 달려 있다. 그러니까 분발하라는 것이다. "로마군은 병참으로 이긴다"는 말을 들은 것도, 병참이라는 확정적 요소를 소홀히 하지 않아야만 비로소 정신력이라는 비확정적 요소가 충분히 발휘될 수 있다는 것을 알았기 때문이다.

⑦ 적지에서 최초의 격려 연설을 했으니까 그대로 적진을 향해 돌진할 거라고 생각하는 사람이 있다면, '트라야누스 원기둥'은 그 예상을 완전히 뒤엎는다. 제사를 묘사한 장면의 배경에도 보이듯이, 도나우강을 건넌 병사들은 사령관들이 작전회의를 하고 있을 때부터 이미 견고한 숙영지 건설에 착수해 있었다. 그다음에 이어지는 네 장면은 모두 돌과 나무로 숙영지를 만드는 광경을 묘사하고 있다. 공사에는 군단병과 보조병이 모두 참여한다. 다만 중요한 부분의 공사는 토목공사에 노련한 군단병이 맡는다. 비슷한 시기에 북아프리카의 누미디아 속주에서는 그곳에 주둔하는 제3군단이 군단병만 동원하여 팀가드 시

숙영지를 짓는 로마 병사들

가지 전체를 건설해버렸을 정도다. 사하라사막과는 기후와 지세가 정반대인 다키아 지방에서도 숙영지 만들기는 로마 군단병들에게 식은 죽 먹기였다. 병사들이 공사에 열을 올리고 있는 장면마다 그것을 시찰하는 트라야누스의 모습이 묘사되어 있다. 견고한 숙영지 건설은 중요한 전략이기도 했기 때문이다.

아군 병사의 퇴로를 차단하고 병사들을 전쟁터에 투입하는 편이 효과적인 경우도 있다. 하지만 도망칠 곳을 확보해줌으로써 병사들을 안심시키고, 그 안도감을 용수철로 이용하여 사기를 높이는 편이 효과적인 경우도 있다. '케이스 바이 케이스'인 것은 당연하지만, 로마 장수들은 대부분 후자를 채택했다.

⑧ 공병으로 변모한 로마 병사들의 토목공사는 숙영지 만들기에 머물지 않는다. 당시 유럽은 삼림지대이기도 했다. 나무를 베어 길을 내는 것은 꼭 필요한 작업이었다. 진군할 때는 도로포장까지 하지 않지

만, 새로 낸 길을 평탄하게 고르는 작업은 한다. 도중에 강을 만나면 나무다리 정도는 순식간에 만들어버린다. 이런 일은 모두 병력의 신속한 이동을 목적으로 한 것이지만, 적군이 사정을 잘 아는 지역에서 게릴라 전법을 구사하지 못하게 하기 위해서이기도 했다. 보이지 않는 적이 가장 무섭다. 로마군 사령관은 되도록 아군 병사의 눈에 적군이 보이게 하려고 애썼다.

⑨ 진행 중인 공사를 시찰하던 트라야누스 앞에 다키아족 포로가 끌려온다. 다키아족 지배층의 풍습인 빵떡모자를 쓰지 않은 것으로 보아, 단순한 척후병이었을 것이다.

하지만 일개 척후병이라도 포로는 사령관이 직접 심문하는 것이 로마군의 관례였다. 정보 수집은 객관적 사실(데이터)을 모으는 것만이 아니라 객관적 사실들 사이에 숨어 있는 무언가를 찾아내는 작업이기도 하기 때문에 남에게 맡길 수 없는 중요한 일이다.

⑩ 포로를 심문한 결과, 적군이 강 건너 숲 저편에 있다는 것을 알았는지, 이 장면에는 전투를 앞둔 준비 상황이 묘사되어 있다. 흥분해서 날뛰는 말들, 대오를 지어 기다리는 군단병들의 긴장한 얼굴. 생동감 넘치는 리얼리즘이다.

선발대는 기병과 보병. 보병의 역할은 숲을 뚫어 길을 내는 것. 뒤따르는 군단병도 나무를 베어 길을 내면서 진군하지 않으면 안 된다.

⑪ 아니나 다를까, 다키아군은 숲이 끝나는 곳에 펼쳐진 평원에서 기다리고 있었다. 이때 처러진 전투가 트라야누스의 로마군과 데케발루스의 다키아군 사이에 벌어진 첫 번째 전투로서, 역사상 '타파이 전투'라고 불린다. 2천 년 뒤인 오늘날에는 전적지를 확정할 수 없지만, 다키아 왕국의 수도인 사르미제게투사에서 서쪽으로 50킬로미터쯤 떨어진 지역이었던 모양이다.

'타파이 전투'에서 로마군은 그들이 가장 장기로 삼고 있던 진형 —

다키아인의 복장
(오른쪽 끝이 데케발루스 왕)

좌익·중앙·우익으로 나뉜 회전 진형 — 을 갖출 시간 여유가 없었던 모양이다. '트라야누스 원기둥'에는 이 전투 장면이 몇 개나 이어져 있는데, 모두 기병과 중장비 보병인 군단병, 경장비 보병인 보조병이 뒤섞여 싸우는 혼전 상황이다. 이렇게 뒤섞인 로마 병사들 사이에 다키아 병사들까지 어지럽게 뒤얽힌 백병전이 '타파이 전투'의 실상이었던 것 같다. 다키아 병사들은 투구도 흉갑도 없이 짧은 상의에 바지를 입고 칼과 방패만 든 모습이다. 반면에 로마 군단병은 강철 갑옷을 입고, 보조병은 가슴에 가죽 흉갑을 대고 있다. 보조병들 중에서도 유난히 눈에 띄는 것은 평소 방식대로 반나체로 싸우는 게르만 병사들이다. 그들 사이를 뛰어난 전투력으로 유명했던 북아프리카 마우리타니아 출신 기병들이 달려나가 다키아 병사들을 짓밟는다. 마우리타니아 기병은 등자가 없어도 자유자재로 말을 달리는 기술이 뛰어날 뿐 아니라, 강한 완력에다 말의 돌진력까지 합하여 창을 던지는 기술도 뛰어났다.

이런 모든 장면에는 전투를 지켜보는 트라야누스의 모습이 묘사되어 있고, 적군의 배후에는 나무를 등지고 서 있는 다키아 왕 데케발루스의 얼굴도 보인다.

⑫ '타파이 전투'는 로마의 승리로 끝났지만, 격전으로 일관한 전투였다. 잘라낸 다키아 병사의 목을 황제에게 보이는 로마 병사. 그것을 황제에게 보여줄 겨를도 없이, 자른 적병의 머리카락을 입에 문 채 계속 싸우는 로마 병사.

그리고 패주하는 적을 뒤쫓는 로마 병사들의 눈앞에 나타난 성벽에는 다키아족에게 빼앗긴 군기와 살해된 로마 병사의 목을 꿴 창들이 즐비하게 늘어서 있다. 트라야누스가 명령했는지, 그 도시 전체에 불을 지르는 로마 병사들의 모습이 묘사되어 있다.

⑬ 병사들 앞에서 건투를 치하하는 트라야누스.

⑭ 트라야누스를 찾아온 다섯 명의 다키아 사절. 하지만 그들을 맞은 트라야누스는 그들이 다키아족 유력자의 증거인 빵떡모자를 쓰지 않은 것을 보고, 다키아 왕 데케발루스의 강화 제의에 의심을 품었을 것이다.

⑮ '타파이 전투'는 끝났지만 전쟁은 끝나지 않았다. 진격을 계속하는 로마군은 앞을 가로막는 도시, 마을, 요새를 융단폭격하듯 공격하여 불태운다. 남자는 눈에 띄는 족족 죽여버리고, 도망치는 노인이나 아녀자는 잡아서 도나우강 남쪽으로 압송한다. 뒤에 남은 것은 개나 소나 양 같은 가축뿐.

이때쯤 서기 101년의 겨울이 다가온 모양이다. 트라야누스는 군대의 절반을 다키아에 남겨놓고, 나머지 절반과 함께 도나우강 연안의 군단기지에서 겨울을 나기 위해 남쪽으로 돌아갔다.

⑯ 그러나 다키아 왕은 수도에서 50킬로미터 거리까지 바싹 다가온

시내에 불을 지르는 로마 병사들

패주하는 다키아 병사들

병사들의 건투를 치하하는 트라야누스(왼쪽)

트라야누스와 다키아 사절

타파이 전투

로마군의 창끝을 피하기 위한 계략을 꾸미고 있었다. 그것은 도나우강 하류에 있는 로마 군단기지에 대한 공격이었다. 공격 목표가 된 것은 먼 모에시아 속주에서도 제1군단이 주둔해 있는 노바에. 오늘날 불가리아의 스비슈토프다. 다키아족 본거지에서 강을 따라 남하하기만 하면 도중에 로마군과 마주치지 않고 이곳에 도착할 수 있었다.

하지만 다키아 왕 데케발루스의 첫 번째 오산은 도나우강 건너기를 가볍게 생각한 것이었다. 기병은 면밀한 준비도 없이 말을 탄 채 강물로 들어가고, 보병은 배를 타고 건너게 했다. 이 조직력 결여 때문에 도강 단계에서 많은 병사를 잃었다. 하지만 다키아족이 로마에 위협적인 존재가 된 이유 가운데 하나는 인구가 많다는 점이었다.

⑰ 노바에 앞 강변에 도착한 다키아군은 떼를 지어 군단기지를 공격한다. 성벽 위에서 로마 병사들이 그들을 맞아 싸운다. 다키아 공략에 병력의 절반 이상이 동원되었을 테니까, 수비군도 고전을 면치 못했을 것이다. 그런데 여기서도 데케발루스는 또 한 가지 오산을 범했다. 일개 군단기지에 불과한 노바에를 구원하기 위해 로마 황제가 직접 나서리라고는 생각지 않았던 것이다. 그 자신이 노바에 공략전에 참가하지 않았기 때문에, 적장이 노바에를 구원하러 갈 줄은 미처 생각지 못했을 것이다.

⑱ 원경에 즐비하게 서 있는 석조 건물과 원형경기장으로 미루어보아, 트라야누스가 겨울철 숙영지로 택한 곳은 도시화가 진행된 군단기지였을 게 분명하다. 어쩌면 로마인이 가까운 모에시아 속주의 도읍으로 삼고 있던 싱기두눔(오늘날의 베오그라드)이었을지도 모른다. 그렇다면 도나우강을 따라 600킬로미터나 하류로 내려가야만 노바에에 닿을 수 있다. 육로로 간다 해도, 병력의 신속한 이동을 가장 중요한 목적으로 삼고 있던 도로도 역시 강을 따라 깔려 있었다.

'원기둥'에는 기지 앞 강변에서 군량을 배에 싣는 병사들의 모습이 묘사되어 있다. 그리고 군장을 갖춘 병사들도 차례로 배에 올라탄다. 트라야누스는 평복이라 해도 좋은 토가 차림으로 승선한다. 로마는 도나우강을 방위선으로 정한 뒤, 이 강에도 라인강과 똑같은 규모의 함대를 상주시키고 있었다. 말만 실어 나르는 군가 전용 수송선까지 갖추어져 있었다.

⑲ 도나우강을 따라 내려가는 로마 함대. 그중 한 척은 황제가 직접 키를 잡는다. 도나우강도 하류로 접어들면 대하(大河)라는 이름에 걸맞게 강폭이 넓어져 동쪽을 향해 유유히 흘러가기 때문에, 노를 저으면 저을수록 속력을 낼 수 있었다. 별동대는 육로를 따라 동쪽으로 달려갔을 게 분명하다.

⑳ 트라야누스와 병사들은 적이 공격하고 있는 노바에서 서쪽으로 50킬로미터쯤 떨어진 오에스쿠스 기지 부근에 상륙하지 않았을까. 여기서 육로로 달려온 별동대와 합류하여 노바에를 구원하러 가는 트라야누스는 이미 완전군장을 갖추고 있다. 앞장서서 말을 달리는 황제. 그의 좌우를 지키며 뒤따르는 갖가지 군장 차림의 병사들.

㉑ 정찰을 나갔던 기병대가 돌아와 적군의 상황을 황제에게 보고한다.

㉒ 적군의 동정을 안 트라야누스의 명령에 따라, 선발대로 결정된 북아프리카 출신 기병대가 출동한다.

㉓ 이 마우리타니아 기병대를 맞아 싸운 것은 병사도 말도 온몸이 비늘 갑옷으로 덮여 있는 게 특징인 사르마티아족 기병대다. 사르마티아족은 다키아족의 지배를 받고 있는 부족이다.

하지만 마우리타니아 기병의 맹공 앞에서는 전신 무장도 효과가 없었다. 트라야누스가 앞장서서 이끈 로마 기병대도 공격에 합세하자, 다키아군은 저항하지 못한다. 곧이어 반나체 차림의 게르만 병사를 포함한 보병대도 공격에 가세한다. 원경에는 기지 주변의 민간인 거주구역을 습격하여 얻은 약탈품을 가득 실은 다키아군의 짐수레 행렬이 보인다. 적군과 아군이 뒤섞인 백병전은 해가 질 때까지 계속되었지만, 결국 로마군의 승리로 끝났다.

㉔ 세 명의 참모를 거느린 군장 차림의 트라야누스가 병사들의 노련한 솜씨로 착착 진행되고 있는 숙영지 건설 작업을 시찰하고 있다. 그런 트라야누스에게 다키아족 노인들이 아녀자들을 데리고 찾아온다. 투항의 뜻을 전하고 목숨을 구걸하러 왔다지만, 모자를 쓰지 않은 그들의 차림으로 보아 정식 사절이 아닌 것은 분명하다. 다키아족도 게르만족과 마찬가지로 아녀자들을 전쟁터까지 데려가는 습관이 있었다.

㉕ 서전에서는 이겼지만, 노바에 기지를 구원하는 목적은 아직 이루지 못했다. 포로의 손을 뒤로 묶어 염주처럼 엮고 있는 병사가 있는가 하면, 부상병을 치료하는 군의들도 보인다. 다른 한편에는 내일로 다가온 두 번째 전투를 위해 군기와 나팔을 점검하는 병사도 있다.

㉖ 도나우강 하류 지역에서의 전과를 결정하는 두 번째 전투는 주전력인 중장비 보병을 주역으로 벌어졌다. 이곳 일대는 평원이기 때문에 로마군이 장기로 삼는 회전 방식으로 치러진 듯하다. 로마인의 회전 방식은 적을 포위하여 궤멸시키는 병법이다. 이 장면에서는 포위한 적군에게 덤벼드는 로마 군단병이 모두 창을 높이 치켜든 모습으로 묘사되어 있는데, 그 박진감은 오늘날 극장의 대형 스크린 가득 펼쳐지는 전투 장면을 보는 것과 비슷했을 것이다.

㉗ 포위 섬멸 작전이 성공하려면 기병의 참전이 필수적이다. 적군의 배후로 돌아간 기병대가 창을 치켜들고, 이미 로마군에 압도당하여 퇴각하기 시작한 다키아 병사들에게 덤벼든다. 자칫 쓰러지기라도 하면 말발굽에 짓밟히는 운명이 기다리고 있을 뿐이다. 다키아군은 전쟁터에 시체 무더기를 쌓을 뿐이었다.

㉘ 전투가 끝나고, 용감하게 싸운 병사들을 치하하는 황제의 연설

장면이다. 병사들은 하나같이 트라야누스를 존경하는 눈길로 바라보고 있다. 회전 방식으로 싸웠을 경우, 승리는 총지휘를 맡은 사람의 군사적 재능에 기인하는 바가 크기 때문이다.

㉙ 숙영지 안에 수용된 다키아족 포로들이 묘사되어 있다. 그 바로 다음에는 특히 용감하게 싸운 병사들을 황제가 일일이 치하하는 장면이 묘사되어 있다.

㉚ 발가벗겨진 포로 셋이 여자들에게 고문당하고 있는 장면. 그중 한 사람은 로마식으로 머리를 짧게 자르고 수염도 없기 때문에, 사로잡은 로마 병사 세 명을 다키아 여인들이 고문하는 장면이라고 주장하는 연구자도 있다. 하지만 이 장면은 의자에 앉아 병사들에게 말을 걸고 있는 트라야누스 바로 옆에서 전개되고 있다. 어쩌면 다키아 병사들의 습격으로 식량이고 뭐고 몽땅 강탈당한 기지 주변 주민들이 이제 상황이 바뀌자 다키아 병사들을 놀림감으로 삼고 있는지도 모른다. 로마군은 군량을 지참하고 싸우러 가지만, 다키아족은 현지 조달을 원칙으로 했기 때문이다.

㉛ 노바에 기지를 구원한 트라야누스는 다시 배에 올라탄다. 다키아족 노인들이 황제에게 탄원을 계속하지만, 아녀자를 포함한 포로들의 운명은 정해져 있었다.

이리하여 다키아군의 도나우강 하류 교란작전은 실패로 끝났다. 도나우강 상류 쪽으로 떠나는 트라야누스와 병사들은 이제야 안심하고 겨울을 날 수 있는 상태로 돌아갈 수 있었다.

㉜ '원기둥'은 해가 바뀐 서기 102년 봄부터 다키아 전쟁에 대한 서술을 재개한다.

지난해와 마찬가지로 배에 군량을 싣는 병사들과 배다리를 건너는 군단이 묘사되어 있다. 군단기에 달린 표지로 보아, 라인강 방위선의 기지 가운데 하나인 본에 주둔해 있는 제1군단임을 알 수 있다.

길을 뚫고 숙영지나 요새를 건설하면서 진군하는 것은 지난해와 마찬가지지만, 트라야누스의 전략은 바뀌어 있었다. 다키아족이 도나우 강 하류의 군단기지 노바에를 공격한 것이 전략 변경의 실마리를 준 게 분명하다.
　서기 102년, 트라야누스는 산맥 북쪽에 있는 다키아의 수도 사르미제게투사를 양쪽에서 협공하기로 마음먹었다. 지난해와 마찬가지로 산맥을 서쪽에서 우회하는 방법과 동쪽에서 우회하는 방법을 병행하기로 한 것이다. 도나우강 남쪽의 군단기지에서 출동할 때 이미 포위 섬멸 작전을 펼치기로 결정한 셈이다. 지난해 겨울 노바에를 공격한 다키아군은, 대군이라도 얼마든지 산맥을 동쪽에서 우회하여 도나우 강에 도달할 수 있다는 것을 실증했다. 북쪽에서 남쪽으로 행군할 수 있다면, 남쪽에서 북쪽으로 행군할 수도 있을 것이다.
　그러나 산맥을 서쪽에서 우회하는 길은 지난해에 이미 돌파하여 숙영지와 도로가 만들어져 있는데다 병력도 절반이 남아 있는 반면, 동쪽에서 우회하는 길은 여러 가지로 불리했다. 우선 로마군이 한번도 가보지 않은 땅이다. 게다가 거리도 세 배나 된다. 그래서 트라야누스는 동쪽 우회로로 가는 병력을 기병과 젊은 정예 군단병으로 편성한다. 이 제2군의 총지휘를 맡은 것은 마우리타니아 기병대를 이끌고 용명을 떨친 루시우스 퀴에투스였다. 트라야누스와 같은 에스파냐 태생인 리키니우스 술라가 제2인자였다면, 북아프리카 태생인 퀴에투스는 제3인자라 해도 좋았다. 트라야누스 자신은 술라와 함께 서쪽 우회로로 진격하는 제1군을 이끈다.
　㉝ '다키아 전쟁' 2년째를 서술하고 있는 부조는 오로지 제1군의 진격 상황을 묘사하는 데에만 중점을 둔 것 같다. 이어지는 몇 장면은 모두 견고한 숙영지나 나무 난간까지 갖춘 다리를 건너는 로마 병사들을 묘사하고 있다. 이런 장면에는 모두 술라를 비롯한 참모를 거느린 황

제의 모습이 보인다. 병력을 앞세우는 경우가 많았던 도미티아누스 황제와 달리, 트라야누스는 병사들과 함께 진군하는 황제였을 것이다.

㉞ 적지에서 겨울을 날 수밖에 없었던 병사들과 재회하여 그들의 노고를 치하하는 트라야누스.

㉟ 황제 옆에서는 벌써 병사들이 나무를 베어 길을 내는 작업에 매달려 있다. 서쪽 우회로는 목적지까지의 거리가 짧아서 느긋하게 진군할 수 있었기 때문이기도 하지만, 도나우강 이북에 펼쳐져 있는 다키아 지방과 도나우강 남쪽의 로마 영토를 잇는 간선도로는 제1군이 택한 이 서쪽 우회로가 될 게 분명했기 때문이다. 로마군은 전투 결과도 나오기 전에 벌써 승리한 뒤를 생각하여 기반시설을 정비해버린다.

㊱ 공사 현장을 시찰하는 트라야누스에게 세 명의 다키아 사절이 찾아온다. 몸에 걸친 옷은 유복한 사람의 것이지만 모자를 쓰지 않은 것으로 보아, 이들은 다키아 왕의 중신이 아니라 다키아의 한 지방 대표일 것이다. 이들은 왕을 떠나 독자적으로 로마군에 투항하고, 트라야누스 황제에게 복종을 맹세했다. 다키아족의 내부 분열은 로마가 바라는 바였다.

㊲ 장면이 바뀌어, 숙영지 안에서 거행된 제사 광경이 묘사된다. 토가 자락으로 머리를 덮은 제사장 차림의 트라야누스가 의식을 주재한다. 소나 양을 제물로 바친 것은 전투가 눈앞에 다가왔음을 보여준다.

㊳ 제물을 바치고 신들의 가호를 기원한 트라야누스가 이번에는 군장 차림으로 병사들 앞에서 격려 연설을 한다. 전투를 앞두고 신들에게 제물을 바치는 것과 병사들에게 연설을 하는 것은 로마군에서는 빼놓을 수 없는 행사가 되어 있었다. 그렇기는 하지만, 적에게 기습을 당하여 맞아 싸우는 경우에는 느긋하게 제물을 바치고 연설을 할 여유가 없는 것이 당연하다. 그럴 때는 제물을 바치는 것을 뒤로 미루어도 신들이 용서해줄 거라고 로마인들은 믿고 있었다.

㉟ 트라야누스의 다키아 전쟁이 보여준 특색이기도 하지만, 격려 연설이 끝나자마자 당장 전쟁터로 나가는 것은 아니다. '원기둥'에도 토목공사 상황이 몇 장면에 걸쳐 묘사되어 있다. 공사의 주역은 방패나 창을 옆에 놓고 일하는 군단병이다. 그들이 군장 차림인 것은 적이 기습해오기라도 하면 당장에 맞아 싸워야 하기 때문이다. 실제로 산 위에는 조금이라도 허술한 구석이 보이면 기습하려고 로마군의 동정을 살피는 다키아 병사의 모습이 보인다.

로마군은 전투 자체보다 토목공사에 종사하는 시간이 더 많은 듯한 느낌이 들고, "로마군은 곡괭이로 이긴다"는 네로 시대의 명장 코르불로의 말이 생각난다. 이렇게 토목공사 전문가가 되면, 20년 동안의 병역을 마치고 제대한 뒤에도 훌륭하게 사회생활을 시작할 수 있지 않았을까 싶다. 17세부터 20년이니까, 백인대장으로 진급하지 않고 일개 병사로 제대했다면 37세. 만기 제대 때 지급되는 퇴직금을 밑천으로 건설업이라도 시작하면, 대규모 건설업자가 개입하지 않는 지방 도시나 마을에서는 틀림없이 성공하지 않았을까. 현대 국가의 군대도 전문가를 양성하지만, 만기 제대까지의 기간이 너무 길기 때문에 복무하면서 습득한 기능을 사회생활에서 활용하는 데에는 한계가 있다. 초대 황제 아우구스투스가 로마 시민권 소유자인 군단병의 복무기간을 20년, 속주민인 보조병의 복무기간을 25년으로 정한 것은 인적 자원의 효율적 활용이라는 점만으로도 흥미로운 시책이었다는 생각이 든다.

㊵ 군단병들이 석재를 쌓아 성채를 짓고 있는 옆에서 군장 차림의 트라야누스가 다키아 사절을 접견하고 있다. 황제 앞에 무릎을 꿇은 다키아인은 둥근 빵떡모자에 옷차림도 단정하다. 지금까지 찾아온 사절들과는 다른 것을 알았는지, 병사들도 멀리서 유심히 지켜보고 있다. 다키아 왕이 정식으로 강화 사절을 보내온 거라면 전쟁도 막을 내리게 되기 때문이다.

트라야누스와 다키아 사절

 실제로 다키아 왕 데케발루스는 강화 사절을 보내왔다. '원기둥'에는 묘사되지 않았지만, 트라야누스도 이번에는 강화 교섭을 위해 심복인 술라와 근위대장인 리비아누스를 왕에게 파견한다. 하지만 양측의 조건이 맞지 않아서 교섭은 결렬되었다. 전쟁이 재개된다. 동쪽 우회로로 진군한 루시우스의 제2군도 목적지에 접근하고 있다는 보고가 들어오고 있었다.

 ㊶ 결전은 한번으로 끝나지 않은 모양이다. 다키아군이 모든 전력을 한꺼번에 투입하지 않았기 때문이다. 데케발루스가 로마 대군과의 정면 충돌을 꺼렸기 때문이지만, 덕분에 로마는 게릴라 전법으로 나오는 다키아군을 격파하고, 보초를 세워둔 채 토목공사를 하고, 또다시 습격해오는 게릴라와 싸우고, 다시 토목공사로 돌아가는 식으로 진격할

수밖에 없었다. 게다가 총지휘를 맡은 트라야누스의 군사적 재능은, 적의 의표를 찌르는 전략 전술이 장기였던 카이사르 스타일이 아니라, 넓게 쳐놓은 그물을 조금씩 끌어당기는 스타일이었다. '원기둥'의 부조도 그런 상황을 충실하게 추적하고 있다. 당시의 로마인들은 실제로 참전하지 않았어도 트라야누스의 이 병법을 완전히 이해할 수 있었을 것이다. 유대 전쟁 당시 베스파시아누스 황제가 택한 것도 이런 형태의 병법이었다.

그러나 30년 전의 유대 전쟁에서도 보았듯이, 로마군이 본격적으로 그물을 끌어당기기 시작하면 거기에 대항할 수 있는 민족은 없다. 성채를 하나씩 함락시키고, 거기까지 뚫은 도로를 통해 운반된 식량으로 병사들은 원기왕성하다. 반대로 다키아 병사들은 전투에서 죽고, 성채를 빼앗겨 달아날 곳도 없이 수도 쪽으로 계속 밀려날 뿐이었다. 좋든 싫든 완전히 포위당한 상태에서 결전을 벌이지 않을 수 없게 되었다.

㊷ 결전에는 로마군도 모든 전력을 투입했지만, 다키아군도 후방에 포진한 데케발루스의 질타와 독려를 받으며 용감하게 싸운다. 하지만 로마 쪽도 결전으로 몰고 가는 데까지는 성공했지만 평원에서 벌어지는 회전으로 몰고 가지는 못했다. 로마인이 보기에 미개지인 다키아 지방은 수도 바로 옆에까지 삼림지대가 펼쳐져 있었기 때문이다. 그리고 이때쯤에는 다키아 쪽도 숲을 개척하면서 싸우는 로마식 병법을 답습하고 있었던 것이 부조에 묘사되어 있다.

㊸ 하지만 그것도 결국 헛수고로 끝날 수밖에 없었다. 수도 사르미제게투사는 아니지만, 그에 버금가는 대도시가 로마군의 수중에 들어간 것이다. 왕의 누이까지 포로가 된다. 로마군에 붙잡힌 다키아 유력자의 수도 계속 늘어났다.

㊹ 그래도 여전히 토목공사를 계속하는 로마군 진영에 모자를 쓴 다키아 유력자들이 칼과 방패를 버리고 강화를 청하러 찾아왔다. 이번

에는 한눈에 유력자임을 알아볼 수 있을 뿐 아니라 수도 많다. 게다가 '원기둥'에는 이들 뒤쪽에 다키아 왕 데케발루스의 모습도 묘사되어 있다. 다키아족 융성의 주역인 데케발루스가 육체적으로도 당당한 체구의 소유자였다는 것을 알 수 있다.

하지만 데케발루스는 승자인 트라야누스 앞에 무릎을 꿇은 모습으로 묘사되지 않았다. 그것은 다키아 왕이 강화를 청해오긴 했지만 직접 교섭에 나서지는 않았다는 것을 보여준다. 그리고 트라야누스도 강화 교섭에 입회하지는 않았다.

로마에서는 제정으로 이행한 뒤에도 공화정 시대와 마찬가지로 전선의 총사령관에게 군사 지휘권만이 아니라 강화 교섭에서부터 체결에 이르기까지의 전권을 부여했다. 양쪽이 조건에 합의하면 총사령관이 강화 문서에 서명하여 수도 로마로 보낸다. 공화정 시대에는 민회와 원로원, 제정 시대에는 황제와 원로원이 이 문서를 승인하면 비로소 강화가 정식으로 성립된다.

서기 102년 당시 트라야누스도 이 전통을 답습할 수 있었을 것이다. 게다가 그는 황제다. 원로원의 승인만 얻으면 강화는 성립된다.

하지만 그는 그렇게 하지 않았다. 다키아 대표들을 로마로 보내, 이들이 직접 원로원과 교섭하는 방법을 택했다.

트라야누스의 이 같은 방식을 원로원은 트라야누스가 원로원을 중시하는 증거로 받아들였다. 하지만 내가 보기에는 단순히 그것만은 아닌 듯싶다. 다키아와의 강화라는 '공'을 원로원에 '넘긴' 것이다. 트라야누스는 이것으로 다키아 문제가 완전히 해결될 수 있다고는 생각지 않았을 것이다. 하지만 전쟁을 오래 끄는 것도 총사령관인 그가 바라는 바는 아니었다.

1년 몇 개월에 불과했지만, 제1차 다키아 전쟁은 끝났다. 강화 내용은 다음과 같다.

(1) 다키아 왕에게는 '로마 시민의 친구이자 동맹자'라는 칭호가 주어지고, 다키아는 앞으로 로마 제국의 동맹국이 된다.

(2) 데케발루스와 모든 중신의 지위는 로마가 보장한다.

(3) 다키아 왕은 로마의 1개 부대가 수도 사르미제게투사 근교에 주둔하는 것을 인정한다.

(4) 다키아가 소유하고 있는 공성기(攻城器) 등의 병기 일체는 로마가 몰수한다.

(5) 도나우강 북안에 있는 다키아의 성채와 요새는 모두 파괴한다.

(6) 포로는 양국이 공히 송환한다.

(7) 다키아는 앞으로 로마와 우호관계에 있는 도나우강 이북의 부족들을 공격하지 않는다.

승리한 로마군이 수용한 것치고는 너무 온건한 조건으로 여겨지지만, '로마 시민의 친구이자 동맹자'는 실제로는 로마의 속국이라는 뜻이다. 도미티아누스 시대에 로마 제국과 대등한 강화조약을 맺은 적이 있는 데케발루스가 이 상태를 견딜 수 있을지 어떨지가 의문인 것은 그 때문이었다.

㊺ '트라야누스 원기둥'은 승리의 여신 빅토리아를 묘사하는 것으로 일단 끝난다. 그리고 그해 겨울, 다키아와는 정반대로 겨울이라고는 생각할 수 없을 만큼 찬란한 햇빛이 쏟아지는 로마에서 트라야누스가 주역을 맡은 개선식이 거행되었다. 49세의 개선장군에게는 '다키쿠스'(Dacicus)라는 존칭이 부여된다. '다키아를 제패한 자'라는 뜻이다.

이듬해인 서기 103년과 104년에는 로마와 다키아 사이에 아무 일도 일어나지 않았다. 평화가 유지된 것은 제국의 다른 방위선도 마찬가지여서, 트라야누스의 군장은 깊숙이 간수된 채 지나간다.

토가 차림의 황제는 열심히 원로원 회의에 출석하고, 다키아 전쟁 전에 법제화한 각종 정책의 시행 상황을 감독하면서, 황제의 또 다른 중대 임무인 내치에 전념할 수 있었다. 하지만 도나우강에서는 대공사가 시작되어 있었다. 게다가 이 공사는 다키아와 강화를 맺은 직후에 착공되었다.

건축가 아폴로도로스

레오나르도 다 빈치는 '빈치의 레오나르도'라는 뜻이다. 성이 없어서 이런 식으로 부른 게 아니라, 성만 붙이면 같은 성을 가진 많은 사람과 구별할 수 없기 때문에 그 사람만은 성 대신 출신지를 붙여서 부른 것이다. 다시 말해서 어디어디 출신의 아무개라고 불리면, 그 사람은 성과 이름으로 불린 사람보다 살아 있을 때부터 이미 유명인사였다는 증거다. '다마스쿠스의 아폴로도로스'는 트라야누스 시대에 완성된 대표적인 공공건물에 모두 관여한 건축가였다.

로마 황제의 3대 책무는 소아시아 출신의 철학자인 클리소스토무스의 지적을 빌릴 필요도 없이 명백하다.

(1) 안전보장, 즉 외정.

(2) 국내 통치, 즉 내치.

(3) 현대식으로 바꿔 말하면 사회간접자본 정비.

(1)과 (2)를 정책화하려면 원로원 의결이 필요했지만, (3)만은 황제의 재량으로 시행할 수 있었다. 제국 전역의 사회간접자본 정비에 드는 비용은 국고(아이라리움)가 아니라 황제 금고(피스쿠스)에서 나가고 있었기 때문이다.

그래서 로마 황제는 건설부 장관도 겸하고 있었지만, 황제의 성격에 따라 건축가와의 관계도 달라진다.

(1) 황제 자신이 예술적 감각을 타고났기 때문에 아이디어는 황제가 내고 건축가는 기술적인 문제를 해결하여 그 아이디어를 현실화하는 일을 담당하는 경우.

(2) 황제 스스로 예술적 감각을 타고나지 않은 것을 자각하고, 모든 것을 건축가에게 맡기는 경우.

(1)의 대표적인 예는 율리우스 카이사르와 트라야누스의 뒤를 이은 하드리아누스 황제지만, 아이디어가 로마인들의 감각과 맞지 않았다는 점에서는 점수를 깎을 수밖에 없다 해도 '도무스 아우레아'(황금 궁전)를 건설한 네로 황제 역시 이 유형에 속할 것이다.

(2)의 대표적인 예는 콜로세움을 세운 베스파시아누스 황제와 트라야누스다. 그리고 당연한 일이지만, 이 경우에는 건축가의 이름이 후세에 남는 비율이 높았다.

굳이 설명할 필요도 없겠지만, '빈치의 레오나르도'와 '다마스쿠스의 아폴로도로스'는 재능의 성질이 다르다. 아폴로도로스의 재능은 그에게 맡겨진 과제를 해결하는 데 투입되었지만, 레오나르도의 관심은 과제를 다루는 기본원리를 탐구하는 쪽에 쏠렸다. 아폴로도로스는 서슴없이 건축가나 건축기사라고 부를 수 있지만, 레오나르도는 뭐라고 불러야 할지 잘 알 수가 없다.

하지만 이런 사정 때문인지, 토목·건축 부문에서 레오나르도의 재능은 도면 묶음으로 남아 있을 뿐이지만, 아폴로도로스의 재능은 오늘날에도 고고학자들에게 일거리를 주고 있는 수많은 유적으로 남았다. 과학자라 해도 좋을 만큼 기본원리를 탐구하는 데 몰두했다는 점 외에, 모든 것을 맡겨줄 '황제'를 만나지 못한 것도 레오나르도의 불행이었다.

아폴로도로스

 그러나 피렌체 태생도 아닌 레오나르도가 피렌체를 발상지로 하는 르네상스 정신의 최고 구현자가 되었듯이, 다마스쿠스 태생의 그리스 사람인 아폴로도로스도 가장 로마적인 건축가가 된다. 어떤 건축가도 그보다 더 로마적일 수는 없다는 평을 들을 정도다. 에스파냐 태생이면서도 로마 출신보다 더욱 로마적이 되려고 애쓴 트라야누스와는 잘 어울리는 짝이었을 것이다.
 다키아 문제가 완전히 해결되기 전에 트라야누스가 눈에 띄는 건설공사에 전혀 손을 대지 않은 것은 아폴로도로스를 도나우강에 붙잡아둘 수밖에 없었기 때문이다.
 건축가 또는 건축기사를 뜻하는 서양어 — 영어의 'architect', 이탈리아어의 'architetto', 프랑스어의 'architecte', 독일어의 'Architekt' — 는 라틴어 'architectus'를 어원으로 삼고 있다. 로마 시대의 '아르키텍투스'는 군사용과 민간용을 불문하고 모든 공사를 담당하고 있었는데, 그것은 로마인의 건설공사 자체가 군사용과 민간용을 구별할 수 없는 경우가 많기 때문이다. 가도나 다리가 그 전형적인 예다. 제1차 다키아 전쟁이 끝난 뒤 아폴로도로스에게 맡겨진 것은 교량 건설공사였다.

돌다리를 놓는 정도라면 군단에 반드시 소속되어 있던 기사(아르키텍투스)도 충분히 할 수 있는 일이다. 하지만 '다마스쿠스의 아폴로도로스'에게 부과된 임무는 대하 도나우강에 석조 다리를 놓는 일이었다.

도도히 흐르는 대하에 다리를 놓은 전례가 없는 것은 아니었다. 150년 전에 율리우스 카이사르가 유럽에서는 도나우강에 버금가는 대하인 라인강에 다리를 놓은 적이 있었다. 하지만 그때의 다리는 본과 쾰른 사이의 어디쯤에 걸려 있었다니까, 그렇게 긴 다리는 아니었을 것이다. 라인강도 그 지점에서는 폭이 500미터가 채 안 된다. 게다가 카이사르의 다리는 목조였다. 트라야누스가 요구한 다리는 석조였고, 강폭도 라인강의 두 배가 훨씬 넘는 도나우강 중류다. 다리를 놓는 목적이 로마 영토와 다키아 영토를 잇는 데 있었기 때문이다.

지금도 강 양쪽에 조금 남아 있는 교각의 유적으로 아폴로도로스가 진두지휘하여 완성한 이 다리의 위치를 확인할 수 있다. 북쪽은 오늘날 루마니아의 투르누세베린(로마 시대에는 드로베타라고 불렸다)이고, 강 건너 남쪽은 유고슬라비아의 세르비아 지방이다.

그러면 다리를 왜 이 지점에 건설하지 않으면 안 되었을까.

첫째, 다리를 건너 도나우강 북안에 이르면 거기서부터는 트란실바니아 알프스산맥을 돌아서 다키아의 수도 사르미제게투사에 곧장 닿을 수 있기 때문이다.

둘째, 다른 전략 요충지와의 교통이 편리했기 때문이다. 이것도 아폴로도로스의 작품인 모양인데, 절벽을 깎아 만든 '타불라 트라야나'(Tabula Trajana) ─ 오늘날에도 이 이름으로 불리지만, 지금은 물속에 잠겨버려서 볼 수 없다 ─ 라는 길을 통해 로마 시대에는 비미나키움(오늘날의 코스트라크)이나 싱기두눔(오늘날의 베오그라드)과 쉽게 연락

타불라 트라야나

할 수 있다는 이점이 있었다.

다리가 놓인 일대는 '가까운 모에시아'(모에시아 수페리오르) 속주에 속하는데, 이곳은 국경지대라서 2개 군단이 상주해 있었다. 베오그라드는 제4군단의 기지였고, 코스트라크에는 제7군단의 기지가 있었다.

또한 긴급할 때는 '먼 판노니아'(판노니아 인페리오르) 속주의 도읍인 아퀸쿰(오늘날의 부다페스트)에서 제2군단 '먼 모에시아'(모에시아 인페리오르) 속주의 노바에(오늘날의 스비슈토프) 기지에서는 제1군단이 각각 북서쪽과 남동쪽에서 다키아로 달려갈 수도 있다. 즉, '트라야누스 다리'는 도나우강 중류 연안에 기지가 있는 이들 4개 군단의 활동범위 중심부에 건설되는 셈이었다.

셋째 이유는 제국의 최전선인 도나우강의 이 다리와 제국의 수도인 로마의 교통이 편리하다는 점이었다.

다리가 건설되는 지점부터 남쪽으로 로마 가도가 뻗어 있다. 이 길은 나이수스(오늘날의 니슈)부터 남서쪽으로 방향을 틀어 리수스(오늘

트라야누스 다리와 다키아 주변도(편의상 나중에 생긴 다키아 속주의 경계선을 넣었다)

날의 레시)에서 아드리아해와 만난다. 아드리아해로 나오면 거기서 이탈리아반도까지는 빠르면 꼬박 하루, 늦어도 이틀이 걸릴 뿐이다. 이탈리아에 상륙하기만 하면, 로마까지는 어느 가도를 택해야 좋을지 모를 만큼 도로망이 완비되어 있었다. 또한 베오그라드에서도 로마 가도를 따라 서쪽으로 계속 달리면 아드리아해 연안의 스팔라툼(오늘날의 스플리트)에 닿을 수 있다. 스플리트에서 이탈리아 중부의 항구도시 안코나까지는 아드리아해만 건너면 된다. 황제가 직접 출동할 필요가 있을 만큼 중대한 사태가 벌어져도, 교통편은 보장되어 있었다. 그리고 이 길이 북이탈리아를 돌아서 로마로 가는 것보다 거리도 가깝고 시간도 절약되었다.

내 친구 중에 로마에 사는 루마니아 사람이 있는데, 그의 부모는 루마니아 서부에 살고 있다. 그래서 로마에서 루마니아 수도 부쿠레슈티까지 비행기로 가서 다시 서부로 가지 않고, 사회 정세를 더 잘 이해할 수 있다는 이유 때문에 자동차로 고향을 찾는 경우가 적지 않다. 그럴 때는 어느 길을 택할까.

로마에서 피렌체와 볼로냐, 파도바를 지나 트리에스테에 도착할 때까지는 이탈리아가 자랑하는 고속도로를 이용한다. 트리에스테에서 슬로베니아를 횡단하여 북동쪽으로 가는 것은 크로아티아 여행을 피하기 위해서다. 길을 돌아가게 되더라도 헝가리를 지나는 길을 택한다. 헝가리로 들어간 뒤에도 동쪽으로 가지 않고 북동쪽에 있는 부다페스트로 간다. 부다페스트부터는 동쪽으로 방향을 잡아 국경을 넘어 루마니아로 들어가는 것이다.

하지만 이 방법밖에 없는 것은 아니다. 2천 년 전의 로마인과 같은 길을 택하려고 마음만 먹으면 오늘날에도 얼마든지 가능하다.

로마에서 아드리아 해안의 항구도시 안코나나 그 남쪽의 페스카라까지는 고속도로를 이용하면 쉽게 닿을 수 있다. 이들 두 항구에서 스플리트까지는 자동차도 실을 수 있는 페리 선박이 다닌다. 또는 고속도로로 아드리아해 연안의 바리까지 가면, 거기서 레시 남쪽의 디라키움(오늘날의 두러스)까지는 자동차도 실을 수 있는 연락선이 다닌다.

하지만 스플리트에 상륙한 경우에는 크로아티아를 지나고 보스니아-헤르체고비나를 가로질러 유고슬라비아의 베오그라드에 도착한 뒤 도나우강을 건너 루마니아로 들어가게 된다. 알바니아의 두러스에 상륙한 경우에는 알바니아와 코소보를 지나고 유고슬라비아의 세르비아 지방을 통과한 뒤 도나우강을 건너 루마니아로 들어가게 된다. 통과하는 지방 이름만 보아도, 보스니아-헤르체고비나와 코소보에서 분쟁이 일어난 뒤에는 언론인도 아닌 일반인의 자동차 여행에는 부적당하다는 것을 알 수 있다. 전투는 끝났지만 파괴된 도로나 다리는 아직 복구되지 않은 상태일 테고, 여행하는 동안 숙소를 마련하기도 어렵고, 무기 회수에 응하지 않는 주민이 적지 않기 때문에 치안도 불안할

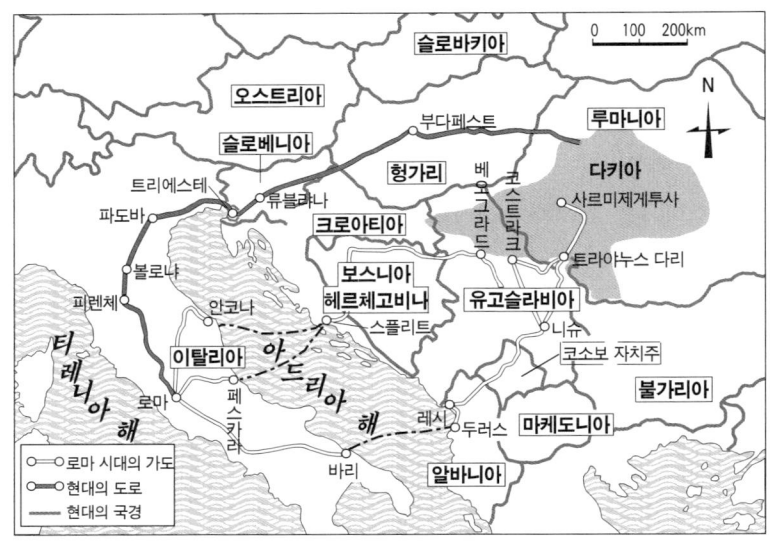

로마에서 다키아까지(편의상 오늘날의 국명을 넣었다)

게 분명하다. 로마 제국이 기능을 발휘하고 있던 시대로부터 1,700년이 지나려 하는 지금, 이 지방을 여행하는 것은 오히려 목숨을 걸어야 할 만큼 위험해져버렸다.

'팍스 로마나'(로마에 의한 평화)는 로마 제국 방위선 바깥에 사는 사람들, 로마인들이 '야만족'(바르바리)이라고 불렀던 사람들의 습격으로부터 제국 주민을 지키는 것만으로 달성할 수 있었던 '평화'가 아니다. 로마 제국은 다민족 국가다. 이웃한 민족끼리는 사이가 나쁜 게 보통이다. 사이가 좋다면 그게 오히려 이상하고, 따라서 행복한 상태라는 이야기가 된다. 패권 국가인 로마의 역할 가운데 하나는 민족 간에 일어나기 쉬운 분쟁을 조정하는 것이었다.

분쟁 조정에는 속주 총독이 먼저 나서지만, 그래도 해결되지 않으면 황제가 친서를 보내거나 하여 중앙에서 훈령이 떨어진다. 이래서도 해결되지 않으면 로마는 주저없이 군단을 파견했다. 로마 시대의 그리스 철학자 클리소스토무스가 지적한 황제의 3대 책무 가운데 두 번째를 나는 '국내 통치'로 번역했지만, 원문에 충실하자면 '속주 통치'다.

'팍스 로마나'는 외적을 배제하여 안전보장에 성공하는 것만으로 달성할 수 있었던 게 아니다. 제국 내부의 분쟁을 수습하는 데에도 성공했기 때문에 '로마인에 의한 세계 질서'가 이룩될 수 있었던 것이다. 일반 서민의 눈으로 보면 이것은 어디에나 가장 가까운 길을 이용해 안전하게 여행할 수 있는 상태였다.

로마의 기술이 이룩한 결정체의 하나로 알려져 있는 '트라야누스 다리'는 아폴로도로스의 지휘로 착공한 지 1년 남짓이라는 짧은 기간에 완성된다. 공사는 처음부터 끝까지 병사들의 손으로 이루어졌다. 석재나 목재를 다듬는 일에서는 보조부대의 속주병들이 활약했지만, 건축 기술이 요구되는 주요 부분의 공사는 그런 일에 숙달되어 있는 군단병이 담당했다. 다키아족과는 강화가 성립되어 있다. 갑옷도 무기도 기지에 놓아두고 평복(투니카) 차림으로 작업했을 것이다. 로마인은 공사를 오랫동안 질질 끄는 것을 극도로 싫어했다. 게다가 '트라야누스 다리' 건설공사는 수량이 풍부한 대하에서의 작업이다. 조기 완공이 곧 성공적인 공사의 관건이었다. 율리우스 카이사르가 라인강에 놓은 다리는 열흘 만에 완성되었지만, 그것은 강폭도 좁은데다 목조 다리였기 때문이다. 강폭이 넓은 도나우강 중류에 석조 다리를 놓는 데 공사 기간이 1년 남짓밖에 걸리지 않은 것은 총력을 기울인 돌관 작업의 성과였을 게 분명하다. 또한 오랫동안 사회간접자본 공사를 하면서 축적된 체험과 숙련된 기술이 있었기에 그처럼 짧은 기간에 다리를 완성할 수 있었을 것이다.

이 다리의 완공을 기념하여, 그리고 이렇게 큰 규모의 다리를 도나

트라야누스 다리의 완공을 기념하여 발행된 세스테르티우스 동전.
앞면에는 트라야누스, 뒷면에는 변형된 다리가 새겨져 있다.

우강에 가설한 로마의 기술력을 널리 선전하기 위해 이듬해에 세스테르티우스 동전이 발행되는데, 여기에 새겨진 다리는 아치 모양의 무지개 다리로 되어 있다. 하지만 이것은 둥근 동전 모양에 맞춘 데포르메(변형)에 불과하다.

다리를 도로의 연장으로 생각한 로마인은 도로와 고저 차이가 없이 다리를 놓는 게 보통이고, 오르락내리락 형태의 다리는 모두 로마 제국이 멸망한 뒤에 만들어진 다리다.

도로와 같은 높이의 다리를 건설하려면, 아래를 흐르는 강물이 불어날 경우도 계산하여, 수량이 늘어나는 봄에도 물에 잠기지 않는 높이로 만들어야 한다. 단순히 이쪽 강변에서 저쪽 강변까지 다리를 걸쳐놓아서는 목적을 달성할 수 없다는 뜻이다. 이쪽 강변에서 상당히 떨어진 내륙 지점부터 강 위를 지나 저쪽 강변에서 상당히 떨어진 내륙 지점까지 다리를 놓을 필요가 있다. 당연하다고는 하지만, 거리도 길어지고 높이도 더 높아지게 된다. 다리를 놓는 지점의 지형 조건에 따라 다리 놓는 법도 다양하지만, 로마인이 짓는 다리의 기본원리는 결국 그 점에 귀착된다.

'트라야누스 다리'

다리에 관해 문외한인 내 설명을 계속 읽는 것보다는 도면을 보는 편이 일목요연할 테니까, 갈리아초가 지은 『로마의 다리』에 실린 도면을 소개하겠다. 우선 놀라운 것은 그 규모다.

길이 — 1,135미터
높이 — 27미터
너비 — 12미터
이것을 20개의 석조 교각이 떠받치고 있다.
교각의 길이 — 33미터
　　　높이 — 14미터
　　　너비 — 18.5미터

그 밑에는 목재가 빈틈없이 메워진다. 뜻밖에도 나무는 물에 강하다. 물의 도시 베네치아의 시가지 밑에는 수많은 목재가 메워져 있다.

또한 교각의 간격이 30미터가 넘기 때문에 3단층 정도의 선박도 지나다닐 수 있었다.

이 거대한 교각의 공사 방법은 우선 물속에 빈틈없이 짠 나무 울타리를 세운 다음, 울타리 안에 갇힌 물을 빼내고 그 안에 교각을 세우는 방식이다. 어느 교량 건설 전문가에게 물어봤더니, 기계화의 차이는 있지만 기본원리는 오늘날에도 전혀 다를 게 없다는 대답이었다.

도나우강 북쪽 연안의 드로베타와 남쪽 연안의 폰테스 사이에 놓인 이 다리는 교각만 석재로 되어 있고 교체(橋體)는 목재로 되어 있다. 로마인은 육교나 수도교라면 전체 길이가 1킬로미터 가까이 되더라도 모두 석조로 만드는 기술을 갖고 있었다. '트라야누스 다리'가 석재와 목재의 혼합형인 것은 다리 전체의 중량을 줄일 필요가 있었기 때문일 것이다. 교각에는 다리를 떠받치는 기능만이 아니라 강물의 흐름에 저항

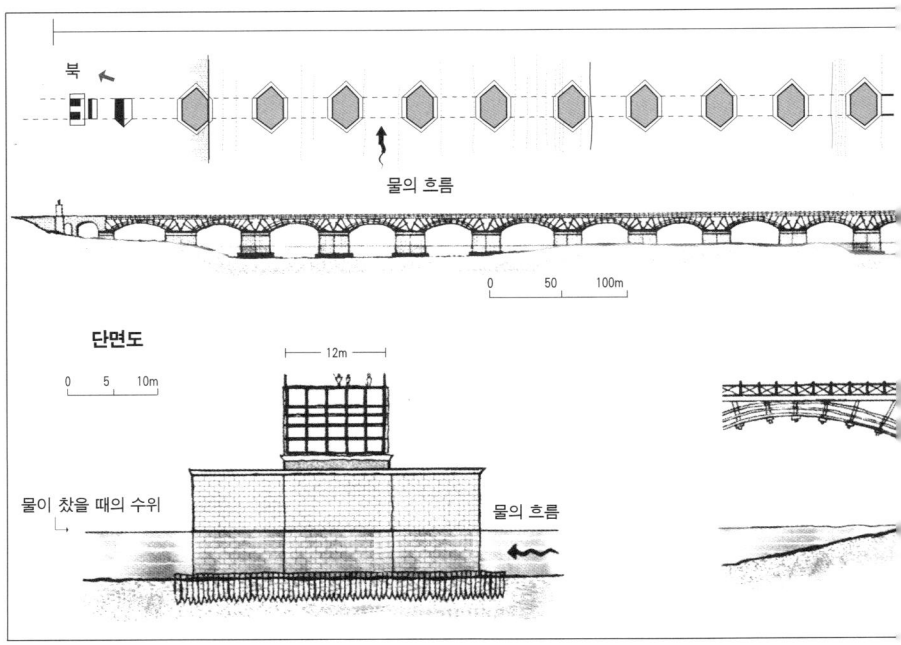

트라야누스 다리(복원도. 맨 위의 그림은 위에서 내려다본 평면도)

하는 힘까지 요구되기 때문이다. 게다가 제국의 다른 지역에 있는 다리처럼 수십 미터가 아니라 1킬로미터가 넘는 강의 물살을 견뎌야 했다.

이런 공공건설의 경우에는, 공사에 참여한 군단이나 대대 이름을 석재에 새기는 것도 로마의 관습이다. '트라야누스 다리'에 현재 남아 있는 부분만 보아도, 제2 히스파니아 대대와 제3 브리타니카 대대 및 제1 크레타 대대가 공사에 참여한 것을 확인할 수 있다. 대대별로 불리는 것은 속주 출신 병사로 구성되는 보조부대인데, 이들 대대는 제1차 다키아 전쟁에 참전한 부대다. 따라서 트라야누스는 다리 건설공사를 위해서라고는 하지만 강화가 성립된 뒤에도 병사들을 원래의 주둔지로 돌려보내지 않았다는 이야기가 된다.

'원기둥'의 부조에도 동전의 도안에도 '트라야누스 다리'는 상하로

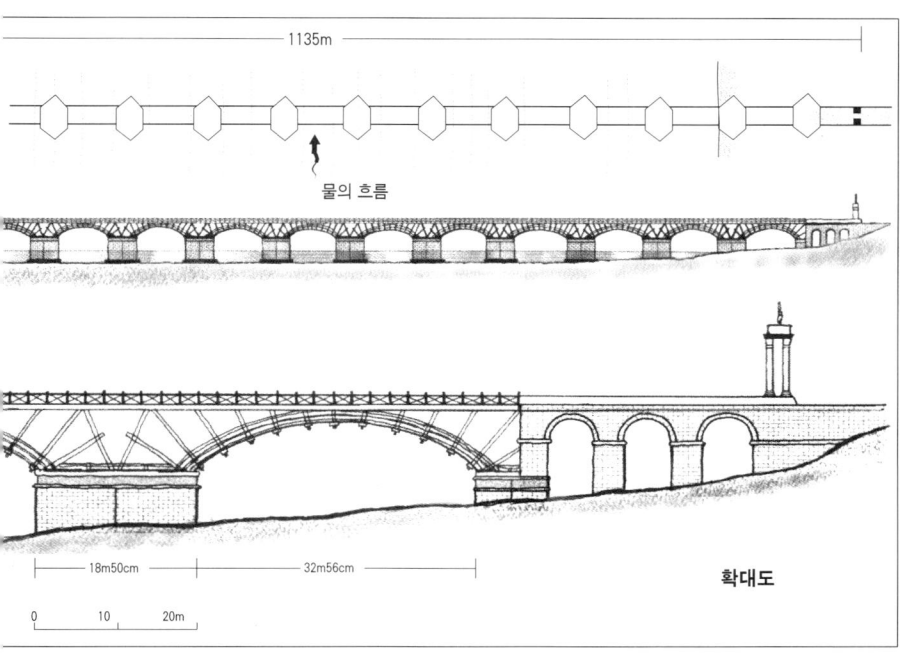

나뉜 2층 구조로 묘사되어 있다. 아래층은 무거운 병기나 식량을 실은 짐수레, 보통 3열 종대로 행군하는 중장비 보병이 이용하고, 위층은 경비병이나 민간인이 이용했는지도 모른다. 로마 제국은 국경 안팎의 교류를 금지하지 않았다. 아니, 금지하기는커녕 장려하기까지 했다. 사람과 물자의 평화적인 교류가 왕성해질수록 국경 바깥에 사는 야만족의 약탈 의욕을 약화시킬 수 있기 때문이다. 로마인은 그것을 문명화라고 불렀지만.

로마 시대 최대의 토목공사인 '트라야누스 다리'는, 그보다 100년 뒤에 살았던 카시우스 디오의 말에 따르면 "야만족이 이용하는 것을 꺼린 하드리아누스 황제의 명령으로 목조 부분이 해체"되지만, 다리 자체의 기능을 상실한 것은 아닌 듯하다. 그 후 다리가 보강되었다는 기술이 있기 때문이다. 하지만 제국 말기에 야만족의 침입이 격화할 무렵에는 목조 부분이 파괴되어, 다리로서의 기능을 완전히 잃어버렸다. 그래도 6세기 무렵부터는 한 세기에 한 명꼴로 관심을 기울인 사람이 있었던 것 같고, 17세기에는 석조 교각뿐이긴 하지만 처음으로 도면이 그려진다. 19세기 중엽에는 본격적인 연구서도 간행되었다. 그러나 19세기 말에 오스트리아-헝가리 제국은 도나우강을 대형 선박 운행에 활용하기 위해 교각을 모두 폭파해버렸다. 심하게 파손되긴 했지만 그 무렵에도 여전히 강물 속에 서 있던 교각은 이로써 완전히 모습을 감춘다. 오늘날에는 연구자들이 그린 복원도와 '로마 문명 박물관'에 있는 축소모형을 보며 다리로 기능을 발휘하던 시절의 모습을 상상할 수밖에 없다.

이제 다시 1,900년 전의 옛날로 돌아가보자. 이렇게 큰 규모의 다리를 1년 남짓이라는 짧은 기간에 완성해버린 로마의 위용을 코앞에서 목격한 다키아 왕 데케발루스는 과연 어떤 심정이었을까.

로마로서는 전부터 로마 영토였던 도나우강 남쪽의 폰테스와 제1차 다키아 전쟁 이후 로마의 기지가 된 도나우강 북쪽의 드로베타를 연결했을 뿐이라는 변명이 성립된다. 그리고 이제 동맹관계가 되었으니까 '트라야누스 다리'를 통해 양국의 교류가 촉진되고, 양국 간의 평화를 유지하는 데에도 도움이 될 거라는 변명도 성립된다.

그러나 드로베타에서 다키아의 수도 사르미제게투사까지는 제1차 다키아 전쟁 때 로마군이 지은 석조 숙영지가 이어져 있고, 이들 숙영지에는 로마군이 아직도 머물러 있었다.

트라야누스 황제에게 다키아 왕을 도발하려는 의도가 있었던 것인지는 알 수 없다. 여러 가지 정황으로 보아 그런 의도가 있었던 것으로 여겨지지만, 거기에 대해 글을 남긴 사람은 아무도 없다. 어쨌든 다키아 쪽에서 보면 '트라야누스 다리' 건설은 로마의 명백한 도발이었다. 그리고 데케발루스는 도미티아누스 시대에 강경하게 나간 덕분에 유리한 조건으로 강화를 맺는 데 성공한 체험을 잊을 수 없었다. 황제가 바뀌었다고는 하지만, 불과 10년 전의 일이었다.

제2차 다키아 전쟁을 피할 수 없다고 생각한 데케발루스는 이번에는 전략을 바꾼다. 파르티아 왕을 움직여 동쪽과 북쪽에서 로마 제국을 공격한다는 전략이었다. 파르티아 왕의 궁정에 다키아 사절이 머물고 있었다는 것은 아무래도 사실인 모양이다. 하지만 파르티아 왕국은 로마와 접촉하기 시작한 기원전 1세기부터 로마의 방위선을 위협할 수 있는 군사력은 갖고 있지만 로마를 공략할 수 있는 군사력은 갖지 못한 나라였다. 이 나라가 로마 영토를 위협하는 것은 왕이 바뀔 때 국외에 강경한 자세를 보임으로써 국내의 반대파를 억누를 필요가 생겼을 때뿐이라고 해도 좋다. 서기 105년 당시의 파르티아는 그럴 필요가 없었다.

흑해에서 홍해로

트라야누스는 파르티아에 대한 다키아 왕의 공작을 알고 있었을 가능성이 크다. 파르티아와 맞닿아 있는 시리아 속주 총독의 주요 임무 가운데 하나는 파르티아의 동향을 살피는 것이었기 때문이다. 첩자를 잠입시키는 따위의 위험을 무릅쓸 필요는 없었다. 동양에서 파르티아를 거쳐 들어오는 물산의 최대 고객이 로마 제국이었기 때문에, 교역상들이 전하는 정보를 모아서 분석하는 작업만 게을리하지 않으면 상황을 상당히 정확하게 파악할 수 있었다. 로마 제국의 국경은 어디서나 닫힌 국경이 아니라 열린 국경이라고 생각하는 편이 타당하지만, 그중에서도 특히 파르티아와 접한 국경은 다른 어느 국경보다도 열려 있었다.

파르티아에 대한 다키아 왕의 공작이 실패로 끝난 것을 알았기 때문인지, 그리고 그 사실을 역이용하려고 생각했는지, 이 시기에 트라야누스는 아라비아 합병에 착수한다.

로마인들이 아라비아라고 부른 지방은 후세의 아라비아 반도가 아니다. 향료와 몰약과 진주의 산지로 이름난 풍요로운 아라비아 반도 남부 지방을 로마인들은 '아라비아 펠릭스'(축복받은 아라비아)라고 불렀지만, 수식어 없이 그냥 아라비아라고 부르면 오늘날의 요르단을 가리켰다.

트라야누스의 지령을 받은 시리아 속주 총독 코르넬리우스 파르마는 휘하의 1개 군단만 거느리고 이 지방을 합병한다. 나바테아 왕국은 이미 과거의 위세를 잃어버려서, 파르마는 구태여 전쟁에 호소할 필요도 없이 합병에 성공했다. 1개 군단만으로도 성공할 수 있었던 것은 역시 파르티아가 움직이지 않았기 때문이다. 요르단 합병으로 로마 제국은 흑해에서 홍해까지 이르는 방위선을 확립할 수 있게 되었다.

로마 제국의 방위선은 흑해에서 시작하여 아르메니아 왕국과의 국경을 계속 남하하면서 유프라테스강을 따라 나아가다가, 유프라테스강이 남동쪽으로 방향을 바꾸는 지점에서 강을 떠나 그대로 계속 남하하여 팔미라와 다마스쿠스, 보스트라(오늘날의 부스라), 필라델피아(오늘날 요르단의 수도 암만), 그리고 나바테아 왕국의 수도였던 페트라 근처를 지나 홍해에 면해 있는 아카바에 이른다.

로마 제국에 속주로 합병된 지방에서 로마인이 맨 먼저 하는 일은 고대의 고속도로인 로마식 가도를 뚫는 일이다. '아라비아 나바테아 속주'라는 이름으로 로마 제국에 편입된 현재의 요르단 지방에도 간선도로가 건설되기 시작했다. 그것은 다마스쿠스에서 부스라와 암만을 거쳐 아카바에 이르는 가도가 된다. 요르단을 종단하는 이 가도는 현대에 발굴된 표석(標石)에 따르면 서기 114년에 이미 완성되어 있었다. 아라비아 속주의 도읍은 암만이 아니라 부스라로 결정되었다. 전선에 더 가깝다는 게 이유였다. 부스라에는 제3군단이 상주하게 되었다.

훗날 아카바를 공격한 '아라비아의 로렌스'는 태양이 작열하는 사막을 건너야 했지만, 로마 시대였다면 태양이 뜨겁게 작열하는 것은 마찬가지라 해도 아카바까지 잘 포장된 가도를 이용할 수 있었을 것이다. 최근 보도에 따르면 요르단 정부는 암만에서 아카바까지 고속도로를 놓았다고 한다.

고대와 현대의 타임 터널을 오락가락하는 느낌으로 이야기가 계속 탈선하고 있는데, 그것은 내가 로마사를 공부하면서 사회간접자본 정비의 중요성과 그로써 인적 교류가 쉬워진 것을 강하게 느끼고, 그 느낌을 독자들과도 공유하고 싶기 때문이다. 로마 시대에는 가능했던 일이 왜 그 후 오랫동안 불가능했는가. 이런 의문을 품은 사람은 나만이 아닌 모양이다. 그중 한 사람이 조사한 결과를 소개하고 싶다. 로마 제국의 한쪽 끝인 스코틀랜드에서 출발하여 반대쪽 끝인 예루살렘까지 어떻게 도달할 수 있었는가 하는 시뮬레이션이다. 어쩔 수 없는 경우에만 바닷길을 이용하고, 나머지는 모두 과거의 로마 가도만 이용한다. 로마 가도에는 1로마마일마다 이정표가 세워져 있었으니까, 그것을 존중하여 로마마일로 표시된다. 1로마마일은 1.478킬로미터에 해당한다.

안토니누스 피우스 황제 시대에 세워진 성벽 근처의 글래스고에서 '하드리아누스 성벽'을 지나 군단기지가 있었던 요크까지—222로마마일.

요크에서 런던까지—227.

런던에서 도버까지—67.

도버해협을 건너 프랑스의 불로뉴까지—45(바닷길).

불로뉴에서 아미앵을 지나 랭스까지 ─ 174.

랭스에서 리옹까지 ─ 330.

리옹에서 알프스산맥을 넘어 이탈리아의 밀라노까지 ─ 324.

밀라노에서 로마까지(아이밀리아 가도와 플라미니아 가도를 이용) ─ 426.

로마에서 아피아 가도를 지나 이탈리아 남부의 항구도시 브린디시까지 ─ 360.

브린디시에서 아드리아해를 건너 오늘날 알바니아의 두러스까지 ─ 40(바닷길).

두러스에서 비잔티움(오늘날 터키의 이스탄불)까지 ─ 711.

이스탄불에서 앙카라까지 ─ 283.

앙카라에서 로마 가도를 따라 지중해 연안의 타르수스까지 ─ 301.

타르수스에서 시리아의 안티오키아(오늘날 터키의 안타키아)까지 ─ 141.

안티오키아에서 레바논의 티루스(오늘날의 티레)까지 ─ 252.

티루스에서 예루살렘까지 ─ 168.

합계하면 4,071로마마일이 된다. '여권'을 제시할 필요도 없는 6천 킬로미터의 여행이었다.

다키아 왕 데케발루스도 이 로마 문명권에 편입되는 운명을 감수했다면 제2차 다키아 전쟁은 일어나지 않았을 것이다. 하지만 긍지 높은 다키아족은 거기에 맞서는 쪽을 택했다. 또한 왕의 품에는 황금이 넘쳐흐르고 있었다. 다키아 지방은 금과 은이 나는 광산이 풍부했다. 게다가 전제국가에서는 권력만이 아니라 국부도 군주에게 집중된다. 로마 제국과 동방 군주국의 차이는, 로마 제국이 상비군을 두고 군사력 유지에 힘쓰는 반면 동방 군주국은 필요할 때만 돈으로 용병을 긁어모

은다는 점이었다.

제2차 다키아 전쟁

서기 105년 봄, 강화를 파기하고 공세를 취한 것은 다키아 쪽이었다. 다키아는 수적 우세를 믿고, 다키아 영토 안에 있는 로마군 숙영지와 가도를 건설하고 있는 제7군단, 그리고 도나우강 하류의 로마 영토를 동시다발적으로 공격했다.

6월 4일, 트라야누스 황제는 수도 로마를 떠난다. 다키아 전쟁이 다시 시작된 것이다. 이 전쟁에 대한 서술도 '트라야누스 원기둥'에 새겨진 장면을 추적하는 형태로 진행하고자 한다.

㊻ '원기둥'에 새겨진 제2차 다키아 전쟁의 서술은 이탈리아 중부의 항구도시 안코나에서 트라야누스가 배를 타는 장면으로 시작된다. 이곳이 안코나라는 것은 언덕 위에 서 있는 비너스 신전과 항구 근처에 세워진 개선문을 보면 알 수 있다. 이 개선문은 제1차 다키아 전쟁에서 승리를 거두고 귀국한 트라야누스를 기념하여 세워진 것이다.

㊼ 수많은 군선에 나누어 타고 아드리아해를 건너는 로마군. 노를 젓는 것은 갑옷을 벗어 발치에 내려놓고 투니카만 걸친 병사들이다. 그중 한 척의 고물에서는 붉은 망토를 걸친 트라야누스가 큰 소리로 노젓는 박자를 맞추고 있다. 파도 사이에 돌고래떼가 묘사되어 있는 것은 함대가 난바다를 항해하고 있다는 것을 보여준다.

㊽ 아드리아해를 건너 오늘날의 크로아티아 해안에 상륙한 트라야누스와 병사들. 마중 나온 주민들이 모두 로마식 토가 차림이고 아름다운 석조 건물이 즐비하게 늘어서 있는 것으로 보아, 그곳은 달마티아 속주의 도읍인 살로나나 그 바로 남쪽에 있는 항구도시 스플리트로 여겨진다.

㊾ 투니카에 망토를 걸친 가벼운 차림의 트라야누스가 말을 타고 내륙으로 향한다. 그 일행을 길가에서 배웅하는 시민들. 아녀자들의 모습도 섞여 있다.

㊿ 덩굴과 꽃을 엮은 목걸이로 장식한 소를 몇 마리나 제물로 바치는 제사 장면. 전선으로 달려가는 것이 무엇보다 시급한 일일 텐데, 신들에게 승리를 기원하는 일은 로마인에게는 결코 소홀히 할 수 없는 중요한 일이었을 것이다. 병사들도 시민들도 모두 의식에 참여한다.

㊼ 강을 건너고 있는 것일까. 배와 돌다리를 이용하여 진군하는 병사들.

㊾ 화려하고 웅장한 도시에 입성한 황제와 병사들. 또다시 소를 제물로 바치는 제사를 거행하는 트라야누스.

트라야누스의 상륙 지점이 스플리트라면, '원기둥'에 묘사된 이들 도시는 오늘날의 보스니아-헤르체고비나의 도시들이라는 이야기가 된다. 본국 이탈리아와 가깝다고는 하지만, 로마 시대에 이 발칸반도 일대의 높은 문명도에는 놀랄 수밖에 없다.

㊺ 하지만 도나우강 전선이 다가올수록 원경에 묘사되는 건물도 석조 요새가 많아진다. 그것을 옆으로 보면서 질주하는 로마 기병대.

선두를 달리는 트라야누스 황제를 인근 주민들이 모두 나와서 맞이한다. 옷차림이나 머리 길이로 보아, 아녀자들도 섞여 있는 그들이 다키아족임을 알 수 있다. 로마 제국은 국경 바깥에 살고 있었던 사람들도 평화롭게 일상의 노동에 종사하기만 하면 로마 영토 안으로 이주하는 것을 허용했다.

㊾ 그러나 로마식 복장을 한 주민도 많다. 다민족 국가인 로마 제국의 주민 구성은 전선 지대에서도 마찬가지였다.

이들에게 둘러싸여 제단에 포도주를 부으며 신들에게 로마군의 승리를 기원하는 트라야누스. 이런 일만 하고 있어도 좋을까 하는 생각이 들지만, 바야흐로 전쟁터에 발을 들여놓기 직전에 신들에게 승리를 기원하는 것은 빠뜨릴 수 없는 중요한 일이었을 것이다.

㊵ 장면이 바뀌자마자, 방패를 옆에 내려놓고 투니카 차림으로 나서서 나무를 베어 숲속에 길을 내는 병사들의 모습이 묘사된다. 매번 통감하는 사실이지만, 다른 나라 군대는 다소 불편해도 기존 도로를 이용하는 반면, 로마군은 편리한 길을 만들면서 진군하는 차이점이 있다.

㊶ 장면이 완전히 바뀌어, 도나우강 남쪽의 로마군 기지를 공격하는 다키아 병사들이 묘사된다. 다키아 병사는 지위가 높아도 저고리와 바지만 입을 뿐 흉갑도 대지 않는다. 몸을 지키는 것은 대형 방패뿐이다. 공격하는 다키아군을 진두지휘하는 것은 수염을 기르고 모자도 쓴 다키아의 유력자다. 로마와 싸우자는 데케발루스 왕의 호소에 다키아족 전체가 한마음 한뜻으로 뭉친 것을 알 수 있다.

㊷ 하지만 수비하는 로마 병사들도 지고 있지는 않았다. 로마 제국의 어느 방위선보다도 긴장을 강요당한 것이 도나우강 방위선의 병사들이다. 기후나 지형만이 아니라 정신적으로나 육체적으로도 가혹한 환경이 평범한 병사들을 정예로 바꾸어놓고 있었다. 구름처럼 몰려오는 다키아군 앞에서 한 걸음도 물러서지 않고 응전한다.

㊸ 그러나 전투는 기지의 방벽을 사이에 두고 치러진 것이 아니라, 로마군이 기지 밖으로 나가서 다키아군을 맞아 싸운 모양이다. '원기둥'에는 몇 장면에 걸쳐 치열한 백병전이 묘사된다. 그 형상은 당시의 박진감을 충분히 상상할 수 있을 만큼 걸작이다.

㊹ 전황은 조금씩 로마 쪽에 유리하게 전개된다. 그것은 장면이 진행될수록 땅에 쓰러진 다키아 병사가 늘어나는 것을 보아도 알 수 있다. 그래도 역시 로마의 승리를 결정지은 것은 트라야누스가 이끌고 온 기병대의 도착이었다. 다키아 쪽은 많은 시체를 버려둔 채 도나우강 이북으로 퇴각할 수밖에 없었다.

하지만 계절은 여기서 가을로 접어든다. 로마군이 도나우강을 건너 반격에 나서는 것은 이듬해 봄까지 연기할 수밖에 없었다. 동유럽의 겨울은 혹독하다. 이듬해 봄의 반격을 앞두고 병사들에게 충분한 휴식을 줄 필요가 있었다.

다키아 왕 데케발루스는 로마 제국을 궤멸시킬 작정으로 로마와 싸우고 있는 것이 아니었다. 도미티아누스 시대처럼 다키아 쪽에 유리한 강화를 맺고, 그럼으로써 도나우강 이북에 일대 왕국을 세우는 것이 그의 야망이었다. 따라서 그는 도대체 본의가 무엇인지 의심스러울 정도로 공격과 강화 제의를 되풀이한다. 하지만 데케발루스는 오판을 저질렀다. 로마인은 상대편에게만 유리한, 즉 자기편에는 불리한 협약을 계속 감수할 민족이 아니었다.

로마군이 가도를 건설하고 있었다는 것은 알지만, 공사 현장이 도나우강 남쪽의 로마 영토였는지 북쪽의 다키아 영토였는지는 알 수 없다. 어쨌든 다키아군은 가도 공사를 하고 있던 제7군단을 습격했는데, 다키아와 강화를 맺은 뒤 경계가 느슨해진 틈을 찌른 게 주효하여 군단장과 열 명 안팎의 로마 병사를 사로잡는 데 성공했다. 다키아 왕은 이 '카드'를 이용해서 유리한 조건으로 로마 황제와 강화를 맺기로 마음먹었다.

포로로 잡힌 군단장은 롱기누스. 도나우강 연안의 코스트라크 기지에 주둔하는 제7군단을 오랫동안 지휘했고, 제1차 다키아 전쟁 때도 트라야누스의 신뢰에 어긋나지 않는 활약을 보인 무장이다. 게다가 수도 로마의 명문 출신이고, 조상 대대로 원로원 계급에 속한 사람이었다.

이런 인물을 모른 체하면 원로원의 반감을 사게 될지도 모른다. 속주 출신인 트라야누스가 그런 위험을 무릅쓸 리는 없다고 다키아 왕은 생각했을 것이다.

롱기누스는 포로가 되었지만 쇠사슬에 묶이지도 않았고 감옥에 갇히지도 않았다. 다키아군의 요새만 벗어나지 않으면 그 안에서는 얼마든지 자유롭게 행동할 수 있었다. 데케발루스는 그에게 민중과 어울리라고 권하기까지 했다. 시중을 들어주는 해방노예까지 거느리고 자유롭게 산책할 수도 있을 만큼 롱기누스가 너그러운 대우를 받고 있다는 사실이 트라야누스에게 전해지기를 기대했기 때문이다.

한편 다키아 왕은 로마 군단장을 불러 로마 황제의 군사작전에 대해 캐묻는 것도 잊지 않았다. 하지만 롱기누스의 대답은 언제나 똑같아서, 모른다는 말밖에 하지 않았다.

도나우강 하류의 로마군 기지에 대한 공격도 실패로 끝나고, 데케발루스가 아니더라도 이듬해 봄에 로마군이 반격해올 것은 뻔하다고 생각지 않을 수 없게 된 겨울, 다키아 왕은 드디어 자기가 갖고 있는 카드를 써먹기로 결심했다.

다키아 쪽이 요구한 강화 조건은 두 가지였다.

첫째, 도나우강에서 흑해에 이르는 도나우강 이북 전역을 다키아 영토로 삼는 것을 인정해줄 것.

둘째, 로마와 싸우는 데 사용한 전쟁 비용을 변상해줄 것.

이 두 가지 조건을 받아들이면 롱기누스와 열 명의 포로를 송환하겠다. 그리고 이 조건으로 강화를 맺도록 트라야누스를 설득하는 역할은 롱기누스가 맡는다.

왕으로부터 이런 조건을 통고받은 롱기누스는 고개를 끄덕였다. 트라야누스에게 편지를 쓰는 것도 승낙했다. 하지만 뒤에서는 하인인 해방노예를 시켜 독약을 준비하고 있었다. 행동이 자유로웠기 때문에 별 어려움 없이 독약을 구할 수 있었다.

롱기누스가 트라야누스에게 보낸 편지 내용은 알려져 있지 않다. 데케발루스는 라틴어를 알고 있었다니까, 그가 모르는 그리스어로 편지를 썼을지도 모른다. 또한 이 편지를 트라야누스에게 가져가는 역할은 자기 하인이 맡아야 한다고 고집했다. 트라야누스도 하인의 얼굴을 알고 있다는 게 롱기누스가 내세운 구실이었다. 그리고 편지를 휴대한 해방노예가 안전지대에 이르렀을 무렵, 로마 군단장은 독약을 마셨다.

'카드'를 잃어버린 다키아 왕은 격분했지만, 그래도 로마 황제한테 양보를 받아내는 것을 단념하지는 않았다.

이번에는 데케발루스가 직접 트라야누스에게 편지를 쓴다. 모든 것을 알면서 그런 행동을 한 괘씸한 해방노예를 넘겨주면, 롱기누스의 유해와 열 명의 포로를 돌려주겠다는 내용이었다. 이 편지를 트라야누스에게 가져가는 역할은 열 명의 포로 가운데 가장 지위가 높은 백인대장이 맡았다.

트라야누스는 강화 제의도 무시했고, 포로 교환 제의도 무시했다. 해방노예도 백인대장도 그대로 로마 진영에 머물렀다.

로마 군단의 척추라고 일컬어지는 백인대장은 어엿한 로마 시민권 소유자다. 하지만 해방노예는 로마 시민이었을 가능성이 희박하다. 해방노예한테도 로마 시민권을 얻을 수 있는 길은 열려 있었지만, 자식이 있고 3만 세스테르티우스 이상의 재산을 가져야 한다는 조건이 붙는다. 전선에는 혼자 부임하는 것이 상식이었던 사령관 밑에서 오랫동안 하인으로 일한 사람이 유부남이었을 리는 없다. 주인의 온정으로 노예 신분에서 해방되긴 했지만, 로마 시민권까지는 갖지 않은 '해방노예'(리베르투스)가 아니었을까.

로마 시민도 아닌 해방노예를 다키아 왕의 요구대로 넘겨주면 공화정 시대부터의 명문 출신인 원로원 의원의 유해가 돌아온다.

그리스 사람이지만 로마 원로원 의원으로 속주 총독까지 지낸 역사가 카시우스 디오는 이 에피소드를 다음과 같은 말로 끝맺었다.

"트라야누스는 롱기누스에게 무덤을 주는 것보다 로마 제국의 존엄을 지키는 쪽이 더 중요하다고 생각했던 것이다."

'원기둥'에는 이 에피소드는 새겨져 있지 않다. 제2차 다키아 전쟁을 서술한 부조에는 지난해 여름 도나우강 하류에서 다키아군을 격퇴한 장면에 이어, 이듬해인 서기 106년 봄에 시작된 로마군의 반격이 묘사되어 있다. 트라야누스가 52세 때였다.

⑥⓪ '트라야누스 다리'의 기점이 된 폰테스에 집결한 로마 군단. 주전력인 군단병은 언제라도 전투에 들어갈 수 있도록 완전무장을 하고 있다. 그들에게 둘러싸인 트라야누스는 제단에 술만 바치는 약식 제사를 거행한다. 그 배경을 웅장한 '트라야누스 다리'가 메우고 있다.

⑥① 다리 건너편의 드로베타에서는 인근의 부족장들이 황제 일행을 마중한다. 다키아 왕의 위세가 높았을 때는 다키아 쪽에 붙어야 할지 로마 쪽에 붙어야 할지 망설이던 사람들이지만, 이번만은 그들의 눈에도 로마의 결연한 의지가 분명해 보였던 것이다.

⑥② 줄지어 다리를 건너는 로마 군단병의 헹렬. 그리고 군기의 행렬. 각 부대의 선두에 선 백인대장들. 기병대의 선두에 선 것은 트라야누스 황제다. 원경에는 로마 병사들이 지은 요새가 보인다. 여기까지는 로마군이 제1차 전쟁 때와 같은 길을 가고 있었다는 것을 알 수 있다.

⑥③ 제1차 전쟁이 끝난 뒤 다키아에 남겨드고 왔고, 그래서 지난해 다키아군의 공격을 받은 부대와 황제의 재회.

하지만 이 병사들도 황제를 따라온 병사들도 하나같이 원기왕성하고 질서정연하게 행군한다. 트라야누스의 결의를 병사들도 공유하고 있었다는 증거일 것이다. 볼을 부풀리며 피리와 나팔을 부는 군악대가

트라야누스 다리를 등지고 집결한 로마군

이 병사들의 진군을 격려한다.

　㉔ 높은 연단 위에서 참모들을 거느리고 연설하는 트라야누스. 거기에 귀를 기울이는 병사들의 진지한 표정. 연설하는 황제 뒤에 서 있는 참모들 가운데 한 사람은 트라야누스의 후임 황제인 당시 30세의 하드리아누스라고 한다.

　㉕ 석조 방벽을 둘러친 견고한 요새 안에서 황제를 둘러싸고 작전회의가 열린다. 로마군의 작전회의에는 참모나 군단장만이 아니라 속주민으로 편성된 보조부대 지휘관도 참석하고, 하사관인 백인대장 중에서도 상급자는 참석하는 게 당연하게 여겨졌다. 야전 지휘관의 의견이 '참모본부'에 소속된 고급 장교의 의견보다 중시되었다.

　㉖ 언제라도 전투에 들어갈 수 있도록 투구까지 쓰고 진군하는 병사들. 그 저편에서는 말고삐를 쥔 병사들이 군량을 가득 실은 짐마차를

같은 방향으로 몰고 간다.

⑰ 여기서부터 부대는 둘로 나뉘어 다른 길로 행군한다. 트라야누스가 포위 섬멸 작전을 실천에 옮기기 시작한 것을 보여준다.

⑱ 군량을 요새 안으로 옮기는 병사들. 그 앞을 진군하는 갑옷 차림의 군단병, 가죽 흉갑을 댄 보조병, 반나체 차림의 게르만 병사, 발목까지 내려오는 긴 옷을 입고 화살통을 등에 멘 오리엔트 궁사들. 로마군이 다민족 혼합체였음을 보여준다. 로마 군대는 로마 제국의 축소판이기도 했다.

⑲ 무장을 한 채 낫을 들고 열심히 보리를 수확하는 군단병. 서기 106년도 어느덧 여름철에 접어들었음을 보여준다. 하지만 이 장면은 다른 사항을 짐작하는 데에도 도움이 된다.

보통은 공격당한 쪽이 군량을 비축하기 위해서나 적에게 식량을 빼앗기지 않기 위해서라도 앞질러 수확을 끝내버리는 법이다. 그런데 그렇게 하지 않은 것은 수도 사르미제게투사까지 이르는 다키아 땅이 모두 로마 병사로 메워져 있었기 때문일까. 연구자들의 추측에 따르면, 트라야누스는 제2차 다키아 전쟁에 제1차 때보다 많은 13개 군단을 투입했다고 한다. 보조전력을 합하면 15만 명을 웃도는 대군이다.

⑳ 선발대인 보조부대와 다키아군의 첫 번째 접촉. 다음 장면에서는 로마군의 접근을 알고 성채 안팎에서 격렬한 동요를 보이는 다키아 병사들이 묘사된다.

㉑ 다키아 성채 앞에서 벌어진 로마 병사와 다키아 병사의 격돌. 다키아 진영도 용감하게 싸우지만, 시체를 밟으며 싸운 백병전은 로마 진영의 승리로 끝났다.

㉒ 로마군의 '그물'은 착실히 당겨지고 있었다. 수도 사르미제게투사를 지키기 위해 그 주위에 건설된 견고한 성채 하나를 둘러싼 공방

전이 묘사된다. 맹렬히 공격하는 로마 병사, 성벽 위에서 돌덩어리를 던지며 방어하는 다키아 병사. 성벽 밑에는 로마 병사의 화살에 맞아 떨어진 다키아 병사의 시체. 이와 같은 공방전은 다른 요새에서도 전개되었을 것이다.

㉓ 공방전 사이에 참모를 거느리고 전쟁터를 시찰하는 트라야누스. 그 너머에 다키아의 성벽이 이어져 있는 것이 보인다. 다키아족의 성벽은 짓는 법이 로마와 다르다는 것을 알 수 있다. 로마식은 직육면체의 석재를 차곡차곡 쌓아올리는 반면, 자갈을 채워넣고 그 위를 널빤지나 석판으로 누르고 그 위에 다시 자갈을 채워넣는 식으로 몇 단씩 쌓아올리는 것이 다키아식 축성법이다. 요소마다 탑을 세우는 점은 양쪽이 마찬가지지만, 그 제조법이 다르다. 다키아식은 도시를 둘러싸는 성벽에는 적당한 방법이었겠지만 대규모 건조물에는 부적당하고, 다리를 그런 식으로 놓는 것은 처음부터 불가능했을 게 분명하다.

그래도 길게 이어져 있는 높은 성벽을 그대로 놓아두고는 성을 공략할 수 없다. 밑에서 공격하기보다는 위에서 방어하는 쪽이 단연 유리하기 때문이다. 대포는 존재하지 않는 시대였다.

공성전을 벌일 수밖에 없을 때 로마군이 채택한 전법은 세 가지였다.

(1) 성벽 아래까지 갱도를 파고, 목재로 둘러싼 그 부분에 가연물질을 쌓아놓고 불을 지른다. 목재가 타올라 생긴 공간으로 그 위의 성벽이 무너져 내리기를 기다린다.

(2) 성벽 높이까지 목재를 쌓아올려 보루를 만들거나 성벽과 같은 높이의 누각을 만들어, 그 위에 올라가서 공격한다. 공격자와 수비자의 높이가 같아지기 때문에 밑에서 공격하는 불리함이 사라진다.

(3) 지름이 30센티미터나 되는 돌멩이를 포탄처럼 쏠 수 있는 공성기로 성벽을 파괴하는 한편, 방패를 머리 위로 들어올린 거북등 진형으로 몸을 지키면서 성벽에 접근한 병사들이 파괴된 곳으로 쳐들어간다.

트라야누스는 다키아족의 성채에 대해 (1)도 (2)도 사용할 필요가 없고, (3)의 방법으로 충분하다고 판단한 모양이다. 다음 장면에는 집결한 병사들 뒤로 운반되는 공성기 행렬이 묘사되어 있다.

㉔ 하지만 다키아 진영도 가만히 앉아서 함락을 기다릴 생각은 없었다. 성 밖으로 몰려나와 싸움을 건다. 앞장서서 로마군 진영으로 쳐들어오는 다키아 장수에게 로마 병사들도 잠시나마 기가 죽은 것 같다.

㉕ 성벽 밖에서 벌어진 백병전에는 아랑곳하지 않고, 로마군은 마침내 성벽 안으로 쳐들어가는 데 성공한다. 쳐들어가는 군단병과 원호사격이라도 하듯 적에게 덤벼드는 보조병들.

㉖ 마침내 성채가 함락되었다. 참모들을 거느리고 입성한 트라야누스 앞에 무릎을 꿇은 다키아족 유력자들. 이런 광경은 수도 방위를 위해 세워진 그밖의 많은 성채에서도 되풀이되었을 것이다. 공격의 고리는 계속 좁혀졌다.

㉗ 그리고 마침내 수도 사르미제게투사가 로마군의 시야에 들어온다. 이 도시의 성벽만은 석재를 쌓아올린 로마식 축성법으로 지어져 있었다. 하지만 여기서는 왠지 성벽을 사이에 둔 공방전이 벌어지지 않는다. 그 대신 시내 곳곳에 불을 지르는 다키아 사람들의 모습이 묘사된다. 함락은 이제 피할 수 없다는 것을 깨달았지만, 수도를 고스란히 넘겨주기는 싫었던 게 분명하다.

㉘ 불타오르는 시내에서 절망에 빠진 다키아 사람들의 갖가지 모습이 묘사된다. 두 팔을 벌리고 자신들에게 닥친 운명을 저주하는 사람. 머리를 감싸안고 땅바닥에 엎드린 사람. 침착하게 독약을 마시는 사람. 이미 독이 몸에 퍼져 쓰러진 동료를 안아 일으키려는 사람.

집단자결 장면이라고는 하지만, 그 광경을 치밀하게 묘사해낸 솜씨는 부조의 걸작이라는 이름에 부끄럽지 않다.

⑲ 집단자결 장면이 계속된다. 이번에는 차림새도 체격도 당당한 장수인 듯한 사람이 독약이 든 항아리를 옆에 놓고 서 있다. 그를 향해 손을 내밀면서 독약을 달라고 애원하는 병사들. 그들 한 사람 한 사람에게 손수 독배를 건네주는 장수. 이 장수의 배후에는 벌써 독약을 마셨는지 벌렁 쓰러진 젊은 병사가 보인다. 이 병사의 유해를 두 팔로 안고 있는 것은 아버지일까.

⑳ 그러나 도주를 택한 다키아인도 많았다. 그중 한 사람이 데케발루스 왕이다. 그것은 패주라고 부를 수밖에 없는 혼란스러운 도주였고, 질서정연하게 대오를 짜서 추격에 나서는 로마군의 여유와는 대조적이다.

㉑ 적의 수도가 함락된 뒤, 트라야누스 앞에 무릎을 꿇고 목숨을 구걸하는 다키아인들. 로마 병사들은 적이 버리고 달아난 시내에서 전리품을 실어낸다.

㉒ 다음 장면에는 병사들의 노고를 치하하는 트라야누스에게 대대장 한 사람이 오른손을 들어 경례하는 모습이 묘사되어 있다. 이것은 병사들이 트라야누스에게 '임페라토르!'(승리자)라는 칭호를 바치고 있음을 보여준다. 로마 병사들은 이 단계에서 이미 제2차 다키아 전쟁의 승리가 결정되었다고 확신한 것이다.

㉓ 승리가 확정되었어도 로마군은 여전히 로마군이다. 군단병들은 또다시 석재를 짊어지고, 이제 전략 요충이 된 지점에 요새를 짓는다. 나무를 베어 숲속에 길을 내는 공사도 계속된다. 하지만 한편으로는 좁은 강에도 급조한 다리를 놓으면서 패잔병을 추격하는 일도 계속되고 있었다. 적은 계속 북쪽으로 도주하고 있었다.

㉔ 그렇다고 해서 다키아 병사들이 도망만 치고 있었던 것은 아니다. 야음을 틈타 로마군 숙영지를 습격하는 병사들도 적지 않았다. 그들을

맞아 싸우는 로마 병사들. 다키아 병사가 용맹하다는 평판은 헛소문이 아니라 사실이었다. 그 광경을 숲속에서 지켜보고 있는 데케발루스.

㉘ 그러나 왕이 직접 전쟁터에 나섰는데도 다키아 쪽의 전황에는 변화가 보이지 않았다. 북쪽으로의 도주는 계속할 수밖에 없었다. 배후를 걱정하면서 도망치는 다키아 병사들.

㊎ 추격을 계속하면서도 병사들에 대한 격려를 잊지 않는 트라야누스.

㊗ 장면이 바뀌고, 강물 속에 숨겨져 있던 다키아 왕의 보물이 인양되어, 로마로 가져가기 위해 말에 싣는 광경이 묘사되어 있다.

㊘ 숲속에 아군 병사들을 집결시킨 데케발루스가 최후의 일전을 앞두고 격려 연설을 하고 있다.

㊙ 하지만 다키아 병사들은 이제 왕의 말을 들으려 하지 않는다. 도망치는 사람. 스스로 가슴을 찔러 자살을 꾀하는 사람. 죽여 달라고 동료 앞에 목을 내미는 사람. 그 부탁을 받고 칼을 쳐드는 사람. 그리고 트라야누스의 진영에서는 투항한 다키아 장로들이 복종을 맹세하면서 목숨을 구걸한다. 다키아 왕국은 무너졌다.

㊚ 이어지는 것은 데케발루스 왕이 주위에 남은 소수의 기병만 거느리고 계속 도망치는 장면이다. 그 뒤를 쫓는 로마 기병대. 추격 상황은 몇 장면에 걸쳐 묘사된다. 장면이 진행될수록 창에 찔려 낙마하는 다키아 기병의 수가 늘어난다.

㊛ 데케발루스를 따라잡아 사방팔방에서 다가가는 로마 기병대. 말을 버린 다키아 왕은 나무 아래 무릎을 꿇고 단검을 제 가슴에 들이댄다. 그것을 가만히 지켜보는 로마 병사들. 무사의 인정이었을까. 하지만 그 직후에 왕은 목이 잘려버렸다.

㊜ 두 손을 뒤로 결박당한 포로들과 젊은 여자가 끌려가는 장면. 젊은 여자는 왕의 딸일까. 몸차림이 단정하다.

다키아 왕 데케발루스의 최후

㉝ 장교 두 사람이 받쳐든 커다란 은쟁반에 놓인 다키아 왕 데케발루스의 목이 로마 황제에게 바쳐진다. 로마 제국과 어깨를 나란히 하는 왕국을 세우겠다는 데케발루스의 꿈은 20년도 지탱하지 못했다.

㉞ 패잔병을 사냥하는 로마군. 다키아 쪽에 붙어 로마와 싸운 주변의 소부족들에 대해서도 용서가 없었다.

㉟ 산더미처럼 쌓인 시체. 끌려가는 포로들. 원경에 묘사된 산들로 보아, 소탕작전은 다키아 북부의 산악지대에까지 미친 것을 알 수 있다.

㊱ 방화로 불타오르는 마을과 도시들.

㊲ 북쪽을 향해 걸음을 옮기는 다키아인들. 죽지도 않고 포로가 되지도 않았지만, 이들은 조상 대대로 살아온 땅에서 사는 것을 금지당했다.

난민이 되어 고향을 떠나는 노인과 아녀자들의 긴 행렬. 이들에게 끌려가는 소와 돼지, 양, 염소 무리…….

서기 106년 여름, 다키아 전쟁은 끝났다.

개선

53세의 승리자 트라야누스의 개선은 수도 로마를 열광의 도가니 속으로 몰아넣었다.

다키아 왕국의 멸망은 지난 몇 해 동안 만만찮은 세력으로 성장한 적의 소멸을 의미했다.

도미티아누스 시대에 감수할 수밖에 없었던 굴욕적인 강화도 이제는 다 지나간 일이 되었다.

5만 명에 이르는 포로와 엄청난 양의 왕실 보물은 로마인들에게 오랜만에 승리의 쾌감을 만끽하게 해주었다.

트라야누스는 다키아를 로마 제국의 속주로 삼는다고 공포했다.

초대 황제 아우구스투스가 더 이상의 영토 확장을 금지한 이후 로마 제국은 침공보다 방위를 주목적으로 삼았지만, 새로 속주에 편입된 나라가 전혀 없었던 것은 아니다. 제정으로 바뀐 뒤에 속주가 된 나라로는 소아시아의 폰투스, 갈라티아, 카파도키아, 콤마게네, 팔레스타인의 유대, 북아프리카의 마우리타니아, 그리고 브리타니아를 들 수 있다. 그러나 로마인들이 반란 진압 정도로밖에 생각지 않은 유대와 브리타니아를 제외한 다른 나라들은 모두 군주 자신이 나라를 로마에 양도하거나 하여 평화적으로 속주가 된 나라들이다. 또한 이런 왕국들은 로마의 동맹국이라는 이름의 실질적인 속국이었기 때문에, 본디부터 로마의 패권 아래 놓여 있었다. 따라서 속주가 되었다 해도 로마로서는 별로 새로운 맛을 느끼지 못했다. 브리타니아를 속주화한 것만은 군사력으로 정복한 결과지만, 정복에 40년이나 걸렸고 제국의 북단에 자리잡고 있기 때문에, 겨우 속주로 삼았을 때도 여태껏 거기서 전쟁을 하고 있었나 하는 느낌으로 받아들여진 것도 어쩔 수 없는 일이었다.

트라야누스의 다키아 정복은 제1차와 제2차 전쟁을 합해도 실제 전

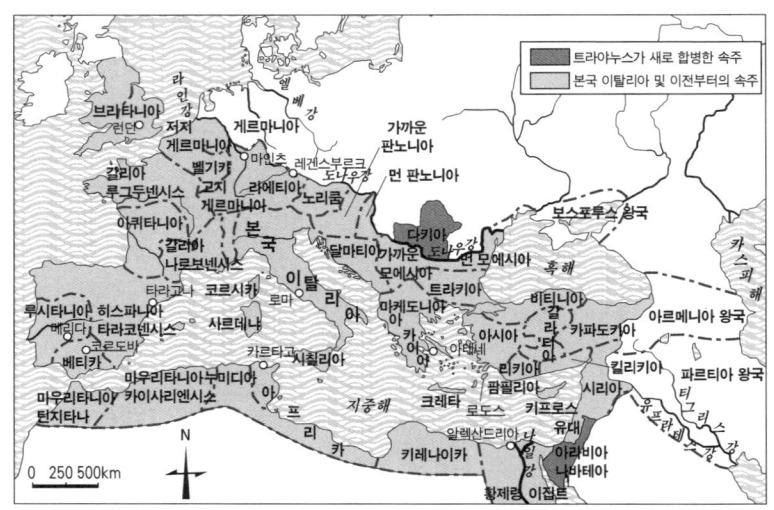

다키아를 합병한 뒤의 로마 제국

투 기간은 2년에 불과하다. 로마인들이 받은 인상은 율리우스 카이사르의 승리가 안겨준 인상과 상당히 비슷했다. 카이사르는 8년 동안에 걸쳐 트라야누스의 3분의 1밖에 안 되는 병력으로 오늘날의 프랑스와 벨기에, 네덜란드 남부, 독일 서부와 스위스를 아우르는 '갈리아'를 정복해버렸다. 다키아 정복은 오랜만에 로마인들이 만세를 부르며 환호할 수 있는 승리였고 속주화였다.

사실 다키아를 합병한 트라야누스 시대는 로마 제국의 영토가 가장 넓어진 시대다. 그래서 공화정 말기에 로마 영토를 크게 넓힌 율리우스 카이사르의 『갈리아 전쟁기』를 흉내내어 트라야누스도 『다키아 전쟁기』를 썼을 것이다.

황제에 즉위했을 당시에는 최초의 속주 출신 황제임을 의식해서인지 매사에 겸손하고 수수하게 처신했던 트라야누스가 다키아 전쟁에서 승리한 뒤에는 그런 태도를 버렸다. 서기 107년 초에 거행된 개선식도 그 규모와 화려함으로 로마인들을 깜짝 놀라게 할 정도였다.

네 필의 백마가 끄는 전차를 몰고, 금실을 넣어 짠 보라색 망토에 초록색 월계관을 쓴 당당한 체구의 트라야누스는 로마인들의 눈에는 제국의 운명을 떠맡기에 가장 적임자로 보였을 것이다.

앞서가는 짐수레에 묶인 다키아 고위층의 모습은 불과 10년 전만 해도 포로 송환 대금으로 1인당 2아시스를 로마로부터 받아낸 다키아의 현재 모습이었다. 로마인은 원한을 오랫동안 품는 민족은 아니었지만, 10년 묵은 체증이 내려가는 것을 쾌감으로 느끼지 않는 민족은 아니다.

몇 대나 되는 짐수레에 나누어 실어야 할 만큼 많은 다키아 왕의 보물. 그것을 트라야누스는 모두 공익을 위해 사용하겠다고 선언했다.

전쟁이 끝난 것을 축하하는 검투대회나 볼거리도 제국이 시작된 이래 최대 규모였다.

콜로세움에서 열린 검투대회에는 1만 명의 검투사가 동원되었다고 한다. 그 대부분은 포로가 된 다키아 병사들이었다. 검투사 양성소에서 날마다 기량을 갈고 닦은 프로 검투사와 대결하여 목숨을 잃은 포로도 있었다. 또한 포로들끼리 싸우는 고뇌를 맛보면서 죽은 사람도 있었다.

콜로세움에서는 야수끼리, 또는 야수와 인간의 대결도 펼쳐졌는데, 다키아 승전을 축하하기 위해 통틀어 1만 1천 마리의 야수가 투입되었다고 한다.

이런 볼거리는 123일 동안 계속되었고, 그동안 수도 로마는 승전 분위기로 충만해 있었다. 검투사나 야수와 대결하여 죽은 다키아 포로의 수는 알려져 있지 않지만, 포로의 총수는 5만 명이나 되었다고 한다. 목숨을 건진 자에게는 노예의 운명이 기다리고 있었다.

전후 처리

트라야누스 황제는 다키아 왕국을 합병하여 로마의 속주로 만들었을 뿐 아니라, 도나우강 이북의 위험 요소를 아예 지상에서 깨끗이 없애버릴 작정이었다.

전쟁 초기에 재빨리 투항하여 복종을 맹세한 다키아인들은 다키아 땅에 그대로 눌러 살 수 있었지만, 항쟁하다 패배한 다키아인들은 노인도 아녀자도 모두 카르파티아산맥 북쪽으로 추방되었다. 게다가 5만 명이나 되는 다키아인이 포로나 노예로 고국을 떠났다. 다키아 땅은 거의 전역이 텅 비어버린 셈이다.

텅 빈 다키아 땅에는 주변 지역에서 주민들을 이주시켰다. 그것도 한 지방이 아니라 많은 지방에서. 이리하여 다키아 주민은 완전히 교체되었다. 풍습도 언어도 다른 민족의 혼합체가 된 다키아에는 공통어로 로마인의 언어인 라틴어가 침투해 들어간다. 이탈리아, 프랑스, 에스파냐, 포르투갈의 언어가 라틴어를 모체로 삼고 있는 것은 잘 알려진 사실이지만, 이런 라틴계 나라와 멀리 떨어져 있는 루마니아의 언어도 라틴어 계열에 속한다. 이탈리아어를 알면 루마니아어를 절반 정도는 이해할 수 있다. 현대의 루마니아가 과거의 다키아이기 때문이다.

그리스와 로마의 유명인사들의 삶을 대비하여 저술한 『영웅전』의 저자 플루타르코스는 서기 50년 전후에 태어나 120년경에 죽은 그리스인이다. 서기 53년에 태어나 117년에 죽은 트라야누스와는 그야말로 동시대 사람이다. 게다가 플루타르코스는 전기를 쓰기 위한 조사 때문인지 로마를 자주 방문하여 오랫동안 머물곤 했다. 트라야누스 황제의 치세를 직접 목격한 현장 증인이었다고 해도 좋다. 로마의 원로원 의원들과 친분을 맺기도 했다.

이 플루타르코스의 글에 다음과 같은 구절이 있다.

"패자조차 자신들과 동화시키는 로마인들의 생활방식이야말로 로마가 융성한 요인이었다."

율리우스 카이사르가 갈리아 제패와 속주화에 성공한 것, 그리고 그 후 갈리아가 로마 속주화의 우등생이 된 것은, 승자인 카이사르가 패자인 갈리아인의 존속을 인정하고, 알레시아 전투에서 그에게 맞선 자들까지 용서하고, 갈리아의 모든 부족이 '본적지'에 그대로 눌러 사는 것을 허락하고, 그런 도시들을 서로 연결하는 형태로 로마 가도를 건설하고, 부족의 유력자 계급에는 세습권인 로마 시민권을 부여하고, 부족장들에게는 원로원 의석만이 아니라 자신의 가문 이름인 율리우스를 인심좋게 나누어주어 자신의 일족으로 만들어버리는 정치를 실천했기 때문이다.

카이사르는 암살되었지만 그의 생각은 후계자들에게 계승되어, 이 개방노선은 로마 제국의 속주 통치의 기본 이념이 되었다. 요컨대 패자도 승자도 로마 제국이라는 공동운명체의 일원으로 보는 정책이 정착된 것이다. 그렇지 않았다면, 과거의 패자의 피를 이어받은 트라야누스가 제위에 오르는 일은 일어날 수 없었다. 카르타고를 멸망시켰을 때 로마는 도성 안에 소금을 뿌려 불모지로 만들고 주민은 모두 노예로 삼아 끌고 갔지만, 제정으로 바뀐 뒤에는 그런 일이 한 번도 일어나지 않았다.

패자 쪽인 플루타르코스로 하여금 승자인 로마인을 칭송하게 만든 요인은 제정 시대에 들어온 뒤에도 건재했다.

그런데 왜 트라야누스는 다키아 주민을 완전히 교체하는 비동화(非同化) 정책을 강행했을까.

로마는 이제 융성기를 벗어나 절정기에 이르렀다는 승자의 교만일까.
아니면 도미티아누스 시대에 맛본 굴욕감에서 로마인을 해방시켜주기 위해서일까.

아니면 다키아 문제의 근본적인 해결책은 다키아를 황무지로 만드는 방법뿐이라는 도미티아누스 황제의 말에 트라야누스도 동의할 수밖에 없었던 것일까.

트라야누스와 동시대 사람인 플루타르코스나 타키투스도 주민을 완전히 교체하는 형태로 다키아를 속주화한 것에 대해서는 한마디 비난도 하지 않았다. 비난하기는커녕 트라야누스의 정치 전반에 대해 호의적이다.

남프랑스 속주 출신의 로마인으로 원로원 의원이었던 타키투스도, 그리스 남부 태생으로 평생 그리스인이었던 플루타르코스도, 출생지나 민족이나 사회적 입장을 초월하여 공동운명체인 로마 제국에 대해서는 같은 생각을 하고 있었을까.

그러나 객관적인 평가를 내리기 위해서라도 역시 여기서는 카이사르의 갈리아 전후 처리와 트라야누스의 다키아 전후 처리의 배경에 어떤 사정이 있었는지를 고찰해둘 필요가 있을 것 같다.

카이사르가 상대한 것은 100개 가까운 부족이 난립해 있는 갈리아인이었다. 그리고 이런 사정을 활용하여 라인강 동쪽에서 침입을 되풀이하는 게르만족의 존재가 있었다. 카이사르는 이런 말로 갈리아인을 설득할 수 있었다.

"계속 이런 식으로 살다가 결국 게르만족의 노예가 되겠는가. 아니면 로마의 동화정책 밑에서 자유롭게 살아가는 쪽을 택하겠는가."

게르만족의 위협이라는 '카드' 외에도 카이사르에게는 또 한 장의 카드가 있었다. 그것은 갈리아인이 많은 부족으로 이루어진, 통일성 없는 집합체에 불과했다는 사실이다.

　이런 상황에서는 이해관계가 충돌할 수밖에 없다. 그때마다 불리해진 부족이 라인강 동쪽의 게르만족을 불러들인 것이 게르만 침입의 원인이었다. 갈리아인도 그것을 알고 있었는지, 1년에 한 번 열리는 부족장 회의에 이해관계의 조정을 맡기고 있었다. 하지만 각 부족의 세력이 엇비슷하면 조정이 난항을 겪는 것도 당연하다.

　카이사르는 1년에 한 번 열리는 갈리아 부족장 회의를 정복한 뒤에도 존속시켰다. 하지만 의장, 즉 이해관계를 조정하는 역할은 로마인이 맡도록 했다. 로마군이 게르만족의 침입을 막아주게 된 뒤, 그때까지 수렵민족이었던 갈리아인은 안심하고 한곳에 정착하여 일할 수 있는 농경민족으로 바뀌었다.

　트라야누스에게는 카이사르가 이용한 카드가 없었다. 다키아인을 배후에서 위협하는 강대한 민족이 존재하지 않았다. 또한 다키아는 한 사람의 유능한 지도자가 이끄는 통일국가였다.

　패자에 대한 카이사르의 동화정책과 트라야누스의 비동화정책은 수법이라는 점에서는 정반대다. 하지만 결과에서는 두 정책이 똑같이 성공했다. 다키아는 1개 군단밖에 상주시키지 않았는데도 로마 중앙정부를 걱정시키는 일이 거의 없는 속주가 되었다.

　하지만 그것도 단순히 다키아 정복만으로 실현된 것은 아니었다. 트라야누스는 전쟁이 끝난 뒤 도나우강 방위선을 재편성하는 것도 잊지 않았다.

　우선 다키아 속주 서쪽에 인접해 있는 라인강 방위선. 라인 강어귀에서 레겐스부르크까지 이르는 '게르마니아 방벽'이 제국의 국경으로 확정된다. 도나우강 방위선은 그 동쪽에서 시작된다. 도나우강의 흐름을 따라 상류에서 하류까지 로마 군단기지가 이어져 있다. 덧붙여 말하면, 로마인이 말하는 '수페리오르'(superior)와 '인페리오르'(inferior)는 각각 강의 상류와 하류, 또는 고지와 저지를 의미하지만, 로마에서 가까운 곳과 먼 곳을 의미하기도 했다.

'가까운 판노니아 속주'(판노니아 수페리오르) ─ 군단기지는 빈도보나(오늘날 오스트리아의 수도 빈), 빈에서 30킬로미터 하류에 있는 카르눈툼(오늘날 오스트리아의 페트로넬), 브리게티오(오늘날 헝가리의 수니) 등 세 곳.

'먼 판노니아 속주'(판노니아 인페리오르) ─ 군단기지는 아퀸쿰(오늘날 헝가리의 수도 부다페스트).

'가까운 모에시아 속주'(모에시아 수페리오르) ─ 군단기지는 싱기두눔(오늘날 유고슬라비아의 수도 베오그라드)과 비미나키움(오늘날의 코스트라크)의 두 곳.

'먼 모에시아 속주'(모에시아 인페리오르) ─ 군단기지는 노바에(오늘날 불가리아의 스비슈토프), 두로스토룸(오늘날 불가리아의 실리스트라), 강어귀 근처의 트로에스미스 등 세 곳.

'다키아 속주' ─ 군단기지는 아풀룸(오늘날 루마니아의 알바이울리아).

군단기지는 모두 열 군데, 주둔하는 군단도 10개. 4개 속주에는 각각 1명의 원로원급 총독이 상주한다. 주전력인 군단병만 해도 6만 명. 보조병을 합하면 12만 명에 이르는 병력이 도나우강 중류에서 하류까지 진을 치고 있었다는 이야기가 된다.

또한 다키아 왕국의 수도였던 사르미제게투사는 '사르미제게투사의 트라야누스 식민도시'라는 이름이 붙여지고, 다키아 전쟁에 참전한 만

라인 및 도나우강 방위선(●는 군단기지, ▲는 분견대 소재지)

기 제대병들이 대거 이주했다. 다키아 속주의 경제발전에 핵심 역할을 맡고, 여차하면 방위에 보조 역할을 할 수 있으리라고 기대했기 때문이다. 그리고 트라야누스는 도나우 강어귀 근처에 있는 아담클리시의 언덕 위에 도나우강 너머로 북쪽을 노려보는 승전기념비도 세웠다.

이런 조치에 따른 성과는 다음 형태로 나타났다.

(1) 로마 제국의 북쪽 방위선 확립.

(2) 역사적으로 다민족의 도가니라는 특색을 지닌 발칸 지방의 안정.

(3) 흑해 서안의 그리스계 도시들이 오리엔트와 중부 유럽의 물류 중계기지로 활성화된 점. 유럽과 아시아는 이제 도나우강을 통해서도 연결된 것이다.

그리고 속주화된 다키아에도 로마의 가도망이 그물처럼 쳐지기 시작한다. 이 다키아는 250년 뒤에 찾아온 야만족의 대이동 시대에도 로마 제국의 방파제 역할을 맡게 된다.

다키아 전쟁이 끝난 뒤, 트라야누스에게는 일반 시민의 지지, 원로원의 지지, 군대의 지지, 속주의 지지가 집중되었다. 속주 출신이라는 약점도 오히려 장점으로 바뀌어가고 있었다. 그리고 어느 누구보다도 트라야누스 자신이 이것을 의식하고 있었다.

공공사업

인간이 일을 진행하는 방식은 크게 다음 두 가지로 분류할 수 있지 않을까.

첫째, 일을 한 가지씩 끝내고 다음 일로 넘어가는 방식.

둘째, 모든 일을 시야에 넣고, 그 모든 일을 동시다발적으로 추진해나가는 방식.

르네상스 시대의 대표적인 예술가를 예로 들면, 레오나르도 다 빈치는 후자에 속하고 미켈란젤로는 전자였다. 물론 이들 두 사람이 매사를 그런 식으로 진행한 것은 아니니까, '기본적으로'라는 단서가 붙는다.

로마의 오현제 가운데 트라야누스와 하드리아누스가 가장 중요한 황제라는 데에는 이론이 없지만, 이들 두 사람도 그런 관점에서 분류할 수 있을 것이다. 트라야누스는 일을 진행하는 방식이 미켈란젤로 타입이고, 하드리아누스는 레오나르도 타입이라고 할 수 있다. 그리고 이들에 대해 글을 쓰는 사람의 입장에서는 미켈란젤로 타입이 훨씬 쓰기 쉽다.

그런데 '사인'(私人)인 예술가의 경우에는 그 차이가 주로 당사자의 성격에 기인하지만, '공인'(公人)인 황제의 경우에는 오로지 성격에만 기인한다고 말할 수 없다. 다른 문제가 없으면 일을 한 가지씩 마무리해갈 여유를 가질 수 있지만, 시급히 해결해야 할 문제라도 일어나면 그 문제를 먼저 처리해야 하기 때문이다. 트라야누스가 즉위했을 당시 유프라테스 전선에 먹구름이라도 끼어 있었다면 다키아 문제 해결에만 전념할 수는 없었을 것이다. 이들 두 현제가 누린 최대의 행운은 전임 황제들이 책무를 완수해준 덕분에 자기 성격에 맞게 일을 추진할 수 있었다는 점이라고 나는 생각한다.

공인이면서도 사인처럼 일을 추진할 수 있었던 트라야누스는 다키아 전쟁이 끝난 뒤 어떤 일을 했을까. 트라야누스와 동시대 철학자인 클리소스토무스가 말한 '로마 황제의 3대 책무'를 상기해보라. 그것을 현대식으로 의역하면 다음과 같다.

(1) 안전보장.
(2) 내치.
(3) 사회간접자본 정비.

트라야누스는 다키아 문제를 해결하고 그에 따라 도나우강 방위선을 확립했으니까, (1)의 책무는 일단 끝났다고 생각했을 것이다.

(2)의 책무는 일의 성질상 트라야누스가 아무리 빨리 끝내고 다음 일로 넘어가고 싶어도 그런 방식이 통하지 않는 분야다. 제위에 있는 동안 꾸준히 해나갈 수밖에 없는 책무다.

그렇다면 남는 것은 (3)의 책무뿐인데, 실제로 트라야누스는 서기 107년부터 112년까지 약 6년 동안 사회기반시설 정비에 전력을 기울이게 된다.

제반 상황도 그 일을 하기에 알맞은 상태가 되어 있었다.

(1) 방위선을 유지하는 데에도 돈이 들지만, 전쟁을 하려면 훨씬 많은 돈이 든다. 다키아 전쟁을 끝낸 뒤 로마 제국은 막대한 군사비 부담에서 해방되었다.

(2) 다키아 주민한테 속주세를 징수하는 것은 당분간 기대할 수 없었을 것이다. 주민이 거의 완전히 교체되었기 때문에, 그들이 생활 기반을 마련할 수 있을 때까지는 세금을 걷을 수 없다. 또한 다키아에 계

속 사는 것을 허락받은 다키아인들도 전란으로 많은 피해를 입었기 때문에, 처음부터 다시 시작해야 한다는 점에서는 이주민이나 마찬가지다. 제대한 뒤 이주한 노병들은 로마 시민권 소유자니까 속주세 과세 대상이 아니었다.

공화정 시대부터 로마에는 갓 속주화한 지방이나 경제 사정이 나빠진 지방, 지진이나 화재나 홍수로 피해를 입은 지방에 대해서는 수입의 10퍼센트인 속주세를 몇 년 동안 면제해주고, 5퍼센트의 관세와 1퍼센트의 매상세도 3분의 1이나 2분의 1로 줄여주는 제도가 있었다. 다키아 속주에도 이 제도가 적용되었을 것이다. 당분간이라 해도, 다키아 속주에서 들어오는 세금은 그곳에 주둔하는 1개 군단의 경비조차 충당할 수 없는 수준이었을 게 분명하다. 그래도 다키아 정복은 그 이상의 커다란 경제적 이익도 가져다주었다.

(3) 다키아 지방은 매장량이 풍부한 금광과 은광으로 유명하다.

(4) 다키아 왕 데케발루스가 남긴 엄청난 양의 보물.

트라야누스가 전념하기로 결정한 수많은 공공사업의 재원은 (3)과 (4)로 충당되었다. 그리고 또 한 가지 요인인 (5)는 트라야누스가 세운 수많은 공공건물을 실용적이면서도 아름답고 웅장한 것으로 만드는 데 도움이 되었다.

(5) 아폴로도로스를 비롯한 건축가와 엔지니어를 활용할 수 있게 되었다.

다키아 전쟁이 끝난 덕분에 이들을 도나우 강변에 묶어둘 필요가 없어진 것이다. 식민도시(콜로니아) 건설이나 보통 규모의 기반시설 공사는 군단에 딸린 기사나 병사들만으로도 충분히 해낼 수 있었다.

그 결과는 수도 로마와 본국 이탈리아만이 아니라 제국 전역에 걸친 공공사업 러시였다. 그 규모와 수량은 조사하는 나도 질려버렸을 정도다. 그것을 모두 적으려면 20쪽도 모자랄 것이다. 그래서 그중에서 유명한 것만 언급하는 데 그치겠지만, 50대의 황제와 역시 50대인 건설 총감독의 열의와 기력과 실행력에는 압도당하는 기분이다. 대하 도나우강에 놓은 '트라야누스 다리'는 뛰어난 기술, 웅장함에 대한 취향, 실용성에 대한 집착, 기타 등등의 결정체다. 그것이 이번에는 제국 전역에서 발휘된 것 같다. 트라야누스라는 사내는 공공사업에 대해서도 전쟁을 수행할 때와 똑같은 기개로 맞붙은 게 아닐까 하는 생각이 든다. 그가 주도한 공사는 대부분 수도 로마와 본국 이탈리아에 집중되어 있지만, 그것은 속주와의 격차를 늘리기 위해서가 아니다. 트라야누스의 정책이 모두 그렇듯이, 수도 로마는 제국의 모든 도시의 본보기이고 본국 이탈리아는 모든 속주의 본보기여야 한다는 그의 신념에서 나온 결과였다.

앞에서도 말했듯이, 문헌 자료가 극히 적은 것이 트라야누스의 특색이다. 그렇다면 그가 주도한 공사가 서기 107년부터 112년에 걸쳐 이루어졌다는 것을 어떻게 아느냐는 의문이 생기는 것도 당연하다. 그런데 그것을 상당히 정확하게 알 수 있다.

제정으로 바뀐 뒤 로마에서는 직업의 분업화가 더욱 가속화되었다. 물론 현대 기업에 비하면 수공업의 범주를 넘어서지 못하지만, 가족 단위로 자급자족하는 단계는 완전히 졸업했다. 건설 현장을 예로 들면, 필요한 자재들은 각각 그것을 전문으로 만드는 공장에서 조달하는 방식이 일반화되어 있었다.

건물의 골격은 벽돌이다. 기원전 2세기에 이미 콘크리트 제조법을 개발한 로마인은 벽돌을 쌓고 그 사이를 콘크리트로 굳혀서 건물의 골격을 세우는 것을 건축의 기본 방식으로 삼고 있었다. 이 골격 위에 회반죽을 바르고, 그 위에 프레스코화를 그리거나 대리석판을 붙이면 벽면이 완성된다. 이렇게 벽돌 수요가 많으면 벽돌공장이 번창하는 것도 당연한 이치였다.

이런 벽돌공장들은 제품의 질을 보증하는 의미에서 어느 공장 제품이고 언제 제조되었는지를 기록한 각인을 벽돌에 찍는다. 요컨대 상표다. 벽돌이 아직 부드러운 상태일 때 찍어서 구우니까, 벽돌이 부서지지 않는 한 상표도 남게 된다. 물론 모든 벽돌에 일일이 상표를 찍는 것은 아니고, 한 무더기의 벽돌 가운데 한 개에만 찍었을 거라고 상상할 수 있다. 상표가 찍힌 벽돌의 수가 적기 때문이다.

로마 시대의 벽돌에 찍힌 상표만 연구한 논문도 몇 개 있는데, 그들의 연구에 따르면 '상표'가 찍힌 벽돌은 기원전 1세기 중엽의 율리우스 카이사르 시대부터 눈에 띄게 되었고, 제정으로 바뀐 뒤 '율리우스-클라우디우스 왕조'와 '플라비우스 왕조'를 거치면서 점점 늘어나 서기 2세기의 오현제 시대에 전성기를 맞았지만, 3세기에 접어들면 쇠퇴하기 시작하여 4세기에는 거의 모습을 감추었다고 한다.

수요가 늘어나고 그에 따라 분업화가 진행되는 것은 경제발전의 척도가 아닐까. 그렇다면 기독교의 대두는 경제 번영에 도움이 되지 않았다는 것을 알 수 있다. 현세보다 내세를 중시하면 그것도 당연한 일이겠지만. 현세를 중시한 트라야누스 시대의 로마인들에게 사회기반시설 공사 러시는 자신감의 폭발이기도 했을 것이다.

하지만 여기서 다른 의문을 품는 사람도 있을지 모른다. 벽돌에 찍힌 상표로 제조된 해는 알 수 있다 해도, 그것이 실제로 건축에 사용된 해까지는 알 수 없지 않은가. 그런데 어떻게 건축 시기를 '상당히 정확하게 알 수 있다'고 말할 수 있는가.

요즘 말하는 '재고'라는 현상을 생각하면 이 의문은 지극히 타당하다. 하지만 병원 하나를 짓는 데 30년씩 걸리는 현대 이탈리아인과는

상표가 찍힌 벽돌

달리 고대 로마인은 솜씨가 빨랐다. 콜로세움도 불과 4년 만에 완성했다. 도나우강에 놓은 '트라야누스 다리'는 순수한 공사 기간만 따지면 1년 만에 완성했다. 벽돌은 재고로 쌓일 틈도 없이 공장에서 건설 현장으로 직행하지 않았을까. 따라서 제조된 시기와 사용된 시기의 차이도 거의 없었을 것이다.

그래도 착공에서 완공까지의 기간이 10년 이상 걸린 경우도 적지 않지만, 그것은 세부 장식이 끝났을 때까지 계산한 경우다. 준공식은 건물을 사용할 수 있을 정도까지 공사가 끝났을 때 치르는 것이 보통이었다.

왜 로마인의 공사 기간이 짧았는가 하면, 그들이 유난히 능률이나 효율을 중시한 민족이었기 때문이다. 어떤 학자는 로마인을 '효율 벌레'라고 부르기까지 한다.

앞에서 말했듯이, 여기서는 집중적으로 이루어진 트라야누스의 공공사업 가운데 유명한 것만 소개하겠다. 첫 번째는 '트라야누스 목욕탕'이다. 이 목욕탕은 로마의 일곱 언덕 가운데 하나인 에스퀼리노 언덕 서쪽에 붙어 있는 오피오 언덕 전체에 걸쳐 있다. 바로 남서쪽에는 티투스 황제가 세운 '목욕탕'이 있었는데, 이 두 목욕탕이 건설된 덕분에 네로 황제가 세운 '황금 궁전'(도무스 아우레아)의 본체 부분은 완전히 지하에 묻히게 되었다.

로마식 '목욕탕'은 되풀이 설명할 필요도 없이 목욕시설 이외에 각종 오락시설까지 갖춘 위락 센터다. 로마인은 하루를 '일'(negotium)과 '여가'(otium)로 양분하는 생활방식을 지켰고, '목욕탕'은 여가를 즐기면서 위생도 유지하는 두 가지 목적을 충족시켰다. '트라야누스 목욕탕'은 2년 만에 완공되었다. 목욕탕에는 많은 물이 필요하지만, 네로가 '황금 궁전'에서 쓰기 위해 끌어들인 물줄기만으로도 충분해서 수도관을 새로 부설할 필요는 없었던 모양이다.

그래도 트라야누스는 수도관을 새로 부설했다. 서쪽에서 로마로 들어오는 아우렐리아 가도를 따라 부설된 이 수도관의 목적은 공업용수를 공급하는 것이었다. 테베레강의 오른쪽 연안은 나중에 바티칸이 생기고 그 남쪽은 '테베레 건너편'을 뜻하는 '트라스테베레'라는 서민층 주거지역이 되지만, 로마 시대에는 강변에 늘어서 있는 부자들의 저택을 제외하면 칼리굴라 황제가 세운 경기장과 수공업자가 많이 사는 동네가 차지하고 있었다. 트라스테베레 지역에는 초대 황제 아우구스투스가 만든 저수지가 있었다. 트라야누스는 그 북쪽, 오늘날의 바티칸 동쪽, 당시에는 바티카누스라고 불린 지대에 인접하여 저수지를 또 하나 만들었다. 테베레강 서쪽에 펼쳐진 공장지대 진흥책인 것은 아우구스투스의 저수지와 마찬가지로 명백하다. 일단 저수지에 모은 뒤에 끌어다가 쓰는 물이니까, 음용수가 아니라 공업용수였다. 그래도 원래 마실 수 있는 물을 끌어오는 것이므로, 저수지로 직행하는 물 외에는 음료수로 사용되었다.

이런 유형의 저수지를 로마인들은 '모의 해전장'(naumachia)이라고

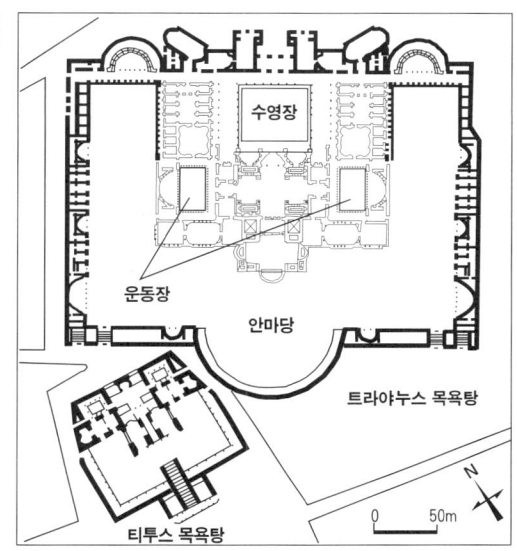

인접하여 세워진 두 황제의 목욕탕

수영장
운동장
안마당
트라야누스 목욕탕
티투스 목욕탕

불렀다. 아우구스투스가 저수지 완공을 축하하여 거기에 배를 끌어다 놓고 모의 해전을 벌여서 시민들을 즐겁게 해주었기 때문이다. 트라야누스도 초대 황제를 흉내내어 모의 해전을 벌였을지도 모른다. 하지만 아우구스투스는 44년의 치세 동안 모의 해전을 한 번밖에 개최하지 않았다. 저수지보다 '나우마키아'라고 부르는 편이 즐거우니까 이 명칭이 정착되었을 뿐, '아우구스투스 모의 해전장'도 '트라야누스 모의 해전장'도 평소에는 공업용수를 공급하는 저수지였다.

그러나 트라야누스가 수도 로마에 세운 공공건물 중에서 가장 유명한 것은 뭐니뭐니 해도 '트라야누스 포룸'일 것이다. 포로 로마노 근처에 세워진 황제들의 포룸 가운데 맨 마지막을 장식하는 건축물이고, 규모도 가장 크다. 그 세부를 완전히 머리에 집어넣고 유적을 둘러보면, 큰 것은 좋다는 누군가의 말이 생각나서 웃음이 난다. 트라야누스와 아폴로도로스가 손을 잡으면 이런 결과로 끝나는구나 싶어 절로 웃음이 나온다. '트라야누스 포룸'은 웅장할 뿐 아니라 화려하기도 하다. 위용에 압도당하는 동시에 건축미에도 압도당하는 것이다.

그리고 이 '포룸' 안에 부조로 다키아 전쟁을 서술한 '원기둥'이 세워져 있었다.

오늘날 '황제들의 포룸'이라고 불리는 이 일대가 포로 로마노와 함께 제국 통치의 중추적 기능을 맡게 된 것은 공화정 말기에 율리우스 카이사르가 확장 공사를 한 뒤였다. 공화정 시대에 국가의 중추기관은 아이밀리우스 회당과 원로원을 북쪽 가장자리로 하는 포로 로마노뿐이었다.

카이사르는 우선 원로원 회의장을 재건한다. 그리고 그 북쪽에 '카이사르 포룸'을 지었다. 원로원과 아이밀리우스 회당 사이의 길은 수부라라고 불린 서민층 주거지역과도 통해 있었다.

라틴어의 영향을 받지 않은 언어로는 어떻게 번역해야 좋을지 모르는 '포룸'이라는 명칭을 사전에서는 "고대 로마의 도시 한복판에 있었던 대광장으로, 정치·경제·사법의 중심이며, 상거래나 재판이나 민회에도 이용되었다"고 설명하고 있다. 말하자면 공공광장이지만, 우리나라에서는 그 뜻을 확대하여 단순한 대화의 마당도 '포룸'이라고 부른다. 위의 설명에도 나와 있듯이, 포로 로마노에는 정치가 이루어지는 원로원 회의장(쿠리아), 재판과 상거래에 이용되는 회당(바실리카), 지하에 국고가 보관되어 있었던 신전(템플룸), 집회를 위한 연단(로스트룸), 그리고 장식품 역할도 맡고 있는 개선문이나 승전기념비가 세워져 있었다. 따라서 시민들이 무슨 일만 있으면 모이는 장소였다.

카이사르가 창안했고 따라서 로마의 독자적 건축양식이 된 '포룸'은 포로 로마노가 갖고 있던 이런 기능들을 한곳에 모은 것이었다. 기본형은 직사각형이다. 한쪽 변에는 신전이 놓이고, 지붕을 씌우고 이중으로 기둥을 세운 회랑이 나머지 세 변을 둘러싼다. 회랑 안쪽에는 상거래를 위한 사무실이나 점포들이 늘어선다. 학원 형태의 학교로 이용되는 경우도 적지 않았다. 신전과 회랑으로 둘러싸인 내부는 광장이고, 광장 한복판에는 이 포룸을 만든 사람의 기마상이 세워진다. 신전 앞 계단은 광장에 모인 군중에게 연설하는 연단이 되기도 한다.

최고권력자가 세운 건물이니까 신성한 곳이고, 평소에는 위병이 지키고 있어서 아무도 근접할 수 없고, 정숙한 분위기가 지배하는, 그런 곳은 결코 아니었다. 제의가 거행되는 날만은 분위기가 엄숙하지만, 평소에는 남녀노소가 분주하게 오가는 곳이 포로 로마노였고, 카이사르가 바란 '포룸'이기도 했다.

이런 개념으로 건설된 '율리우스 포룸', 즉 카이사르 포룸은 카이사르의 다른 개념들과 마찬가지로 후계자들에게 계승된다. 카이사르 다음으로 '포룸'을 건설한 사람은 아우구스투스 황제였고, 그의 포룸은 물론 '아우구스투스 포룸'이라고 불렸다. 규모는 카이사르 포룸의 두 배 가까이 되지만, 적어도 규모에서만은 선임자를 능가하고 싶다는 허영심의 발로일까. 하지만 그 정도 허영심은 용납해주어도 좋을 것이다. '에세드라'(반원형 광장)를 좌우에 덧붙여 형태는 조금 달라졌지만, 기본형은 같았다.

다음으로 이곳에 '포룸'을 세운 것은 베스파시아누스 황제다. 네로 황제가 죽은 뒤 내전을 치르고 유대 반란도 진압한 베스파시아누스는 포룸에 제 이름을 붙이지 않고 '평화 포룸'이라는 명칭을 택했다.

베스파시아누스 황제의 둘째 아들이었던 도미티아누스 황제는 아버지가 세운 '평화 포룸'과 '아우구스투스 포룸' 사이의 길쭉한 공간을 '포룸'으로 만든다. 이곳은 원래 수부라 지구에서 포로 로마노로 가는 길목이었지만, 단순한 통행로에서 신전과 회랑으로 둘러싸인 포룸으로 승격한 것이다. 이로써 우선 외관이 아름답게 변모했다. 통행로는 마름돌로 포장하지만 '포룸'이 되면 대리석판이 깔린다. 로마의 서민들도 포로 로마노에 갈 때는 마치 대저택의 홀에라도 들어선 것처럼 가죽 샌들로 대리석 바닥을 밟고 가게 되었다.

이 길쭉한 '포룸'은 도미티아누스 황제가 죽은 뒤 기록말살형에 처해진데다 완공이 늦어져서 다음 황제인 네르바 시절에 완성되었기 때문에 '네르바 포룸'으로 불린다.

트라야누스는 자기도 '포룸'을 짓기로 결심했지만, 포룸을 세울 만한 곳은 아우구스투스 포룸의 북서쪽밖에 남아 있지 않았다. 남서쪽은 카이사르 포룸과 카피톨리노 언덕으로 메워져 있었고, 북동쪽은 서민층 주거지역인 수부라다. '평화 포룸' 남동쪽은 그 연장선상에 콜로세움이 있고, 따라서 그 사이의 공간은 너무 좁았다. 아우구스투스 포룸 북서쪽에 짓는다 해도, 땅이 너무 좁은 것은 마찬가지였다. 퀴리날레 언덕 능선이 방해하고 있었기 때문이다.

과거의 어느 황제보다도 큰 '포룸'을 짓고 싶다는 트라야누스의 소망을 건축가 아폴로도로스가 실현한다. 퀴리날레 언덕 능선이 저지대로 내려오는 부분을 모조리 깎아내는, 대담하기 이를 데 없는 방책을 단행한 것이다.

도나우강 연안의 암벽을 깎아내어 거기에 길을 낸 것도 그렇고, 나중에 자세히 말하겠지만 테라치나의 산허리를 깎아내어 아피아 가도를 단축한 것도 그렇고, 장애물에 부닥치면 우회하지 않고 정면 돌파를 택한다는 점에서 정말로 이 두 사람은 비슷한 성향을 갖고 있었던 것 같다. 어쨌든 그런 방법으로 아우구스투스 포룸보다 다섯 배나 넓은 부지를 확보할 수 있었다.

트라야누스는 과거의 어느 황제보다도 큰 포룸을 원했을 뿐 아니라, 선임자들의 포룸이 갖지 못한 기능까지 갖춘 '포룸'을 요구했다. 이 요

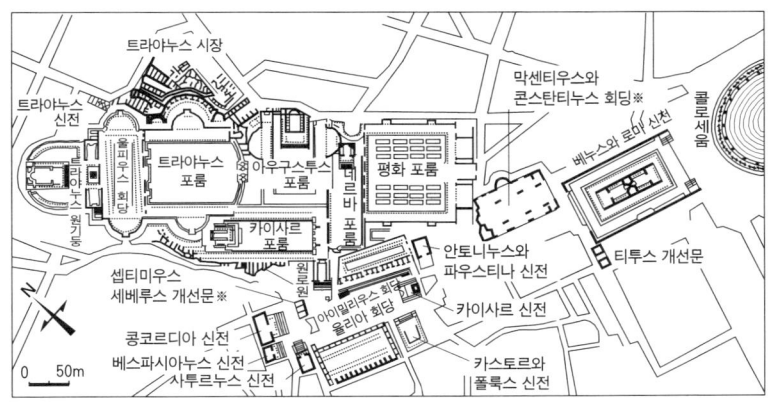

오현제 시대의 '황제들의 포룸'과 '포로 로마노'(편의상 나중에 세워진 건조물[※]도 넣었다)

구를 아폴로도로스는 완전히 충족시켰다.

아우구스투스 포룸을 빠져나오면 그 앞을 늘어선 기둥들이 막아선다. 그 기둥들 사이를 지나 안으로 들어가면 대리석이 깔린 드넓은 광장이 눈앞에 펼쳐진다. 게다가 광장의 세 변은 이중으로 기둥을 세운 회랑으로 둘러싸여 있다. 둥근 기둥은 많이 늘어설수록 웅장하고 화려한 분위기를 자아낸다. 기둥 안쪽에는 사무실이나 점포들이 늘어서 있다. 좌우에는 반원형 구역인 에세드라가 만들어져 있는데, 이곳은 아이들이 다니는 학교다. 그리고 몇 단 높은 정면에 우뚝 서 있는 '울피우스 회당'은 지붕을 씌우고 바닥에 여러 색깔의 대리석을 깔아서, 햇볕이나 비를 피해 상거래를 하거나 재판을 열 수 있다. 울피우스는 트라야누스 황제의 가문 이름이다.

이 회당 너머에는 도서관이 있다. 벽을 따라 늘어서 있는 책꽂이에는 두루마리 책들이 가지런히 정리되어 있다. 도서관은 좌우 두 곳으로 나뉘어 있어서, 한쪽은 그리스어, 또 한쪽은 라틴어 서적을 보관하도록 되어 있었다.

트라야누스 포룸의 입구

 나선형으로 올라가는 돋을새김으로 다키아 전쟁을 묘사한 '트라야누스 원기둥'은 이 두 도서관 사이에 세워졌다. 많은 사람이 멀리서도 볼 수 있는 광장 한복판에 세워진 게 아니다. 바로 밑에서, 또는 회당이나 도서관의 계단에 올라가 가까이에서 감상할 수 있도록 할 생각이었을 것이다. 받침대를 제외해도 높이가 40미터나 되는 원기둥 꼭대기에는 군장을 갖춘 트라야누스의 동상이 서 있다. 기독교 시대가 된 뒤 이 동상은 성 베드로의 동상으로 바뀌었다. 원기둥 밑에는 트라야누스와 아내 플로티나의 유해를 안장할 곳도 마련되었다. 그리스 본토만이 아니라 그리스인이 정착한 소아시아 서부에서는 옛날부터 공공건물 지하에 그 건물 기증자의 무덤을 만드는 경우가 있었다. 그리스인이었던 아폴로도로스는 그 방식을 '트라야누스 원기둥'에서 부활시킨 것이다.

 이 '원기둥' 뒤편에는 역시 삼면이 회랑으로 둘러싸인 신전이 세워지게 되지만, 신전은 신격 트라야누스에게 바쳐지는 것이기 때문에 이것만은 후임 황제의 일로 넘겨진다. 하지만 로마 황제는 어지간하면 죽은 뒤에 신격화되었으니까, 트라야누스도 자신의 신격화를 의심하지 않았을 것이다. 후임자가 당장 신전을 지을 수 있도록 부지도 다듬어놓고 아폴로도로스의 설계도면까지 남겨놓았으니, 정말 용의주도한

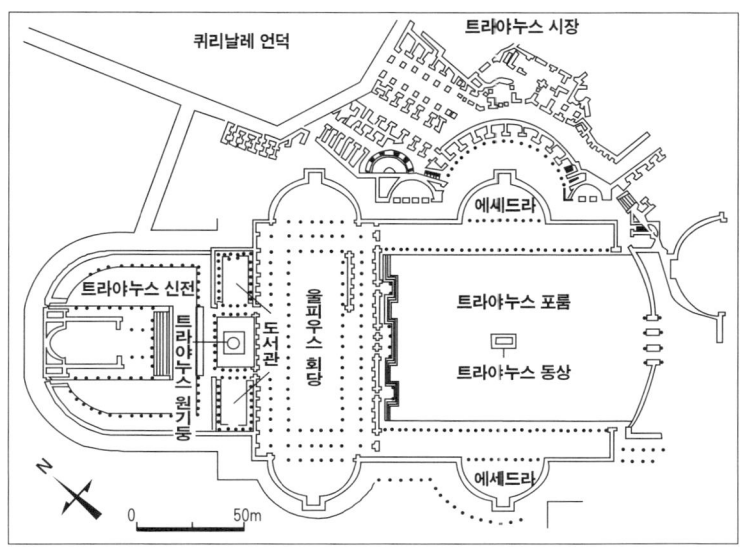

트라야누스 '포룸'의 전체 모습

사람이라고 말할 수밖에 없다.

게다가 아폴로도로스는 천부적 재능을 충분히 발휘하여, 도나우강에 놓은 다리와 마찬가지로 의뢰인인 트라야누스의 이름이 영원히 남을 만한 일을 해낸다. 깎아낸 퀴리날레 언덕 비탈에 몇 단의 인공 테라스를 만들어 거대한 상업 센터를 건설한 것이다. 비탈 활용법으로는 오늘날까지도 건축가들에게 힌트를 주는 방식이다. 이 일대를 오늘날에는 '트라야누스 시장'이라고 부른다. 이곳에는 퀴리날레 언덕에서 내려오는 길로 들어가도록 되어 있었지만, 비탈 위에 세워져 있어서 그 아래의 '포룸'에서도 잘 볼 수 있었다.

이리하여 어떤 선임자도 지은 적이 없는 '포룸'을 세우고 싶다는 트라야누스의 소망은 완벽하게 실현되었다. 회당과 도서관이 있고, 다키아 전쟁을 서술한 원기둥 기념비도 있고, 거대한 상업 센터까지 갖춘 광대한 포룸이 완성된 것이다. 그리고 광장 한복판에는 네 필의 말이

끄는 전차를 모는 트라야누스의 동상이 서 있었다.

로마 시대의 광장은 군사 퍼레이드를 위해 있는 것은 아니다. 사람들이 모여 일이나 공부 같은 일상생활을 하는 곳이다. '포룸'이야말로 그런 생활의 터전이라는 게 로마인의 사고방식이기도 했다.

그러나 웅장하고 화려했던 '트라야누스 포룸'의 전모와, 이 포룸의 건설로 비로소 완성되었다고 말할 수 있는 '황제들의 포룸'의 전모를 1900년이 지난 오늘날 상상하기란 여간 어렵지 않다.

우선, 무솔리니가 독일인이 아무리 발버둥쳐도 불가능한 무대에서 벌어지는 군사 퍼레이드를 히틀러에게 보여주고 싶은 일념으로 개설한 넓은 도로가 '황제들의 포룸'을 양분해버렸다. 오른쪽에 포로 로마노, 왼쪽에 황제들의 포룸, 정면에 콜로세움이 바라다보이는 도로는 이 세상에 유일무이하다. 그것은 알지만, 좌우에 녹지까지 배치한 이 넓은 도로를 개설함으로써 로마 시대 유적 보존에 힘쓴 무솔리니의 공로에 결정적인 흠이 생겨버렸다. 오늘날 좌우 양쪽에서 발굴 작업이 진행되고 있지만, 무솔리니가 '황제들의 포룸 거리'(비아 데이 포리 임페리알리)라고 명명한 이 도로를 철거하지 않는 한, 로마 시대의 중추부를 완전히 복원할 수는 없다. 완전한 복원이 이루어지지 않으면 전모를 상상하기도 어렵다. 그리고 베스파시아누스의 '평화 포룸'은 주변 건물에 파묻혀버렸고, 트라야누스 신전도 그 위에 서 있는 건물들을 철거하기는 불가능하다. 고고학은 이런 상태에서 연구를 진행해야 하는 숙명을 타고난 학문이다. 연구나 조사로 얻는 지식은 필수불가결하지만, 그것만으로는 충분치 않다. 지식을 토대로 한 상상력이 무엇보다 많이 요구된다.

그래서 이곳 유적을 방문했을 때 도움이 될지도 모르는 상식적인 것을 세 가지만 말해보겠다.

첫째, 로마인이 세운 건물은 모두 인간의 존재를 염두에 두고 설계되었다는 점. 콜로세움도 그 내부를 5만 명이 가득 메웠다고 상상하면 왜 그 규모가 원형경기장으로서 가장 적당한 규모였는지를 납득할 수 있다. 컴퓨터 그래픽도 '상자'만은 추체험시켜주지만 '상자' 더하기 '인간'까지는 추체험시켜주지 않는다.

둘째, 오늘날 주거지역에 남아 있는 유적들은 대부분 5미터 이상 낮은 곳에 서 있지만, 포로 로마노도 황제들의 포룸도 원래부터 그런 저지대에 세워진 것은 아니라는 점. 로마 제국이 멸망한 뒤 1천 년 동안 무너진 건물의 유물인 돌멩이나 토사가 쌓이고 쌓여 지표면이 높아지고, 그래서 생긴 지표면에 후세의 건물들이 세워지고 도로도 깔렸기 때문이다. 유적도 묻혀버렸지만, 19세기 중엽부터 시작된 발굴로 그 일대만 왕년의 모습을 드러낸 것이다. 요컨대 고대 로마 시대에는 지상 1층이었던 것이 오늘날에는 지하 1층이 되어버렸다.

셋째, 오늘날 우리가 볼 수 있는 유적은 오랫동안 비바람 같은 자연재해로 피해를 입은 결과가 아니라는 점. 유적은 제국이 멸망한 뒤에는 건축자재를 채취하기에 안성맞춤인 곳으로 변했다. 떼어낼 수 있는 것은 모조리 떼어냈다. 조상(彫像)도, 원기둥도, 다채로운 색깔의 대리석을 깐 바닥도, 돋을새김으로 장식된 벽면도. 벽에 붙어 있던 대리석 판은 떼어내기가 간단했기 때문에, 사람들이 모두 떼어간 것으로 보아도 틀림없다. 석재도 원래부터 반듯반듯하게 잘려 있기 때문에 떼어내면 그대로 건축자재로 활용할 수 있었다.

로마 시대의 원기둥을 보고 싶으면, 유적보다 기독교 교회로 가는 편이 빠르다. 유적보다 교회에 있는 원기둥이 훨씬 많은 게 현재 실정이다. 고대의 부흥을 주장한 르네상스 시대에도 고대 건축자재의 활용은 별개였는지, 유적이 건축자재 채취장으로 이용되는 것은 다름이 없었다. 디오클레티아누스 황제의 목욕탕 중앙 부분을 그대로 교회로 변형시킨 미켈란젤로가 당시에는 오히려 이례적이었다. 콜로세움조차 왕년의 3분의 1밖에 남지 않았다고 말하는 것도 떼어갈 수 있는 거라면 모조리 떼어가고 남은 잔해이기 때문이다. 콘크리트로 굳힌 벽돌만은 남아 있지만, 그것은 떼어갈 수도 없고, 설령 떼어간다 해도 쓸모가 없었기 때문이다. 다만 그 상태대로 벽으로 이용할 수는 있었다. 도미티아누스 황제의 경기장(오늘날의 나보나 광장) 주변의 아파트들은 경기장 관중석을 떠받치고 있던 벽을 그대로 아파트 벽으로 이용하고 있다.

실용적인 로마 황제들 중에서도 특히 실용적이라고 평가받는 트라야누스인 만큼, 그가 시행한 공공사업은 모두 실용적인 것뿐이다. 수도 로마 이외의 지역을 살펴보면, 우선 오스티아 항만 공사를 예로 들 수 있을 것이다.

내륙에 위치한 로마는 테베레 강어귀에 항구를 둘 필요가 있었다. 우선은 오스티아를 외항으로 삼았지만, 원래 강변에 생긴 도시인지라 배가 피난할 항구가 없다. 또한 테베레강을 따라 떠내려오는 토사로 해안선이 바다 쪽으로 계속 뻗어나간 탓에, 오스티아에 배를 대려면 강을 거슬러 올라가야 하는 결점이 있었다. 그래서 오리엔트나 아프리카에서 오는 대형 선박들은 나폴리 근처의 푸테올리(오늘날의 포추올리)에 기항하고, 그곳에 하역된 물산은 아피아 가도를 북상하여 로마로 운송되었다.

수도 로마 근처에 대형 선박이 마음놓고 기항할 수 있는 항구가 필요하다고 깨달은 사람은 역시 율리우스 카이사르였지만, 그것을 실행에 옮긴 사람은 클라우디우스 황제다. 이때의 공사에 관해서는 제7권에서 자세히 서술했기 때문에 여기서는 되풀이하지 않겠지만, 이 항구도 반세기 뒤인 트라야누스 시대에는 여러 가지 사정 때문에 개조할

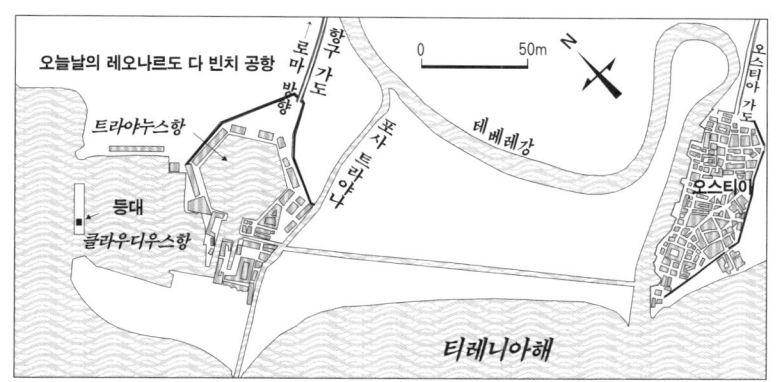

트라야누스 황제가 개조한 뒤의 오스티아 항만

필요가 생겼다.

트라야누스(또는 아폴로도로스)는 클라우디우스 시대의 항구 안쪽에 육각형의 후미 모양 선착장을 신설하여 이 문제를 해결한다. 육각형의 각 변은 모두 배를 댈 수 있도록 되어 있고, 그 선착장을 따라 창고들이 늘어서 있었다. 이로써 바람을 완벽하게 막아주는 대피항이 되는 동시에 강을 따라 떠내려오는 토사의 퇴적도 피할 수 있고, 많은 배와 물동량도 완벽하게 처리할 수 있는 항구가 된다. 하역된 화물은 작은 배에 실려 운하를 통해 테베레강으로 나가서, 그대로 강을 거슬러 올라가 로마로 운반되는 체계로 되어 있었다.

로마 제국이 멸망한 뒤에는 이 항구도 방치되어, 지금은 '클라우디우스항구'는 완전히 메워졌고, '트라야누스항구'도 육각형의 연못으로 남아 있을 뿐이다. '트라야누스항구'에서 테베레강으로 나가는 운하도 형태만 남아 있고, 근해에서 잡은 물고기를 실은 소형 어선이 오가고 있다. 지중해 최대였던 항구에서는 지금도 로마인들이 먹는 물고기 정도는 하역되고 있다.

트라야누스는 실용적인 인물이었던 만큼, 오스티아 항구를 완비한 정도로는 만족하지 않았다. 무슨 일이든 해결책이 하나뿐이면 근본적인 해결은 안 되기 때문이다. 트라야누스는 항구를 세 개 더 만들었다. 두 개는 이미 어항 정도의 기능을 발휘하고 있던 포구를 본격적인 항만으로 개조한 것이고, 마지막 하나는 아무것도 없었던 지역을 항만으로 개발한 것이다.

첫 번째는 안티움(오늘날의 안치오)이다. 칼리굴라와 네로가 태어난 황제 별장이 있는 곳이니까 소규모 항구는 이미 있었지만, 트라야누스는 그것을 대피항으로 만들었다. 지중해는 풍향이 계속 바뀌었고, 당시 조난사고의 주요 원인은 폭풍이었기 때문에, 거센 바람을 무릅쓰고 오스티아 항구까지 와야 하는 선박들에 피난처를 마련해주기 위해서였다.

타라키아(오늘날의 테라치나) 항구에는 대피항 이외에 하역항의 역할도 주어진다. 테라치나에서 로마까지는 거의 직선으로 아피아 가도가 뚫려 있었기 때문이다.

이들 두 항구는 로마 남쪽에 있지만, 로마에서 북쪽으로 뻗어 있는 아우렐리아 가도 연변의 켄툼켈라이(오늘날의 치비타베키아)는 트라야누스가 처음 개설한 항구다. 이곳도 대피항과 하역항을 겸한 항구로서, 켄툼켈라이라는 이름 자체가 '100개의 창고'를 뜻한다. 이 항구가 생긴 덕분에, 당시 수도 로마에 밀을 공급하고 있던 코르시카나 사르데냐섬에서 오는 화물선은 가까운 켄툼켈라이 항구로 들어와 짐을 부릴 수 있게 되었다. 하역된 짐은 거기서 아우렐리아 가도를 통해 로마로 운송되었다. 이로써 오스티아 항구의 부담은 줄어들고, 그만큼 오리엔트나 북아프리카에서 오는 배들이 오스티아 항구를 많이 이용할 수 있게 되었다.

효율성을 중시한 트라야누스는 로마 역사와 나란히 걸어왔다 해도 좋은 전통에 손을 대는 것조차 망설일 필요가 없다고 생각한 게 분명하다. 로마인들이 '가도의 여왕'이라고 부른 아피아 가도를 복선화한

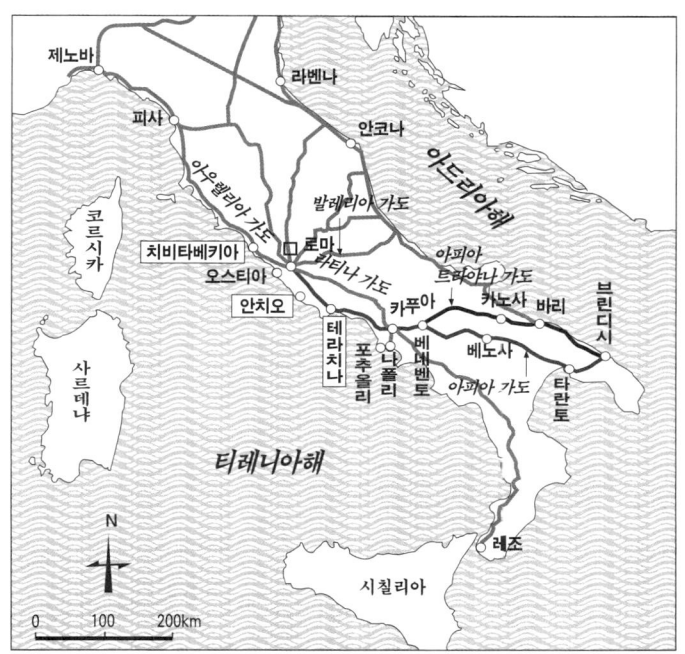

이탈리아반도의 주요 가도와 항(□는 트라야누스가 항만으로 만든 곳)

것이다.

　기원전 312년에 아피우스가 착공한 최초의 로마식 가도인 '아피아 가도'(비아 아피아)는 로마에서 테라치나를 거쳐 카푸아에 이르면, 역시 로마에서 내륙지방을 지나 남하해온 라티나 가도와 합류한다. 그리고 카푸아부터는 내륙지방으로 들어가서 베네벤툼(오늘날의 베네벤토)과 베누시아(베노사)를 거쳐 타란토에 이르고, 거기서 동쪽으로 70킬로미터 떨어진 브린디시에서 끝난다. 오늘날에도 7번 국도로 기능을 발휘하고 있다.

　서기 107년 당시 트라야누스가 생각한 것은 베네벤토에서 브린디시까지의 구간을 복선화하는 것이었다. 새 가도는 베네벤토에서 남하하는 아피아 가도와 헤어져, 동쪽의 아드리아해를 향해 나아가다가 카누시움(오늘날의 카노사)을 거쳐 브린디시에 이른다. 아피아 가도가 베네벤토를 지난 뒤에는 줄곧 산간지방을 지나는 반면, '아피아-트라야나 가도'(비아 아피아-트라야나)로 명명된 이 가도는 아펜니노산맥만 넘으면 풀리아 지방의 평야로 나갈 수 있다는 이점이 있었다.

이 가도는 줄곧 아드리아해를 따라 남하해온 가도와 바리 부근에서 합류한다. 이로써 로마는 오리엔트로 가는 간선도로를 두 개 갖게 되었다. 또한 로마에서 동쪽으로 뻗어 있는 발레리아 가도를 통해 아드리아해에 이른 다음 해변을 따라 브린디시 쪽으로 남하하는 길을 합하면, 오리엔트로 가는 길은 세 개가 된 셈이다.

내친김에 한 일은 아니었겠지만, 트라야누스는 바닷가 절벽 때문에 우회할 수밖에 없었던 아피아 가도를 단축하기 위해 테라치나의 산허리를 깎아낸다. 꼭대기에서 수직으로 깎아낸 흔적이 지금도 남아 있는 그 절벽에 서면, 감탄사가 나오기보다, 또 하셨군요 하는 말밖에 나오지 않는다.

아피우스와 트라야누스의 가도라는 뜻의 '비아 아피아-트라야나'의 기점이 된 베네벤토에는 가도 개통을 기념한 개선문이 세워졌다.

트라야누스가 이곳을 지나 개선한 것도 아니니까, 이 개선문만은 실용적인 목적을 갖고 있지 않았다고 생각하면 큰 잘못이다. 아무리 실용이 목적이라도, 기분 좋게 사용하는 것보다 더 좋은 일은 없다. 아치형의 개선문은 가도의 장식이다. 그리고 그 가도를 건설한 사람의 업적을 선전하는 목적으로도 활용되었다. 베네벤토의 개선문에는 육영자금(알리멘타)을 정책화한 트라야누스가 아이들에게 돈을 나누어주는 장면이 새겨져 있다.

트라야누스가 시행한 공공사업 가운데 수도 로마와 본국 이탈리아, 그중에서도 중요한 것만 추려보아도 대충 이 정도다. 질과 양이 모두

베네벤토 개선문

아이들에게 육영자금(알리멘타)을 나누어주는 트라야누스(개선문의 일부)

대단하다. 제국 전역으로 범위를 넓히면, 너무 많아서 생각만 해도 골치가 아파질 정도다. 그래서 한 가지 예만 들기로 하겠다. 대표적인 예를 한 가지만 들라면 역시 에스파냐의 '알칸타라 다리'일 것이다. 보존 상태가 아주 양호하고, 그것을 본 사람이라면 누구나 로마인이 만들면 이런 다리가 되나 하고 진심으로 감탄할 게 분명하다. 그리고 다리도 가도의 연장인 동시에 가도의 장식이기도 했다는 사실을 이해할 것이다. 이 다리는 로마인의 건축이 실용성과 아름다움을 기본 조건으로 하고 있었다는 것을 보여주는 대표적인 예다. 알칸타라를 흐르는 타호강(타구스강)에 놓인 이 다리는 오늘날 에스파냐와 포르투갈의 접경 근처에 있는 탓도 있어서 왜 이런 시골에 다리를 놓았나 하는 생각이 들지만, 이베리아반도 전체가 로마 제국에 속해 있던 시대에는 지중해에서 대서양으로 빠지는 간선도로가 이곳을 지나고 있었다. 가데스(오늘날의 카디스)에서 북쪽으로 히스팔리스(오늘날의 세비야)와 트라야누스의 출생지인 이탈리카, 루시타니아 속주의 도읍인 아우구스타 에메리타(오늘날의 메리다), 알칸타라를 지나 브라카라 아우구스타(오늘날 포르투갈의 브라가)에 이르는 가도다. 가도가 지나는 도시 이름으로도 알 수 있듯이, 초대 황제 아우구스투스가 건설한 이베리아반도의 간선도로 가운데 하나였다. 강물이 불었을 때에도 끄떡하지 않는 다리를 알칸타라에 놓을 필요는 있었다.

하지만 오늘날에도 유명한 이 다리는 트라야누스 황제가 건설한 것이 아니다. 비문에 따르면 건설자는 율리우스 라케르이고, 다리를 건설할 때 트라야누스한테 받은 원조에 감사한다고 되어 있다. 원조란 자금 지원이 아니라 엔지니어라도 보내준 것을 가리키는 게 아닐까. 트라야누스가 제 고향에 이익을 주는 일은 하나도 하지 않았지만, 동향 출신 황제를 본받아 공공사업에 손을 대려는 사람이라도 있으면 진심으로 환영했을 게 분명하기 때문이다. 황제가 솔선수범하여 다른 사

알칸타라 다리

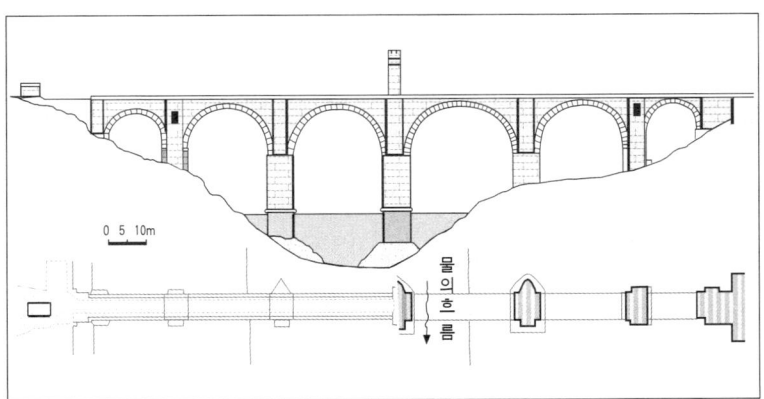

다리의 측면도(위)와 평면도(아래)

람들까지 끌어들이는 수법의 달인은 아우구스투스였지만, 어쩌면 트라야누스도 초대 황제를 본받았는지 모른다. 솔선수범하려면 왕성한 에너지가 필요한데, 그 점에서도 트라야누스는 충분하고도 남는 자격을 갖고 있었다.

트라야누스를 본받은 사람들 가운데 문헌이나 비석 등으로 그 업적이 후세에까지 남는 행운을 누린 몇 사람을 소개하고 싶다. 그것도 자금을 원조한 정도가 아니라 구체적인 공공시설을 기증한 사람만 예로 들겠다.

소플리니우스―고향인 코모시에 신전과 도서관을 기증.

그의 장인인 칼푸르니우스 파바투스―코모시에 열주 회랑을 기증.

서기 113년도 집정관 코르넬리우스 돌라벨라―고향인 코르피니오에 공중목욕탕을 기증.

페트로니우스 모데스투스(기사계급)―트리에스테의 반원형극장 개조 비용을 전액 부담.

트라야누스를 모신 해방노예 울피우스 베스비우스―이탈리아 중부의 체르베테리시에 학교를 기증.

에스파냐 출신 원로원 의원―고향인 코르도바에 회당을 기증.

트라야누스의 측근 제1호인 리키니우스 술라―고향에 이익을 주지 않는 황제를 대신하여 타라고나와 바르셀로나를 잇는 가도에 개선문을 건설.

'플라비우스 왕조' 시대에 원로원에 들어간 소아시아 출신 2명―공동으로 에페수스에 도서관을 기증.

도서관 기증이 눈에 띄게 많은 것은, 당시의 책은 손으로 일일이 베껴야 하기 때문에 값이 비싸서 서민층은 좀처럼 구입할 수 없었기 때문이다.

혜택받은 자가 이익을 사회에 환원하는 것은 후세에 '노블레스 오블리주'라고 불리게 되지만, 로마 사회에서는 이것이 지도층인 원로원 계급에만 한정되지 않았다는 것도 알 수 있다. 과거에 노예였다 해도, 출생지나 노후를 보낼 작정인 지방도시에 공공건물을 기증할 수 있었다. 요컨대 그것을 가능케 하는 재산이 있느냐 없느냐가 문제일 뿐이었다.

그리고 지방자치단체 차원에서도 트라야누스를 본받을 조건은 갖추어져 있었다. 선제 네르바의 제안으로 지방자치단체도 개인의 유산을 상속받을 수 있도록 하는 법률이 성립되어 있었다. 육친 이외의 사람이 유산을 상속하면 5퍼센트의 상속세를 내야 하지만, 공공기관에 유증할 때도 상속세가 부과되었는지 어떤지는 알 수 없다. 상속세나 증여세의 세율이 높으면 논의 대상이 되었겠지만, 5퍼센트밖에 안 되면 지방자치단체도 선선히 내지 않았을까.

이런 조건들이 두루 갖추어졌기 때문에 트라야누스 시대는 공공사업 러시로 들끓게 되지만, 공공 목적의 사업이라면 덮어놓고 해도 되는 것은 아니었다. 비티니아 속주 총독으로 부임한 소플리니우스가 푸르사(오늘날 터키의 부르사)에 목욕탕 건설을 허가할지 말지를 편지로 문의하자, 트라야누스는 이렇게 대답하고 있다.

"그 건설비가 푸르사시의 재정에 지나친 부담을 줄 염려가 없고, 완공된 뒤의 운영비도 보증할 수 있다면, 공중목욕탕 건설은 허가해도 좋을 것이다."

소플리니우스는 니카이아(오늘날 터키의 이즈니크)시가 지은 극장까지 딸린 체육 센터에 대해서도 황제의 의견을 물었다. 규모가 너무 크고 공사에 부실한 점이라도 있었는지, 완성되려면 아직 멀었는데 벌써 몇 군데가 허물어지기 시작했으니 어찌하오리까 하고 여쭌 것이다. 그러자 트라야누스는 이렇게 대답한다.

"정말로 그리스인은 체육관이라면 넋을 잃는 민족이다. 그래서 대규모 체육관을 짓기 시작했겠지만, 그들도 자기네 필요에 맞는 규모에 만족하는 법을 배워야 할 것이다."

말이 나온 김에, 공공사업과 속주 통치를 분리할 수 없었던 로마 시대의 정황을 이해하기 위해서라도 다음 편지를 소개하고 싶다.

"플리니우스가 트라야누스 황제에게
니코메디아(오늘날 터키의 이즈미트) 주민은 수도관 공사에 이미 331만 8천 세스테르티우스를 쏟아부었는데도 여태 완공되지 않은 상태입니다. 그뿐만 아니라 오래 방치되어 있었기 때문에 곳곳이 심하게 붕괴되어 있습니다. 그래서 20만 세스테르티우스를 들여 또 다른 수도 공사를 시작했지만, 이것도 중도에 포기한 상태입니다. 낭비의 결과라고는 하지만, 이 사람들한테 물을 공급하기 위해서는 새로운 지출을 피할 수 없습니다.
그래서 제가 직접 현지에 가서 살펴보니, 수원지의 물은 깨끗하고 풍부해서 문제가 없습니다. 문제는 이 물을 어떻게 도시까지 끌어오느냐 하는 것입니다. 역시 처음에 시도했듯이 아치를 늘어놓은 고가교를 건설할 수밖에 없을 것 같은데, 처음 공사할 때 세운 아치들 가운데 지금도 사용할 수 있는 것은 극히 적습니다. 그래서 다시 세울 수밖에 없지만, 처음 공사 때 사용한 석재는 그대로 활용할 수 있습니다. 나머지 부분은 공사가 쉽고 비용도 싸게 먹히는 벽돌을 써도 충분할 것 같습니다.
그렇긴 하지만, 두 번 다시 이런 낭비를 되풀이하지 않기 위해서라도 수도와 건설 전문가를 보내달라고 부탁드릴 수밖에 없습니다. 제 임무는 단 하나, 폐하의 치세에 이루어진 공공사업이 폐하의 위광에 어울리는 것이 되도록 하는 것이니까요."

"트라야누스 황제가 플리니우스에게
　니코메디아 시내에 물을 끌어들여야 할 필요성은 충분히 납득했다. 전력을 다해 이 일에 매달려주기 바란다. 그와 동시에, 이 불상사를 초래한 책임자를 규명하지 않으면 안 된다. 공사는 어떻게 시작되었는지, 왜 중도에 포기했는지. 여기에 대한 조사 보고를 기다리겠다."

　트라야누스는 공사를 발주한 쪽과 수주한 쪽 사이에 부정이 저질러진 것을 의심했다. 로마는 공화정 시대부터 제정 시대에 이르기까지 공공사업을 할 때 발생하는 부정에 대해서는 항상 감시의 눈을 번득여야 했다.

　트라야누스는 속주민의 부정부패에만 불만을 품은 게 아니라, 지나치게 고지식한 부하 플리니우스에게도 이따금 불만을 터뜨렸다. 수도와 건축 전문가를 파견해달라는 비티니아 속주 총독에게 황제는 이렇게 대답한다.

　"건축가가 부족할 턱이 없다. 그 방면의 전문가가 없는 속주는 제국 안 어디에도 없기 때문이다. 그런데 로마에서 전문가를 파견해달라니. 일부러 그리스에서 전문가를 불러들여 일을 시키고 있는 것이 로마의 현재 실정이다."

　소플리니우스가 부임한 비티니아 속주는 흑해와 마르마라해에 면한 소아시아 서북부 지방으로, 역사적으로 그리스인이 많이 사는 지방이다. 그리고 공공사업 부문에서 트라야누스의 오른팔이었던 아폴로도로스도 시리아의 다마스쿠스 태생이긴 하지만 그리스인이었다. 그리스인이 많이 사는 제국 동방에 부임했으니까, 건축기사는 거기서 찾으라는 것이다. 중후한 표정의 초상만 남긴 트라야누스 황제의 맨얼굴을 엿보는 듯한 기분이 든다.

그런데 그리스인이 없이는 로마의 공공사업이 이루어질 수 없었다 해도 좋을 만큼 이 분야에서 크게 활약한 그리스인들이 로마인과 공동작업을 할 경우에는 좋은 결과를 낳았지만, 자기들끼리 하면 그렇지 못했다는 것도 흥미로운 현상이다. 페리클레스나 소크라테스 시대부터 그리스인은 상상력과 진취성은 누구보다 풍부하지만 조직력이나 효율성에서는 낙제점을 줄 수밖에 없는 민족이었다. 하늘이 인간에게 두 가지를 주지 않는다면, 각자 뛰어난 분야에서 서로 협력할 수밖에 없는지도 모른다.

로마 황제의 책무에는 안전보장과 사회간접자본 정비 이외에 내치도 빼놓을 수 없었다. 내치라 해도 로마 제국에서는 제국 전역의 통치를 의미하고, 단적으로 말하면 속주 통치이기도 했다.

속주 통치

속주 통치가 잘되느냐는 제국의 명운을 좌우할 수도 있는 중대한 문제였다.

속주는 원래 로마가 정복하여 자국 영토로 편입한 지방이다. 속주민은 곧 정복된 사람들이다. 이들이 로마에 저항하여 일어나면 로마는 군단을 보내 진압할 수밖에 없다. 반란까지는 가지 않더라도 불온한 분위기가 감돌면 로마는 군사력을 상주시켜야 한다. 국경에 상주하는 군사력은 외적의 침입에 대비할 필요가 있기 때문에 줄일 수 없다. 그렇다면 군사력을 증강할 수밖에 없고, 그 비용은 속주세를 비롯한 각종 세금을 증액하여 충당할 수밖에 없고, 그러면 증세에 대한 불만 때문에 속주민이 봉기할 가능성이 높아지는 악순환에 빠지게 된다.

이를 피하기 위해서라도 로마는 우선 세율을 올리지 않는 것을 기본 전제로 삼는다.

둘째, 사회간접자본을 정비하여 속주 경제를 활성화하고, 그로써 속주민의 생활 수준을 높이려고 애썼다. 휴머니즘에 눈을 떴기 때문이 아니다. 인간은 굶주릴 필요가 없으면 온건해진다. 과격함은 절망의 산물이다. 그리고 로마의 세제가 소득에 대한 비율로 성립되어 있는 이상, 경제를 활성화하면 속주세도 관세도 매상세도 저절로 많이 걷힌다.

세 번째 속주 대책은 철저한 지방분권이다.

로마는 만기 제대병을 이주시켜 창설한 식민도시(콜로니아)와 지방자치단체(무니키피아)를 속주 활성화의 핵으로 삼았지만, 로마에서 지방자치단체로 인정받은 도시들은 원래 원주민, 즉 속주민의 도시였다. 그 '자치' 방식은 지역에 따라 달라서, 본국 이탈리아나 오랜 폴리스 전통을 가진 그리스계 도시들은 선거, 부족장이 다스리는 게 전통이었던 갈리아에서는 세습 통치였다. 이런 차이는 있었지만, 현실적인 로마인들은 개의치 않았다. 어떤 방식이든, 주민이 납득하는 방식으로 자치를 하면 되기 때문이다.

하지만 지방분권을 너무 많이 인정하면 국가가 해체된다. 그 광대한 로마 제국이 오랫동안, 게다가 상당히 만족스럽게 기능을 발휘할 수 있었던 것은 중앙집권과 지방분권이 절묘한 균형을 이루며 얽혀 있었기 때문이다. 그렇기 때문에 본래 모순되는 이 두 가지를 어떻게 짜맞추느냐는 중요한 과제가 되어 있었다. 로마는 '지방'의 내정은 각 지방자치단체에 맡기되, 그 지자체들이 속해 있는 속주는 '중앙'이 통치하는 것으로 그 문제를 해결하려 했다.

속주 총독은 중앙인 로마에서 파견되었다. 속주민은 이 총독에게 복종할 의무가 있다. 하지만 의무만 부과하고 권리를 주지 않으면 의무를 제대로 수행하는 것도 기대할 수 없다. 그래서 로마는 총독의 통치에 불만이 있으면 중앙에 고발할 수 있는 권리를 속주민에게 인정했다. 고발은 총독 임기가 끝난 뒤에 해야 한다는 조건이 붙었지만, 그것은 속주 총독의 임무 수행에 대해 고발이라는 형태로 평가를 내리는 것은 임기 전체를 대상으로 해야 한다고 생각했기 때문이다. 원고와 피고가 모두 출석해야 하는 재판이 수도 로마에서 열리는 것도 이유의 하나였다. 속주 총독의 임기는 1년이니까, 속주민도 그리 오래 참을 필요는 없었다.

원고인 속주민을 대리하여 검사 역할을 맡는 것은 변호사를 겸업하고 있는 소(小)플리니우스나 타키투스 같은 원로원 의원이다. 원로원은 황제와 협력하여 제국을 통치하는 기관인 이상, 속주민의 불만 원인을 밝혀내는 것도 원로원 의원의 책무였기 때문이다. 말하자면 이것도 공무였다. 변호사 수임료의 상한선은 1만 세스테르티우스(병사의 10년치 연봉)로 정해져 있었기 때문에, 막대한 지출을 감당하지 못해 고발을 포기하는 일이 일어날 가능성은 별로 없었다.

이 제도가 기능을 발휘하게 된 것은 제정 시대에 접어든 뒤였다. 공세에서 수세로 전환했기 때문에 선정을 펴서 국내 정세를 안정시키는 문제가 더욱 중요하게 여겨졌을 것이다. 황제들을 그토록 헐뜯은 타키투스도 속주 총독의 '청렴도'는 공화정 시대보다 제정 시대에 훨씬 높아졌다고 인정하고 있다. 그 이유의 하나는 황제들이 이런 재판을 중시하여, 몸소 법정에 나가 재판 과정을 참관했기 때문이다. 재판 결과는 피고의 동료이기도 한 원로원 의원들의 표결로 결정된다. 황제가 재판에 참관하는 것은 중립적인 입장에 있는 최고권력자가 피고와 원고 사이에 적극적으로 개재한다는 의미도 있었다.

피고도 변호인을 세우는 것은 당연히 인정되었지만, 처지가 바뀐 전임 속주 총독이 피고석에 서는 법정에 가장 열심히 나간 것으로 알려진 황제는 티베리우스, 클라우디우스, 도미티아누스 황제다. 티베리우스는 날카로운 질문을 퍼부어 피고만이 아니라 변호인까지 쩔쩔매게 한 것으로도 유명했다. 화살 같은 질문은 던지지 않았지만, 트라야누스도 열심히 법정에 나간 황제였다.

그건 그렇다 쳐도, 왜 전임 속주 총독을 고발하는 이런 현상이 끊이지 않았을까.

초대 황제 아우구스투스는 로마 제국의 속주를 '황제 속주'와 '원로원 속주'로 나누었다. 그 차이는 군대가 상주하느냐 아니냐에 달려 있다. 로마군 최고사령관은 황제니까 황제 휘하 군단이 주둔하는 곳은 황제 속주, 주둔하지 않는 곳은 원로원 속주가 된다. 황제 속주는 방위선에 자리 잡고 있어서 군단이 상주할 필요가 있고, 원로원 속주는 방위선 안쪽에 자리 잡고 있는데다 속주화의 역사도 길어서 안정된 속주이기 때문에 군사력을 주둔시킬 필요가 없다. 차이는 그것이었다.

황제 속주에 파견되는 총독은 군사적 능력이 문제되기 때문에 황제에게 임명권이 있다.

반면에 원로원 속주의 총독은 집정관을 지낸 사람들 중에서 원로원 의원들의 호선으로 결정된다.

양쪽 다 총독으로 번역하고는 있지만, 그리고 당사자들이 거의 다 원로원 의원이라는 공통점은 있지만, 라틴어로는 관명부터가 다르다. 황제 속주의 총독은 '레가투스 임페리알레'이고, 원로원 속주의 총독은 '프로콘술'이다. 전자는 '황제의 대리인'을 의미하고, 후자는 '전직 집정관'이라는 뜻이다. 현대식으로 생각하면 전자는 군인, 후자는 민간인이었다.

황제 속주 총독의 임기는 1년으로 끝나지 않고 몇 년씩 계속되는 게 보통이다. 임명도 해임도 직속 상관인 황제에게 결정권이 있었다.

원로원 속주 총독은 집정관과 마찬가지로 1년 임기이고, 되도록 많은 원로원 의원들에게 기회를 주기 위해서라도 1년을 넘기는 경우가 거의 없다. 게다가 원로원 의원부터가 명예직이니까, 속주 총독이 되어도 무보수라는 점은 변함이 없다. 외적의 침입에 항상 대비해야 하는 황제 속주와는 달리, 원로원 속주의 특징은 '평화'다. 온종일 긴장하고 있을 필요는 없다. 그래서 이 기회에 한몫 잡아보자고 생각하는 사람도 간혹 나오게 된다. 어쨌든 후세의 우리도 알 수 있는 속주 총독 재판의 피고는 예외없이 원로원 속주의 총독들이다.

그렇다면 황제 속주와 원로원 속주의 구별을 없애고, 원로원 속주 총독도 황제가 임명하면 되지 않느냐고 생각하는 사람이 있을지도 모르지만, 그런 일을 단행하면 아무리 평판이 좋은 황제라도 당장 제거되었을 것이다. 로마 제국의 공식 주권자는 황제가 아니라 어디까지나 로마 시민과 원로원이다. 따라서 원로원 속주 총독을 인선하는 일은 계속 원로원 관할 아래 둘 수밖에 없었지만, 그들을 견제하는 기능이 바로 속주 총독에 대한 고발제도였다.

원고나 피고 측에 서서 직접 재판에 관여한 소플리니우스가 친구에게 보낸 편지가 남아 있다. 거기에 이런 종류의 재판에 대한 언급이 나오는데, 그중에서 두 가지 사례만 소개하고 싶다. 둘 다 황제가 참관한 자리에서 진행된 재판이었다.

에스파냐 남부의 베티카 속주(트라야누스는 이 속주 출신이다) 총독이었던 클라시쿠스 재판.

이 재판의 원고는 몇 명의 속주민이 아니라 속주 전체였다. 고발 이유는 수뢰. 총독 시절 클라시쿠스가 한 재산 모을 정도의 뇌물을 받았다는 것이다. 로마를 방문한 베티카 속주의 주의회 의원들은 플리니우스에게 소송 대리인이 되어달라고 부탁했다. 이 의뢰를 받아들여 검사 역할을 맡게 된 플리니우스는 동료 의원 한 명과 팀을 짠다. 증거를 수집할 필요도 있어서 혼자서는 해낼 수 없었다. 또한 속주 총독 재판은 단순한 사법 절차가 아니라 정치적 의미도 있기 때문에, 황제를 비롯하여 그 결과에 주목하는 사람이 많았다.

검사인 플리니우스팀은 재판에 들어가기 전에 작전을 짰다. 피고 전원을 한데 뭉뚱그려 추궁하지 말고, 한 사람씩 개별적으로 추궁하기로 결정한 것이다. 베티카 속주가 고발한 사람은 총독 클라시쿠스와 부총독 2명, 클라시쿠스의 아내와 딸과 사위, 그리고 베티카 속주 경찰청장 등 7명이나 되었다. 플리니우스는 클라시쿠스의 명령서와 클라시쿠스가 로마에 있는 정부(情婦)에게 보낸 자필 편지라는 유력한 물증을 찾아냈다. 따라서 클라시쿠스의 죄상은 쉽게 증명할 수 있다고 판단했다. 그 자필 편지는 다음과 같은 것이었다.

"됐소! 됐어! 이제 빚에서 깨끗이 해방된 몸으로 당신한테 돌아갈 수 있게 된 거요. 벌써 400만 세스테르티우스를 모았소. 베티카 속주의 절반을 팔아서이긴 하지만."

그런데 원고 측에 움직일 수 없는 증거를 잡혀서 절망했는지, 아니면 이제 끝장이라고 각오했는지, 재판이 시작되기 전에 클라시쿠스가 죽어버렸다. 병사인지 자살인지는 분명치 않다. 하지만 피고가 죽어도 고발 이유가 사라진 것은 아니다. 로마법은 결석 재판을 인정하고 있다. 또한 이 사건은 수뢰죄 이외에 배임죄에도 해당했다. 피고 대다수가 '공직자'였기 때문이다.

물론 피고 측도 변호인을 세운다. 그 변호인은 플리니우스와 같은 원로원 의원이었고, 플리니우스의 말에 따르면 "이런 재판에 경험이 풍부한 노련한 인물이고 유연한 두뇌를 갖고 있어서, 예측할 수 없는 증거나 증인을 들이대도 즉석에서 반박할 수 있는 사람"이었다. 이 냉정한 변호인인 레스티투스도 클라시쿠스에 대해 무죄 판결을 얻어내는 것은 단념한 모양이다. 그래서 부총독 두 명만 집중적으로 변호했다. 상급자의 명령이니까 복종할 수밖에 없었다고 주장한 것이다. 부총독 두 명도 수뢰 사실은 부인하지 않았다. 부인하기는커녕, 뇌물을 강요하여 받아낸 사실은 순순히 인정했다. 하지만 그것도 자기들로서는 어쩔 수 없는 행위였다고 변명했다.

이제 법정의 쟁점은, 상관의 명령이라면 하급자는 무조건 복종할 의무가 있느냐 하는 문제로 옮아간다. 피고 측이 제기한 이 주장을 뒤엎느라 플리니우스팀은 "꽤 진땀을 뺐다."

하지만 판례를 찾아내기 위해 군단까지, 즉 군사법정까지 가서 기록을 뒤진 원고 측 변호인단의 노력은 보상을 받았다. 피고 측 변호인에게 이렇게 반박할 수 있었기 때문이다.

"로마에서는 군단병에게도 상관의 명령이 법률에 위배될 경우에는 복종할 의무를 부과하지 않습니다."

총독에 대한 재판의 재판장은 집정관이 맡고, 배심원은 원로원 의원들이 맡는다. 클라시쿠스 재판에서는 이런 판결이 나왔다.

전임 총독 클라시쿠스 ─ 유죄. 이미 사망했기 때문에 체형은 부과할 수 없고, 재산만 몰수한다. 다만 총독에 취임하기 이전과 이후의 재산은 나누어 생각해야 하기 때문에, 취임 이전에 소유하고 있던 재산은 딸이 상속받는 것을 인정했다. 취임 이후에 모은 재산은 모두 베티카 속주에 변상한다. 또한 빚을 갚는 데 사용된 돈도 채권자한테서 돌려받아 베티카 속주에 변상하기로 결정했다.

이 판결에는 두 가지 주목할 만한 점이 있다.

'플라비우스 왕조' 시대부터 이미 정착하기 시작했지만, 부모의 죄가 자식한테까지 미치지 않는다는 사고방식에 바탕을 둔 판례가 클라시쿠스 재판으로 하나 더 늘어나게 되었다.

둘째, 도미티아누스 시대와 비교하면 형이 가볍다는 사실이다. 속주 총독의 부정부패를 엄벌한 것도 도미티아누스가 원로원의 미움을 산 요인의 하나였다. 그것을 꺼린 트라야누스의 의향이 판결에 반영된 것일까.

부총독 두 명 — 유죄. 수뢰 이외에, 상관의 명령에 맹종한 것부터가 공직자로서는 부적격하다는 것도 유죄 사유에 추가되었다. 둘 다 5년 동안 변경으로 유배형을 받았다.

베티카 속주 경찰청장 — 유죄. 본국 이탈리아에서 2년 동안 추방당하는 형을 받았다. 2년 동안은 수도 로마에도 본국 이탈리아에도 발을 들여놓으면 안 된다는 것이다.

클라시쿠스의 사위 — 증거 불충분으로 무죄. 베티카에는 아내와 동행했을 뿐, 공적인 일도 사적인 일도 하지 않았다.

클라시쿠스의 아내와 딸 — 무죄. 증거 불충분으로 무죄가 되었다기 보다 혐의가 희박하다는 의미의 무죄였다. 이들 두 사람에 대해서는 원고 측 변호인인 플리니우스도 무죄로 생각하여 증언조차 요구하지 않았다.

승소한 플리니우스팀이 상한선인 1만 세스테르티우스의 수임료를 받았다면, 로마 시대의 수임료 분할 지급 규정에 따라 변호인으로 선임될 때 6천 세스테르티우스, 판결이 나온 뒤에 나머지 4천 세스테르티우스를 받았을 것이다. 수임료에는 증거나 증인을 모으는 데 드는 경비까지 포함되어 있기 때문에, 패소했을 경우를 생각한 대책이었는지도 모른다.

덧붙여 말하면, 허위 고발을 한 자는 명예훼손죄로 처벌되었다.

트라야누스 시대에 민사재판의 배심원 수가 늘어났다. 그때까지 100명이었던 것을 180명으로 늘린 것이다. 100명일 때는 25명씩 네 팀으로 나누어 네 건의 재판을 동시에 진행했지만, 180명으로 늘린 뒤에는 재판 한 건을 담당하는 배심원 수가 45명으로 늘었는지, 아니면 동시에 진행하는 재판 건수가 늘어났는지는 알 수 없다. 180명으로 늘어난 뒤에도 '100명의 남자'를 뜻하는 '켄툼비리'(centumviri)라는 명칭은 바뀌지 않았다. 「12명의 분노자」라는 미국 영화가 있었지만, 배심원단은 로마 시대부터 그런 식으로 불리고 있었다.

두 번째 사례는 플리니우스가 피고 측 변호를 맡은 경우다. 원고는 소아시아 서북부의 비티니아 속주 주민, 피고는 그 속주의 총독을 지낸 바수스였다.

바수스가 총독 시절에 선물을 즐겨 받았고, 좋아하는 속주민과 싫어하는 속주민을 분류하여 좋아하는 사람만 중용했다는 것이 고발 이유였다.

이에 대해 피고 측 변호인단은 이렇게 반론한다. 바수스의 통치는 지극히 공정했으며, 그것은 일부 속주민의 반발을 산 것으로도 증명된다. 따라서 통치 담당자로서는 규탄받기는커녕 오히려 칭찬받아 마땅하다.

그러자 원고 측은 방침을 바꾸었다. 바수스가 받은 선물의 개수와 가격을 문제삼은 것이다. 그래서 속주 총독에게 주는 선물은 어디까지 허용되느냐가 쟁점이 되었다.

율리우스 카이사르가 제정한 법률에서는 선물 총액이 1만 세스테르티우스만 넘지 않으면 문제가 되지 않았다. 하지만 속주 총독에게 엄정함을 강력히 요구한 도미티아누스의 15년 치세의 영향으로 선물은 무엇이든 일절 받지 않는 태도가 칭찬받게 되었다.

재판에 참관한 트라야누스도 고지 게르마니아 속주 총독을 지낼 때 선물을 받은 적이 있지만, 그것도 생일과 사투르누스 축제(로마인에게는 겨울 휴가) 때뿐이고, 그나마 나중에 돌려주었다고 고백했다. 원로원 의원들은 선물을 절대로 인정하지 않는 파와 상식선 이내에서는 인정해도 좋다는 파로 양분되어 활발한 논쟁이 벌어졌다.

상식선 이내라면 인정해도 좋다는 파가 다수를 차지한 듯, 바수스에게는 무죄 판결이 내려졌다. 율리우스 바수스는 그 후에도 계속 원로원 의석에 앉아 있었다.

그런데 바수스 재판에서는 원고 측 변호인으로 비티니아 편에 선 벨라누스가 그 후 비티니아 속주 총독에 부임했다가 1년 뒤 로마로 돌아온 직후에 비티니아 속주민에게 고발당했다. 하지만 재판까지는 가지 않았다. 속주민이 전임 총독에 대한 고발을 취하했기 때문이다. 그렇기는 하지만 이 사건은 트라야누스 황제에게 경계경보와 같은 작용을 했다. 비티니아 속주민의 고발이 너무 많은데, 이는 파견되는 총독에 문제가 있다기보다 속주 쪽에 문제가 있는 게 아닐까 하고 생각한 것이다.

그러나 비티니아는 원로원이 관할하는 속주였다. 즉 황제의 관여가 인정되지 않는다. 황제가 주도권을 행사한다면, 원로원 의원만으로 구성된 위원회를 설치하여 문제를 해결하라고 권고하는 정도였다. 이것은 제2대 황제 티베리우스가 시작하여 그 후 정착된 방식이지만, 트라야누스는 장애물에 부닥치면 돌아가는 길을 택하기보다 정면 돌파를 강행하는 타입이다. 법으로 명확히 금지되지 않은 일이라면 해도 상관없다.

또한 황제에게는 필요하다면 원로원 속주도 잠정적으로 황제 속주로 변경할 수 있는 권한이 있다. 이것도 티베리우스 황제가 선례를 만들어주었는데, 트라야누스는 황제에게 인정된 이 권한을 활용한다. 일시적이나마 비티니아 속주는 황제 관할 아래 들어갔다. 이 속주가 내포하고 있는 문제점을 밝혀내어 그 문제를 해결할 임무를 띠고 파견되는 총독의 관명은 '프로콘술'이 아니라 '레가투스'가 된다. 집정관 경험자의 출세 '종착역'이 아니라 황제 직속의 행정관이다. 트라야누스는 그 총독에 플리니우스를 임명했다. 바수스 재판 때 보여준 식견을 높이 평가한 게 분명하다. 그때까지 플리니우스는 비티니아에 발을 들여놓은 적도 없었기 때문이다. 황제 속주든 원로원 속주든 총독을 지낸 경험도 없었다.

이리하여 로마 제국의 속주 통치의 한 단면을 엿보게 해주는 『플리니우스와 트라야누스 황제의 왕복 서한』이 후세에 남게 되었다. 이 편지들이 쓰인 것은 플리니우스가 비티니아에 체류한 서기 111년 가을부터 113년 봄까지 1년 반이다. 당시 플리니우스의 나이는 쉰 살 안팎, 트라야누스 황제는 50대에서 60대로 접어드는 시기에 해당한다.

플리니우스

제8권 『위기와 극복』에서도 인용한 플리니우스(Gaius Plinius Caecilius Secundus)는 대작 『박물지』의 저자인 큰아버지 플리니우스와 구별하기 위해 서양에서는 '주니어', 동양에서는 '소'(小)를 붙여서 부른다. 인품이 훌륭한 인물로서, 동료 문인들한테도 질투나 편견을 갖지 않고 상대의 재능을 인정해주었다. 원로원 계급이라는 로마 사회의 지도층에 속할 뿐 아니라 그 책임도 충분히 완수했고, 게다가 재산가로서 그 재산을 사회에 환원하는 데에도 적극적이었고, 남을 잘 돌봐주고, 제정 로마에 만족하고, 제 작품을 아내가 즐겨 읽어주는 것만으로도 행복해지는 사람, 요컨대 행복한 로마인의 한 사람이었다. 동시대인으로는 조국의 결함을 논하며 비분강개한 나머지 염세주의자가 될 수밖에 없었던 타키투스가 있다. 이 두 사람이 같은 문필가로서 친구였을 뿐 아니라 같은 변호사로서 팀을 짜는 사이이기도 했다는 사실이 불가사의하게 여겨질 정도다. 하지만 염세주의자와 낙천주의자를 모두 내포하는 게 인간 사회일 것이다.

이 플리니우스가 타키투스에게 보낸 편지에 이런 구절이 있다. 타키투스는 플리니우스보다 대여섯 살 위였다.

"당신은 절대로 자신의 작품을 자찬하지 않습니다. 하지만 나는 당신의 저작을 칭찬할 때만큼 정직하게 마음속의 생각을 드러낼 때는 없습니다.

후세인들은 과연 우리를 기억해줄까요. 기억될 만한 가치가 우리한테도 조금은 있을 것 같은데 말입니다. 우리의 천분 때문이라고는 말하지 않겠습니다. 그렇게 말하면 너무 오만합니다. 그러니까 우리의 부지런함, 우리의 열성, 우리의 명예심 때문이라고 말하겠습니다.

이런 덕목을 가슴에 품고 열심히 노력하는 게 인생이지만, 그중에서도 소수의 사람들은 빛나는 명성을 얻을 수 있을 것입니다. 하지만 나머지 대다수 사람도 최소한 무명이나 망각에서 구원받을 정도의 가치는 있다고 생각하는데 어떨까요."

이런 말을 접하면 나는 당장 동정심이 솟아나서, '걱정 마세요, 내가 인용해드릴게요' 하고 중얼거리며 그의 작품을 읽어나가게 되지만, 이 편지를 타키투스는 어떤 심정으로 읽었을지 궁금해진다. 타키투스는 답장을 쓰지 않은 것 같다. 그는 재능의 한계를 알기 때문에 겸손했던 플리니우스와 달리, 역사가로서 자신의 재능을 확신하고 있었다. 빛나는 명성을 후세에 남길 사람은 자기라고 확신했다.

타키투스도 원로원 계급에 속했고, 따라서 상당한 재산가였을 것이다. 하지만 그가 도서관을 기증하거나 가난한 집안 아이들을 위한 육영자금에 재산을 내놓았다는 이야기는 듣지 못했다. 동료 문필가를 돕지도 않았고, 하물며 황제에게 천거하는 등의 방식으로 친지를 돌봐준 일도 없었다. 자기 작품을 자찬하지도 않았지만, 친구의 작품을 칭찬하지도 않았다.

플리니우스의 작품에 대한 후세의 평가는 '행복한 로마 행정관의 먹물 방울'인 반면, 타키투스의 저작은 '로마 제정 시대 최고 역사가의 걸작'으로 평가받고 있다.

플리니우스는 친구로 삼기에는 좋은 사람이었을 게 분명하지만, 통일된 작품을 창조하려면 빼놓을 수 없는 악의나 '독'이 모자랐기 때문이다. 따라서 그의 작품은 친구들에게 보낸 편지와 트라야누스 황제와 주고받은 서신, 그리고 보결 집정관에 취임했을 때의 연설문밖에 남아 있지 않다. 다른 글도 쓴 모양이지만, 기껏해야 아내의 칭찬을 받는 수준에 머물렀을 것이다.

하지만 타키투스에게 보낸 편지에서 '후세인들은'부터 끝까지를 다시 한번 읽어보라. '우리'로 되어 있는 부분을 '로마인'으로 바꾸면서.

"후세인들은 과연 로마인을 기억해줄까요. 기억될 만한 가치가 로마인한테도 조금은 있을 것 같은데 말입니다. 로마인의 천분 때문이라고는 말하지 않겠습니다. 그렇게 말하면 너무 오만합니다. 그러니까 로마인의 부지런함, 로마인의 열성, 로마인의 명예심 때문이라고 말하겠습니다.

이런 덕목을 가슴에 품고 열심히 노력하는 게 인생이지만, 그중에서도 소수의 사람들은 빛나는 명성을 얻을 수 있을 것입니다. 하지만 나머지 대다수 사람도 최소한 무명이나 망각에서 구원받을 정도의 가치는 있다고 생각하는데 어떨까요."

나는 이 대목을 『로마인 이야기』 가운데 한 권의 첫머리에 놓고 싶다는 생각에 한동안 사로잡혀 있었다. 그만큼 매력적인 구절이다.

타키투스와 플리니우스는 둘 다 원로원 의원이고, 둘 다 혹평한 도미티아누스 황제 밑에서 공직 경력을 쌓았다는 점도 비슷하다. 보결이긴 하지만 집정관에 당선된 것도 공통점이다. 연상인 타키투스는 네르바 황제 밑에서, 플리니우스는 트라야누스 황제 시절에 집정관을 지냈다. 하지만 속주 총독을 지낸 것은 플리니우스뿐이다. 타키투스는 끝내 공직 경력의 마지막을 총독으로 장식하지 못하고 인생을 마쳤다. 플리니우스가 비티니아 속주에 파견될 당시 타키투스는 아직 건재했는데도, 그리고 둘 다 자식이 셋은커녕 하나도 없었기 때문에, '자녀를 둔 원로원 의원 우대법'이라고 이름 붙여도 좋은 법률의 적용 대상이 아니라는 조건도 같았는데도, 플리니우스만 총독을 지낸 것이다.

초대 황제 아우구스투스가 제정한 이 법률은 지도층의 소자녀화(小子女化) 방지책이다. 관직 선거에서도 셋 이상의 자녀를 둔 사람이 우선된다. 또한 모든 관직에는 몇 년의 휴직 기간이 설정되어 있었지만, 셋 이상의 자녀를 둔 사람에게는 그것도 면제되었다.

물론 이것은 절대적인 조건이 아니다. 황제는 자녀가 없는 사람도 이 법의 적용 대상에 포함시킬 수 있는 권한이 있었다. 트라야누스는 플리니우스에 대해 이 권한을 행사한 것이다.

타키투스는 확실히 로마 제정 시대 최고의 역사가였을 것이다. 동시대인들도 동감이었을 게 분명하다. 하지만 유능한 작가가 반드시 유능한 행정가인 것은 아니다. 게다가 세상은 공정한 통치로 알려진 트라야누스 시대다. 타키투스와 플리니우스가 팀을 짜서 변호한 아프리카 속주 총독 프리스쿠스 재판 때는 트라야누스가 직접 재판장 자리에 앉았다. 트라야누스가 타키투스 대신 플리니우스를 기용한 것은 단지 비티니아에 대한 플리니우스의 식견을 높이 평가했기 때문일까. 아니면 실용적인 로마 황제들 중에서도 특히 실용적인 트라야누스가 원한 사람은 훌륭한 문장으로 보고서를 써서 보내는 사람이 아니라 성실하게 직무를 수행하는 것만 염두에 두고 있는 행정관료였기 때문일까.

타키투스도 속주 총독을 경험했다면 어땠을까 하는 상상에는 저항하기 어려운 매력이 있다.

'명예로운 경력'이라고 불린 공직, 원로원 의원이라면 당연히 맡아야 하는 국가 관직은 회계감사관도 법무관도 집정관도 모두 수도 로마에서 근무한다. 하지만 속주 총독은 다르다. 프로콘술은 단순히 원로원 의원이 밟아가는 공직 경력의 종점은 아니다. 게다가 스스로 임지를 선택할 수도 없다. 추첨으로 결정된 임지에 부임하여 통상적인 정무나 사법을 집행하는 한편, 1년밖에 안 되는 임기 동안 그 속주의 문제점을 밝혀내어, 총독의 권한으로 해결할 수 있는 문제는 해결하고 해결할 수 없는 문제는 원로원에 보고하여 해결책을 입법화해야 하는 직책이다. 이미 건설이 끝난 로마 가도를 보수하여 계속 기능을 발휘하도록 하는 거나 마찬가지다.

속주가 아니라 제국 전체를 상대로 이와 똑같은 일을 하는 사람이 황제였다. 타키투스도 속주 총독을 경험했다면, 황제의 책무가 얼마나 막중하고 어려운가를 좀더 깊이 이해할 수 있지 않았을까. 그래서 평론가의 입장에서 벗어날 수 있지 않았을까. 그랬다면 타키투스는 '로마 제정 시대 최고의 역사가'에 머물지 않고 '공화정과 제정을 통틀어 로마 최고의 역사가'가 될 수 있었을 것이다. 문장력은 율리우스 카이사르와 쌍벽을 이루었다. 비판력은 역사서의 걸작을 낳는 중요한 조건이다. 하지만 그것만이 조건은 아니다.

후세에 '행복한 로마 행정관의 먹물 방울'로 평가받게 되는 플리니우스의 저작 가운데 백미라 해도 좋은 『플리니우스와 트라야누스 황제의 왕복 서한』은 모두 124통의 편지로 이루어져 있는데, 그 가운데 73통은 플리니우스의 편지이고 나머지 51통은 트라야누스의 답장이다.

플리니우스의 편지는 그가 직접 쓴 것이 분명하지만, 트라야누스의 답장은 정말로 황제가 직접 썼을까 하는 의문이 우선 떠오른다.

실제로 황제 측근에는 '서신' 담당 비서가 있었다. 트라야누스 앞으로 보낸 플리니우스의 편지도 이 비서가 먼저 읽고 그 내용을 황제에게 보고했겠지만, 황제의 답장도 이 비서가 작성하여 비티니아로 보냈다고 생각할 수 있다.

하지만 라틴어 원문을 낱말 하나하나까지 분석하여 연구한 학자의 결론은 거의 모든 답장이 트라야누스의 구술로 작성된 게 분명하다는 것이다. 나는 그럴 능력까지는 없지만, 관료가 쓴 문장이 아니라는 정도는 알 수 있다. 말을 하든 글을 쓰든, 입에서 나오는 말에 책임을 지는 사람의 문장이기 때문이다.

그렇다면 왜 트라야누스 황제는 이처럼 성실하게 제 생각을 플리니우스에게 전하려 했을까.

앞에서도 말했듯이 트라야누스는 비티니아 속주를 원로원 관할에서 황제 관할로 변경하면서까지 문제를 해결하려 했고, 그 속주 총독으로 파견한 사람이 플리니우스라는 특수한 사정이 있었다. 다시 말해서 이 속주의 문제를 해결할 책임은 이제 트라야누스 황제 자신에게 있었다. 하지만 그밖에도 숨겨진 속사정이 있었다.

비티니아 지방은 원래 미트라다테스 왕 시절에 융성한 폰투스 왕국이다(제3권에서 자세히 서술함). 로마의 속주가 된 뒤에도 도읍인 니코메디아를 비롯하여 나중에 콘스탄티노폴리스를 거쳐 이스탄불이 된 비잔티움, 니케아, 푸르사, 흑해 남안의 헤라클레아와 시노페 등 역사가 오래되고 경제적으로 풍요로운 도시가 많고 인구도 많은 지방이다. 게다가 북쪽은 흑해에 면해 있고 동쪽은 아르메니아 왕국에 근접해 있어서, 지리적으로도 전략 요충이었다. 플리니우스를 이곳에 보냈을 당시, 트라야누스는 몇 년 뒤에 실현된 파르티아 원정 계획을 마음속에서 다듬고 있었다. 파르티아 왕국과 아르메니아 왕국은 떼려야 뗄 수 없는 사이다. 원정을 실행할 때 가장 중요한 것은 배후의 안정이다. 비티니아 속주는 그 배후의 하나였고, 게다가 그 경제력 때문에도 중요한 배후지였다.

그러나 황제는 그의 특명으로 전권을 위임받은 플리니우스 총독한테는 이 생각을 귀띔조차 하지 않았던 모양이다. 그래서 플리니우스는 순진하게도 트라야누스가 요구하는 재정 재건과 사회 질서 유지가 비티니아 속주를 위해서라고 믿고, 그 임무를 완수하는 데 정력을 쏟는다.

각 도시를 돌아다니며 재정 파탄의 이유를 조사한 플리니우스는, 로마를 방문한 사절단 파견 경비, 주둔군이 없는 비티니아 속주의 방위까지 떠맡고 있는 모에시아 속주 총독을 예방하는 데 사용한 경비가 1만 2천 세스테르티우스나 되는 것은 낭비라고 판단하고, 방문 대신에 문서로 경의를 표하도록 하고 사절단 파견은 폐지했는데 괜찮으냐고 황제에게 묻는다. 트라야누스는 "잘했다, 나의 친애하는 세쿤두스여"라고 쓴 답장을 보낸다.

재정 재건이 급선무라고는 하지만, 무슨 일이 있어도 세출을 줄일 수는 없다. 앞에서도 말했듯이 주민들의 위생을 위해서는 수도 공사를 감행한다. 다만 공사를 발주할 때 부정이 있었다는 의혹은 밝혀내야 한다. 그리고 그 책임 추궁은 총독에게 일임되었다. 앞에서 말한 체육센터 건립은 그 지방자치단체의 재정 규모에 적합한 규모로 만족하라는 황제의 지침에 따라, 적당한 규모로 줄여서 재공사가 시작된다.

재정을 재건하려면 강제적인 금리 인하가 필요하지 않느냐는 플리니우스의 질문에 대해, 황제는 그 필요성은 이해하지만 국가가 금리를 내리라고 강제하는 것은 우리 시대의 정신인 '공정함'에 합치하지 않는다면서 동의하지 않는다. '민'(民)에 대한 '관'(官)의 강제적인 금리 인하는 강제 공출이나 마찬가지가 되기 때문에, 그것을 실행했을 경우 속주민의 반발을 피할 수 없다. 트라야누스는 그런 사태를 피하고 싶었을 것이다.

그런데 왜 트라야누스는 비티니아 속주의 재정 재건에 그토록 집착했던 것일까. 재정이 파탄 상태에 이르러 소수만 이익을 얻고 나머지 대다수는 피해를 보고 있었기 때문이다. 그렇게 되면 사회는 불안정해진다. 선정은 요컨대 정직한 사람이 무참한 꼴을 당하지 않아도 되는 사회를 만드는 것이다.

사회 안정을 해치는 적은 일부가 권력을 독점하고 폐쇄적인 조직으로 남을 배제하는 경우에도 모습을 드러낸다. 소방관 조합을 허가하는 게 어떠냐는 플리니우스의 소청에 대해 트라야누스는 소방관들끼리 서로 돕는 것은 좋지만 조합으로 인정하는 것은 적절치 않다고 답변한다. 소방관 조합이 정치적 결사로 바뀌는 것을 꺼렸기 때문이다.

그거야 어쨌든, 둘 다 정말 잘도 썼구나 하는 감탄이 절로 나온다. 상대가 한 사람인 플리니우스가 한 달에 평균 네 통을 쓴 것은 이해가 가지만, 트라야누스의 상대는 한 사람이 아니다. 황제 속주에 부임한 총독만 해도 13명, 각처에 파견된 군단장에서부터 장관이며 재무관까지 합하면 100명을 웃돈다. 게다가 일반인이 보내오는 청원서나 진정서. 이래서는 마치 홈페이지를 개설하고 거기에 들어오는 전자우편에 일일이 대답하는 회사 사장 같다. 나는 누가 제발 되어달라고 사정해도 로마 황제만큼은 되고 싶지 않다.

하지만 이런 것들은 황제에게 귀중한 정보원이 아니었을까. 비티니아에 도착할 때까지의 여로 상황은 얼핏 비티니아 속주 총독의 직무와는 무관해 보이는데, 플리니우스는 그것까지 트라야누스에게 소상히 보고했다. 그리고 황제의 대리인 자신의 비티니아 입성을 속주민들이 어떻게 맞이했는지, 그 자초지종도 상세히 써서 보낸다.

부지런하다는 것은 트라야누스 황제를 줄곧 따라다닌 동시대인의 찬사 가운데 하나다. 티베리우스 황제도 '홈페이지'를 개설하긴 했지만 회답은 일절 하지 않은 반면, 트라야누스 황제는 일일이 성실하게 답변한다. 티베리우스는 평판이 나빴고, 트라야누스는 평판이 좋았다. 특히 원로원 계급의 평가가 이들 두 황제로 대표되는 타입 가운데 어느 쪽으로 기울어졌는지는 생각해볼 필요도 없다. 그들이야말로 '전자우편', 즉 보고서를 자주 보내야 하는 직책을 맡고 있었기 때문이다.

지중해를 중심으로 유럽과 오리엔트 및 북아프리카를 망라하는 광대한 로마 제국을 황제들이 어떻게 다스렸는지는 누구나 품는 의문이다. 그리고 통치에는 정보가 필수불가결하다. 로마인은 보고서나 훈령이 신속하고 안전하게 전달되도록 국영우편제도를 일찍부터 발달시켰을 정도니까, 정보의 중요성을 알고 있었던 게 분명하다. 공용을 목적으로 정비한 국영우편제도를 민간인도 차츰 활용하게 되는데, 이것은 군사전략상의 이유로 깔아놓은 로마 가도망이 민간의 물류에도 활용된 것과 같은 이치다.

로마 황제가 정보를 수집한 방법은 크게 다음 두 가지로 나눌 수 있다.

(1) 각 속주에 근무하는 공직자들의 보고서.

(2) 속주민의 청원이나 진정.

(1)의 좋은 예가 바로 트라야누스 앞으로 보낸 플리니우스의 편지다.

(2)는 다시 네 가지로 분류된다.

① 1년에 한 번씩 수도 로마를 예방하는 속주 의회 대표들과의 면담. 예방이니까 원로원이나 황제와 면담하는 것은 당연한 일정이다.

② 요즘으로 말하면 로비 활동. 로마 시대의 표현으로는 파트로네스와 클리엔테스의 관계인데, 이것은 ①의 제도가 정착하지 않은 공화

정 시대에 더 활발했다. 그라쿠스 형제는 할아버지인 스키피오 아프리카누스 시대부터의 인연으로 북아프리카를 클리엔테스로 삼고 있었다. 폼페이우스의 클리엔테스는 자신이 제패한 오리엔트였다. 율리우스 카이사르가 갈리아 전역의 파트로네스였던 것은 유명하다. 정복해놓고 그 후로는 그 지방을 돌봐준다는 게 참으로 로마적이다.

제정 시대에 들어온 뒤에도 이런 관계가 완전히 없어진 것은 아니다. 이제는 정복의 시대가 아니기 때문에 공화정 시대와 같은 유명한 이익 대표는 자취를 감추었고, ①의 제도가 기능을 발휘하고 있었기 때문에 로비 활동의 중요성도 줄어들기는 했지만, 지방과 중앙을 이어주는 존재가 있으면 유리할 건 뻔하다. 제정 시대의 파트로네스는 그 속주에 총독으로 부임하여 속주민과 좋은 관계를 쌓은 사람이나 그 속주와 경제적으로 관계가 깊은 사람이다. 수도 로마를 예방한 속주 대표가 이런 사람들의 중개로 황제의 연회에 초대되어, 사적으로 황제와 접촉할 수도 있었다.

③ 속주가 황제에게 직접 청원하는 방법. ①과 마찬가지로 공식 루트인데, 청원이나 진정은 문서로 이루어지는 경우가 많았던 것 같다. 황제도 이를 위해 관저에 '문서' 담당 비서라는 접수창구를 마련했다.

④ 속주 총독에 대한 재판. 이것은 가장 과격한 정보 수집 방법인 동시에 중앙과 지방의 접촉 방법이기도 했다. 재판이니까 원고와 피고 양쪽의 변론을 통해 총독의 통치만이 아니라 그 속주의 문제점까지 철저히 밝혀낼 수 있다. 게다가 그런 일이 이루어지는 장소는 원로원이고, 피고도 검사도 변호인도 배심원도 모두 원로원 의원이다. 황제도 수도에 있을 때는 재판에 참관했다. 재판에 참관하기 위해 일부러 별궁에 가는 것을 연기한 황제도 있다.

속주 총독 재판은 속주의 목소리를 반영하기 위해 마련된 제도지만, 속주의 실상을 알 수 있는 좋은 기회이기도 했다.

제국 통치의 최고책임자인 황제는 이런 식으로 수집한 정보를 토대로, 제국 통치의 정략에 따라 잠정조치법으로 처리할 수 있는 경우에는 훈령을 내리고, 정책화가 필요한 문제는 원로원에 돌려 법률을 제정한 뒤에 실행에 옮긴다. '전자우편'에 절대로 답변하지 않은 티베리우스 황제도 황제의 일상은 격무의 연속이라고 말했다. 로마 황제들의 치세는 암살당하지 않아도 기껏해야 20년 안팎에 불과한데, 그것도 어쩌면 이런 격무 때문인지 모른다.

트라야누스 시절에 황제와 원로원의 관계가 아주 좋았다는 것은 당대에도 후세에도 공통된 평가지만, 이런 평가를 받게 된 요인 가운데 하나는 트라야누스가 남을 보살피는 일에서는 누구한테도 뒤지지 않는 인물이었기 때문이다.

플리니우스는 어이없을 만큼 자주 친지나 친구에 대한 특별 배려를 황제에게 청탁한다. 병을 고쳐준 이집트 태생의 그리스인 의사에게 로마 시민권을 주라느니, 친구인 수에토니우스(『황제열전』의 저자)에게 '셋 이상의 자녀를 둔 사람의 특권'을 인정해달라느니, 인격자인 플리니우스도 이때라는 듯 황제와의 연줄을 활용하려고 들었다. 트라야누스도 웬만하면 흘려듣지 않고 부탁을 들어주려고 했다. 하지만 뭐든지 다 들어준 것은 아니다. 트라야누스는 역시 양질이기는 하지만 보수주의자였다. 기득권층이라는 점에서 항상 황제보다 보수적 경향이 강했던 원로원과 사이가 좋았던 것도 이 유사점 때문이 아닐까.

제정 시대의 플리니우스도 공화정 시대의 키케로도 편지에 연줄 이야기만 늘어놓아서, 그들의 편지를 읽으면 로마 사회가 연줄로 움직이고 있었던 듯한 인상을 받게 된다. 그런데 연고에 의한 인재 등용이 그렇게 나쁜 제도일까.

로마인은 중국의 과거(科擧) 같은 제도를 끝내 만들지 않았다. 당시의 대학이라 해도 좋은 그리스의 아테네나 소아시아의 로도스섬이나 이집트의 알렉산드리아에서 공부했다고 해서, 단지 그것만으로 제국의 중추에 들어갈 수 있는 것은 결코 아니었다. 엘리트 양성이나 인재 풀을 목적으로 한 기관은 원로원뿐이다. 아버지가 원로원 의원이라고 해서 아들이 자동적으로 원로원에 들어갈 수 있는 것은 아니다. 회계감사관이나 호민관에 당선되어 임기를 끝내야만 비로소 원로원에 들어갈 수 있는 자격을 갖게 된다. 하지만 황제에게는 추천권이 있었기 때문에, 군단에서 잔다리를 밟아 진급한 사람도 원로원에 들어갈 수 있는 길은 열려 있었다.

로마인들이 인재 등용에 연줄을 중요시한 것은 그들의 현실주의적 성향의 발로라고 여겨지기까지 한다. 연줄이란 책임지고 어떤 인물을 추천하는 것이다. 인격과 재능이 모두 뛰어난 사람이 추천하면, 역시 인격과 재능이 뛰어난 사람이 추천될 가능성도 높아진다. 물론 이 경우에도 항상 위험은 있었다. 하지만 객관적인 시험이라고 해서 무능하거나 악질적인 행정관이 배출될 위험을 완전히 피할 수 있을까.

율리우스 카이사르는 키케로가 추천하는 젊은이라면 무조건 부하로 삼았는데, 그것은 키케로의 식견을 높이 평가했기 때문이다. 트라야누스도 플리니우스의 청탁을 거의 다 들어주는데, 이것도 역시 플리니우스의 성실성과 높은 공공심을 인정했기 때문이다. 인재 등용은 승부다. 등용하는 사람과 등용되는 사람만이 아니라 추천하는 사람도 이 승부에 참여시켜 관련자 모두에게 책임을 지우는 것이 로마인이 연고채용을 많이 활용한 이유가 아닐까.

청탁을 잘 들어준 결과든 어떻든 간에, 상대에게 호감을 사면 여러모로 편리하다. 똑같은 일도 도미티아누스 황제가 하면 원로원 의원들은 펄펄 뛰며 화를 냈지만, 트라야누스 황제가 하면 반발하기는커녕 자기들도 따라서 하고 불평도 하지 않았으니 재미있다.

플리니우스가 황제 앞으로 보낸 편지는 대개 '도미네'(Domine)로 시작된다. 도미네란 '나를 지배하는 자'라는 뜻인데, 이것이 기독교에서는 '신'이 되고 따라서 '주여'로 번역된다. 하지만 로마에서는 '주군' 정도의 의미밖에 없었다.

그런데도 풍자시인 마르티알리스가 시문에 '도미네'라고 쓴 것을 도미티아누스 황제가 그냥 두었다는 이유만으로 원로원 의원들은 화를 내고, 타키투스는 도미티아누스를 전제군주로 단정했다. 황제에 대한 호칭은 '카이사르'나 '프린켑스'(제일인자)가 보통이었기 때문이다. 그 후 십여 년밖에 지나지 않았는데, 원로원 의원인 플리니우스는 황제를 '도미네'라고 부르고, 트라야누스도 당연하다는 듯 받아들이고, 결점을 지적하지 않고는 못 배기는 타키투스도 그것을 비난하지 않는다. 게다가 트라야누스는 아버지와 누나가 죽은 뒤에 그들을 신격화하고 그것을 기념한 은화를 주조했지만, 이에 대한 비판도 일어나지 않았다. 티베리우스 황제는 '도미네'라고 불릴 때마다 신경질적인 반응을 보이면서 "도미네는 우리 집 하인들이, 임페라토르는 병사들이, 프린켑스는 시민들이 나를 부르는 호칭"이라고 말했지만, 그것이 원로원의 호감을 사는 데에는 아무런 도움도 되지 않았다. 인간이란 정말 불가사의한 존재다.

어쨌든 트라야누스는 원로원의 평가가 아주 높은 황제였다. 원로원은 이 트라야누스에게 그때까지 어떤 황제도 받은 적이 없는 칭호를 선사한다. '옵티무스 프린켑스'(Optimus Princeps). 직역하면 '최고의 제일인자', 의역하면 '지고의 황제'다. 트라야누스도 처음에는 사양했다. 하지만 결국은 받아들인다. 그리고 이 일은 로마인들이 생각하는 이상적인 황제상이 어떤 것이었는지를 살피는 데에도 도움이 된다.

그렇다면 로마인에게 이상적인 황제는 기독교도를 어떻게 생각하고 있었을까. 또한 법치국가를 자임하는 로마 제국에서 변호사나 검사를 맡아 사법에 직접 관여한 경험이 있는 플리니우스는 기독교도를 어떻게 보고 있었을까.

『플리니우스와 트라야누스 황제의 왕복 서한』에서 후세에 가장 유명해진 부분은 기독교도에 대한 처우를 둘러싼 두 사람의 응답이다. 그 전문을 소개한다. 속주 총독에게는 속주민에 대한 사법권도 부여되어 있었다.

"플리니우스가 트라야누스 황제에게

주군이여, 제가 판단을 내리지 못한 경우에는 주군의 생각을 먼저 여쭙는 것이 저의 방식이온데, 그것은 주군께서 갈피를 못 잡고 헤매는 저를 인도하고 저의 무지에 빛을 던져주기에 누구보다도 적합한 분이기 때문입니다.

이제껏 저는 한번도 기독교도의 재판에 관여한 적이 없습니다. 따라서 이런 재판이 어떤 식으로 진행되었는지 모르고 있습니다. 어느 정도의 증거가 있으면 기소할 수 있는지. 어느 정도의 죄상이면 국가반역죄 또는 사교 신봉자로 처벌할 수 있는지. 그리고 피고발자의 나이는 형벌 경감의 사유가 될 수 있는지. 같은 기독교도라도 성숙한 어른과 25세 이하의 젊은이 사이에는 다른 죄와 마찬가지로 형벌에 차별이 적용되어야 하는지. 기독교도가 된 것을 뉘우치고 그 신앙을 버린 자는 죄를 용서하고 사면해도 좋은지. 아니면 지금은 아무리 뉘우치고 있어도 과거에 기독교도였다는 이유만으로 처벌해야 하는지. 비난받아야 할 악행은 하나도 저지르지 않았지만 악명 높은 조직의 일원이라는 이유만으로 처벌해야 하는지.

저는 기독교도로 고발된 자들에게 일단은 다음과 같은 방식으로 대처해왔습니다.

그들에게 너는 기독교를 믿느냐고 세 번까지 묻습니다. 기독교도라고 답한 자에게는, 위증하면 고문을 가할 수밖에 없다는 것도 확인시킵니다. 기독교에 귀의하는 것이 무엇을 의미하는지와는 관계없이, 완고하고 무분별한 것만으로도 벌을 받아 마땅하다고 생각했기 때문입니다.

끝까지 기독교도라고 주장한 자들 중에는 로마 시민권 소유자도 있는데, 그들은 황제에게 항소할 권리가 있기 때문에 로마로 송환하는 절차를 밟았습니다. 그런데 이런 방식의 영향 탓인지, 기독교도에 대한 고발이 늘어났을 뿐 아니라 양상도 달라졌습니다.

우선 많은 사람의 이름을 열거한 익명 고발이 늘어났습니다. 그래서 저는 방식을 바꾸었습니다.

첫째, 고발당한 자라도 기독교도가 아니라고 언명한 자, 저의 첫 번째 심문에서 신들에게 기원하고 주군의 초상을 경배한 자, 또는 그리스도를 매도한 자는 모두 무죄 방면하기로 했습니다. 그 때문에 법정에는 초상과 거기에 바칠 향료며 포도주도 준비시켰습니다.

둘째, 고발당한 자라도 처음에는 기독교도라고 인정했다가 나중에 번복한 자, 전에는 기독교도였으나 지금은 기독교도가 아닌 자에게는, 기독교 신앙을 버린 것이 3년 전이든 20년 전이든 관계없이 모두 무죄를 선고했습니다. 물론 이 부류에 속하는 자를 무죄 방면할 때는 우리의 신들을 경배하고 기독교의 신을 매도해야 한다는 조건을 붙였습니다.

우리가 수집한 정보에 따르면, 기독교도의 죄나 과오로 여겨지는 것은 일정한 날(아마 일요일) 동트기 전에 모여서 그리스도를 찬송하는 노래를 부르고, 노래가 끝나면 엄숙하게 맹세하는 것입니다. 그 맹세는 사회에서 비행으로 간주되는 일을 하겠다는 맹세가 아니라, 도둑질과 강탈과 간통을 저지르지 않고, 약속을 엄수하고, 보관을 의뢰받은 물건이라도 의뢰자가 요구하면 반환에 응해야 한다는 따위를 서로 맹세할 뿐입니다. 그리고 이 의식을 끝낸 뒤에는 집으로 돌아가, 예사로 빵과 포도주로 함께 아침을 먹습니다. 그렇긴 하지만, 주군의 뜻을 받들어 제가 발표한 포고령은 비밀결사로 이어질 가능성이 있는 회합을 금지하고 있습니다.

이런 사정 때문에 피고가 노예인 경우에는 심문할 때 고문을 가할 필요가 있다고 생각했지만, 그들이 부제(副祭)라고 부르는 두 노예 여자를 심문했을 때도 사악하고 광적인 미신 외에는 아무것도 찾아내지 못했습니다.

그래서 주군의 생각을 알 때까지는 기독교와 관련된 재판은 모두 연기하기로 결정했습니다. 이것은 황제에게 재결을 청할 만한 문제라고 생각했기 때문입니다. 우선 고발당하는 자가 너무 많습니다. 둘째, 기독교도는 나이나 사회적 지위나 성별에 관계없이 앞으로도 줄어들기보다는 계속 늘어날 추세입니다.

이제는 도시만이 아니라 지방도 이 광신에 오염되고 있습니다. 그래도 제가 얻은 감촉으로는 오염이 확산되는 것을 막을 수 있을 것 같습니다. 방치되어 있던 신전이나 사당도 참배하는 자들로 북적거리게 되었고, 오랫동안 소홀했던 제의도 부활하고 있습니다. 제물로 바쳐진 가축의 고기를 파는 자도 그동안 많이 줄어들었는데, 이제는 그것도 상당히 개선되고 있습니다.

기독교도로 여겨지는 자들 가운데 대다수는 단순히 새로운 것에 매혹되어 기독교에 귀의한 데 불과하지 않을까 생각합니다. 따라서 이런 자들 중에서 후회하고 기독교를 버린 자에게는 처벌을 면제해주어야 마땅하다는 것이 저의 생각입니다."

"트라야누스가 플리니우스에게

친애하는 세쿤두스여, 기독교도로 고발당한 자들에 대한 그대의 법적 대처는 참으로 적절했다. 이런 문제를 제국 전체를 다스리는 규범에 따라 처리하려는 것 자체가 무리이기 때문이다. (기독교가 침투하기 시작한 곳은 로마 제국의 동방이고, 서기 2세기인 이 무렵에는 아직 제국 서방에까지는 미치지 않았다. 트라야누스 시대에 순교한 주교가 두 명 있는데, 한 사람은 예루살렘, 또 한 사람은 안티오키아의 주교였다.)

기독교도가 죄인이라고는 하지만, 굳이 그들을 색출해내는 행위는 해서는 안 된다. 다만 정식으로 고발되어 자백한 자는 마땅히 처벌받아야 한다. 신앙을 버린 자에 대해서는 그에 상응한 배려가 있어야 하지만, 우리의 신들을 경배하는 마음을 명확히 보이고, 후회도 분명히 할 필요가 있다. 그것만 명확해지면 과거가 어떻든 처벌을 면제해줄 만하다.

또한 익명 고발은 어떤 법적 가치도 없는 것으로 처리한다. 그런 것을 인정하면 우리 시대의 정신에 어긋나는 행위가 되기 때문이다."

「사도행전」에서 성 바울이 신자들에게 준 가르침도 소개해두겠다.
"너희의 일상은 서로 욕이나 불평을 하지 말고 싸움도 하지 말고 눈에 띄지 않도록 살아가지 않으면 안 된다. 신의 자식들은 누구나 완전 무결하고 천진무구하기 때문이지만, 사악하고 타락한 이 사회에 비난의 구실을 주지 않기 위해서이기도 하다.

사악하고 타락한 이 사회에서 살고 있어도 너희들만은 어두운 밤에 등불을 받쳐들듯 신의 가르침을 지켜가지 않으면 안 된다."

같은 일신교도라도 로마에 대한 반항을 거듭하고 있던 유대교도와 달리, 기독교도는 서기 70년에 예루살렘이 함락된 뒤 유대교도와는 분명하게 달라져 있었다. 깊고 조용히 잠행하는 방식을 더욱 강화하고 있었던 것이다. 하지만 다신교와 일신교의 차이는 종교보다 문명관의 차이다. 이 차이에 기인하는 로마 제국과 기독교의 대립은 서서히, 그러나 착실히 진행되고 있었다.

사인(私人)으로서 트라야누스

　트라야누스 황제의 사생활은 전혀 언급하지 않느냐는 말을 들을 것 같지만, 사실은 쓸 게 아무것도 없기 때문이다. 기독교도 입장에서 보면 로마 황제야말로 사악하고 타락한 로마 사회의 상징이겠지만, 트라야누스한테서는 사악이나 타락을 털끝만큼도 찾아낼 수 없다. 입신출세한 인물에게는 거기에 빌붙어 단물을 빨아먹는 것밖에 생각지 않는 육친이나 친족이 몰려들게 마련이지만, 트라야누스에게는 그런 사람이 하나도 없다.

　자식을 얻지 못한 트라야누스에게는 다섯 살 위인 누나 마르키아나가 있었다. 남매는 무척 사이가 좋았다. 동생이 황제가 된 뒤에는 누나도 황궁에서 함께 살게 되지만, 신분을 과시하는 일은 전혀 없었다. 주제넘게 나서지 않는 것이다. 생활도 수수해서 집안을 관리하는 것만으로 만족하고 있었다. 누나의 걱정은 동생의 건강뿐이었다. 하지만 트라야누스는 병을 모르는 건강한 체질이어서, 이것도 걱정할 일은 아니었다. 동생은 누나가 죽은 뒤에 신격화하지만, 죽은 뒤라면 신들의 반열에 끼어도 로마인은 전혀 개의치 않는다. 패자의 신들한테까지 '로마 시민권'을 준 결과, 30만이나 되는 신을 갖게 되었기 때문이다. 이것은 기독교 쪽의 속설이지만, 로마에는 기독교의 신도 자기네 신들의 반열에 추가하려는 움직임이 있었다고 한다. 이것은 기독교 쪽의 거부로 실현되지 않았다지만, 거부하는 게 당연하다. 그것을 받아들이면 일신교가 아니기 때문이다.

플로티나

마르키아나

마르키아나한테는 마티디아라는 딸이 하나 있었다. 트라야누스는 열다섯 살 아래인 이 조카를 무척 귀여워했다. 하지만 이 여자도 어머니와 비슷한 성격이라, 연대기 작가에게 화제를 제공하는 타입은 아니었다.

화제가 되지 않았다는 점에서는 트라야누스의 아내 플로티나도 마찬가지였다. 황궁에 동거하고 있던 시누이 모녀와 사이좋게 지냈다는 것만으로도 어질고 현명한 아내지만, 플로티나는 에스파냐 속주의 작은 도시에 불과한 이탈리카에서 자란 마르키아나나 마티디아와 달리, 남프랑스 속주의 주요 도시 님에서 태어나 로마에서 자랐다. 그리스 철학도 화제로 삼을 수 있을 만큼 교양이 있었고, 교양에서는 남편인 트라야누스를 훨씬 능가했다고 한다.

하지만 이 여인도 주제넘게 나서지 않는 여자의 전형이었다. 트라야누스는 아내에게 황후로 번역할 수 있는 '아우구스타'(Augusta)라는 칭호를 주지 않았지만, 거기에 불만을 품은 흔적도 없다. 트라야누스는 누나 마르키아나한테는 비록 죽은 뒤이긴 했지만 '아우구스타'라는 칭호를 주었다.

황제를 둘러싼 세 여인이 이렇게 수수하면, 그녀들을 무시할 수 없는 로마의 상류층 부인들도 수수해지는 게 당연하다. 도미티아누스 시대의 부인들처럼 높이 땋아올린 화려한 머리 모양은 자취를 감추었다.

트라야누스는 누나와 질녀의 남편이나 아내의 친척들에게 전혀 특별 대우를 해주지 않았다. 그가 대부 같은 입장에 있었던 친족인 하드리아누스에게 질녀의 딸인 사비나를 시집보냈지만, 하드리아누스의 출세는 그 자신의 능력이 뛰어났기 때문이지 트라야누스가 특별 대우한 결과는 아니었다. 트라야누스는 남의 청탁을 들어주는 데에는 열심이었지만, 자기 일에서는 공명정대함을 철저히 실천하는 사람이었다.

로마 시대 역사가들이 트라야누스의 결점으로 든 것은 술꾼이라는 것이었다. 하지만 일반 로마인처럼 서녘 하늘에 아직 별이 깜박이고 있을 때 잠자리에서 일어나 온종일 세세한 데까지 두루 마음을 쓰면서 격무를 수행한 다음, 목욕과 마사지를 끝내고 저녁 식탁에 앉아 포도주를 마시는 낙도 없다면 어떻게 살겠는가. 포도주에 물을 타서 마시는 게 습관이었던 그리스인이나 로마인들 사이에서 아무것도 타지 않고 스트레이트로 마시면 술꾼이라는 말을 들었다.

또 한 가지 결점은 저녁식사 때 미청년들을 옆에 앉히기를 좋아했다는 점이다. 하지만 이것을 사악하고 타락한 취향으로 단정할 수 있을까. 노을빛으로 물든 저녁 하늘을 바라보고 나뭇잎이 살랑거리는 소리를 들으면서 하루를 끝내는 것을 최상의 즐거움으로 여기는 폴리니우스 같은 사람도 있다. 트라야누스에게 최상의 즐거움은 미청년들이었다. 그리스 시대의 작품이든 그것을 본떠 만든 로마 시대의 모작이든, 젊은이의 멋진 조각상은 숨막힐 만큼 아름답다. 이런 감정은 동성애가 아니다. 성년이 되기 전의 순수한 아름다움을 사랑했을 뿐이다. 요컨대 아름다운 풍경을 즐기는 것과 마찬가지다. 그 증거로 트라야누스의 '풍경'은 한 사람도 이름이 알려져 있지 않다.

그러나 사생활이 지극히 건전하고 결점도 이 정도밖에 안 되면, 전기작가는 곤란해진다. 그 덕분에 이 '지고의 황제'는 전기가 쓰이는 행운만은 누리지 못했다.

지고의 황제로 칭송받는 것도 칭송받는 쪽에서 보면 쉬운 일이 아니다. 트라야누스는 원로원이 만장일치로 결의안을 채택했는데도 '지고의 황제'라는 칭호를 거부했다. 그런 칭호를 받을 자격이 없다고 생각했기 때문은 아니다. 정말로 그런 칭호를 받을 만하게 되었을 때 받으려고 생각했기 때문이다. 정말로 그런 칭호를 받을 만한 때는 언제일까. 다키아 전쟁에 승리하여 로마 제국의 영토를 최대로 넓힌 트라야누스에게 그것은 과거의 어떤 황제도 실현하지 못한 일을 해냈을 때를 의미했다.

파르티아 문제

로마와 파르티아의 관계는 결국 그리스-로마 문명과 페르시아 문명의 관계다. 페르시아 제국은 알렉산드로스 대왕에게 멸망했지만, 대왕이 죽은 뒤에 생겨난 헬레니즘 국가들은 그리스인이 지배할 수 있었던 지방, 즉 과거의 페르시아 영토에서도 지중해에 가까운 서쪽을 유지하는 데 성공했을 뿐이다. 그리고 그 그리스인들을 자국 안에 끌어안고 있는 것이 로마인이다. 따라서 로마와 파르티아가 본격적으로 접촉하기 시작한 것은 폼페이우스가 헬레니즘 국가들을 제패했을 때였다. 그 후의 경과를 간략하게 정리하면 다음과 같다.

기원전 63년, 폼페이우스는 헬레니즘 국가들 가운데 하나인 시리아의 셀레우코스 왕조를 멸망시켜, 오리엔트 일대에 로마의 패권을 확립한다. 헬레니즘 국가들 가운데 유일하게 남은 이집트는 이미 로마의 속국이 되어 있었다.(제3권 참조)

기원전 54년, 폼페이우스 및 카이사르와 함께 삼두정치의 한 축을 이루었던 크라수스는 당시 최고의 명성을 자랑하는 폼페이우스나 갈리아에서 계속 전과를 올리고 있는 카이사르에게 자극을 받아, 파르티아를 제압하려고 동방 원정에 나선다. 하지만 이 원정은 1년 뒤 무참한 패배로 끝났다. 기병 500기를 거느리고 도강친 카시우스를 제외하고, 총사령관 크라수스를 비롯한 장교들은 모두 전사했다. 원정군 4만 가운데 시리아의 안티오키아까지 도망칠 수 있었던 것은 기병 500기를 포함해도 1만 명이 채 안 된다. 2만 명은 전사하고, 1만 명의 포로는 파르티아 왕국 북동쪽 끝에 있는 메르부로 보내져 그곳에서 죽을 때까지 병역에 종사해야 했다. 메르부는 오늘날의 투르크메니스탄에 있다. 변방으로 유배된 것이나 마찬가지였다.(제4권 참조)

기원전 44년, 폼페이우스를 격파하여 내전을 종식시킨 카이사르는 파르티아 원정을 준비한다. 9년 전의 패배를 설욕하는 것, 그럼으로써 로마의 힘을 중동 지역에 재인식시키는 것, 1만 명의 로마 병사를 구출하는 것이 이 원정의 목적이었다. 하지만 출정을 눈앞에 둔 3월 15일, 브루투스 일당에게 암살당하고 만다.(제5권 참조)

기원전 36년, 카이사르의 양자 옥타비아누스에 맞서 동방으로 세력을 확장하려는 안토니우스와 그의 애인인 이집트 여왕 클레오파트라의 야망이 일치한 결과, 두 번째 파르티아 원정이 이루어진다. 그러나 이번 원정도 역시 실패로 끝났다. 11만 명의 원정군은 8개월의 원정 동안 2만 명의 병사를 잃었다. 파멸적인 패배는 아니었지만, 원정이 실패한 것은 변함이 없다. 카이사르의 후계자가 되려고 한 안토니우스의 야망은 이때 당한 패배의 영향으로 결국 무너지게 된다.(제5권 참조)

기원전 21년, 초대 황제 아우구스투스는, 파르티아 문제를 해결하지 않고는 제국 동방을 안정시킬 수 없다고 생각하여, 제국을 창설한 지 10년도 지나지 않았는데 이 문제 해결에 나선다. 하지만 그는 이 문제를 군사가 아니라 외교로 해결하려고 했다. 그렇다고 해서 단순한 대화로 해결하려고 생각한 것은 아니다. 파르티아와 국경을 맞대고 있는 아르메니아 왕국으로 군대를 보내 동맹조약을 맺은 다음, 그 동맹관계를 무기로 삼아 파르티아를 우호조약 교섭장으로 끌어낸 것이다.

파르티아는 아르메니아가 로마의 패권 아래 들어간 것을 인정하고, 유프라테스강을 로마와 파르티아의 경계로 정하여 상호불가침을 약속하며, 양국간 통상의 자유를 인정하고 존중한다는 것이 조약 내용이었다. 파르티아 쪽은 이 조건을 모두 받아들였다. 교섭은 유프라테스강에 떠 있는 작은 섬에서 이루어졌고, 당시 21세였던 티베리우스가 아우구스투스의 대리인으로 참석하여 조인을 끝냈다.

33년 전 크라수스의 패배와 15년 전 안토니우스의 패배 당시 파르티아에 빼앗겼던 독수리 깃발(로마 군단기)은 모두 반환되었다. 파르티아 병사들이 전리품으로 보관하고 있던 로마 장병들의 갑옷과 무기도 반환되었다. 그러나 포로 송환은 실현되지 않았다. 33년 전에 메르부로 보내진 로마 병사들은 이미 모두 죽었기 때문이다.(제6권 참조)

그 후 로마와 파르티아 사이에는 70여 년 동안이나 평화가 지속된다. 하지만 전형적인 동방의 전제국가인 파르티아 왕국에는 왕위계승을 둘러싼 내분이 끊이지 않았고, 그 내분이 수습되기 어려워지면 당장 대외 강경책으로 나오는 경향이 있었다. 또한 파르티아의 입장에서는 같은 페르시아 문명권인 아르메니아가 다른 문명인 로마 제국에 속해 있는 것을 아무래도 받아들일 수가 없었다.

오래 지속되고 있던 평화가 깨진 것은 네로 황제 시대에 접어든 뒤였다. 공세로 나온 것은 이번에는 파르티아 쪽이었다. 로마는 명장 코르불로를 파견한다.

코르불로는 네로한테 대군의 지휘권과 문제 해결에 대한 백지 위임장까지 부여받았고, 게다가 군사적으로는 계속 이기고 있었지만, 오리엔트의 현실을 직시하는 일도 게을리하지 않는 무장이었다. 그는 국가 형태부터 생활 습관에 이르기까지 로마보다 파르티아에 훨씬 가까운 아르메니아를 로마의 패권 아래 계속 놓아두는 것은 비현실적이라고 판단한다. 코르불로가 제안하고 파르티아 왕이 받아들인 타협책은, 파르티아 왕이 바라는 인물을 아르메니아 왕위에 앉히되 그에게 왕관을 씌워주는 일은 로마 황제가 맡는다는 것이었다. 실리보다 명분을 택한 이 해결책을 네로 황제도 승인한다. 서기 65년, 아르메니아 왕 티리다테스가 로마를 방문하고 네로 황제가 그에게 왕관을 씌워줌으로써 로마와 파르티아 사이에는 다시 평화가 도래했고, 이 평화는 반세기 동안 한 번도 깨지지 않고 지속되었다. 코르불로가 밥상을 차려주었다고는 하지만, 외치에서 보여준 네로의 정치 감각은 상당한 것이었다.(제7권 참조)

　로마와의 우호관계를 파르티아가 얼마나 반기고 있었는지는, 서기 68년부터 70년까지 로마가 내전과 유대 반란 등으로 위기에 직면했을 때에도 파르티아가 그 위기를 틈타지 않았을 뿐 아니라, 원군을 보내주겠다고 로마 쪽에 제의한 사실에도 나타나 있다.(제8권 참조)

　트라야누스가 물려받은 것은 이런 상태의 '파르티아 문제'였다. 원정이라는 군사적 해결에 호소할 필요는 사실상 전혀 없었다. 하지만 오랜 평화는 당사자들을 방심시킨다. 파르티아의 도발 행위가 전혀 없었던 것도 아니다.

　로마인에게 '파르티아 문제'는 언제나 아르메니아 문제에서 파급된다. 그것은 파르티아인이 아르메니아를 자국의 권역에 속해 있는 나라로 자리매김하고, 파르티아 궁정에서도 아르메니아 왕을 파르티아 왕에 버금가는 지위로 여기고 있었기 때문이다. 네로의 평화협정이 장수를 누릴 수 있었던 것은 이 같은 현실에 바탕을 두고 있었기 때문이다. 하지만 파르티아 왕은 전제군주이고, 전제군주가 가장 두려워하는 것은 외적보다 내부의 적, 즉 자신의 왕위를 위협할 가능성이 있는 인물이다. 그런 위험 인물은 명예와 권력과 부에서 파르티아의 2인자라고 해도 좋은 아르메니아 왕으로 삼아서 멀리 보내버리면, 파르티아 왕의 지위도 평안무사할 터였다.

아르메니아 왕 티리다테스는 로마의 명장 코르불로에게 심취했고, 로마를 방문한 뒤에는 네로 황제를 형으로 생각했으며, 네로가 기술단을 파견하여 아르메니아의 수도 재건을 도와주자 감사의 표시로 수도를 네로폴리스로 개명하는 등, 대단한 로마 동조자가 되어 있었다. 그가 언제 사망했는지는 분명치 않지만, 파르티아 왕가에서 태어난 티리다테스는 서기 37년생인 네로보다 몇 살 아래였다고 한다. 그는 장수를 누렸고 오랫동안 왕위에 앉아 있었다는 기록이 남아 있으니까, 네로보다 서너 살 아래였다면 트라야누스가 즉위한 98년에는 아직 건재했다는 이야기가 된다. 그리고 그 무렵 파르티아 왕은 볼로게세스에서 파코루스로 바뀌어 있었다. 파코루스 왕은 티리다테스가 죽자마자 아르메니아 왕위에 제 아들인 악시달레스를 앉힌다. 이때도 네로와의 협정은 지켜졌다니까, 시리아 속주 총독이 황제를 대신하여 아르메니아 왕에게 왕관을 씌워주었을 것이다.

그런데 서기 110년에 파코루스가 죽었다. 파르티아 왕위를 물려받은 것은 파코루스의 동생 오스로에스였다. 즉위한 지 2년도 지나기 전에 오스로에스는 조카인 악시달레스를 무능하다는 이유로 폐위시키고 그의 동생인 파르타마실리스를 아르메니아 왕으로 임명했다. 아르메니아 왕위를 둘러싸고 형제끼리 두 파로 나뉘어 싸움이 일어났다. 파르타마실리스가 파르티아 군대의 지원을 받아 아르메니아로 쳐들어가자, 악시달레스 왕은 로마 황제에게 도움을 청했다.

로마와 아르메니아는 동맹관계에 있다. 동맹자의 한쪽이 도움을 청하면 다른 한쪽은 거기에 응할 의무가 있다. 또한 로마의 입장에서 보면 황제한테 한마디 의논도 하지 않고 아르메니아 왕을 갈아치운 것은 평화협정에 위배되는 행위이기도 했다. 파르티아 왕의 방식이 로마 황제의 체면을 손상시킨 것은 분명하다. 하지만 파르티아가 로마를 직접 공격해온 것은 아니다. 게다가 동생의 공격을 받은 아르메니아 왕 악시달레스는 백성의 지지 덕분에 뜻밖에도 선전하고 있었다. 굳이 원군을 파견한다면, 아르메니아와 국경을 맞대고 있는 카파도키아의 2개 군단으로도 충분했을 것이다.

그러나 트라야누스는 이번 사태를 파르티아 문제를 근본적으로 해결할 수 있는 절호의 기회로 판단한다. 그가 생각하는 근본적 해결이란 군사력으로 파르티아를 쳐부수는 것이었다. 어쨌든 장애물에 부닥치면 우회하는 것은 생각지도 않고 정면 돌파를 감행하는 사람이다. 45세에 로마 황제가 된 트라야누스도 어느덧 환갑을 맞이하고 있었다.

파르티아 원정

서기 113년 10월 27일, 트라야누스라면 틀림없이 성공할 거라는 로마 시민과 원로원의 기대를 한 몸에 받으며 황제는 로마를 떠났다. 그를 수행한 장수들의 면면은, 한 사람이 빠진 것만 빼고는 다키아 전쟁 당시와 똑같았다. 트라야누스는 자신보다 한 세대 젊은 이 장수들을 거느리고, 다키아 전쟁의 승리에 또 한 번의 승전을 보탤 작정이었다. 그러나 파르티아 원정의 참모본부에서 빠진 한 사람은 단순한 한 사람이 아니었다.

트라야누스와 같은 고향 출신이고 동년배에다 근무지도 거의 같고, 그래서 친구이자 오른팔이었던 리키니우스 술라. 그는 다키아 전쟁이 끝난 직후에 세상을 떠났다. 그가 죽은 뒤에는 트라야누스에게 직언해줄 측근이 없어졌지만, 그래도 지금까지는 트라야누스의 자기통제력이 그 결함을 보완해주었다. 연구자들 중에는 술라가 살아 있었다면 트라야누스가 파르티아 원정을 결행하지 않았을 거라고 주장하는 사람도 있다. 트라야누스에게 심취해 있는 유능한 장수는 얼마든지 있었다. 하지만 누군가에게 심취해 있는 사람은 종종 그 누군가보다 더 과격해지는 법이다. 그리고 트라야누스는 이들을 별로 신뢰하지 않았다. 이것도 성공한 사람에게 흔히 일어나는 현상이다.

장수들은 다키아 전쟁 당시와 똑같았지만, 전쟁터가 도나우강에서 유프라테스강으로 바뀌는 이상 그들의 휘하에서 싸우는 군단도 당연히 달라진다. 하지만 군단을 새로 편성할 필요는 없었다. 카파도키아의 2개 군단, 시리아의 3개 군단, 유대의 1개 군단, 로마인들이 아라비아라고 부른 오늘날의 요르단에 주둔해 있는 1개 군단, 이것만으로도 7개 군단이 된다. 이집트의 2개 군단까지 소집하면 주전력만 해도 9개 군단, 5만 4천 명이다. 로마군에는 보조병이나 특수 기능을 가진 병력이 딸려 있는 게 보통이니까, 파르티아 원정에 투입된 병력은 통틀어 10만 명이나 된다. 전선기지는 시리아 속주의 도읍인 안티오키아다. 로마 제국은 평화가 오랫동안 지속되어도 방위에서는 언제나 임전태세에 있는 나라였으니까, 전략 요충마다 설치된 요새 설비며 군량 보급 등 모든 것이 만반의 태세를 갖추고 있었다. 제국의 동맥이라 해도 좋은 가도망도 기능을 충분히 발휘할 수 있도록 정비된 상태였다. 흑해에서 시리아를 거쳐 홍해에 이르는 제국의 방위선은 이미 완성되어 기능을 발휘하고 있었다. 1로마마일마다 세워진 이정표에는 건설 연도가 새겨져 있는데, 20세기에 발굴된 이정표는 모두 파르티아 전쟁 이전의 연도를 보여주고 있다.

요컨대 트라야누스가 마음만 먹으면 언제든지 흑해와 홍해를 잇는 방위선을 넘어 동쪽으로 쳐들어가 파르티아와 전쟁을 벌일 수 있는 상태에 있었다.

가을 햇살 속에서 로마를 떠나 아피아 가도를 남하하여 베네벤토에 이른 뒤, 자신이 확장한 아피아-트라야나 가도를 따라 브린디시로 향하는 트라야누스는 이번에는 여자를 대동하고 있었다. 아내인 플로티나만이 아니라 플로티나와 비슷한 나이였던 생질녀 마티디아까지 데려간 것이다. 고관들이 임지에 아내를 데려가는 것은 로마 제국에서도 흔히 볼 수 있는 현상이 되어 있었지만, 그것은 평화롭고 안정된 속주에 부임할 때뿐이었고(소플리니우스도 비티니아 속주에 부임할 때 아내를 동반했다), 전쟁터에 여자를 데려가는 것은 처음이었다.

폼페이우스도 동방 일대를 제패하러 갈 때 아내를 데려가지 않았다. 카이사르도 갈리아 원정이 계속된 8년 동안 독신으로 지냈지만, 그것은 이혼해서 아내가 없었기 때문이기도 하다. 하지만 설령 아내가 있었다 해도 동반하지는 않았을 것이다. 전쟁터에 아내를 데려가는 것은, 로마의 장수에게는 새삼 생각해볼 필요도 없는 일이었다. 클레오파트라가 안토니우스와 동행했다는 이유만으로 안토니우스 휘하의 병사들은 분개했다.

트라야누스는 아내와 생질녀를 안티오키아에 남겨두고 파르티아에는 데려가지 않을 테니까 걱정없다고 생각했는지도 모른다. 하지만 오리엔트의 도시들 중에서 이집트의 알렉산드리아와 수위를 다투는 대도시 안티오키아도 전쟁이 시작되면 전선기지로 바뀐다. 일반 시민이나 원로원 의원들은 아무리 상대가 파르티아라 해도 트라야누스라면 반드시 이길 거라고 믿어 의심치 않았지만, 그 누구보다도 승리를 확신한 것은 트라야누스 자신이 아니었을까.

브린디시에서 배를 타고 아드리아해를 건너 그리스 땅에 상륙한다. 가는 길에 들른 아테네에는 파르티아 왕 오스로에스의 사절이 기다리고 있었다.

	사절은 오스로에스를 대신하여, 파르타마실리스를 아르메니아 왕위에 앉히는 데 대한 허가를 트라야누스에게 요청했다. 트라야누스는 들은 체도 하지 않았다. 동쪽으로의 여행은 계속되었다. 그리스에서 소아시아로 건너간 황제 일행이 소아시아 남안을 지나 시리아의 안티오키아에 도착했을 때는 서기 113년도 저물어가고 있었다.

	사실은 아테네에서 교섭이 결렬된 것을 안 파르티아 왕이 안티오키아를 공격해왔다. 하지만 이것은 몽니를 부리는 정도의 공격이었기 때문에, 트라야누스가 접근하고 있다는 소식이 전해지자마자 파르티아군은 재빨리 철수했다.

	시리아 속주의 도읍이고 파르티아 전쟁의 전선기지가 된 안티오키아에서 원정에 적합한 봄이 오기를 기다리는 동안, 트라야누스는 병력을 점검하는 일로 시간을 보낸다. 원정군을 선발하는 일이지만, 상세한 내용은 알려져 있지 않다. 파르티아 전쟁을 기록한 동시대인의 문헌이 없는데다, 다키아 전쟁을 부조로 기록한 '원기둥' 같은 것도 없다. 따라서 카시우스 디오가 100년 뒤에 쓴 역사책을 추적 조사하는 것도 불가능하다. 그래도 끈질기게 기록을 주워모은 연구자들에 따르면, 트라야누스는 카파도키아의 2개 군단, 시리아의 3개 군단, 유대의 1개 군단, 요르단의 1개 군단, 모두 합해서 7개 군단을 원정에 데려가기로 결정한 모양이다. 다만 군단을 통째로 데려간 것은 아니다. 각 기지의 방위 병력으로 2개 대대는 남겨둘 필요가 있었기 때문이다. 그렇다면 7 곱하기 6천 명이 아니라 7 곱하기 5천 명 정도가 된다. 주전력인 군단병만 3만 5천 명인 셈이다.

이 정도로는 부족하다고 생각했는지, 트라야누스는 가까운 이집트에서 군단을 소집하지 않고, 라인강 방위선의 1개 군단과 도나우강 방위선의 3개 군단을 유프라테스 전선으로 이동시켰다. 그것은 아마 두 가지 이유 때문일 것이다. 첫째, 군단병이 되려면 로마 시민권을 갖고 있어야 하지만, 동방에 주둔해 있는 군단은 로마의 개국노선에 따라 오리엔트 출신이 다수를 차지하게 되었다. 그런 군단만 거느리고 원정에 나설 마음은 나지 않았을 것이다. 둘째, 뭐니뭐니 해도 다키아 전쟁 당시 그가 직접 지휘한 경험이 있는 병사들을 신뢰할 수 있었기 때문이다.

이 경우에도 각 기지의 방위를 위해 2개 대대는 남겨둘 필요가 있으니까, 1개 군단에서 5천 명씩, 2만 명의 병력이 유프라테스 전선에 동원되었을 것이다. 그러면 주전력만 5만 5천 명이 된다. 여기에 보조전력을 합하면 10만 명. 파르티아는 다키아보다 훨씬 대국인데, 무엇 때문인지 트라야누스는 다키아 전쟁 때보다 적은 병력으로 원정을 감행하기로 결정한 것이다.

서기 114년 봄, 트라야누스는 38세의 하드리아누스에게 안티오키아 방위를 맡기고 이곳을 떠난다. 다키아 전쟁 당시의 장수들이 그를 수행했다. 우선 제12군단이 주둔하고 있는 멜리테네(오늘날 터키의 말라티아)로 행군한다. 아르메니아 영토를 눈앞에 두고 있는 이곳은 베스파시아누스 황제가 건설한 최전방 기지로, 유프라테스강 상류에 있었다.

멜리테네에서 로마 가도를 통해 계속 북상하여 사탈라(오늘날 터키의 케르키트)에 이른다. 이곳도 제15군단의 기지다. 여기서 도나우 방면에서 이동해온 군단의 선발대와 합류했다.

트라야누스는 주변 국가의 왕과 족장들을 이곳으로 소집했다. 로마는 다국적군으로 전쟁을 치르는 게 보통이다. 이런 작은 군주국이나 호족을 참전시키는 것 자체가 그들의 거주지에도 로마의 패권이 미치

트라야누스가 파르티아를 원정했을 당시의 중동

고 있다는 증거였기 때문이다. 모두 로마 황제의 소집에 응했지만, 아르메니아 왕 파르타마실리스만은 모습을 보이지 않았다.

트라야누스는 전군에 명을 내려 에레게이아(오늘날 터키의 에르주룸)로 진군할 것을 지시했다. 에레게이아는 로마 제국과 아르메니아 왕국의 접경 동쪽에 자리 잡고 있다. 아르메니아 영토 안으로 진격이 시작된 것이다. 파르타마실리스는 에레게이아에서 트라야누스를 기다리고 있었다.

파르타마실리스는 변명했다. 소집에 응하지 않은 것은 사탈라로 가는 도중에 악시달레스 군대의 방해를 받았기 때문이다. 아르메니아의 전왕(前王) 악시달레스는 무능해서 폐위되었으며, 같은 파르티아 왕족인 자기가 대신 왕위에 앉는 것은 왕관을 씌워줄 권리만 로마 황제에게 있다는 네로 황제와의 협정에 위배되지 않는다. 그리고 트라야누스가 왕관을 씌워주는 데 대해서는 전혀 이의가 없다…….

이렇게 말한 다음, 파르타마실리스는 쓰고 있던 왕관을 벗어서 트라야누스의 발치에 내려놓았다.

트라야누스는 대답했다. 네로와 맺은 협정에는 로마 황제한테 의논도 하지 않고 파르티아 왕이 멋대로 아르메니아 왕을 결정해도 좋다는 말은 한마디도 적혀 있지 않다고. 그러고는 파르타마실리스와 수행원들에게 물러가라고 말했다.

파르타마실리스 일행은 로마군 숙영지에서 조금 떨어진 곳까지 왔을 때 몰살당했다.

이 보고를 받자마자 트라야누스는 카파도키아와 아르메니아를 통합하여 1개 속주로 삼는다고 발표했다. 새 속주의 총독에는 집정관을 지낸 카틸리우스 세베루스를 임명한다. 트라야누스는 전왕 악시달레스에게 왕위를 돌려주지 않았다. 그리고 파르타마실리스가 살해된 지금, 로마도 파르티아도 가면을 벗어 던지고 정면 대결에 돌입하게 된다.

트라야누스의 명령을 받은 장수들은 각자 맡은 병력을 이끌고 아르메니아 전역으로 흩어졌다. 누가 더 많은 공을 세우는지 서로 경쟁하는 것 같았다. 그중에서도 특히 루시우스 퀴에투스가 이끄는 기병대의 활약은 눈부셨다. 그들은 역사적으로 로마 세력권의 경계가 되어 있었던 유프라테스강을 떠나 티그리스강 상류까지 진격한다. 그해 여름에는 벌써 이 일대의 주요 도시인 니시비스(오늘날의 누사이빈)가 함락되었다. 메소포타미아 북부(오늘날 터키·시리아·이라크의 접경 지역)는 모두 로마군의 수중에 들어가게 된다. 그것도 본격적인 회전 한 번 치르지 않고 제패한 것이다.

승전보를 접한 수도 로마 시민들은 열광한다. 트라야누스는 그동안 사양했던 '지고의 황제' 존칭을 받겠다고 원로원에 통보했다.

그러나 짧은 가을과 길고 혹독한 겨울이 다가오고 있었다. 장병들에게는 충분한 휴식이 필요했다. 트라야누스도 안티오키아로 돌아가지 않고 병사들과 함께 전쟁터에서 겨울을 났다.

전쟁 2년째인 서기 115년 봄부터 가을까지 로마군은 동쪽과 남쪽으로 제패의 고리를 넓혔다. 트라야누스 자신도 티그리스강까지 이르렀다. 그리고 제패가 끝난 메소포타미아 전역을 로마의 속주로 삼는다고 발표했다.

이 경계선이 정착되면, 로마 제국의 동쪽 국경은 흑해에서 시리아를 지나 홍해에 이르는 선이 아니라, 카스피해에서 아르메니아와 메소포타미아를 거쳐 홍해의 출구인 아라비아 반도에 이르는 선이 된다. 트라야누스는 이것을 염두에 두고 있었을까. 아니면 패권을 더욱 넓혀서 파르티아 왕국까지 정복하여 인도와 직접 국경을 맞대는 것까지 꿈꾸고 있었을까. 몇 년 전 인도 사절이 로마를 방문하여 트라야누스와 회견했다는 기록이 있다. 중국 사절도 로마를 방문했다고 주장하는 연구자도 있다. 어쨌든 115년 말에는 원로원이 승리를 기뻐한 나머지, 성급하게도 '파르티쿠스'(Parthicus, 파르티아를 제패한 자)라는 존칭을 트라야누스에게 선사하기로 결의했다.

트라야누스도 전과에 만족했는지, 그해 겨울에는 안티오키아로 돌아갔다. 그런데 트라야누스가 머물고 있던 안티오키아를 지진이 덮쳤다. 황제도 가벼운 상처를 입었다. 트라야누스는 미신 따위를 믿지 않는 남자였지만, 병사들 중에는 이 사태를 흉조로 받아들인 사람이 적지 않았다.

일찍이 아시리아와 바빌로니아가 번성했던 지방의 완전 제패를 목표로 내건 서기 116년, 봄이 오기를 기다려 안티오키아를 떠난 트라야누스는 남하해온 군대를 이끌고 우선 동쪽으로 진군하여 티그리스강에 이른다. 여기서 강을 따라 남하하여 파르티아 왕국의 수도인 크테시폰으로 향한다. 이 루트는 알렉산드로스 대왕의 동방 원정로와 같지만, 대왕을 본받고 싶어서 이 길을 택한 것은 아니다. 선인(先人)들, 특히 알렉산드로스처럼 뛰어난 전략적 안목을 가진 인물이 대규모 행군에 적합한 길로 개척한 루트는 누구나 답습할 수 있다. 고대의 항구가 오늘날에도 항구로 활용되는 것과 같은 이치다. 물론 450년 전에 알렉산드로스 대왕이 지나간 길을 그대로 따라간다는 생각은 병사들의 사기를 높이는 데에도 효과적이었다.

파르티아 왕국의 수도 크테시폰(오늘날 이라크의 수도 바그다드 근처) 공략전은 문헌 사료조차 없는 상태여서 그 경과를 전혀 알 수 없지만, 별 어려움 없이 함락시킨 모양이다. 유프라테스강을 따라 배로 운반되어 온 로마식 공성기가 처음으로 위력을 발휘했다.

파르티아 왕 오스로에스는 수도가 함락되기 전에 도망쳤다. 로마군이 손에 넣은 것은 황금 옥좌와 공주 한 명이다. 병사들이 수도를 완전히 제압하는 동안, 트라야누스는 참모들을 거느리고 크테시폰에서 멀지 않은 고도(古都) 바빌론을 방문했다. 그러고는 이렇게 말했다고 한다. "내가 젊었다면 인도까지 진격했을 텐데."

파르티아의 수도가 함락되었다는 소식에, 근엄한 태도를 좀처럼 흐트리지 않는 원로원 의원들도 벌떡 일어나 환호하며, 트라야누스 황제는 마음대로 개선식을 거행해도 좋다는 결의안을 만장일치로 통과시켰다.

한편 알렉산드로스가 동방을 원정했을 때보다 세 배나 나이가 많은 트라야누스는 동쪽으로 가는 대신 남쪽으로는 내려갔다. 티그리스와 유프라테스강이 흘러드는 페르시아만에 족적을 남긴 것이다.

로마 황제들 가운데 이곳까지 발을 들여놓은 사람은 이제껏 아무도 없었다. 황제는커녕 군단장급도 없었다. 페르시아만이 로마의 패권 아래 놓이게 되면, 오리엔트와 서방을 잇는 통상로인 흑해와 페르시아만과 홍해는 모두 로마의 수중에 들어가게 된다. 그렇게 되면 동방과 서방의 중개 역할을 맡았던 파르티아의 중요성은 크게 줄어든다.

로마가 파르티아 문제를 쉽사리 해결하지 못한 이유 중 하나는, 시리아의 안티오키아와 이집트의 알렉산드리아를 양대 축으로 삼고 있는 로마 제국의 동방 일대가 오리엔트 물산의 중개역인 파르티아와 경제적으로 밀접한 관계에 있었기 때문이다. 따라서 제국의 동방을 지키는 유프라테스 방위선에 '리메스'(방벽)를 높이 둘러칠 수가 없다. 즉, '열린 국경'으로 남겨둘 수밖에 없었다. 제국 동방의 경제적 안정이 확보되어야만 서방을 포함한 로마 제국 전체도 평안할 수 있기 때문이다.

그런데 파르티아 왕국이 지상에서 사라져준다면—하다못해 페르시아만 동쪽으로 쫓겨나 약소국이 되어준다면—로마 제국 동방의 경제를 짊어지고 있는 그리스계 주민들은 알렉산드로스 대왕의 동방 원정에 용기를 얻은 선조들처럼 활동 범위를 계속 동쪽으로 넓혀갈 것이다. 지금도 파르티아 국내에는 징검돌처럼 그리스계 도시들이 흩어져 있는데, 그것도 알렉산드로스가 남겨두고 간 선물이다. 로마와 파르티아를 가로막고 있는 유프라테스강이라는 경계를 치워버리면, 같은 그리스계니까 쉽게 공존공영할 수 있을 것이다.

트라야누스가 왜 파르티아 전쟁을 결행했는지는, 거기에 바싹 다가갈 수 있는 사료가 하나도 남아 있지 않기 때문에 상상할 수밖에 없다. 그가 만약에 알렉산드로스 대왕을 의식하고 있었다면, 파르티아 전쟁을 결행한 것은 미지의 땅에 대한 호기심이나 끝없는 영토욕이 아니라, 알렉산드로스의 동방 원정이 남긴 유산—동방과 서방 사이에 인적·물적 교류의 촉진—에 매력을 느꼈기 때문이 아닐까. 게다가 알렉산드로스 시절의 서방과는 달리, 로마 제국 시대의 서방은 교류할 만한 사람과 물자를 많이 생산하고 있었다. 이런 교류를 현실화하는 데 성공하면, 그때야말로 트라야누스는 명실공히 '지고의 황제'가 되었을 것이다.

하지만 결론부터 말하면, 그것은 결국 꿈으로 끝날 수밖에 없었다.

파르티아 왕국은 전제군주국으로 알려져 있지만, 강력한 권한을 가진 군주 밑에 관료기구가 정비되어 일사불란하게 국가 운영이 이루어지는 형태의 왕국은 아니다. 각처에 할거하는 호족들을 왕이 통합하는 형태로 국가가 성립되어 있다. 그래서 왕실이 후계자 문제로 내분에 빠지면, 각지의 토호들 사이에도 누구를 지지하느냐를 놓고 다툼이 벌어지는 결함을 안고 있었다. 같은 페르시아계 국가라 해도, 알렉산드로스가 쳐들어갔을 당시의 페르시아 제국과는 다른 형태의 국가였다.

하지만 외적이 쳐들어왔을 경우에는 이런 형태의 국가가 더 유리했던 것 같다. 각지의 토호들은 정복당하면 직접적인 피해자가 되기 때문이다. 과거의 로마는 정복한 땅의 유력자들을 그대로 놓아두고, 정복자의 가문 이름까지 주면서 통치기구의 일원으로 끌어들였다. 그러나 민족 말살로 끝난 다키아 전쟁의 전후 처리는 파르티아의 토호들에게 달콤한 꿈을 꾸는 것을 허락하지 않았다.

각지의 토호들이 저마다 보유한 병력을 이끌고 도망 중인 국왕 밑에 집결하여 로마에 대항했다면, 트라야누스도 훨씬 대처하기가 쉬웠을 것이다. 이렇게 되면 페르시아의 다리우스 3세가 처음에는 15만 명, 다음에는 30만 명이라는 대군을 집결하여 알렉산드로스와 맞서 싸운 것과 똑같은 형태가 된다. 트라야누스는 비록 알렉산드로스 같은 천재형 무인은 아니었지만, 그가 이끌고 있는 병력은 넓은 전쟁터를 무대로 전술을 구사하는 회전 타입의 전투에서는 뛰어난 기량을 발휘하는 로마 군단이었다.

페르시아만에 도달한 것으로 만족했는지, 트라야누스는 안티오키아로 돌아가 겨울을 나기로 결정한다. 유프라테스강을 중류까지 거슬러 올라간 다음, 거기서부터는 로마 가도를 따라 서쪽의 안티오키아로 돌아갔다. 그런데 그가 안티오키아에 도착하자마자, 이를 신호로 삼기라도 한 것처럼 메소포타미아 전역이 일제히 봉기했다.

도망 중이던 오스로에스 왕과 연락을 취한 뒤에 봉기했는지 어떤지는 알 수 없다. 토호들이 서로 짜고 봉기한 것인지도 확실하지 않다. 어쨌든 제패한 땅에 남아 있던 로마군에 대해 파르티아 진영은 게릴라 전법으로 맞섰다. 파르티아 왕국이 존망의 위기에 빠졌기 때문이라기보다 토호들 자신이 저마다 존망의 위기에 빠졌다고 느끼고 봉기한 것이다.

정규군은 싸움에 이기지 않으면 지지만, 게릴라는 이기지 않아도 지지 않는다. 로마군은 제패한 뒤 요새화한 도시에 갇힌 채 꼼짝할 수 없게 되어버렸다. 군단장이 게릴라의 유도작전에 말려들어 전사하는 피해까지 입었다. 안티오키아의 트라야누스에게 들어오는 보고서들은 모두 메소포타미아 전역이 봉기의 불바다로 변한 것을 보여주고 있었다.

이듬해 봄까지 기다렸다가 대공세로 나가면 불을 끌 수는 있었을 것이다. 하지만 불을 끈 뒤에는 어떻게 할 것인가. 군사력으로 계속 제압하려면 파르티아 전쟁에 투입한 11개 군단을 메소포타미아 땅에 못 박아둘 필요가 있다. 그러나 로마 제국의 방위선은 동방만이 아니다. 메소포타미아 제패에 필요한 이 값비싼 대가를 제국이 감당할 수 있을까.

안티오키아의 총독 관저에서는 아마 격렬한 논쟁이 벌어졌을 것이다. 다키아 전쟁과 파르티아 전쟁을 트라야누스 휘하에서 치른 장수들은 로마 제국의 명예를 위해 대반격을 결행해야 한다고 주장한 모양이지만, 트라야누스가 무슨 생각을 하고 있었는지는 알 수 없다. 알려져 있는 것은 그때까지 병이라고는 몰랐던 황제가 병에 걸려 쓰러졌다는 것뿐이다. 게다가 63세가 된 트라야누스의 걱정거리는 파르티아만이 아니었다.

트라야누스가 이끄는 로마군이 메소포타미아 북부를 제패하고 있던 서기 115년, 유대 지방에서 유대인들이 반란을 일으켰다. 원인은 언제나 그렇듯이 그리스계 주민과의 대립이었다. 그리고 언제나 그렇듯이 이웃인 그리스인에 대한 증오가 패권자인 로마에 대한 증오로 바뀌었다. 그리스인도 경제의 달인이지만, 유대인도 그에 못지않은 경제의 달인이다. 따라서 양쪽의 이해관계가 일치하기는 어렵고, 그것이 민족감정을 격화시키기 쉽다. 또한 로마인과의 공존을 받아들인 그리스인과 달리 유대인, 특히 일신교를 신봉하는 유대교도는 공존을 거부하고 독립할 기회만 노리고 있었다. 로마가 파르티아에 전념하고 있는 이때야말로 반란을 일으킬 좋은 기회라고 판단한 것이다.

그러나 유대는 로마 제국 안의 속주다. 로마인들에게 속주민의 반란은 단순한 반란이 아니라 배후에서 등을 찌르는 배신행위로 보였다. 사실이 그렇기도 했지만.

또한 그리스인이 교역의 민족이라면, 유대인도 통상의 민족이다. 유프라테스강 서쪽과 동쪽의 그리스인 사이에 연락이 있었으니까, 로마 영토 안의 유대인과 파르티아 영토 안에 사는 유대인 사이에도 당연히 연락이 있었다. 그래서 로마는 파르티아가 유대 반란을 배후 조종하고 있다고 믿었다. 실제로 메소포타미아 도시들의 유대인 거주구역이 게릴라 전법으로 로마군과 맞서는 파르티아인의 후방 지원을 맡고 있었다고 주장하는 연구자도 있다.

유대 땅에서 일어난 반란의 불길은 이집트로, 키레나이카로, 키프로스섬으로 번져가고 있었다. 반란을 일으킨 유대인은 로마 군단기지는 습격하지 않는다. 습격의 창끝은 그리스계 주민의 상점이나 농장으로 돌려진다. 휘하에 2개 군단을 두고도 신속하게 대응하지 않아서 반란을 확대시킨 이집트 속주 장관은 해임되고, 대신 파견된 젊은 무장 투르보의 활약과 그리스계 주민의 협력으로 이집트와 키레나이카의 반란은 진압되었다. 하지만 키프로스섬에서는 유대인이 아닌 사람이 눈에 띄기만 하면 닥치는 대로 죽여버리고, 로마 시민권을 가진 사람들은 원형경기장에 가두어놓고 마구 학살할 만큼 반란의 불길이 활활 타오르고 있었다. 이곳의 반란은 파르티아 전쟁에 참전한 제7군단을 보낸 뒤에야 겨우 진압할 수 있었다. 살아남은 유대인은 추방되었다. 이 키프로스에는 그 후 유대인이 들어가는 것조차 금지되었다. 이 금지령을 어기면 사형이었다.

반란을 진압하는 데에는 일단 성공했지만, 불길이 완전히 진화된 것은 아니었다. 여기저기서 남은 불씨가 연기를 내고 있었다. 파르티아의 서부 일대에 퍼진 게릴라를 완전히 제압해야 할 117년의 봄이 찾아왔는데도, 트라야누스는 동쪽으로 가지 않았다. 그해 7월 말에 안티오키아를 떠나긴 했지만, 행선지는 로마였다. 아내 플로티나와 생질녀 마티디아가 중병에 걸린 황제 곁에서 시중을 들었다. 황제를 태운 배는 서쪽을 향해 떠났다. 파르티아 원정군 총사령관에는 하드리아누스가 임명되었다.

죽음

그러나 서쪽으로 가는 항해도 길지는 않았다. 소아시아 남해안을 항해하는 동안 트라야누스의 병세가 급변했다. 가까운 셀리누스(오늘날의 가지파샤) 항구에 배를 대고, 거기서 병세가 호전되기를 기다리기로 했다. 하지만 효과가 없었다. 서기 117년 8월 9일, 트라야누스 황제는 눈을 감았다. 64세 생일을 한 달 남짓 앞두고 20년간에 걸친 치세를 끝낸 것이다. 그는 눈을 감기 직전에 하드리아누스를 후계자로 지명했다.

간소한 화장이 끝난 뒤, 아내 플로티나와 생질녀 마티디아와 근위대장 아티아누스가 유골을 안고 로마로 여행을 계속했다. 대망을 가슴에 품고 동방으로 떠난 뒤 4년 세월이 지났다. 귀국한 황제를 로마 시민과 원로원은 장례식이 아니라 개선식으로 맞이했다. 네 필의 백마가 끄는 전차 위에 안치된 것은 유골을 담은 항아리였다. 죽은 사람을 주인공으로 한 개선식은 869년의 로마 역사상 처음이었다.

평판이 좋았던 황제인 만큼, 트라야누스의 초상은 1900년이 지난 오늘날에도 많이 남아 있다. 그중 하나 앞에 서서 나는 자연스럽게 이런 말을 하고 있었다.

"당신은 왜 그렇게 맹렬히 애를 썼습니까?"

물론 대리석상이 대답할 리는 없다. 그래서 대답은 질문한 내가 대신하지만, 이런 것을 학문적으로 바꿔 말하면 가설이 된다. 사전에 따르면 가설은 어떤 현상을 합리적으로 설명하기 위한 가정이라고 풀이되어 있지만, 요컨대 상상이다. 사실에 바탕을 두지 않고도 할 수 있는 공상이 아니라, 여러 가지 사실을 토대로 한 상상이다. 그래서 나는 트라야누스의 속마음을 짐작하여 이렇게 말한다.

"내가 남들보다 훨씬 노력한 까닭은, 속주 출신으로는 최초의 황제였기 때문이오."

흔히 있지 않은가. 여자로는 처음이니까, 또는 동양인으로는 처음이니까 남들보다 훨씬 노력하는 사람들이.

어쨌거나 트라야누스는 진심으로 성실하게 황제의 책무를 수행하며 20년 동안 로마 제국을 다스렸다.

제2부
하드리아누스 황제
[재위: 서기 117년 8월 9일~138년 7월 10일]

소년 시절

푸블리우스 아일리우스 하드리아누스(Publius Aelius Hadrianus)는 서기 76년 1월 24일, 고대에는 히스파니아라고 불린 이베리아반도 남부의 이탈리카에서 태어났다. 같은 도시 태생인 트라야누스보다 스물세 살 아래다. 기원전 3세기 말의 제2차 포에니 전쟁 시대에 스키피오 아프리카누스가 퇴역병을 이주시켜 세운 것이 이탈리카니까, 이탈리카 태생 로마인의 기원은 모두 본국 이탈리아라고 생각해도 좋지만, 트라야누스의 조상이 이탈리아 어디 출신인지는 알 수 없는 반면 하드리아누스의 조상은 알려져 있다. 아드리아해와 가까운 중부 이탈리아의 작은 도시 하드리아다. 아드리아해라는 이름은 이곳 하드리아에서 유래했다고 한다.

로마 사회의 지도층인 원로원 계급에 속하게 된 시기도 트라야누스는 아버지 대부터였지만, 하드리아누스는 그보다 훨씬 이르다. 기원전 1세기 중엽에 원로원파와의 항쟁에서 이긴 율리우스 카이사르는 속주 출신 인재들을 적극적으로 등용했는데, 하드리아누스의 조상도 그때 카이사르 덕분에 원로원에 들어갔다. 하지만 그 후에는 역사에서 모습을 감춘다. 인재가 없었는지도 모른다. 하드리아누스의 아버지도 법무관으로 출세를 끝냈지만, 그것은 집정관 자격 연령에 이르기 전에 죽었기 때문이기도 할 것이다.

어쨌거나 서기 1세기에는 오랫동안 무명이었던 트라야누스 가문이 하드리아누스 가문보다 우위에 서게 되었다. 하드리아누스의 아버지는 베스파시아누스 황제 시대에 귀족의 반열에 오르게 되는데, 이것도 베스파시아누스 밑에서 공을 세운 트라야누스의 아버지가 천거한 덕분이라고 한다. 나중에 황제가 된 트라야누스는 하드리아누스의 아버지에게 외사촌동생이었으니까, 조카가 외삼촌의 연줄로 원로원 의원

중에서도 상위 귀족이 될 수 있었던 셈이다.

하드리아누스의 아버지는 카디스 태생인 파울리나와 결혼하여, 어머니의 이름을 물려받은 딸과 아들 푸블리우스를 낳았다. 파울리나는 양갓집 규수이긴 했겠지만, 이탈리카에서 100킬로미터도 떨어지지 않은 같은 베티카 속주의 도시 태생에 불과하다. 딸 파울리나도 역시 같은 속주 출신인 세르비아누스에게 출가하게 된다.

하드리아누스는 원로원 계급 중에서도 상위 귀족의 아들이었지만, 로마 제국에서는 그런 사람이라 해도 특별한 환경에서 자라는 것은 아니다. 하드리아누스도 열 살 때까지는 에스파냐 남부의 시골 아이로 자랐다. 하지만 열 살 때 아버지가 사망했다. 아버지가 아들의 후견인을 지명해놓고 죽은 것은 갑작스러운 죽음이 아니었다는 증거다.

후견인으로 지명된 것은 두 사람이다. 하나는 트라야누스, 또 하나는 아킬리우스 아티아누스다.

당시 트라야누스는 33세. 군단에 근무하는 대대장에 불과했고, 그로부터 12년 뒤에 황제가 되리라고는 아무도 생각지 않은 존재였다. 하드리아누스의 아버지도 트라야누스가 동향인이고 외사촌동생이니까 어린 아들의 장래를 부탁했던 것이다. 아티아누스도 같은 이탈리카 출신이지만, 로마 사회에서는 원로원 계급에 이어 제2계급인 기사계급(equitas)에 속한다. 후견인을 의뢰받았을 당시 이 사람이 어떤 처지에 있었는지는 알 수 없지만, 속주 출신의 원기왕성한 사나이라면 군단에 들어가 거기에 자신의 운명을 거는 게 보통이었다. 트라야누스의 아버지가 그 전형이다. 따라서 아티아누스도 군단에서 한창 출세 가도를 달리고 있었을 게 분명하다. 하드리아누스의 아버지는 수도 로마의 명사가 아니라 아직 젊지만 실력파인 두 사람을 선택하여 아들의 장래를 부탁한 것이다.

전쟁이나 기타 여러 가지 사정으로 아버지를 일찍 여읜 아이들이 많았던 로마 사회에서는 친지에게 아들의 후견인이나 대부를 부탁하는 것이 관례였다. 따라서 부탁을 받은 쪽도 그 책임을 다하려고 노력하는 것이 보통이었다. 아버지를 일찍 여읜 소(小)플리니우스는 후견인이 된 큰아버지 대(大)플리니우스에게 맡겨져 그 슬하에서 자랐다. 하드리아누스의 후견인이 된 트라야누스와 아티아누스는 서로 의논하여, 열 살바기 소년이 수도 로마에서 중등교육을 받도록 조치했다. 이리하여 하드리아누스는 열 살부터 열네 살까지 이탈리카와는 비교할 수도 없는 대도시 로마에서 충분한 기초교육을 받았다. 도미티아누스 황제가 『교육론 대전』 집필을 의뢰한 퀸틸리아누스의 학교에 다녔다고 한다. 그 사이 1년 동안은 법무관에 당선되어 수도로 돌아간 트라야누스의 집에 맡겨져 있었는지도 모른다.

그런데 원래 영리한 소년이었던 하드리아누스는 이 시기에 그리스 문화의 훌륭함에 눈을 뜬다. 그리스어는 로마의 엘리트 계층으로 태어난 자에게는 필수불가결한 교양이었지만, 하드리아누스 소년은 그리스어만이 아니라 그리스 문화 전반에 열중했다. 같이 공부하는 소년들은 그를 이름이 아니라 '그리스 아이'라는 별명으로 불렀을 정도다. 그런데 이것이 두 대부의 걱정거리가 되었다.
로마 남자는 실질강건하지 않으면 안 된다는 것이 공화정 시대 로마 엘리트의 신념이었다. 제정 시대에 접어든 뒤에는—특히 수도 로마에서는—실질강건이 옛날만큼 중시되지 않았지만, 이런 생각은 왠지 중심부보다는 변경에 순수한 형태로 오래 남는다. 트라야누스도 아티아누스도 실질강건을 그림으로 그려놓은 듯한 사람이었다. 이들 두 사람이 보기에 그리스 문명에 열중하는 것은 곧 연약함이나 마찬가지였다. 그래서 열네 살이 된 하드리아누스는 고향 이탈리카로 돌려보내

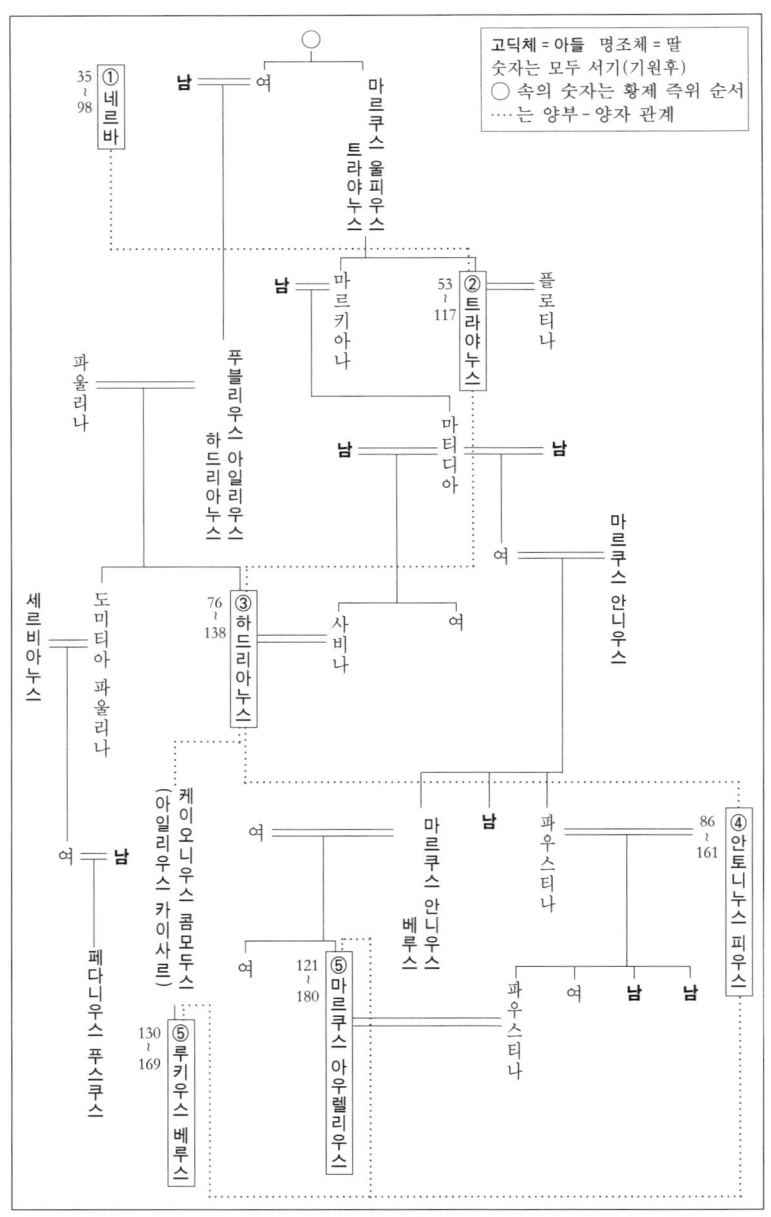

네르바 황제에서 마르쿠스 아우렐리우스 황제까지의 가계도(일부 생략)

지고 말았다.

하지만 두 대부는 새로운 걱정거리를 떠안게 되었다. 하드리아누스가 사냥에만 열중해 있다는 것이다. 그 일대는 완만한 구릉지대니까 말을 타고 멧돼지나 사슴을 쫓아다니기에는 안성맞춤이었을 것이다. 사냥이라면 실질강건에 어긋나지 않지만, 균형감각을 중시하는 로마인의 전통에서 보면 무언가에 열중하거나 탐닉하는 것은 좋지 않다. 고향에서 생활한 지 3년쯤 뒤에 젊은이는 다시 대부들의 부름을 받고 로마로 돌아갔다. 그 사이에 병역 견습 정도는 끝마친 모양이다.

훗날 하드리아누스의 양대 취미가 된 그리스 문명과 사냥에 대한 애착은 10대에 이미 형성되어 있었다는 이야기가 된다. 이 두 가지는 얼핏 정반대되는 취미처럼 보이지만, 실은 관능이라는 하나의 선으로 연결되어 있다. 하드리아누스는 평생 동안 관능적인 남자였다.

청년 시절

다시 로마로 돌아간 젊은이를 기다리고 있었던 것은 말단 행정직이었다. 이것도 두 대부가 의논한 결과임이 분명한데, 공화정 시대부터 존속한 이 관직은 노예에서 해방노예가 된 사람이 로마 시민권을 얻는 데 필요한 조건을 갖추었는지를 심사하는 직책이었다. 하지만 임무는 그것만이 아니다. 초대 황제 아우구스투스가 유산상속이나 후견인의 적부 심사까지 이 관청의 임무에 추가했기 때문에, 그것을 심사하는 일도 업무 범위에 들어간다. 심사 결과가 좋으면 허가를 내주고, 재판이 필요하면 법무관에게 돌린다. 10명의 동료는 모두 20세 안팎의 젊은이였다.

공화정과 제정의 구별없이 기능을 발휘하고 있던 로마의 엘리트 양성 시스템은 흥미롭다. 20대에 이미 민간의 자질구레한 일이나 인간 사회의 저변을 담당하게 한다. 안찰관의 임무에는 공창제도가 건전하게 기능을 발휘하고 있는지를 감시하는 일도 포함되어 있었고, 회계감사관의 임무는 금전출납을 점검하는 것이었고, 호민관은 요컨대 일반 서민의 권익을 보호하는 사회복지사다. 한편 군단에 근무하는 장교는 임무의 성질상 만능인이 될 필요가 있다. 이런 직책들을 번갈아 경험한 뒤, 30세가 자격 연령인 원로원에 들어간다. 원로원 의원이 되면 비로소 사회의 자질구레한 일이 아니라 국가 대사를 담당하게 된다.

그래서 스무 살이 될까 말까 한 하드리아누스의 다음 직업도 군단에 소속된 장교였다.

맨 먼저 파견된 곳은 먼 판노니아 속주에 주둔해 있는 제2군단이다. 군단기지는 오늘날 헝가리의 수도인 부다페스트. 도나우강 방위선의 요충 가운데 하나다. 수도에서 느닷없이 최전선으로 보내진 것이다.

그래도 원로원 계급으로 태어난 자들이 으레 그렇듯이 '트리부누스 라티클라비우스'(Tribunus laticlavius)로 파견되었으니까, 군단 안에서의 지위는 높다. '주홍색 띠를 두른 대대장'이라고 번역할 수밖에 없는 이 직책은 10명의 대대장(Tribunus) 가운데 가장 높은 수석 대대장인데, 앞에서도 말했듯이 원로원 의원의 토가 옷자락 장식과 같은 주홍색으로 물들인 '숄'을 어깨에 두르는 것이 정식 군장이었기 때문에 이런 이름으로 불린다. 하지만 멋진 군장을 뽐내기만 해서는 임무를 수행할 수 없는 지위이기도 하다. 군단장에 버금가는 직책이니까, 군단장한테 만약의 일이 생기면 당장 군단장을 대신해서 군단병 6천 명과 보조병을 합한 1만 명의 병력을 지휘해야 한다.

이렇게 책임이 막중한 지위에 군무에는 문외한이나 다름없는 약관의 젊은이를 앉히는 것은 무모하게 여겨지지만, 로마 제국에서는 그것이 정상이었다. 신분이 높은 사람에게 더 무거운 책무를 부과하는 것을 당연하게 여기고 있었기 때문이다. 또한 지금은 군무에 문외한이라도 그 주위에는 전문가들이 모여 있다. 주홍색 숄이 없는 대대장은 대부분 군단에서 잔다리를 밟으며 대대장까지 올라온 사람들이었고, 특히 '로마 군단의 등뼈'라고 불린 백인대장에는 백전노장의 전문가들이 모여 있었다.

이렇게 되면 당연한 일이지만, 낙하산을 타고 군단기지에 내려온 듯한 느낌을 주는 '주홍색 띠를 두른 대대장'은 표면상으로는 경의의 대상이 되지만 실제로는 군사 전문가들의 무자비한 비판에 노출되어 있었다. 따라서 그에게 가장 중요한 과제는 표면상의 경의를 실질적인 경의로 바꾸는 것이었는데, 그것이야말로 그 자신의 능력에 달려 있었다. 최전선에 근무하는 병사들인 만큼, 지휘관의 무능은 곧 자신들의 죽음과 직결된다는 점을 잘 알고 있었기 때문이다. 젊은 하드리아누스는 합격점을 받은 모양이다.

2년쯤 뒤에 전속 명령을 받았다. 이번 임지는 도나우강 하류의 먼 모에시아 속주. 제5군단의 '주홍색 띠를 두른 대대장'이었다. 이 군단의 주둔지는 오늘날 루마니아의 트로에스미스. 가까이에는 도나우강 하류와 흑해를 경비하는 함대 기지도 있었다.

이곳에 근무하고 있을 때 도미티아누스 황제가 암살당했다. 제위는 네르바가 물려받았다. 서기 96년은 어수선하게 지나갔지만, 하드리아누스는 스무 살이 되어 있었다.

이듬해인 서기 97년 10월, 네르바 황제는 트라야누스를 후계자로 지명했다. 그리고 두 달 뒤인 98년 1월 27일, 노령이었던 네르바가 세상을 떠났다.

『황제열전』의 저자에 따르면, 네르바의 사망과 트라야누스의 즉위를 트라야누스에게 알린 것은 스물두 살의 하드리아누스였다고 한다. 그 소식을 한시라도 빨리 본인에게 알려주고 싶은 일념으로 도나우강 상류를 향해 말을 달리고, '게르마니아 방벽'도 단숨에 통과하여, 라인 강 중류의 쾰른에 머물고 있던 트라야누스에게 달려간 것이다. 아버지 역할을 대신해준 사람의 영예니까 기쁨으로 가득 찼겠지만, 계절은 한겨울, 게다가 그 일대의 겨울은 여간 혹독한 게 아니다. 아무리 당시의 고속도로라고 해도 좋은 로마 가도를 달릴 뿐이었다고는 하지만, 젊으니까 해낼 수 있었을 것이다. 이런 에피소드 앞에서, 황제의 죽음과 새 황제의 즉위라는 중요한 소식이 수도 로마에서 도나우강 하류에 전해지고 그것을 다시 하드리아누스가 머나먼 쾰른까지 말을 타고 달려가서 전하는 것보다 로마에서 거의 정북 방향에 있는 쾰른에 곧장 전하는 편이 더 빠르지 않았을까 하는 의문을 제기하는 것은 그만두자. 40대 중반의 트라야누스도 한겨울에 먼길을 달려온 과거의 '걱정거리'가 훌쩍 성장한 모습을 보고, 황제가 된 것보다 더 큰 기쁨을 느꼈으니까.

그 후 하드리아누스가 그대로 트라야누스 곁에 남아서 다키아 전쟁 준비에 전념하는 황제를 돕고, 1년 반 뒤에 드디어 수도 로마로 귀환하는 트라야누스와 계속 행동을 같이했는지, 아니면 다시 도나우강 하류의 기지로 돌아가 군단장 차석의 임무를 계속 수행했는지는 분명치 않다. 어쨌든 그는 서기 101년에 회계감사관에 당선되어 '명예로운 경력'의 첫걸음을 내디뎠다. 스물다섯 살에 회계감사관이니까 순조로운 출발이었다.

회계감사관이 된 하드리아누스에게 트라야누스 황제는 또 다른 일도 시켰다. 특별 대우한 것이 아니라, 가까운 사이니까 스스러워할 필요도 없기 때문이었다. 그것은 황제가 다른 볼일로 원로원 회의에 참석할 수 없을 때 황제의 의견을 적은 문서를 원로원에 가져가서 낭독하는 일이었다.

그런데 처음으로 그 일을 하고 있을 때, 귀를 기울이던 원로원 의원들 사이에 웃음이 번져갔다. 젊은 회계감사관의 라틴어 발음에 지독한

'시골 사투리'(루스티키타스)가 섞여 있었기 때문이다. 당시의 국제어인 그리스어에 아무리 능통해도, 로마 세계의 또 다른 국제어이고 게다가 로마인에게는 모국어인 라틴어를 제대로 발음하지 못하면 제국의 엘리트 자격이 없다. 이 일로 분발한 하드리아누스는 라틴어를 열심히 공부하여, 어릴 적부터 입에 밴 사투리를 단기간에 극복했다. 덧붙여 말하면, 정적조차도 인정한 율리우스 카이사르의 문장력에 바쳐진 찬사는 '도회적'(우르바니타스)이라는 것이었다.

이때 라틴어를 열심히 공부한 덕에 하드리아누스는 새로운 임무를 얻었다. 회계감사관 임기를 무사히 마친 그에게 주어진 일은 '원로원 의사록'(악타 세나투스)을 편집하는 일이었다. 원로원 회의에서 이루어지는 토의나 의결을 모두 정리하여 전속 필경사에게 필기시켜 보존할 뿐 아니라, 그 사본을 여럿 만들어 제국 전역의 총독이나 군단이나 지방자치단체에 배포하는 책임자다. 이 의사록 덕분에 제국 변경에서도 수도의 정세를 알 수 있었다. 현대 연구자들이 '로마 시대의 신문'이라고 말하는 이것을 처음 생각해낸 사람은 율리우스 카이사르지만, '쿠라토르 악토룸 세나투스'(curator actorum senatus), 굳이 번역하면 '원로원 의사록 담당관'이라는 직책을 개설하여 공식 제도로 만든 사람은 초대 황제 아우구스투스다. 하드리아누스가 이 일을 맡았다는 것은 그의 라틴어도 '도회적'인 수준에 이르러 있었다는 증거다.

그는 또한 이 시기에 결혼도 했다. 신부인 사비나는 트라야누스의 누나 마르키아나의 딸인 마티디아의 딸이다. 즉 황제의 생질손녀를 아내로 맞이한 셈이다. 하드리아누스 자신이 트라야누스의 고종사촌의 아들이니까, 황제와의 친족관계는 더한층 긴밀해진다. 그리고 자식이 없는 트라야누스와 가장 가까운 친족들 중에서 하드리아누스는 유일한 남자였다.

이때부터 하드리아누스는 제위에 대한 야망을 확실히 의식하기 시

사비나

작한 게 분명하다. 아마 트라야누스 다음은 자기라고 생각했을 것이다. 스물세 살이라는 나이 차이도 후계자가 되기에는 이상적이었다. 하지만 안심할 수는 없었다. 공평무사를 무엇보다도 중시한 트라야누스는 육친이라고 해서, 아니 육친이니까 오히려 특별 대우를 하지 않았기 때문이다. 그래도 트라야누스가 44세에 네르바 황제의 후계자로 지명될 때까지 자기가 제위를 물려받으리라고는 꿈에도 생각지 않았던 반면, 하드리아누스는 스물다섯 살 때 이미 황제를 꿈꾸었다. 트라야누스가 공평무사한 사람인 만큼, 그 꿈을 실현하는 방법도 오히려 간단했다. 위험을 수반할 수밖에 없는 화려한 모험을 시도하기보다 주어진 임무를 충실히 완수하면 되었기 때문이다.

서기 101년부터 102년까지 계속된 제1차 다키아 전쟁에 하드리아누스는 도중에 참가한 모양이다. 이 전쟁에서는 하드리아누스에게 책임 있는 지위가 주어지지 않았고, 따라서 기록에 남을 만한 전공도 세우지 못했다. 참전했다기보다 트라야누스의 막사에 손님처럼 머물러 있었을 것이다. 나중에 하드리아누스 자신이 쓴 회고록은 로마 제국과 운명을 같이하여 제국의 멸망과 함께 사라진 통치자들의 회고록 가운데 하나지만, 여기에는 그 무렵에 그가 이미 트라야누스와 가장 친밀

하드리아누스

한 측근 집단의 일원이었다고 적혀 있었다고 한다. 로마 시대의 역사가들에 따르면, 포도주를 퍼마시는 트라야누스와 끝까지 대작할 수 있었던 사람도 하드리아누스였다고 한다. 스트레이트로 마시는 황제를 당해내지 못해 참모들도 차례로 나가떨어지고, 20대 후반에 갓 접어든 하드리아누스 혼자 마지막까지 황제를 상대했다는 뜻이리라. 실제로 트라야누스 자신이 무인인 만큼, 작전회의에 참석하는 참모들도 20대 젊은이 따위는 상대도 되지 않는 역전의 용장들이었다.

하지만 트라야누스는 그로부터 3년 뒤인 서기 105년부터 106년까지 계속된 제2차 다키아 전쟁에서 하드리아누스에게 중책을 맡긴다. 본에 기지를 둔 제1군단의 군단장에 임명하고, 휘하 군단과 함께 다키아 전쟁에 참전시킨 것이다. 서른 살이 될까 말까 한 나이에 군단병과 보조병을 합하여 1만 명을 지휘하게 된 셈인데, 이 대우도 로마에서는 특례가 아니었다. 하지만 그때는 평시가 아니라 전시다. 게다가 제1차 때와는 달리 제2차 다키아 전쟁 때의 로마군은 마치 어딘가에 줄곧 갇혀 있다가 싸움터에 풀려난 것처럼 마음껏 철저히 싸웠다. 젊은 야심가에게는 전략과 전술에서 재능을 발휘할 수 있는 좋은 기회였다. 하드리아누스는 이 기회를 충분히 활용한다. 그가 이끄는 제1군단의 활약은 눈부셔서, 라인강과 도나우강 방위를 담당하는 장병들 사이에 하드리아누스의 이름이 널리 퍼지는 계기가 되었다.

황제로 가는 길

다키아 전쟁에서 완승을 거둔 트라야누스를 따라 로마에 개선한 하드리아누스는 법무관에 출마하여 당선했다. '명예로운 경력'의 두 번째 단계에 도달한 셈인데, 지위가 높아진 만큼 '혜택받은 자의 사회 봉사'가 요구된다. 로마에서는 검투시합이나 경기대회를 개최하는 것이다. 거기에 드는 400만 세스테르티우스는 트라야누스가 대신 내주었다. 하드리아누스가 유복하지 않았기 때문이지만, 트라야누스로서는 대부의 의무를 다한 것이다. 로마 사회에서 후견인인 대부는 모든 의미에서 아버지를 대신하는 사람이었다.

하드리아누스에게는 트라야누스 외에도 아티아누스라는 대부가 또 한 명 있었는데, 트라야누스는 제위에 올랐을 당시 이 아티아누스를 근위대장에 임명했다. 하드리아누스는 황제와 근위대장이라는 두 실력자를 대부로 둔 몸이 되어 있었다.

법무관 임기를 마치면 '전직 법무관'(프로프라이토르)이라는 관명으로 속주 총독에 취임할 자격을 갖게 된다. 다만 법무관 경험만으로 총독에 취임할 수 있는 속주는 황제가 총독 임명권을 갖고 있는 황제 속주뿐이었다. 원로원 속주 총독에는 집정관 경험자만 취임할 수 있었다.

그래서 하드리아누스가 부임한 곳은 도나우강 전선의 먼 판노니아 속주였다. '주홍색 띠를 두른 대대장'으로 처음 근무한 속주다. 총독 관저가 있는 도읍도 군단기지가 있는 아퀸쿰(오늘날 헝가리의 수도인 부다페스트)이다. 하지만 총독이 되면 군단을 이끌고 속주를 방위하는 임무만이 아니라, 민간인을 포함한 속주 전체의 통치를 책임져야 한다. 게다가 시기는 다키아가 속주화된 직후다. 다키아의 바로 서쪽에서 다키아를 감시하는 부다페스트는 그 중요성이 더욱 높아져 있었다. 먼 판노니아 속주에 파견되었다는 것은 곧 트라야누스 황제의 신임이 두텁다는 증거였다.

서른한 살이 된 하드리아누스도 황제의 신뢰에 완벽하게 부응한다. 다키아족이 멸망하자 이제 도나우강 북쪽에서 가장 큰 세력은 자기들이라고 과신하고 도나우강을 건너 로마 영토로 침입해온 사르마티아족을 격퇴한 것은 하드리아누스가 이끄는 제2군단이었다.

하드리아누스는 이듬해에 먼 판노니아에서 귀국한다. 집정관에 출마하여 당선했기 때문이다. 집정관은 원로원에서 선거로 선출하지만, 황제가 추천하면 출마는 곧 당선이나 마찬가지였다.

서른두 살에 집정관이라면 발탁이라고 말할 수밖에 없다. 도미티아누스 황제에게 인정받은 트라야누스도 상당히 일찍 첫 번째 집정관을 경험했지만, 그래도 서른여덟 살 때였다. 서른두 살은 이례적인 발탁이라고 할 수밖에 없다. 트라야누스와는 동향에다 동년배이고 측근 제1호인데다 절친한 친구였던 리키니우스 술라가 강력하게 추천한 결과라고 한다. 술라는 하드리아누스가 같은 에스파냐 태생인데도 트라야누스나 자기와는 기질이 다르기 때문에 오히려 트라야누스의 후계자로는 가장 적합하다는 것을 일찍부터 꿰뚫어보고 있었는지도 모른다.

하지만 이례적으로 젊은 나이에 집정관을 경험한 하드리아누스가 그 후 4년 동안은 불우함을 한탄하게 된다.

첫 번째 이유는 그가 집정관에 취임하기 직전에 그를 인정해준 술라가 죽어버렸기 때문이다.

두 번째 이유는 하드리아누스의 이례적인 출세를 달갑게 생각지 않은 장군들 때문이었다. 트라야누스의 '사천왕'(四天王)이라고 불러도 좋은 이 장군들은 술라의 죽음으로 기세가 올랐고, 트라야누스도 하드리아누스에 대한 그들의 반감을 무시할 수 없게 되었거나, 그 자신이 하드리아누스를 지나치게 우대한 것을 반성한 모양이다.

어쨌든 트라야누스는 공평무사함이 제일이라고 믿는 사람이다. 사람들 눈에 육친이라서 우대한 것처럼 비치는 것은 특히 싫어했다.

그 때문에 하드리아누스는 30대 중반의 4년 동안 '전직 집정관'의 자격을 갖고서도 속주 총독이 되지 못했다. 그렇다고 트라야누스가 그를 싫어한 것은 아니기 때문에, 직업이 없는 하드리아누스에게 자신의 연설문 초고를 쓰는 일 따위를 맡겼다.

이 4년 동안 하드리아누스가 무슨 생각을 하고 있었는지는 전혀 알 수 없다.『회고록』이 남아 있다 해도, 그런 생각은 언급조차 하지 않았을 것이다. 이 불우한 4년의 마지막 해가 된 서기 112년, 하드리아누스는 그리스의 아테네시에서 '아르콘'(archon)이라는 칭호를 받았다. 이것은 전성기 아테네의 최고 관직으로, 솔론이나 테미스토클레스도 지냈다는 명예로운 직함이다. 하지만 이 직책도 도시국가 아테네의 성쇠와 운명을 같이하여, 로마 시대의 '아르콘'은 단순한 명예직에 불과했다. 그것을 하드리아누스에게 준 아테네 쪽의 의도는 황족인 하드리아누스를 아테네의 후견인으로 삼으려는 것이었다. 하지만 소년 시절에 '그리스 아이'라는 별명으로 불린 하드리아누스에게는 기쁜 선물이었을 게 분명하다.

하드리아누스는 불우해도 빛을 잃지 않는 사나이였다. 나이도 젊었다. 이 무렵 하드리아누스를 달갑게 여기지 않는 반대파와 그를 인정하는 지지파의 대립이 분명해진 모양이다. 반대파는 트라야누스를 도와서 황제 자리에 앉혔다고 자처하는 장군들. 지지파는 트라야누스에게 등용되었다는 점에서는 반대파에 속하는 사람들과 마찬가지지만, 아직 군단장급에 머물러 있는 젊은 세대다. 이 시기에 하드리아누스에 대한 트라야누스의 태도가 모호했던 것은 이 두 파벌의 대립을 걱정하는 트라야누스의 심사를 반영하는지도 모른다.

하지만 트라야누스는 이런 걱정만으로 인사를 결정하는 사람은 아니었다. 서기 113년 가을, 파르티아 원정을 떠나는 트라야누스 일행 중에는 하드리아누스의 모습도 끼어 있었다.

연상의 여인

서른일곱 살에 제일선으로 복귀한 것은 황후 플로티나가 추천했기 때문이라고 『황제열전』의 저자는 말하고 있다. 플로티나는 하드리아누스한테 약했다고 말하기까지 한다. '약했다'는 말은 '홀딱 반해 있었다'거나 '귀여워하고 있었다'는 의미로 여겨지지만, 실제로는 어떠했을까.

우선 플로티나의 나이인데, 그녀가 죽은 해는 알려져 있지만 태어난 해는 알 수 없다. 그래도 트라야누스 주변에 있는 부부들의 연령 차이로 보아, 남편 트라야누스보다는 열두어 살 젊고 하드리아누스보다는 열 살쯤 위였을 것으로 추측할 수 있다. 덧붙여 말하면, 하드리아누스와 아내 사비나의 나이 차이는 열두 살이었다.

그러면 연상의 여자가 '약해지는' 연하의 남자는 어떤 조건을 갖추고 있는가.

첫째는 아름다움이다. 단순히 용모가 준수하다기보다, 아름답구나! 하고 느끼게 하는 '아름다움'이다.

둘째는 젊음이다. 이것도 나이만 젊으면 되는 것이 아니라, 신선함이 피어오르는 풋풋한 젊음을 가리킨다. 이런 싱그러운 젊음이 전혀 느껴지지 않는 젊은이도 많은 반면, 생기발랄한 중년 남녀를 만나는 경우도 적지 않다.

플로티나

　세 번째 조건은 명석한 두뇌다. 지식보다 지력(인텔리전스)이 중요시되는 것은 당연하다. 연상의 여인은 다음 세대의 승자가 될 수 있는 젊은이를 사랑하는 법이다.
　네 번째 조건은 풍부한 감수성이다. 자칫하면 감수성을 잃어버리기 쉬운 남편이나 동년배 남자들한테 익숙해져 있기 때문에, 마음이 격렬하게 흔들리고 그 마음을 자제하려고 애쓰는 남자를 좋아하게 된다.
　마지막 조건은 야심이다. 세상 물정을 잘 아는 여자의 마음까지 자극하려면, 출세하고 싶다거나 부자가 되고 싶다는 따위의 시시한 야심이 아니라, 야심을 품고 있는 본인이 누구보다도 그 야심의 실현에 불안을 느낄 만큼 커다란 야망이어야 한다.
　하드리아누스는 이 모든 것을 갖추고 있었다.

　하지만 여자가 남편에게 요구하는 조건은 또 다르다. 위의 다섯 가지 조건은 갖추지 않아도 전혀 불편할 게 없다. 그 대신 아내는 남편에게 물질적·심리적 안정을 요구할 것이다. 하드리아누스는 플로티나 트라야누스의 누나인 마르키아나, 생질녀인 마티디아 같은 연상의 여인들과는 아주 사이가 좋았지만, 아내인 사비나와는 늘 삐걱거렸다. 사비나는 연하의 여인이고, 게다가 아내였기 때문이다. 하드리아누스는 무엇보다도 가까운 사람들한테 안정감을 주는 데 서툴렀다.

　로마 시대의 역사가나 연대기 작가들은 플로티나와 하드리아누스의 실제 관계가 어떠했는가를 밝혀내려고 애썼지만, 결국 실패했다. 두 사람 사이에 섹스가 개재했는지 아닌지만 문제삼았기 때문이다. 플로티나는 교양 있고 긍지도 높은 여자였다. 이런 여자에게는 사랑이 반드시 성을 의미하지는 않는다. 불륜이 드러나면 여자는 외딴섬에 유배되고 남자는 사형당하는데, 그런 처벌이 두려웠기 때문은 아니다. 성이 개재됨으로써 평범한 남녀관계로 전락해버리는 것을 꺼렸을 뿐이다. 게다가 트라야누스는 좋은 남편이었고, 하드리아누스는 젊은 야심가였다. 그런데 왜 평범한 남녀관계로 전락해버릴 필요가 있겠는가. 플로티나는 그리스 비극의 주인공인 파이드라가 아니었다. 자신의 감정을 소중히 여긴다는 점에서는 이기적이라 해도 좋은 여자였다. 그리고 하드리아누스도 한마디로 평가하라면 철저한 자기중심주의자라고 대답할 수밖에 없는 남자였다.
　나는 이 두 사람 사이에 섹스가 개재하지는 않았다고 확신한다. 섹스가 개재하지 않았기 때문에 하드리아누스의 가슴속에는 플로티나가 계속 살아 있었을 거라고 생각한다.
　황후가 천거한 결과인지 어떤지는 별문제로 하고, 하드리아누스는 파르티아 원정에 참가하게 되긴 했지만, 제2차 다키아 전쟁 때처럼 군단을 이끌고 실전에 참가하는 것은 허락되지 않았다. 트라야누스가 그를 시리아 속주 총독에 임명했기 때문이다. 전쟁을 수행하는 동안 전선기지가 되는 안티오키아를 지키는 역할이다. 그렇기는 하지만 전시에 이집트의 알렉산드리아와 더불어 오리엔트 최대의 도시인 안티오키아에서 호화로운 관저 생활을 즐기는 것은 허락되지 않는다. 병참을 중시하는 로마에서 전선기지는 곧 보급기지이고, 군수물자를 보급하는 책임은 총독인 하드리아누스에게 지워져 있었기 때문이다. 게다가 트라야누스가 데려온 플로티나와 마티디아의 안전을 지키는 역할도 그에게 맡겨졌다.

시리아 속주 총독은 제국 동방에 주둔하는 모든 군단을 관할하는 지위이고, 따라서 제국 동방의 방위 책임자이기도 하다. '명목'은 높았다. 하지만 직접 군단을 이끌고 참전하는 '내실'은 파르티아 전쟁 당시의 하드리아누스에게는 없었다. 트라야누스는 다키아 전쟁 때부터 그와 함께 싸운 노련한 장수들한테 실전 지휘를 맡겼다. 긍지 높고 재능에 자신감이 있던 하드리아누스는 37세부터 41세까지의 이 시기를 어떤 심정으로 보냈을까. 편지 한 장 남아 있지 않은 상태에서는 전혀 알 수 없지만, 야심가인 하드리아누스는 후방에 있으면서도 눈을 크게 뜨고 파르티아 전쟁의 전개 상황을 지켜보지 않았을까.

앞에서도 상세히 설명했듯이, 트라야누스가 기대를 걸었던 파르티아 전쟁은 그가 꿈꾸었던 것과는 정반대의 결과로 끝났다. 그로 인한 마음고생 때문인지 황제는 병으로 쓰러졌고, 아내와 질녀의 간곡한 부탁을 받아들여 수도 로마로 돌아갈 것을 승낙했다. 트라야누스는 시리아 속주 총독 하드리아누스를 원정군 총사령관에 임명하고 전쟁을 계속하라고 명령한 뒤, 안티오키아에서 배를 타고 서쪽으로 향했다.

하지만 소아시아 남해안을 항해하는 동안 병세가 급변했다. 가까운 항구 셀리누스에 배를 대고 병세가 진정되기를 기다렸지만 소용이 없었다. 서기 117년 8월 9일, 제국 전체로부터 '지고의 황제'로 칭송받은 트라야누스는 64년의 생애를 마쳤다. 숨을 거두기 직전에 하드리아누스를 양자로 맞이하여 후계자로 지명했다고 한다.

이것이 하드리아누스의 즉위를 둘러싼 수수께끼의 발단이 되었다. 오늘날에도 이 문제를 다룬 연구 논문이 끊이지 않을 정도다.

즉위의 수수께끼

트라야누스는 정말로 하드리아누스를 후계자로 지명한 뒤에 죽었을까. 황제의 죽음을 확인한 플로티나 황후가 그 사실을 잠시나마 덮어둔 채, 서둘러 안티오키아에 있는 하드리아누스에게 사람을 보내 알리고, 하드리아누스가 휘하 군단의 충성 서약을 받아 즉위를 기정사실로 만들 때까지 기다렸다가 황제의 죽음을 공표한 것은 아닐까. 당시부터 많은 사람이 의심을 품은 것은 바로 이 점이었다.

빈사상태의 황제 옆에서 시중을 든 것은 아내인 플로티나와 생질녀 마티디아, 근위대장 아티아누스와 황제의 시의다.

트라야누스가 귀여워한 생질녀 마티디아는 플로티나보다 두세 살 아래였던 모양이지만, 거의 동년배인 이 외숙모와 아주 사이가 좋았다. 마치 자매 같아서, 플로티나의 말에 맨 먼저 거들고 나서는 것은 언제나 마티디아였다고 한다. 딸 사비나의 남편인 하드리아누스한테도 이상적인 장모였다. 사위라서가 아니라 객관적으로 그 재능을 인정하고, 딸이 남편에 대해 이런저런 불만을 털어놓아도 귀를 기울이지 않았다고 한다.

근위대에는 대장이 두 명 있었는데, 그중 하나인 아티아누스는 하드리아누스의 아버지가 트라야누스와 함께 아들의 후견인으로 지명한 사람으로, 하드리아누스가 열 살 때부터 아버지 역할을 대신해왔다.

그리고 황제의 시의는 무엇 때문인지 그로부터 며칠 뒤에 원인불명으로 죽었다.

트라야누스가 하드리아누스를 후계자로 지명하지 않고 죽었다고 주장하는 사람은 다음 세 가지를 근거로 든다.

(1) 알렉산드로스 대왕도 '제국을 통치할 수 있는 힘이 있는 자'라는

말을 남겼을 뿐, 구체적으로 후계자를 지명하지 않고 죽었다.

(2) 트라야누스가 생전에 법률학자인 네라티우스 프리스쿠스에게 자기한테 무슨 일이 생기면 제국을 당신한테 맡기겠다고 말한 적이 있다는 소문.

(3) 파르티아 전쟁을 치르고 있던 트라야누스가 원로원에 편지를 보내, 자기한테 무슨 일이 생길 경우 통치의 공백을 피하기 위해 후계자로 적합한 사람들의 이름을 열거한 명단을 보낼 테니까 원로원이 그중에서 후계자를 고르라고 말했다는 소문.

(1)은 당시에도 항간의 소문이었을 뿐이다. 책임감이 강한 트라야누스가 오직 알렉산드로스를 흉내내고 싶은 일념으로 이런 무책임한 행동을 할 리는 없다. 알렉산드로스의 경우는 이렇다 할 후계자가 없었지만, 트라야누스에게는 있었기 때문이다.

(2)도 사실일 가능성이 희박하다. 실제적인 트라야누스가 법률학자한테 제국을 맡길 리가 없다. 법률 전문가일수록 현실에 존재하는 법률에 묶이는 경향이 강하다. 하지만 정치가는 현실에 존재하지 않는 법률이라도 필요하면 새로 만들어야 하는 처지에 있다. 트라야누스라면 '법무장관'을 총리 자리에 앉히지는 않았을 게 분명하다.

문제는 (3)이었다. 트라야누스는 공평무사를 평생의 좌우명으로 삼고, 계속 원로원을 존중하는 태도를 취했다. 그런 사람이라면 원로원에 선택을 맡길지도 모른다. 하지만 원로원은 그런 편지를 받지 않았다. 과연 명단이 작성되었는지도 확실치 않다.

하지만 당시 로마인은 후세의 연구자들만큼 이 수수께끼의 해명에 집착하지 않았다. 냉철한 눈으로 보면 제위를 물려받기에 하드리아누스보다 더 적절한 인재가 당시 지도층에는 없었기 때문이다.

첫째, 마흔한 살이라는 나이가 사람들을 안심시켰다.

둘째, 하드리아누스의 경력이 불평할 여지가 없을 만큼 여러 분야를 망라하고 있어서, 제국 통치의 최고책임자가 될 자격은 충분하다고 여겨졌다.

셋째, 그의 명석한 두뇌는 원로원 의원들도 다 알고 있을 정도였다.

넷째, 군단 장병들한테도 인망이 두터웠다.

8월 9일, 하드리아누스의 『회고록』에 따르면 양자로 맞아들여졌다는 통고를 안티오키아에서 받는다.

8월 9일, 셀리누스에서 황제가 죽었다.

8월 11일, 동방군단의 장병들이 새 황제 하드리아누스를 '임페라토르!'라는 환호로 에워싸고, 그에게 충성을 맹세한다.

셀리누스에서 안티오키아까지는 바닷길로 400킬로미터의 거리다. 빠른 배로 이틀이면 도착할 수 있는 거리다. 황제의 죽음을 확인한 사람들이 그 사실을 잠시 덮어두기로 결정했다 해도, 이틀 동안만 공표를 미루면 된다. 그리고 트라야누스의 평생을 장식한 강한 책임감과 많은 사람이 하드리아누스를 적절한 인재로 인정하고 있던 사실 때문에, 빈사 상태의 황제가 죽기 직전에 후계자를 지명하기로 결정했다 해도 하드리아누스가 제위를 물려받는 것은 트라야누스가 원한 일이었다고 사람들은 납득했다.

그런데 트라야누스는 왜 죽기 직전까지 하드리아누스를 후계자로 지명하지 않았을까.

열 살 때 후견인이 된 이후 30년 동안, 이따금 떨어져 지내기는 했지만 대부와 아들 사이로 지내왔으니까 하드리아누스의 성격을 충분히 이해하지 못했다고는 말할 수 없다.

또한 하드리아누스가 그때까지 얼마나 훌륭하게 직책을 완수해왔는지도 알고 있었을 것이다. 책임감은 전혀 문제가 되지 않았을 것이다.

그리고 하드리아누스의 경력에서 드러난 통치자로서의 자질도 널리 알려져 있었기 때문에, 트라야누스 혼자 불안을 느꼈다는 것도 수긍할 수 없다.

그리스 문화나 사냥에 대한 취미도 도를 넘지 않는 한 로마인에게는 오히려 '미덕'(비르투스)의 일부로 여겨지고 있었다.

그런데 예순네 살이 될 때까지 트라야누스는 하드리아누스를 후계자로 지명하지 않았다. 일부 장수들 사이에 퍼져 있던 하드리아누스에 대한 반감을 걱정해서 지명을 망설였을까. 하지만 트라야누스의 성격으로 보아 그것은 납득하기 어렵다.

내 상상이지만, 트라야누스는 하드리아누스한테서 이해할 수 없는 무언가를 느낀 게 아닐까. 그것은 기질 차이라고 말할 수 있는 것인지도 모른다. 기질 차이는 싫어할 이유는 안 되지만 불안을 느낄 이유는 된다. 이것이 여자인 플로티나에게는 자극적인 매력으로 비쳤겠지만, 남자인 트라야누스한테는 이성적으로는 납득할 수 있어도 막상 실행하려면 망설여지는 원인이 되었다.

라틴어에 '인 엑스트레미스'(in extremis)라는 말이 있다. 오늘날에도 영어나 프랑스어나 이탈리아어에서 라틴어 그대로 쓰이는 말인데, '마지막 순간에'라는 뜻이다. 하드리아누스의 제위 계승은 그야말로 '인 엑스트레미스'로 이루어졌다.

하드리아누스는 안티오키아에서 로마 원로원에 황제로서는 최초의 친서를 보냈다.

이 편지에서 그는 우선 원로원의 승인을 기다리지 않고 군단의 충성 서약을 받은 것을 사과하고, 제국 통치를 잠시라도 공백 상태에 두는 것은 허락되지 않았기 때문이라고 그 이유를 변명하고 있다. 사실 안티오키아와 로마 사이를 왕복하는 데에는 최소한 두 달이 걸렸다. 여기에는 원로원도 동감이었는지, 하드리아누스의 즉위를 간단히 승인했다. 몇 번이나 되풀이하지만, 로마 황제는 원로원의 승인을 얻어야만 비로소 공식적인 지위를 얻을 수 있다.

또한 친서에는 표면상으로는 당연하지만 이면에는 상당히 깊은 의미가 숨어 있는 사항을 의결해달라는 요청이 적혀 있었다. 그것은 선제(先帝) 트라야누스의 신격화였는데, 이것도 새 황제의 요청을 원로원이 승인해야만 비로소 실현되는 일이었다. 치세가 1년 반에 불과한 네르바가 로마의 신이 될 수 있었던 것도 트라야누스가 신격화를 요청하고 원로원이 받아들였기 때문이다. 따라서 선제의 신격화를 요청하는 것은 새 황제가 맨 먼저 하는 일에 불과했지만, 로마에서 후계자는 양자 결연이라는 형태를 취한다. 따라서 트라야누스가 신이 되면, 그 양자인 하드리아누스는 신의 아들이 된다. 카이사르가 신격화된 뒤, 카이사르의 양자였던 아우구스투스가 살아 있는 몸으로 '신의 아들'이 된 것과 같은 이치다.

30만이나 되는 신을 가진 로마인은 죽은 황제를 신격화하는 데에는 조금도 신경질적인 반응을 보이지 않았지만, '신의 아들'은 정치적으로 무시할 수 없는 힘을 갖게 된다. 그때까지는 로마 제국의 엘리트를 망라한 원로원의 일원에 불과했지만, 신의 아들이 되면 그들을 능가하는 존재가 되는 것이다. 아우구스투스가 신격화의 이런 효용성을 완벽하게 이해하고 활용했기 때문에, 제2의 아우구스투스를 꿈꾸는 하드리아누스도 똑같이 생각했다고 상상할 수 있다. 안티오키아에 있으면서도 하드리아누스는 이미 자신의 기반을 굳히기 시작하고 있었다.

황제로서

'임페라토르 카이사르 트라야누스 하드리아누스 아우구스투스' (Imperator Caesar Trajanus Hadrianus Augustus)라는 공식 이름과 함께 하드리아누스의 치세—로마인의 표현에 따르면 '황제로서의 날들'(dies imperi)—는 시급히 해결해야 할 문제가 산적한 가운데 시작되었다.

그중 하나는 유대 문제였다. 2년 전인 서기 115년에 일어난 유대교도의 반란은 아직도 완전히 진압되지 않았다. 이미 유대에 파견되어 있던 용장 투르보에게 조속히 진압을 종결지으라는 훈령이 떨어진다. 웬만한 도시나 마을이라면 반드시 정착촌이 있다고 할 만큼 이산 경향이 강한 유대인이었기 때문에, 제국 동방을 안정시키려면 유대 사회를 불온한 상태로 방치해둘 수 없었다.

또 다른 문제는 브리타니아에서 폭발한 원주민 반란이다. 이들의 거주구역은 오늘날의 잉글랜드와 스코틀랜드가 만나는 일대였던 모양인데, 이 문제를 해결하기 위해 사령관을 파견할 필요는 없었다. 브리타니아에는 이미 3개 군단이 상주해 있었기 때문이다. 그런데 왜 반란을 허용했을까. 유대인 반란이 트라야누스가 파르티아 원정에 전력을 투입한 틈을 노린 것과 마찬가지로, 브리타니아인도 이때야말로 로마에 반기를 들 좋은 기회라고 판단했다. 광대한 제국의 어느 한곳에 병력을 집중하면, 자연히 다른 지방의 방위가 허술해진다. 실제의 방위력이 약해지는 게 아니라 방위에 대처하는 긴장의 강도가 떨어진다. 이렇게 긴장이 느슨해진 틈을 전투심이 왕성한 칼레도니아(오늘날의 스코틀랜드) 사람들이 찌른 것이다. 하지만 문제가 단순한 마음가짐에 있었던 만큼, 최고사령관인 황제가 엄격한 태도로 대처하면 현지 군단에도 그것이 당장 전염된다. 실제로 로마 군단이 본격적인 반격에 나서자마자 브리타니아 문제는 해결되었다.

세 번째 문제는 북아프리카의 마우리타니아 속주에서 일어난 반란이다. 이 반란에 대해서는 자세한 내용이 알려져 있지 않다. 유대인 반란을 재빨리 진압한 투르보를 쉴 틈도 주지 않고 북아프리카로 파견하여 문제를 해결하도록 했고, 그래서 반란이 초기에 진압되었기 때문일까. 하지만 이것은 파르티아 전쟁으로 다른 지역의 방위가 느슨해진 틈을 찌른 봉기는 아니었다.

반란의 중심이 된 것은 다키아 전쟁 때도 파르티아 전쟁 때도 로마 편에서 대활약한 마우리타니아 출신 기병들이었던 것 같다. 그것은 그들의 대장인 루시우스 퀴에투스의 마음속에 싹튼 분노와 불만의 반영이라고 생각할 수도 있다. 퀴에투스는 트라야누스가 파르티아 전쟁 막바지에 보인 무기력한 태도에 분노했고, 트라야누스의 뒤를 이은 하드리아누스한테도 불만을 품었다. 하드리아누스로서는 아무리 작은 규모의 반란이라도 완전히 진압할 필요가 있었다.

네 번째 문제는 도나우강 북쪽의 사르마티아족이 또다시 로마 영토를 위협한 것이었다. 하드리아누스도 이 문제만큼은 자기가 직접 나서기로 결심한다. 속주 총독으로 부다페스트에 있을 때 이미 겪어본 상대라는 것이 그가 직접 나선 이유였다. 하지만 공표할 수 없는 이유도 있었다. 파르티아 전쟁에 참가한 도나우 군단을 철수시킬 때, 침입한 야만족을 격퇴한다는 구실을 붙여 황제가 직접 인솔하면 후퇴한다는 인상을 약화시킬 수 있었기 때문이다.

요컨대 하드리아누스가 즉위한 직후에 시급히 해결해야 했던 가장 큰 문제는 파르티아 전쟁을 어떻게 끝내느냐 하는 것이었다.

하지만 거기에 대한 하드리아누스의 생각은 이미 결정되어 있었다. "제국의 안전을 지키려면 평화는 필수불가결하고, 하드리아누스는 제국의 장래를 생각하여 위험을 무릅쓰기로 결심했다"고 어느 영국 연구자가 말했는데, 하드리아누스는 바로 그렇게 행동했다.

하지만 그것은 엘베강까지의 게르마니아 제패를 시도한 아우구스투스가 죽은 뒤, 그 뒤를 이은 티베리우스 황제가 라인강까지 철수를 감행했을 때와 똑같은 위험을 무릅쓰는 행위다. 전쟁 속행을 열망하는 장수들과 원로원의 반발을 각오하지 않으면 할 수 없는 일이었다.

티베리우스 황제는 게르마니아 땅에서 철수할 때, 총사령관 게르마니쿠스를 동방으로 보내고 그때까지 라인강 연안의 기지에서 해마다 게르마니아로 진격했던 로마군을 라인강 군단기지에 붙잡아두는 방법을 채택했다. 하드리아누스가 택한 방법도 그와 비슷했다.

트라야누스가 파르티아 전쟁 총사령관으로 임명한 그 자신이 사르마티아족을 격퇴한다는 구실로 도나우강 전선으로 이동한다.

동방의 방위선은 파르티아 전쟁 이전에 트라야누스가 확립해둔 흑해에서 홍해까지의 선으로 되돌아가고, 파르티아 전쟁에 참가했던 동방 군단들도 전쟁 이전의 주둔지로 돌아가 흑해와 홍해를 잇는 방위선을 굳게 지킨다.

티베리우스 황제 때와 다른 점은 참모본부에 대한 처리였다. 티베리우스 황제의 명령에 따라 임지가 동방으로 바뀐 게르마니쿠스는 참모 역할을 맡았던 휘하 장수들을 새 임지에 데려갔지만, 도나우강 전선으로 가는 하드리아누스는 그렇게 하지 않았다. 표면상의 이유는, 수도 로마에서 트라야누스의 유골을 주인공으로 하여 거행되는 개선식에 트라야누스가 제위에 올랐을 때부터 고락을 같이해온 장수들이 빠질 수는 없다는 것이었지만, 하드리아누스의 본심은 이들에게 사실상 은퇴할 길을 열어주려는 것이었다. 그리고 실제로 그렇게 되었다. 본국 이탈리아로 돌아간 장수들 가운데 다시 전선으로 복귀한 사람은 하나도 없었기 때문이다.

로마가 진격해오지 않는 것을 본 파르티아 왕은 수도 크테시폰으로 돌아왔다. 메소포타미아 전역에서 로마군과 싸운 게릴라들도 거짓말처럼 사라졌다. 아르메니아 왕위에는 파르티아 왕이 새로 임명한 파르티아 왕족이 즉위했고, 하드리아누스는 그것을 승인했다.

모든 것은 파르티아 전쟁 이전 상태로 돌아갔다. 하지만 하드리아누스는 파르티아의 수도가 함락되었을 당시 트라야누스가 손에 넣은 황금 옥좌와 왕녀는 돌려보내지 않았다. 또한 왕과 황제의 대리인이 유프라테스강에 떠 있는 섬에서 평화협정에 조인하는 공식 행사를 해서 파르티아와 로마 사이에 평화가 회복된 것을 확인하지도 않았다. 그런 일을 하면 모락모락 연기를 내고 있는 불만에 불을 지피는 결과가 되지 않을까 우려했기 때문이다. 후퇴란 어떤 이유를 붙여도 불명예스러운 건 변함이 없다. 따라서 가능한 한 눈에 띄지 않게 조용히 끝내고 싶었을 것이다. 트라야누스가 아르메니아 속주 총독으로 파견한 세베루스를 동방 방위의 최고책임자인 시리아 속주 총독에 앉힌 것도 그런 배려를 보여주는 예다.

동방에서 해야 할 일을 모두 끝낸 하드리아누스는 그해 11월에 군단을 이끌고 서방으로 떠났다. 소아시아를 가로질러 헬레스폰토스해협을 건너 유럽으로 들어간다. 거느리고 온 군단을 지나가는 길에 각자의 기지에 놓고 가는 듯한 느낌을 주는 행군이지만, 나중에 동시대인들에게 'immensi laboris'(지칠 줄 모르는 일꾼)라는 평을 받게 된 하드리아누스는 기회도 시간도 낭비하지 않았다.

도나우강이 흑해로 흘러드는 하류에는 북쪽으로 돌출한 형태의 다키아 속주와 흑해 사이에 록솔라니족의 거주지역이 있다. 하드리아누스는 슬라브계로 여겨지는 이 부족의 족장과 회담하여 동맹관계를 맺는 데 성공했다. 부족의 유력자들에게 로마 시민권을 주는 종래의 방식을 활용한 결과였다.

그리고 이듬해인 서기 118년에 도나우강 중류 지역으로 이동한 하드리아누스는 다키아와 먼 판노니아 속주 사이에 살고 있는 야지게스족과 동맹관계를 굳히기 위한 교섭에 들어간다. 지도를 보면, 로마가

도나우강 유역

왜 이 일대를 속주화하지 않았는지 의아하게 여겨진다. 속주화했다면 도나우강 방위선도 단축할 수 있었을 텐데, 그러지 않은 이유는 무엇일까. 로마는 오랫동안 동맹관계를 유지해온 상대에 대해서는 야만족이라 해도 독립을 존중해주었기 때문이다. 그거야 어쨌든 하드리아누스는 정상회담으로 문제를 해결하는 방식을 좋아하는 사람이었던 모양이다.

봄에 황제는 도나우강을 계속 거슬러 올라가 먼 판노니아 속주에 이르렀다. 여기서의 상대인 사르마티아족한테는 무력을 사용할 수밖에 없었다. 이 야만족을 도나우강 북쪽으로 멀리 쫓아내는 격퇴전이 벌어지는 동안 하드리아누스 자신은 부다페스트의 총독 관저에 머물러 있었던 모양이지만, 그것은 마우리타니아 반란을 진압하고 도나우강으로 달려온 용장 투르보에게 지휘를 맡길 수 있었기 때문이다. 덧붙여 말하면, 트라야누스가 임명한 먼 판노니아 속주 총독은 사르마티아족과 싸우다가 전사했다.

도나우강 이북의 대세력이었던 다키아 왕국이 트라야누스에게 패하여 지상에서 사라진 것은 로마 제국에는 강적의 소멸이라는 경사스러운 일이었지만, 다키아족이 위세를 떨치고 있을 당시에는 숨을 죽이고 있던 군소 부족들이 제 세상인 양 날뛰는 시대가 도래했음을 의미하기도 했다. 물론 적은 여럿으로 나뉘어 있는 편이 훨씬 대처하기 쉽다. 하지만 가능한 경우에는 외교로, 불가능한 경우에는 군사력으로 문제를 해결하는 일이 영원히 계속될 것을 각오하지 않으면 안 되었다. 로마인들이 이들을 야만족이라고 부른 것은 생활수준이 로마인보다 훨씬 뒤떨어졌기 때문만은 아니다. 법의 백성인 로마인은 서약을 지키는 습관이 없는 그들을 멸시했고, 야만족이라는 말은 그런 멸시의 표현이기도 했다.

도나우강 전선에 머물러 있는 동안, 하드리아누스는 근위대장인 아티아누스가 보낸 밀서를 받았다. 이 친서에는 선제의 중신 네 사람이 하드리아누스 암살을 모의하는 기미가 있다고 적혀 있었다.

숙청

하비디우스 니글리누스 ─ 트라야누스가 다키아 속주 초대 총독에 임명한 사람. 다키아 전쟁과 파르티아 전쟁 대 트라야누스의 두터운 신임을 받은 무장으로 활약.

코르넬리우스 팔마 ─ 아라비아(오늘날의 요르단) 제패의 공로자. 아라비아 속주의 초대 총독. 집정관을 두 번 지냈다.

푸블리우스 켈수스 ─ 트라야누스 휘하의 장군. 역시 두 번 집정관을 지내는 명예를 얻었다. 트라야누스도 집정관은 세 번밖에 지내지 못했다.

루시우스 퀴에투스 ─ 앞에서 몇 번이나 언급한 북아프리카 키레나이카(오늘날의 리비아) 출신의 장군. 마우리타니아 기병대를 이끌고 활약했다. 그 활약상은 '트라야누스 원기둥'에서도 트라야누스 다음으로 많은 장면에 등장했을 정도였고, 다키아 전쟁과 파르티아 전쟁에서 사실상 트라야누스의 부장(副將)이었다. 이 사람도 나머지 세 사람과 마찬가지로 집정관을 지냈다. 원로원 계급 중에서도 최상층에 속하는 인물로서, 당시의 로마인이라면 '집정관 경험자'(콘술라리스)라는 말만 들어도 누구를 말하는지 알았다고 한다.

이런 움직임을 하드리아누스가 예상치 못했을 리는 없다. 영국의 연구자도 말했듯이, 제국의 안전을 지키려면 평화는 필수불가결하고 그 평화를 확립하려면 위험도 무릅쓰기로 결심한 하드리아누스에게 '위험'은 바로 트라야누스 시절과는 전혀 다른 그의 정치적 방침에 대한 반발이었기 때문이다.

밀서를 읽은 하드리아누스도 몰래 답장을 보내, 당장 대처하라고 명령했다. 근위대(프라이토리아)는 오늘날 미국의 FBI(연방수사국)와 비슷한 임무도 맡고 있었다. 근위대장 아티아누스도 '당장 대처'했다. 근위대 병사들은 대장의 명령을 받고 사방으로 흩어졌다.

니글리누스는 별장이 있는 북이탈리아의 파엔차에서 살해되었다.

팔마도 역시 중부 이탈리아의 테라치나에 있는 별장에 머물고 있다가 살해되었다.

켈수스가 살해된 곳은 남부 이탈리아의 바이아에 있는 별장이었다.

루시우스 퀴에투스는 어디로 가고 있었는지는 알 수 없지만 여행길에 살해되었다.

원로원은 느닷없이 찬물을 뒤집어쓴 거나 마찬가지였다. 체포하여 재판을 거친 다음 사형에 처한 게 아니다. 밤중에 강도를 위장하여 침입해서 죽인 것도 아니다. 대낮에 근위대 병사들이 당당히 쳐들어가서 불문곡직하고 죽인 것이다. 게다가 살해된 네 사람은 모두 '집정관 경험자'다. 트라야누스 치세 20년 동안 집정관 경험자는 물론 원로원 의원조차도 황제 암살 음모죄, 즉 국가반역죄로 고발당하여 사형에 처해진 적은 없었다. 집정관 경험자가 재판을 받은 적은 있었지만, 그것은 속주 총독 시절의 악정을 규탄받았기 때문이고, 국가반역죄로 걸려든 사람은 아무도 없었다.

황제 살해는 곧 국가에 대한 반역행위라 하여 국가반역죄를 법제화한 것은 암살된 카이사르의 전철을 밟기 싫어한 초대 황제 아우구스투스다. 하지만 그의 뒤를 이은 몇몇 황제는 이 법을 원로원 안의 반대파를 숙청하기 위한 무기로 활용한다. 티베리우스, 네로, 도미티아누스 시대에 황제와 원로원의 관계가 악화한 것은 이들 세 황제가 이 법을 반대파 숙청의 무기로 사용했기 때문이다. 하드리아누스가 즉위하자마자 원로원의 유력자 네 명을 살해한 것은 원로원 의원들에게 과거의 악몽을 상기시켰다. 도미티아누스 황제의 말년 같은 공포정치가 또 시작되는 게 아닐까 하고 두려워한 것이다.

하드리아누스의 『회고록』에는 이 사건에 대한 변명이 적혀 있었던 모양이다. 자기는 죽이라고까지는 명령하지 않았는데, 아티아누스가 멋대로 죽였다는 것이다. 『황제열전』에서도 그런 방향으로 이야기가 전개된다. 프랑스의 여류작가 마르그리트 유르스나르의 역사소설 『하드리아누스의 회상』(*Méoires d'Hadrien*)도 이 사건에 대해서는 종래의 해석을 그대로 따르고 있다.

유르스나르의 이 소설은 뛰어난 문학작품으로서, 죽음을 눈앞에 둔 늙은 하드리아누스가 젊은 마르쿠스 아우렐리우스(하드리아누스의 다음다음 황제로서 철인 황제로 불렸고, 오현제 중에서 가장 유명한 인물) 앞으로 쓴 편지 형식을 취하고 있다. 늙은 하드리아누스의 회상이니까 우울한 분위기가 작품 전체를 지배하고 있지만, 소설인데도 철저한 조사를 바탕으로 하고 있어서, 이것은 그 사료에서 취한 것이고 저것은 이런 역사적 사실에 근거를 두고 있다는 것을 일일이 입증할 수 있다. 그런 의미에서는 독일의 극작가 브레히트가 쓴 『율리우스 카이사르 씨의 사업』과 쌍벽을 이룬다. 다만 산문적이고 현실적인 카이사르에 비하면, 성격이 복잡하다는 점에서 좀더 근대적인 하드리아누스 쪽이 소설 주인공에는 더 잘 어울린다. 그렇긴 하지만, 브레히트의 작품도 거침없이 시원스럽고 대범한 카이사르, 나중에는 공화정을 제정으로 바꾸는 혁명까지도 유쾌하게 해치우는 카이사르를 훌륭하게 묘사해냈다.

유르스나르는 이 작품 덕택에 여성으로는 처음으로 아카데미 회원이 되었다는 말을 들을 만큼, 그녀의 하드리아누스는 성공작이었다. 현대 프랑스인들이 로마 시대의 어느 황제보다 하드리아누스를 좋아하는 것도 유르스나르의 공적임이 분명하다. 유르스나르가 본 하드리아누스를 받아들이느냐 마느냐는 별문제로 하고, 『하드리아누스의 회상』이 문학작품의 최고 걸작을 읽는 즐거움을 주는 것만은 틀림없다.

그런데 유르스나르는 하드리아누스 생애의 유일한 오점이라 해도 좋은 '집정관 경험자' 살해사건을 어떤 식으로 해석했을까. 조금 길기는 하지만 요약하지 않고 전체를 소개하고 싶다. 그것은 내가 유르스나르에게 바치는 경의다. 예술작품은 요약해서는 안 된다고 생각하기 때문이다.

〈옛날의 후견인한테서 밀서가 날아온 것은 사르마티아족 유력자한테 항복을 받아내어 이탈리아로 돌아갈 전망이 선 직후였다. 편지에는 로마로 돌아온 퀴에투스가 팔마를 만나러 간 일이 적혀 있었다. 또한 우리의 적들은 그들의 사회적 지위라는 요새에 틀어박혀 과거의 부하들을 소집하기 시작했으며, 그 두 사람이 책모를 계속하는 한 우리의 안전은 보장받을 수 없다는 말도 적혀 있었다.

나는 아티아누스에게 당장 대처하라고 명령했다. 친애하는 그 노인은 마치 전광석화처럼 행동했다. 하지만 그가 한 일은 내 지령을 넘어서 있었다. 내 적들을 일격에 지상에서 말살해버린 것이다.

몇 시간의 차이는 있었지만, 같은 날 켈수스는 바이아에서 살해되고, 팔마는 테라치나의 별장에서, 니글리누스는 파엔차의 시골집 문간에서, 퀴에투스는 동조자들과 밀담을 끝내고 시내로 돌아오려고 마차에 타려다가 살해되었다.

공포의 물결이 수도 로마를 덮쳤다. 나의 늙은 매형 세르비아누스는 내가 제위에 오르자 겉으로는 야심을 포기한 척했지만, 속으로는 내가 실수를 저지르기를 기다리고 있었기 때문에, 네 사람이 숙청당한 사실에 생애 최고의 기쁨을 느꼈을 게 분명하다. 악의에 찬 소문이 다시금 내 주위에 감돌기 시작했다.

이것을 나는 이탈리아로 돌아가는 선상에서 알았다. 나는 깜짝 놀랐다. 적한테서 해방되면 누구나 안도할 게 뻔하지만, 내 대부는 장기적인 반향에는 무관심해지기 쉬운 노인답게 행동한 것이다. 그는 잊어버렸다. 내가 앞으로 20년 동안이나 그 네 사람의 죽음이 초래한 반향과 함께 살아가야 한다는 것을.

나는 생각했다. 옥타비아누스 시절에 정적을 숙청한 것이 아우구스투스의 업적에 계속 오점으로 남은 사실을. 치세 초기에 저지른 범죄가 그 후 네로의 악업으로 연결되어간 것을. 그리고 도미티아누스의 마지막 몇 년. 평범하긴 했지만 다른 황제들에 비해 결코 뒤떨어지지는 않았던 도미티아누스가 자기 행위의 소산인 공포에 인간성을 잃어버리고, 결국에는 황궁 안인데도 마치 깊은 숲속에서 궁지에 몰린 야

수 같은 죽음을 맞이한 사실을 나는 상기했다.

이미 내 공적 생활은 내 통제력을 벗어나 넘쳐흐르기 시작했다. 이 사건은 나에 관한 기록의 서두에 이미 깊게 새겨져버렸다. 이제 내 머리에서도 지워지지 않을 것이다. 원로원, 그 위대하면서도 약한 정치 집단, 자신들이 추적당하고 있다는 것을 깨달으면 당장 일치단결하는 그 기관은 동료 네 명이 내 명령으로 살해되었다는 사실을 결코 잊지 않을 것이다. 이리하여 세 명의 가증스러운 모사꾼과 한 명의 흉포한 야수는 순교자로 추앙될 것이다.

나는 아티아누스에게 브린디시까지 와서 그가 한 일을 해명하라고 엄중하게 명령했다.

그는 항구 근처의 여관에서 기다리고 있었다. 동쪽에 면해 있는 그 방은 일찍이 베르길리우스가 죽은 방이라고 한다. 그는 방 입구까지 발을 질질 끌면서 마중을 나왔다. 통풍을 앓고 있었다.

단둘이 남게 되자 내 입에서는 비난과 질책이 쏟아져나왔다.

온화하고 이상적인 통치를 할 작정이었는데, 깊이 생각지도 않고 저질러진 네 사람의 처형으로 치세가 시작되다니! 네 사람 가운데 한 사람만은 본보기로 죽일 수밖에 없었지만, 아무리 본때를 보이기 위해서라 해도 적법성이 결여된 형태로 처형한 것은 비난의 표적이 될 게 뻔하다. 이번의 권력 남용은 앞으로 내가 아무리 관대하고 공정하게 행동해도 항상 나를 따라다니는 비판의 구실이 될 것이다. 그뿐만 아니라 내 미덕조차도 가면으로 간주되어 폭군의 전설을 낳는 이유가 되고, 역사상으로도 나를 떠나지 않고 줄곧 따라다니게 될 것이다.

내가 느끼고 있는 공포도 고백했다. 나도 이제는 인간성이 지닌 잔혹함과 무관할 수는 없지 않을까. 범죄는 범죄를 부른다는 말이 전해 내려오는데, 나도 그 예가 되지 않을까. 마치 피맛을 본 야수처럼.

충성심이라면 더할 나위 없이 완벽했던 그 노인이 벌써 그 충성심에서 해방된 게 아닐까. 그리고 나에게서 약점을 보았다고 믿고, 그 약점을 이용하여, 나를 위한다는 구실로 니글리누스나 팔마와의 오랜 불화를 청산한 게 아닐까. 평화 확립이라는 내 과업을 위험에 노출시킨 것으로도 모자라서, 나의 로마 귀환을 우울하고 어두운 것으로 만들 준비까지 해주었느냐고 질책했다.

노인은 앉아도 되느냐고 물었다. 자리에 앉은 그는 붕대를 감은 다리를 옆에 있는 발받침대에 올려놓았다. 나는 이야기하면서 그 아픈 다리에 무릎덮개를 덮어주었다.

그는 내가 지껄이는 대로 내버려두었다. 어려운 암송을 그런대로 무난히 해내는 제자를 지켜보는 선생처럼 미소를 머금은 채.

내가 말을 끝내자마자 그는 부드러운 목소리로, 폐하의 방식에 반대하는 사람한테는 어떻게 대처할 작정이었느냐고 물었다. 그러고는 말을 이었다. 그들 일당이 폐하의 암살을 모의했다는 증거를 모으는 것은 간단했다. 그것이 얼마나 도움이 되었을지는 별문제지만. 그렇게 말하고는 다시 말을 이었다.

숙청을 수반하지 않는 정권교체는 있을 수 없다. 폐하의 손을 더럽히지 않고 그 일을 하는 역할이 나에게 맡겨진 것이다. 여론이 희생자를 요구한다면 나를 근위대장에서 해임하면 된다. 이렇게 간단한 일은 없다.

그는 이미 이 해결책을 생각하고 있었고, 나에게 그 해결책을 채택하라고 권했다. 그리고 원로원과의 관계를 개선하기 위해 그 이상의 일을 할 필요가 있으면, 좌천당해도 추방당해도 자기는 만족한다고 말했다.

지금까지 아티아누스는 나에게 아버지 대신이고 충실한 인도자였다. 나는 이따금 그에게 돈을 달라고 조르기도 하고, 곤란한 일이 있을 때는 의논하기도 했다. 하지만 이때 처음으로 나는 깨끗이 수염을 깎은 온화한 얼굴과 지팡이 위에 조용히 겹쳐놓은 주름투성이의 두 손을 찬찬히 바라보았다.

그의 행복을 구성하고 있는 몇 가지 요소에 대해서는 나도 옛날부터 알고 있었다. 그가 사랑하는 병약한 아내, 이미 결혼한 두 딸, 그리고 외손자들. 이 손자들에게 그는 자신이 그러했듯이 조심스러우면서도 끈질긴 희망을 걸고 있었다. 그리고 미식에 대한 기호, 그리스제 카메오와 젊은 무희들에 대한 취미.

그래도 그에게는 이런 것들보다 나에 대한 사랑이 먼저였다. 게다가 그것은 30년이라는 긴 세월 동안 한결같았다. 그의 최대 관심사는 나를 돌보고 키우는 것, 나를 위해 애쓰는 것이었다.

그런데 나는 그와의 관계에서 나 자신의 생각이나 계획이나 장래의 꿈만 우선시켰다. 나에 대한 그의 성실함은 예사롭게 생각했다. 그런데 이제 그 성실함이 기적적이고 불가해한 것으로 여겨지기 시작했다. 이런 헌신을 받을 가치가 있는 사람은 아무도 없다고 말할 수 있을 만큼, 인간의 이해를 초월한 것. 이 나이가 되어도 아직 그것은 설명이 되지 않는다.

나는 그의 충고를 받아들였고, 그는 지위를 잃었다. 그의 얼굴에 떠오른 미소는 내가 그렇게 하리라고 예상했다는 것을 보여주었다. 그는 알고 있었던 것이다. 즉석에서 충고를 받아들이는 것이야말로 오랜 친구에게 보답하는 행위라는 것을. 그 충고가 예리한 정치감각에 뒷받침되어 있고, 달리 좋은 방책을 찾을 수 없는 경우에는 더욱 그렇다는 것을.

그가 더 많은 희생을 치를 필요는 없었다. 몇 달 동안 은둔생활을 시킨 뒤, 나는 그에게 원로원 의석을 주는 데 성공했다. 기사계급으로 태어난 자에게는 최고의 명예였다.

　그는 가족이나 일에 주의를 게을리하지 않고, 유복하긴 하지만 화려하지는 않은 평온한 노년을 보냈다. 나는 알바노 근처에 있는 그의 별장을 자주 찾아갔다.

　이제 그 일은 아무 문제도 되지 않는다. 회전을 앞둔 전날 밤의 알렉산드로스처럼, 로마에 들어오기 전에 공포의 신에게 제물을 바친 것은 과거의 이야기가 되어 있었다. 하지만 나는 아티아누스도 제물로 꼽는 것을 잊지 않았다.〉

　정말 아름다운 장면이다. 나 또한 펜으로 승부하는 작가로서 탄복할 수밖에 없다. 『하드리아누스의 회상』 중에서도 가장 아름다운 장면이 아닐까 싶다.

　하지만 정말로 이야기가 그런 식으로 진행되었을까. 하드리아누스는 '집정관 경험자' 네 명의 음모를 알고 근위대장인 아티아누스에게 '당장 대처하라'고 명령하지만, 그 '대처'란 네 명을 체포하는 것뿐이고 살해를 의미하지는 않았을까.

　하드리아누스 자신이 쓴 『회고록』에는 아티아누스가 독단으로 살해했다고 적혀 있었다지만, 인간은 진실이라고 해서 전부 다 쓰는 것은 아니다. 특히 후세의 평가에 영향을 줄 게 뻔한 이런 문제에서는 본인이 썼으니까 당연히 진실일 거라고 믿는 것은 대단히 위험하다. 이 『회고록』을 토대로 쓰인 게 분명한 『황제열전』도 하드리아누스 시대보다 170년이나 뒤인 디오클레티아누스 시대에 간행된 작품이다. 따라서 다른 '역사적 사실'과 마찬가지로 이것도 역사책에 기록된 것은 모두 진실인가 하는 영원한 문제를 다시 한번 생각게 하는 사례일 뿐이다.

　이 '역사적 사실'을 토대로 소설을 쓴 유르스나르는 하드리아누스에게 살인의 오명을 씌우고 싶지 않았을 것이다. 하드리아누스한테는 인간의 도덕에 어긋나는 일을 시키고 싶지 않았을 것이다.

그렇다면 '당장 대처하라고 명령했다'는 말은 무슨 뜻이었을까. 사전에 따르면 대처란 대응하여 처리한다는 뜻이다. 증거는 간단히 찾아낼 수 있었다니까, 그 증거를 잡아서 고발하고 체포하여 정식 재판에 회부하라는 뜻이었을까.

하지만 그렇게 했다면 과연 비난을 면할 수 있었을까.

죄목은 국가반역죄다. 이런 중죄는 원로원에서 재판한다. 선제인 트라야누스 시대에는 이 죄목으로 고발된 사람이 하나도 없었고, 물론 재판도 없었다. 황제가 단호한 태도로 나가면 항상 추종하는 것이 원로원이니까, 네 명의 음모가에게는 유죄가 선고되고 사형이 집행되었을 것이다. 하지만 그것으로 원로원 의원들의 공포까지 없앨 수 있었을까. 이 죄목으로 정적을 처단했다는 사실은 엄연히 남지 않았을까. 그렇다면 하드리아누스는 티베리우스나 네로나 도미티아누스와 어디가 다르냐는 말을 듣게 될 것이다. 선제가 국가반역죄로 원로원 의원을 처단한 적이 없는 트라야누스였기 때문에, 하드리아누스는 원로원의 유력자 네 명을 이 죄목으로 재판할 수 없는 처지에 있었다고 말할 수는 없을까.

군주나 지도자의 도덕과 개인의 도덕은 다르다. 개인이라면 성실, 정직, 올곧음, 청렴 등이 미덕일 수 있다. 하지만 공인이 되면, 공인 중에서도 최고책임자가 되면 이런 미덕을 반드시 지킬 수는 없다. 라틴어로는 같은 '비르투스'(virtus)지만, 개인의 경우에는 미덕이라고 번역할 수 있어도 공인에 대해서는 '기량'이라고 번역하는 정도로는 충분치 않아서 '역량'이라고 번역해야 하는 경우가 많다. 트라야누스가 개인의 도덕과 황제의 도덕을 양립시킬 수 있었던 것은 다키아 전쟁에 승리하여 로마 제국의 영토를 확대했기 때문이다. 이런 트라야누스를 암살하려 했다면 일반 시민부터 격분했을 테고, 원로원도 외면했을 것이다. 트라야누스에게는 정적이 존재할 수 없었기 때문에 국가반역죄와는 무관하게 치세를 마칠 수 있었다. 하지만 하드리아누스는 영토를 확대하기는커녕 불가피한 경우를 제외하고는 전쟁도 하지 않기로 결심했다. 그뿐만 아니라 트라야누스가 원정한 땅에서 군대를 철수하는 작업도 눈에 띄지 않도록 조심스럽게 진행하고 있었다. 불만을 각오하지 않으면 안 된다. 아우구스투스의 유훈을 거역하면서까지 엘베강에서 라인강으로 후퇴를 감행한 티베리우스가 악평을 각오한 것과 마찬가지다. 만약 티베리우스가 제국 전체의 안전보장을 배려하기보다 엘베강까지의 게르마니아 땅을 정복하는 데 전념했다면 원로원도 그를 지지했을 테고, 원로원의 일원인 역사가 타키투스도 티베리우스를 그렇게까지 비난하지는 않았을 것이다.

그런데 하드리아누스는 늙은 후견인의 충고로 눈을 뜰 때까지 네 음모가를 말살할 생각은 하지 않았을까. 그가 명령한 '대처'에는 살해의 의미까지는 포함되지 않았을까. 따라서 네 명을 죽인 것은 아티아누스의 독단이었을까.

서기 118년 당시 하드리아누스는 스무 살이나 서른 살의 젊은이가 아니었다. 반년만 지나면 마흔세 살이 되는 성숙한 어른이었다. 공화정 시대부터 로마의 최고지도자인 집정관의 자격 연령은 마흔 살이었다.

하드리아누스를 유명하게 만든 것은 치세의 3분의 2나 되는 기간을 들여 제국 전역을 순행한 것이었다. 그만큼 그는 무엇이든 자기 눈으로 보고, 그것을 토대로 판단하여 통치한 사람이다. 무엇이든 스스로 결정하지 않으면 직성이 풀리지 않는 성격이다. 그런 하드리아누스가 원로원의 유력자 네 명에 대한 '대처'라는 중대사를 어정쩡한 형태로,

즉 마지막 마무리도 하지 않은 형태로 명령했을까. 게다가 그 자신이 로마로 돌아온 뒤에 대처한다 해도, 그보다 나은 방책을 찾아낼 수 있는 것도 아니었다.

내가 만약 이 사건을 소설로 쓴다면, 하드리아누스가 명령한 '대처'에는 네 명을 죽이는 것까지 포함되어 있었다는 가설을 토대로 이렇게 쓸 것이다.

〈나의 늙은 후견인은 항구 근처의 여관방에서 기다리고 있었다. 방 입구까지 발을 질질 끌면서 마중을 나왔다. 그는 통풍을 앓고 있었다.

노인은 앉아도 되느냐고 물었다. 의자에 앉은 그는 붕대를 감은 다리를 옆에 있던 발받침대에 올려놓았다. 그 아픈 다리에 나는 자연스럽게 무릎덮개를 덮어주었다.

한동안 나는 열 살 때부터 오랫동안 돈을 조르거나 어려움을 의논해온 아티아누스의 면도한 부드러운 얼굴과 지팡이 위에 조용히 겹쳐놓은 주름투성이의 두 손을 마치 처음 보는 듯이 바라본 뒤에 입을 열었다.

"근위대장을 그만두십시오."

노인의 얼굴에는 손수 돌보아 길러온 젊은이가 훌륭하게 성장한 것을 본 사람처럼 흐뭇한 미소가 번져갔다.

근위대장에서 해임된 아티아누스에게는 몇 달 동안 은거생활을 거친 뒤 원로원 의석을 주는 데 성공했다. 기사계급으로 태어난 자에게는 최고의 명예였다.

알바노 근처에 있는 그의 별장에는 나도 자주 찾아갔다. 아티아누스는 유복하긴 하지만 화려하지는 않은 평온한 노년을 만끽하고 있었다. 우리 사이에는 그 일이 화제에 오른 적이 없었다.〉

문학적 향기가 부족하다는 비판이라면 달게 받겠다. 하지만 정치는 비정한 것이다. 그것을 직시하지 않으면, 만인의 행복을 목표로 삼는 정치는 할 수 없다. 그리고 정치에 필수불가결한 권력을 행사하려면 우선 권력 기반이 튼튼해야 한다. 권력 기반이 확립되지 않으면 권력도 일관되게 행사할 수 없기 때문이다.

하지만 나는 일부 학자들처럼 하드리아누스가 아티아누스에게 책임을 전가했다고 단정하지는 않는다. 아티아누스의 헌신이었다는 유르스나르의 말에 전적으로 동의한다. 사전에 다르면 헌신은 자신의 몸과 마음을 다 바치는 것, 자신을 희생물로 제공하는 것으로 되어 있지만, 죽음으로써 삶을 얻는 것이기도 하다고 나는 생각한다. 그리고 그런 일까지 해주는 사람을 두었다는 것 자체가 지도자의 '역량'(비르투스)이라고 생각한다.

실지회복책

서기 118년 7월, 하드리아누스는 수도 로마로 돌아왔다. 황제가 된 뒤 처음으로, 게다가 11개월 만의 귀환인데도 하드리아누스를 맞는 수도의 공기는 냉랭했다. 그런 분위기 속에서 하드리아누스는 황제로서는 처음으로 원로원 회의에 참석했다. 차갑게 굳은 표정의 원로원 의원들 앞에서 마흔두 살의 황제는 역설했다. 네 명의 집정관 경험자를 살해한 것은 결코 자신의 의도가 아니었다. 황제 암살 음모가 있다는 보고를 받고 긴급 대처를 명령하긴 했지만, 사실인지 아닌지를 조사하라고 명령한 것이지, 재판도 하지 않고 처형하라고 명령한 것은 아니었다. 그것을 오해한 근위대장이 독단으로 살해를 강행했다. 그래서 아티아누스를 근위대장에서 해임했다…….

이어서 하드리아누스는 앞으로는 절대 원로원 의원을 정식 재판도 거치지 않고 살해하는 불상사는 일어나지 않을 거라고 굳게 맹세했다. 그리고 부득이하게 원로원 의원이 처벌 대상이 된 경우에도 원로원 재판에서 과반수가 찬성표를 던진 경우에만 유죄로 인정하겠다고 말했다.

의원들의 굳은 표정이 그 정도로 누그러질 리는 없었다. 트라야누스는 제위에 오른 직후 원로원 의원을 국가반역죄로 재판하는 일은 절대 하지 않겠다고 약속했지만, 하드리아누스는 그렇게까지 말하지는 않았다는 것을 그들은 놓치지 않았다. 또한 정적 네 명을 처단해버린 뒤니까 무엇이든 서약할 수 있을 거라고 속으로 코웃음을 쳤다.

하지만 하드리아누스는 정치란 비정할 수밖에 없다는 점을 이해해달라고 원로원 의원들에게 요구하기에는 지나치게 현실주의자였다. 그리고 로마 제국의 정식 주권자는 원로원만이 아니었다. 로마 시민도 어엿한 주권자다.

수도로 귀환한 지 1년 남짓 동안 보여준 하드리아누스의 씀씀이는 착실한 세무 담당자라면 졸도할 정도의 규모였다.

황제 즉위를 함께 축하한다는 이유로 시민권 소유자 1인당 70데나리우스 정도의 하사금을 주는 일은 기록에는 남아 있지 않지만 틀림없이 실행했을 것이다. 로마 시민이기도 한 군단병들에게는 파르티아에서 철수한다는 인상을 약화시키기 위해서라도 트라야누스가 죽은 직후 충성 서약을 받을 즈음에 이미 하사금을 주었기 때문이다.

'보너스' 외에도 하드리아누스는 콜로세움이나 대경기장을 무대로 한 검투시합이나 전차경주 등 시민들이 열광하는 볼거리를 제공하는 데에도 적극적이었다.

그러나 여기까지는 어느 황제나 즉위할 때 시행한 일이니까, 하드리아누스도 관례에 따랐을 뿐이다. 황제 즉위를 시민과 함께 축하한다는 게 이유니까, 경비도 황제 금고에서 나간다. 다만 하드리아누스의 하사금은 통상적인 액수의 갑절이었다고 한다.

하드리아누스의 인기몰이 시책은 수도 로마의 시민만 대상으로 한 것은 아니었다. 황제가 즉위할 때 본국 이탈리아의 지방자치단체나 속주는 새 황제에게 황금관을 바치는 것이 관례로 되어 있었다. 그런데 하드리아누스는 본국 지방자치단체에서 바치는 황금관은 완전히 폐지하고, 속주에서 바치는 황금관은 액수를 반으로 줄였다. 여기에는 사실상의 세금 감면 이상의 의미가 있었다. 고대에는 황금관을 바치는 것이 곧 복종의 뜻을 표하는 것으로 여겨졌기 때문이다. 동방 원정길에 알렉산드로스 대왕은 얼마나 많은 황금관을 받았던가. 따라서 이것은 본국 지방자치단체가 수도 로마와 완전히 평등해진 것을 의미했고, 속주도 평등에 가까워진 것을 의미했다. 하드리아누스는 이 결정을 법제화했기 때문에, 법을 개정하지 않는 한 제국의 정책으로 정착하게 되었다.

연구자들 중에는 이 정책을 처음 시행한 것은 트라야누스라고 주장하는 사람도 있지만, 어쨌든 속주 출신인 두 황제의 시책으로 본국 이탈리아와 속주의 지위는 더욱 균등해졌다. 하지만 그가 다음에 한 일은 트라야누스라면 꿈도 꾸지 않았을 게 분명하다. 물론 실시할 필요도 없었지만.

이런 일은 역시 허를 찔러 기습적으로, 게다가 대대적으로 실시하지 않으면 효과를 기대할 수 없다. 체납 세금을 전액 탕감한 것이다. 그때까지 어떤 황제도 하지 않은 이 조치가 시행된 것은 트라야누스 포룸의 대광장이었다. 몇 해 전에 완공된 포룸은 하얀색으로 눈부시게 빛나고 있었을 게 분명하다. 선제 트라야누스의 기마상이 서 있는 드넓은 광장에 세금 체납자의 이름과 체납액이 적힌 파피루스 문서가 산더미처럼 쌓이고, 거기에 불이 붙었다. 체납세 탕감 조치는 체납자 본인만이 아니라 가족과 자손한테까지 적용되었다. 이로써 황제 금고와 국고의 세입 감소는 9억 세스테르티우스나 되었다고 한다. 무슨 일인가 하고 몰려든 시민들이 환성을 지르며 타오르는 불길 주위에서 덩실덩실 춤을 춘 것도 당연했다.

하지만 이것으로 끝났다면, 어려운 살림에도 꼬박꼬박 성실하게 세금을 낸 사람들이 우습게 된다. 정직한 사람이 어이없는 꼴을 당하지 않는 사회를 건설하는 것이야말로 선정의 근본임을 알고 있던 하드리아누스는 공정한 조세제도를 실시하는 것도 잊지 않았다. 앞으로는 15년마다 부동산 등기를 다시 하기로 결정한 것이다. 과세액은 부동산의 가치에 따라 결정된다. 교활한 사람이나 게으름뱅이만 세금을 체납하는 것은 아니다. '국세조사'(census)는 30년 내지 40년에 한 번꼴로 실시되기 때문에, 그 사이에 재산가치의 변동이 일어날 수 있다. 그래서 세금을 내고 싶어도 낼 수 없는 사람이 많아졌다.

공정한 세제란 넓고 얕게 세금을 부과하는 제도라고 바꿔 말할 수 있지만, 연구자들에 따르면 로마 제국은 그것을 현실화했다고 한다. 이런 식으로 조세제도를 생각하면 당연한 귀결이지만, 로마 황제들은 세율 인상을 신경질적으로 피했다. 관세가 '20분의 1'(vicesima), 매상세가 '100분의 1'(centesima), 국유지 임차료(거의 영구 임대이기 때문에 세금이라고 생각해도 좋다)가 '10분의 1'(decima)이었는데, 각각의 세율을 일컫는 라틴어가 그 세금의 통칭으로 정착한 것은 세율이 바뀌지 않았다는 가장 좋은 증거다. 하드리아누스도 이 점에서는 완전히 보수적이었다.

하드리아누스는 이렇게 공정한 세제를 실시하려고 애쓰는 한편, 사회복지에도 적극적으로 맞붙었다. 대부분은 트라야누스가 이미 제도화한 것이지만, 하드리아누스는 그것이 좀더 기능을 발휘하도록 제도를 조정했다. 빈곤 가정의 자녀들에게 주는 양육자금인 '알리멘타.' 중소 규모의 농업이나 수공업에 지원해주는 저리 융자. 원로원 계급에 속하기는 하지만 경제적으로 곤궁한 이들에 대한 원조. 그리고 곤궁한 모자 가정에 대한 원조. 이것만은 하드리아누스가 창설한 제도인데, 여기에는 가난의 원인이 어머니의 나쁜 행실에 있는 경우는 제외한다는 조건이 붙어 있는 게 흥미롭다. 로마 제국의 복지는 자립하려고 애쓰는 사람을 원조하는 것을 대전제로 삼고 있었다.

통치자로서의 하드리아누스는 꼭 필요한 경우가 아니면 굳이 법제화하거나 제도화할 필요는 없다고 생각했다. 현대의 어느 연구자는 그런 하드리아누스에게 '기능과 효율의 신봉자'라는 평가를 선사했다.

이리하여 1년도 지나기 전에 하드리아누스를 에워싸고 있던 공기는 완전히 달라졌다. 일부 원로원 의원은 아직도 그 사건에 앙심을 품고 있었지만, 일반 시민들은 원래 자기들과는 별로 관계가 없는 특권계급을 덮친 불행인 만큼 기억에서 몰아내는 데 아무런 저항도 느끼지 않았다.

이 무렵 하드리아누스는 잇따라 새 '은화'와 '동전'을 발행했다. '금화'가 아닌 것은 은화와 동전이 훨씬 유통량이 많았기 때문이다. 사람들이 누구나 지니고 있는 통화는 로마 위정자들이 정책 선전에 활용해온 광고매체이기도 했다. 하드리아누스는 그런 통화에 자신의 통치이념으로 다음과 같은 말을 새겨넣었다.

'관용'(Pietas)

'화합'(Concordia)

'정의'(Justitia)

'평화'(Pax)

로마 제국의 최고 통치 책임자는 황제다. 즉 통화에 새겨진 이런 이념이 현실화하느냐 마느냐는 하드리아누스에게 달려 있었다. 그리고 그 일을 추진하는 기반은 트라야누스의 중신 네 사람을 말살하는 과정을 거침으로써 완벽해졌다.

그렇긴 하지만 오로지 집정관 경험자 네 명이 살해된 사건을 사람들의 기억에서 지워버리기 위해 이런 시책을 시행했다고 생각하면, 하드리아누스가 너무 딱하다. 정략적 사고법에 뛰어난 사람은 절대로 한 가지 목적만을 추구하지 않는다. 하드리아누스가 원로원이나 시민의 기억에서 지워버리고 싶었던 것은 파르티아 원정이 헛일이 되어버린 것이었다. 로마인은 자신들이야말로 패권자라고 확신하고 있었다. 그 확신이 있었기에, 피를 흘리는 것까지 각오하고 제국의 안전을 보장하는 역할을 떠맡은 것이다. 그렇게 생각하는 로마인에게는 원정한 지방에서 철수하는 것만큼 패권자의 명예를 더럽히고 패권자라는 확신을 뒤흔드는 일은 없었다.

이 진짜 목적을 달성하기 위해 하드리아누스는 거짓말까지 했다. 원로원 회의에서 그는 이렇게 말했다. 중병에 걸려 로마로 돌아가기로 결심한 트라야누스가 원정군 총사령관에 자신을 임명할 때 메소포타미아 지방에서 철수할 것을 지시했으며, 그래서 선제의 뜻에 따라 철수했을 뿐이라고.

트라야누스의 기질로 보아, 속으로는 파르티아 원정이 실패했다고 생각하더라도 철수라는 말은 죽어도 입 밖에 내지 못했을 것이다. 하지만 그것을 증언할 수 있는 네 사람은 살해되었다. 이들 외에 증언할 수 있는 상황에 있었던 근위대장 아티아누스는 하드리아누스가 팥으로 메주를 쑨다고 해도 무조건 믿고 지지하는 사람이었다.

그리고 또 한 사람, 마음만 먹으면 증언할 수 있는 사람이 있었다. 바로 트라야누스의 아내 플로티나다. 하지만 이 여인도 끝내 침묵을 지키는 방법으로 하드리아누스 편에 섰다. 황태후는 팔라티노 언덕의 황궁에서도 떠난 모양이다. 궁정에서 열리는 공식 행사에도 사적인 연회에도 모습을 보이지 않았다. 원래부터 좋아한 그리스 문화를 만끽하는 조용한 생활로 돌아가 있었고, 공적인 일이라면 그리스 철학을 공부하는 모임, 현대식으로 말하면 그리스 철학 연구재단의 명예회장을 맡은 정도였다.

네로의 어머니 아그리피나는 초대 황제 아우구스투스의 피를 이어받은 로마 사회의 귀인이었다. 그래서 기회가 있을 때마다 네로에게 네가 황제가 될 수 있었던 것은 내 덕분이라고 말하여 아들의 미움을 샀다. 그와는 반대로 플로티나는 남프랑스 속주 태생으로, 조상이 로마 시민권을 얻었을 뿐이다. 하지만 생활방식의 품격은 혈통과는 무관한 것일까. 하드리아누스는 트라야누스의 양자니까 플로티나와 하드리아누스는 호적상으로 모자 관계였지만, 같은 이탈리아에 살면서도 이따금 안부 편지만 교환한 모양이다.

1년 동안 대담한 인기만회 정책을 편 뒤에도 하드리아누스는 1년 남짓 본국 이탈리아에서 움직이지 않았다. 시민들은 황제가 옆에 있어주는 것을 좋아한다. 투기장이나 경기장 귀빈석에 황제의 모습이 보이면 안심한다. 하드리아누스도 여러 가지 정책이 뿌리를 내리는 것을 감시할 필요가 있었다. 또한 자기가 좋은 황제라는 인상을 더욱 철저하게 심어줄 필요도 있었다.

취미인 사냥과는 딱 손을 끊었다. 사냥터로는 발길도 돌리지 않았다. 로마인들은 사냥을 오리엔트 군주의 취미로 생각했기 때문이다. 알렉산드로스 대왕을 상기해준다면 좋지만, 대왕의 뒤를 이은 헬레니즘 군주들은 대왕의 이 취미만 물려받았기 때문이다. 헬레니즘 국가들의 군주가 아니더라도, 파르티아 왕이나 아르메니아 왕에서부터 베두인족 족장에 이르기까지 로마인들이 아는 동방의 제후들은 모두 사냥을 좋아하는 공통점이 있었다. 그리고 이탈리아 안에서는 기껏해야 멧돼지나 사슴을 쫓아다니는 게 고작이어서, 사자 사냥이 꿈이었던 하드리아누스로서는 사냥을 못해도 불만은 없었을 것이다.

하드리아누스의 또 다른 취미는 그리스 문화였지만, 이 시기에는 그 취미를 노골적으로 드러내지 않았다. 원로원 보수파에게 경계심을 불러일으키지 않기 위해서였다. 그리고 네로나 도미티아누스가 그리스를 좋아하기로 유명했기 때문에, 자칫하면 일반 시민에게 그들과 동일시될 우려가 있었다. 어쨌든 '지고의 황제'의 뒤를 이은 만큼, 좋은 황제라는 인상을 심어주는 것도 지극히 어려운 일이었다.

이탈리아 각지를 순행하느라 수도를 비우거나 아무래도 손을 뗄 수 없는 일이 있을 때를 제외하고는 원로원 회의에 반드시 참석했다. 의장인 집정관이 입장할 때는 다른 의원들처럼 자리에서 일어나 맞이했고, 토의에도 적극적으로 참여했다. 그리고 기회 있을 때마다 국가 통치에 필요한 황제의 권력 행사는 자기 개인의 만족을 위해서가 아니라 시민을 위해서라고 언명하는 것을 잊지 않았다. 또한 생일을 제외하고는 경기대회를 그에게 바치는 것도 단호히 거부했다. 원로원 의원과는 누구든 대등하게 이야기를 나누었다. 그들의 저택에 초대를 받으면 기꺼이 응했다. '황제'라기보다 '시민 중의 제일인자'로 행동하려고 애썼다.

사회간접자본 정비는 '황제'로서 해야 할 책무 가운데 하나지만, 트라야누스가 모두 해주었기 때문에 새로 시작해야 할 공사는 거의 남아 있지 않았다. 유지·보수는 늘상 필요하니까, 이 시기의 하드리아누스가 한 일은 그것뿐이다. 새로 착공한 공공건물은 신격화한 선제에게 바친 신전뿐이었지만, '트라야누스 포룸'을 건설할 당시에 이미 지반 작업과 설계가 끝나 있었기 때문에 이 공사도 건축가 아폴로도로스의 지휘로 순조롭게 진행되고 있었다.

'시민 중의 제일인자'로 행동하는 것은 원로원 회의 때만이 아니었다. 로마에는 율리우스 카이사르가 제정한 법이 살아 있어서, 교사와 의사에게는 인종이나 민족의 구별없이 로마 시민권을 주는 대신 적절한 가격으로 교육이나 의료를 제공하도록 하는 일종의 민생제도가 기능을 발휘하고 있었기 때문에 진료소는 많았지만, 대규모 병원시설은 '테베레강 속의 섬'(이솔라 티베리나)에만 있었다. 하드리아누스는 그곳에서 요양 중인 환자들을 방문했다.

또한 '카이사르 민생법' 덕분에 개인이 설립한 학교는 많았지만 대학은 없는 것이 수도 로마의 실정이었다. 그래서 고등교육은 로마가 제패하기 전부터 교육도시로 유명했던 그리스의 아테네나 소아시아의 페르가몬, 로도스섬, 이집트의 알렉산드리아에 맡기고 있었다. 따라서 대학은 방문하고 싶어도 할 수 없었지만, 수도 로마나 본국 이탈리아에 대학이 있었다면 하드리아누스는 반드시 방문했을 것이다. 환자를 위문하거나 학생을 격려하는 이유는 별 차이가 없기 때문이다.

이렇게 무슨 일에나 정력적으로 맞붙는 하드리아누스가 이 무렵 몰두한 대상은 시민이었지만, 그것도 지나치게 기를 쓰고 하면 아무리 하드리아누스라도 실패를 면할 수 없다.

어느 날 오후, 황제는 수도에 많이 있는 공중목욕탕에 갔다. 어쩌면 그것은 최신 시설에 최대 규모인데다 웅장하고 화려해서 시민들에게 인기가 높았고 따라서 입장객이 가장 많았던 '트라야누스 목욕탕'이었는지도 모른다. 공중탕에서 시민들과 함께 목욕을 즐기는 것은 민주적인 면모를 보여주고 싶은 황제들이 자주 해온 일이니까 하드리아누스가 처음은 아니다. 하지만 공중목욕탕에 다니는 횟수는 하드리아누스가 가장 많았다. 경호는 어떻게 했는지 걱정되지만, 어쨌든 모두 알몸이다. 그 때문인지는 모르지만, 공중탕에서 벌어진 암살은 로마 역사상 한 건도 일어나지 않았다. 원로원 회의장보다, 어쩌면 궁중보다도 공중탕이 더 안전했을지 모른다. 또한 조각이나 경기장에서 알몸을 보는 데 익숙해져 있는 로마인이지만, 몸이 늙고 추하면 남들 앞에 나체를 드러낼 마음이 내키지 않았을 것이다. 황궁에는 본격적인 로마식 욕실이 있었으니까 거기서 목욕을 하면 된다. 하지만 하드리아누스는 원래 아름답고 건장한 육체를 가진데다 이 무렵에는 40대 전반의 한창 나이였다. 그래서 싫든 좋든 알몸을 맞댈 수밖에 없는 공중탕에 다녔던 것이다.

하루는 한 노인이 비누(오늘날과 같은 비누는 아니지만 충분히 쓸모있는 물건)를 칠한 몸을 목욕탕 벽에다 문지르고 있는 것이 눈에 들어왔다. 기억력이 뛰어난 하드리아누스는 이 노인이 일찍이 자기 휘하에 있던 백인대장인 것을 생각해냈다. 그래서 노인을 불러 물었다. 왜 벽에다 몸을 문지르고 있느냐고.

퇴역 백인대장도 물론 하드리아누스를 알고 있었다. 지금은 황제와 시민이지만, 과거에는 하드리아누스에게 '전우 여러분'(콤밀리테스)이라고 불린 병사들 가운데 하나다. 그래서 등때를 밀어줄 사람을 고용할 돈이 없어서 그런다고 솔직하게 대답했다. 고대에는 작은 낫 같은 것으로 때를 벗겨냈다. 상처가 나지 않을까 걱정되지만, 날카롭게 간 칼로 수염을 깎던 시대다. 숙달되면 다치지 않고 때를 벗길 수 있었을 것이다.

노인을 동정한 하드리아누스는 늙은 옛 부하에게 때밀이 노예를 그것도 두 명이나 선사했다. 게다가 그 노예들을 유지하는 데 드는 비용까지 붙여주었다. 노병이 감사하고 감격한 것은 말할 나위도 없다. 하드리아누스 자신도 뿌듯한 기분을 맛보면서 황궁으로 돌아왔다.

그런데 이튿날 오후 목욕탕에 간 하드리아누스는 벽마다 등을 문지르고 있는 노인들로 메워져 있는 광경을 목격했다. 이 사태에 황제가

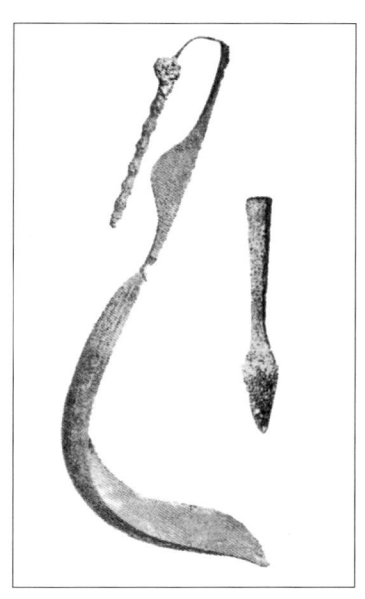

두 종류의 때밀이 도구

어떻게 대응했는지는 알려져 있지 않다. 처음에는 어처구니가 없었을 테고, 다음에는 웃음을 터뜨렸을지도 모른다. 확실한 것은 노인들의 시위가 허사로 끝났다는 것, 한동안 시민들에게 좋은 웃음거리가 되었다는 것뿐이다.

그래도 냉랭한 분위기 속에서 수도로 귀환한 지 2년 만에 황제에 대한 시민들의 감정은 완전히 호전되었다. 수도 로마를, 본국 이탈리아를 비워도 괜찮겠다고 생각할 만큼 분위기가 달라져 있었다. 황제가 없어도 '내각'(콘실리움)이 완벽하게 기능을 발휘하도록 조직을 다지는 작업도 끝나 있었다. 기능과 효율의 신봉자라면 조직 만들기의 중요성은 굳이 설명을 듣지 않아도 알고 있다. 어느 연구자는 하드리아누스를 '천재적 조직자'로 평가한다. 그리고 하드리아누스가 계획하고 있던 순행이야말로 이 면에서 그의 재능이 꽃을 피우는 무대가 되었다.

하드리아누스의 '순행'

로마 황제들은 뜻밖에 여행을 많이 한다. 그것은 황제에게 부과된 책무—첫째는 안전보장, 둘째는 속주 통치, 셋째는 사회간접자본 정비—를 완수하려면 현지 사정을 알아야 할 필요가 있었기 때문이다. 하지만 실제로는 황제가 나설 필요가 생겼을 때 현지에 가는 정도였고, 제국 전역을 돌면서 계획적으로 시찰하지는 않았다. 전쟁터에 나가는 것이 목적이라고는 하지만, 현지에 간 이상은 주변 지역의 통치를 감시하고 그 지방의 사회간접자본을 정비하려고 애쓰는 것은 당연한 귀결이다. 현지를 돌아보는 것은 황제에게도 도움이 되는 일이었다.

티베리우스만은 황제가 된 뒤 본국 이탈리아를 한 번도 떠나지 않았지만, 그의 경우는 56세에 제위를 계승하기 전에 이미 선제 아우구스투스의 군사령관으로서 제국의 주요 지역을 거의 다 돌아다녔다. 또한 황제가 된 뒤에는 철저히 방위에만 힘썼기 때문에, 황제가 나설 필요가 있는 전쟁은 하지 않았다.

다키아족과 파르티아 왕국을 상대로 전쟁을 치른 트라야누스 황제조차도 군사 목적이 아닌 여행은 하지 않았다. 로마 황제들은 실무적인 목적이 없는 여행은 하지 않았다. 본국을 비우고 관광여행이라도 떠났다가는 원로원과 시민의 반발을 살 게 뻔했다. 네로 황제가 결정적으로 악평을 받게 된 것은 그에게 동경의 땅이었던 그리스로 여행을 떠났기 때문이다.

이렇게 생각하는 로마인에 맞서서 하드리아누스는 현지 시찰과 그것을 토대로 한 정비 정돈만을 목적으로 한 대여행을 감행한다. 규모에서는 어떤 황제도 비교가 되지 않을 만큼 장기간의 광범위한 여행이 되는 것을 피할 수 없었다. 율리우스 카이사르가 유일하게 비교 대상이 될 수 있지만, 카이사르의 여행은 전쟁을 치르기 위해 이곳저곳을 전전한 결과였다. 물론 카이사르는 다음 전쟁터로 가는 길에 그리스계 주민과 유대계 주민의 경제적 권리를 평등화하는 따위의 작업(이것도 분명 속주 통치의 영역에 속한다)도 해내긴 했지만.

그렇다 해도 로마군 최고사령관인 황제가 군단 하나도 거느리지 않고 여행을 떠나는 것이다. 그 일을 감행하는 하드리아누스에게 유일한 구원은 로마인이 현실적인 백성이라는 점이었다. 현실적인 백성인 만큼, 성과가 있으면 그것으로 좋다고 생각한다. 하지만 성과가 눈에 보일 때까지는 얼마간 시간이 필요하다. 그래서 하드리아누스는 당시의 로마인이라면 당장 알 수 있는 상징적인 그림과 문자를 새긴 통화를 발행하여, 자기가 순행하는 각지를 보여주기로 했다. 그러면 제국 서방에 사는 사람들도 새 은화나 동전을 손에 들고, 황제가 동방의 에페수스를 시찰한 것을 알게 된다. 물론 보고서를 받는 원로원은 알고 있었겠지만, 수도나 본국 이탈리아 주민들도 새로 발행된 통화를 보고 황제의 동정을 알게 되었다. 하드리아누스의 의도는 도나우강에 놓은 돌다리나 정복된 다키아를 상징하는 그림을 통화에 새긴 트라야누스와 마찬가지였다. 통화에 새겨진 그림이나 문자가 전쟁과는 무관하다는 점이 다를 뿐이었다.

그 덕분에 우리는 그가 직접 쓴 『회고록』이 소실된 시대에 살면서도 하드리아누스의 여행 경로를 더듬어갈 수 있다. 또한 하드리아누스는 순행지에서 그곳이 무엇을 필요로 하는가를 알면 당장 그 문제 해결에 착수하라고 명령하는 것이 보통이었기 때문에, 그런 것이 건설된 곳에는 그 사실을 기록한 기념비가 세워진다. 이런 고고학적 유물도 그의 경로를 추적하는 데 도움이 된다. 보통 황제의 순행이라면 표면적인 시찰과 밤마다 열리는 향연을 머리에 떠올리게 되지만, 이런 사료를 보면 하드리아누스의 순행은 그런 부류의 것이 아니었음을 알 수 있다. 하드리아누스의 순행지는 대부분 변경이나 벽지였다. 방위시설

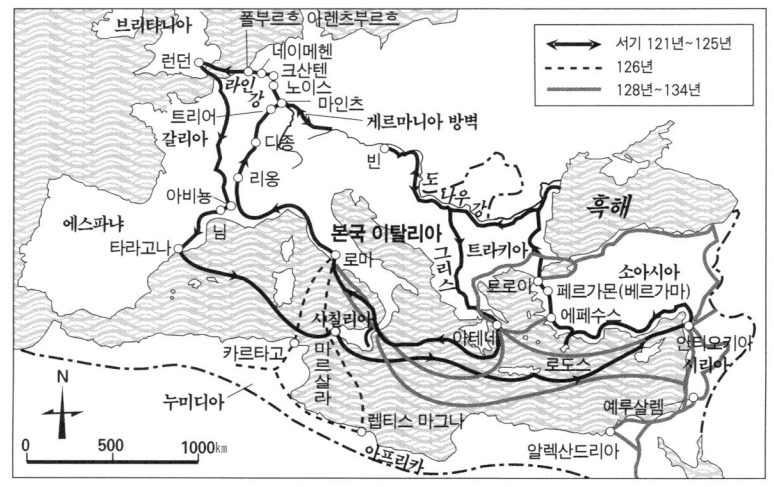

하드리아누스의 순행로

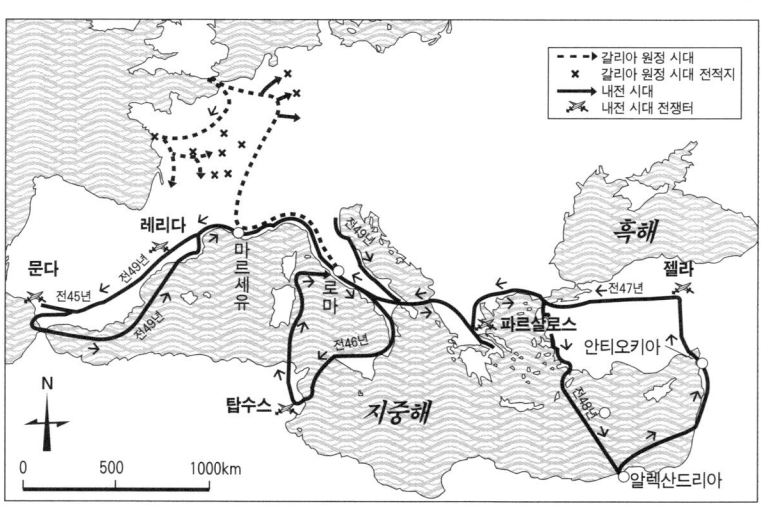

율리우스 카이사르의 진격로

을 시찰하며 다니는 것이니까 당연한 일이긴 했지만.

군단도 거느리지 않고, 황후를 동반한 것도 한 번뿐이었지만, 하드리아누스가 혼자 마음 내키는 대로 여행한 것은 아니다. 할 일 없는 궁정인을 잔뜩 거느리고 유람을 다닌 것도 아니다. 건설 분야의 전문가들이 그와 동행했다. 말상대 역할을 하는 시인을 데려간 적도 있다. 여행하기에 적합하지 않은 겨울이 아닌 한, 황제의 순행지를 나타낸 통화가 발행될 무렵이면 하드리아누스는 이미 다음 순행지로 이동해 있었다. 그야말로 'immensi laboris'(지칠 줄 모르는 일꾼) 그 자체였다.

해는 서기 121년으로 바뀌었다. 1월 24일은 하드리아누스의 생일이다. 마흔한 살에 제위에 오른 하드리아누스도 어느덧 마흔다섯 살을 맞았다. 수도 로마에서는 황제의 생신을 축하하는 경기대회가 열렸다. 황제도 여느 때의 생일과는 달리 그해에는 모든 시민에게 하사금을 나누어주었다. 거기에는 분명한 이유가 붙어 있었다. 황제의 순행이 무사히 성공하기를 기원하여 그것을 미리 축하한다는 것이었다.

4월 21일은 로마의 건국기념일이다. 기원전 753년 4월 21일 로물루스가 로마를 세운 것으로 되어 있고, 로마인들은 해마다 그날을 성대하게 경축했다. 황제는 '최고제사장'도 겸하고 있다. 하드리아누스는 카피톨리노 언덕의 유피테르 신전에서 토가 자락으로 머리를 가린 제사장 차림으로 엄숙하게 제의를 거행했다. 제의를 마친 황제는 수도 로마에 베누스(비너스) 신전을 세우겠다고 발표했다. 전설에 따르면 로마의 시조인 로물루스는 베누스 여신의 혈통을 이어받은 것으로 되어 있었기 때문이다.

이리하여 하드리아누스는 대여행을 앞두고 필요하다고 여겨지는 준비를 모두 끝냈다. 바꿔 말하면, 원로원과 시민이 황제에게 버림받은 기분을 느끼지 않도록 손을 써두었다. 순행지는 제국의 서방 일대였다.

왜 동방이 아니라 서방에 먼저 손을 댔을까. 이유는 간단하다. 제국의 동방은 파르티아 전쟁을 뒤처리할 때 하드리아누스 자신이 일단 정비를 끝냈기 때문이다.

라인강

수도 로마에서 아우렐리아 가도를 따라 북상하여 오늘날의 남프랑스인 '갈리아 나르보넨시스 속주'로 들어간 뒤, 론강을 거슬러 올라가 리옹으로 간다. 로마 시대에 루그두눔(Lugdunum)이라고 불린 리옹은 남프랑스를 제외한 갈리아 전역의 수도라고 말할 수 있는 도시였다.

갈리아를 정복한 율리우스 카이사르는 패배한 갈리아 부족들의 근거지를 그대로 남겨두었고, 카이사르의 이 방침을 답습한 황제들도 이런 도시와 도시 사이를 가도로 연결했기 때문에, 로마 시대에 번영한 갈리아 도시들 가운데 로마가 세운 도시는 극히 적다. 극히 적은 그 도시들 가운데 하나가 바로 리옹이다. 리옹만은 처음부터 로마인이 세운 도시였고, 고대에는 파리보다 중요한 도시였다. 프랑스만 염두에 두면 파리의 입지조건이 더 좋다고 말할 수밖에 없지만, 로마 제국의 서방 전역을 시야에 넣고 보면 리옹의 입지조건이 훨씬 낫다. 리옹은 이베리아반도와도, 이탈리아반도와도, 그리고 라인강 전선과도 거의 같은 거리에 있었기 때문이다.

라인강 연안의 스트라스부르에 주둔한 1개 군단을 제외하면, 남프랑스를 포함한 갈리아 전역에 1개 군단도 상주시키지 않은 로마가 유독 리옹에만은 1개 대대를 상주시켰다. 그것은 로마가 제정으로 바뀐 뒤 황제가 관장하는 금화와 은화 주조소를 리옹에 설치했기 때문이다. 덧붙여 말하면, 동전 주조권은 원로원에 있었기 때문에 수도 로마에서 동전을 주조했다.

그거야 어쨌든, 기원전 1세기 중엽에 갈리아를 정복한 카이사르의 뒤처리는 정말 훌륭했다고 말할 수밖에 없다. 그로부터 200년 뒤인 서기 2세기에도 갈리아 동쪽 끝에 있는 스트라스부르에 라인강 방위가 주목적인 1개 군단만 주둔시켰다는 사실은 특기할 만하다. 교묘한 정치는 경비도 절감해준다.

로마화의 우등생이라고 불리는 갈리아인 만큼, 리옹에서는 하드리아누스의 일도 간단히 끝났다. 갈리아 전역을 시찰할 필요도 없었다. 리옹에는 며칠 머물렀을 뿐, 곧장 라인강 방위선을 향해 떠났다.

다음 행선지는 모젤 강변에 있는 아우구스타 트레베로룸(오늘날의 트리어)이었다. 리옹에서 로마 가도를 따라 북상하면 디비오(오늘날의 디종)에 이르고, 다시 북상을 계속하면 모젤 강변에 이른다. 아우구스타 트레베로룸은 원래 트레베리족의 근거지였지만, 아우구스투스가 도시화하여 벨기카 속주의 도읍으로 삼았다. 하드리아누스는 라인강 방위선의 책임자 전원을 이곳에 소집한 게 분명하다. 라인 강어귀에서 '게르마니아 방벽'까지 포함하는 라인강 방위선은 북쪽의 베테라(오늘날의 크산텐)와 본나(오늘날의 본)에 기지를 둔 저지 게르마니아(게르마니아 인페리오르)의 2개 군단, 모곤티아쿰(오늘날의 마인츠)과 아르겐토라툼(오늘날의 스트라스부르)에 기지를 둔 고지 게르마니아(게르마니아 수페리오르)의 2개 군단, 합해서 4개 군단이 방위를 맡고 있었다. '저지'와 '고지' 게르마니아 속주의 두 총독과 그들 밑에서 군단을 이끄는 군단장 네 명, 그리고 각 기지에 근무하는 고위 장교들을 소집하기에는 이들 기지와 연결된 가도가 모두 합류하는 트리어가 가장 적합했다.

트리어 접견은 전선의 현황 보고로 채워졌을 게 분명하다. 접견이 끝난 뒤, 하드리아누스는 라인강 연안의 마인츠로 갔다. 전선을 구석구석까지 시찰하기 위해서다. 야만족이 내습했다는 보고는 없었으니

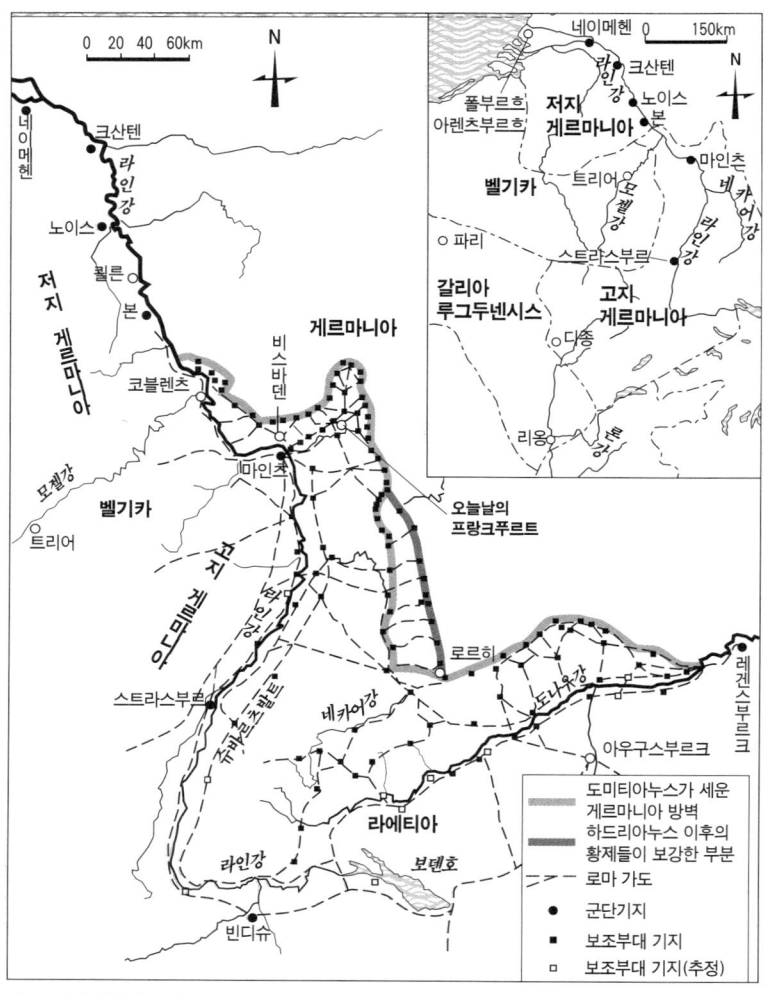

게르마니아 방벽과 라인강 방위선(오른쪽 위 지도. ●은 군단 소재지)

* 게르마니아 방벽은 다른 지역의 로마 방위체제와 마찬가지로 요새·보조부대 기지·군단기지·도로망으로 이루어져 있다.

까, 트리어 접견에 참석한 사람들도 모두 데리고 시찰하러 갔을 것이다. 자신의 담당 지역만 알고 있으면 자기 담당 지역도 제대로 방위할 수 없기 때문이다.

라인강 방위선 시찰은 '게르마니아 방벽'부터 시작되었다. 시찰하면서 문제점이 발견되면 그 자리에서 당장 대책이 세워지고, 곧바로 실행에 옮겨진다. 도미티아누스 황제가 건설한 '게르마니아 방벽'의 절반이 동쪽으로 30킬로미터쯤 확장된 것도 이때의 시찰이 낳은 성과였다.

그동안 하드리아누스는 병사용 막사에서 잠을 자고 병사들과 한솥밥을 먹는 생활을 계속했다.

'게르마니아 방벽' 시찰을 끝낸 황제 일행은 다시 마인츠로 돌아가, 이번에는 라인강을 따라서 저지 게르마니아 방위선을 시찰하기 시작한다. 이 무렵에는 서기 121년도 이미 가을로 접어들고 있었다.

시찰은 하드리아누스가 제2차 다키아 전쟁 때 지휘한 적이 있는 제1군단의 기지인 본, 그 군단의 분견대 기지가 있는 노바이시움(오늘날의 노이스), 트라야누스가 편성한 제3군단이 주둔하는 크산텐에서 끝나지는 않았다. 라인 강어귀에 가까운 분견대 기지 노비오마구스(오늘날의 네이메헨)를 지나 강어귀에 '포룸 하드리아니'(하드리아누스 포룸)라고 명명한 도시까지 세우게 했으니, 정말 철저하다. 이 일대가 오늘날에는 네덜란드지만, 로마 시대에는 트라이에크툼(오늘날의 위트레흐트)을 포함하는 라인 강어귀까지 로마의 손이 뻗쳐 있었다. 덧붙여 말하면, 오늘날의 폴부르흐 아렌츠부르흐로 추정되는 '포룸 하드리아니'는 군단이나 그 일부가 주둔하는 기지가 아니다. 원주민 촌락에 자치권을 인정하여 로마 제국에 편입시키는 당시의 '지방자치단체'(무니키피아) 가운데 하나였다. 물론 자치권을 인정한 것은 하드리아누스다. 이 벽지의 외진 마을도 '하드리아누스 포룸'이라는 문명적인 이름을 받았으니까, 그 이름을 준 당사자인 하드리아누스가 포룸 하나라도 지어주었을 성싶지만, 그것은 고고학의 성과를 기다릴 수밖에 없다.

어쨌든 순행 첫해는 라인강 방위선을 구석구석까지 시찰하는 데 보냈다. 하드리아누스는 이 전선에 염주처럼 늘어서 있는 기지들 가운데 하나에서 겨울을 났다. 북유럽의 겨울은 혹독하다. 한겨울에는 아무리 건장한 남자라도 밖에 나가기를 꺼린다. 그래도 이듬해 봄의 일정을 생각하면 되도록 강어귀 근처에서 겨울을 나고 싶었을 테니까, 한겨울의 두 달 정도는 군인들만 사는 군단기지보다 그 기지를 중심으로 군인과 민간인이 함께 사는 도시인 크산텐에서 보냈을지도 모른다.

방위체제 재구축

라인강 방위선 시찰에서 하드리아누스는 그 후 다른 지방을 순행할 때 실행한 일을 모두 하고 있다.

그것은 한마디로 말하면 방위체제의 재구축이었다. 방위선을 이동시킨 것도, 군단기지를 다른 곳으로 옮긴 것도 아니다. 각 기지를 종횡으로 연결하는 도로망에 손을 댄 것도 아니다. 다만 기능이 저하되거나 둔화된 것은 주저없이 고치고, 필요하면 보강하여 현재 상태에 적합하도록 합리적으로 재구축했을 뿐이다. 하드리아누스의 이 '사업'을 두고 어느 연구자는 '셰이크업'(shake-up)으로 평가했다. 굳이 번역하면 '쇄신'이라고 할까.

로마사를 접하면서 가장 절실하게 느끼는 것은 로마인들의 일관된 지속성이다.

아피아 가도가 그 전형이다. 아피우스가 로마에서 카푸아까지 가도를 건설하면, 그 뒤를 이은 사람은 카푸아에서 베네벤토까지, 그다음 사람은 베네벤토에서 타란토까지, 그다음 사람은 타란토에서 브린디시까지 가도를 건설한다. 그렇게 해서 완성된 것이 아피아 가도였다.

완성된 뒤에도 로마인의 일관성은 지속된다.

아피아 가도 전체를 보수한 율리우스 카이사르나 플라미니아 가도 전체를 보수한 아우구스투스를 필두로 하여 황제나 유력자들이 줄을 잇는다. 로마인들은 유지·보수도 신축 못지않게 훌륭한 공공사업이라고 생각했기 때문이다. 그리고 산지를 지나기보다 되도록 빨리 해안으로 나가서 해안선을 따라 남하하는 편이 합리적이라고 판단하면, 과감하게 실행에 옮겼다. 트라야누스가 베네벤토에서 아피아 가도와 갈라져 브린디시로 직행하는 아피아-트라야나 가도를 건설한 것이 좋은 예다. 최초의 로마식 가도이고 남쪽으로 내려가는 간선도로라서 당시에도 이미 '가도의 여왕'이라고 불린 아피아 가도에 대해서도 로마인들은 고칠 필요가 있을 때는 고치고 고칠 필요가 없을 때는 고치지 않는다는 태도로 대처했다. 이것이 진정한 의미의 보수주의라면, 로마인들은 진정한 보수주의자였다.

하드리아누스도 비록 출생지는 에스파냐지만 틀림없는 로마인이었다. 그리고 하드리아누스가 라인강 방위선을 '쇄신'하는 것만으로도 충분했던 것은 이 방위선을 맨 처음 확립한 율리우스 카이사르, 그것을 정착시킨 티베리우스, '게르마니아 방벽'을 구축하여 기능을 향상시킨 도미티아누스 황제가 있었기 때문이다.

그러면 하드리아누스는 구체적으로 어떤 일을 실행하여 제국의 안전보장을 재구축했을까.

조직이 아무리 잘 만들어져 있어도, 그 기능을 결정하는 것은 어디까지나 사람이다. 하드리아누스는 인사에 많은 신경을 썼다.

'고지'와 '저지'로 나뉜 게르마니아 속주의 두 총독은 모두 전략단위인 2개 군단을 지휘하는 사령관이기도 했다. 전선의 속주는 군사 속주라고 말할 수도 있으니까, 총독은 군사와 민사를 양쪽 다 책임진다. 이 총독은 집정관까지는 경험하지 않았더라도 최소한 법무관은 경험해야 했다. 군사밖에 모르는 사람은 군사도 제대로 수행할 수 없기 때문이다.

전선의 속주는 통틀어 황제 속주라고 부르고 황제의 관할 아래 있었기 때문에, 총독 임명권과 해임권도 황제에게 있었다. 하드리아누스가 라인강 방위선을 시찰할 당시의 두 총독은 선제 트라야누스가 임명한 사람들이었다. 트라야누스의 안목이 뛰어났는지, 하드리아누스는 그들을 교체하지 않았다. 다른 지방을 순행할 때는 총독을 교체한 경우도 있다. 그래도 해임이나 경질 같은 과감한 수단에는 호소하지 않는다. 원로원에 돌려보낸다는 명목으로 해임하고, 집정관 선거에 출마하도록 추천해주고, 집정관을 지낸 뒤에는 전선에서 멀리 떨어져 있어 평화로운 원로원 속주 총독으로 보내 '명예로운 경력'을 마치게 하는 방식을 취했다. 결과적으로 제국의 안전보장을 최전선에서 담당하는 사람은 모두 하드리아누스에게 역량을 인정받은 이들로 채워지게 되었다.

군단장에 대한 인사권도 로마군 최고사령관인 황제에게 있다. 로마 시민권을 가진 군단병 6천 명과 거의 같은 수의 속주민 보조병을 통솔하는 군단장은 원래 법무관 경험자가 맡아야 하지만, 다키아 전쟁과 파르티아 전쟁을 수행한 트라야누스는 이 자격 조건을 갖추지 않았어도 군사적 역량이 뛰어나면 군단장에 임명한 예가 적지 않았다. 하드리아누스는 역량이 있다고 인정한 사람은 일단 해임하여 수도 로마로 돌려보내고, 황제 추천으로 당선시켜 법무관을 경험하게 한 뒤에 다시 전선으로 돌려보내는 방식을 취했다. 평시에는 역시 질서를 지켜야 조직이 제대로 기능하기 때문이다.

로마의 1개 군단은 다음 페이지의 도표처럼 구성되어 있기 때문에, 대대장은 모두 10명이다. 960명의 병사를 지휘하는 제1대대장을 제외한 나머지 9명은 각각 480명의 병사를 책임진다. 로마군에서 분견대라면 대대(코호르스)를 의미하기 때문에, 분견대 주둔지가 있으면 그 기지의 방위 책임은 대대장에게 있었다.

　대대장 임명권은 군단장에게 있었지만, 군사적 역량보다 부하 병사들에게 인기있는 사람이 대대장에 임명되는 경향이 강해지고 있었다. 제정 시대에 들어오면서 군대의 목적이 방위 위주로 바뀌었기 때문에 생긴 경향이었다. 하드리아누스는 그것을 바꾸었다. 병사들의 인망보다 군사적 역량에 중점을 두어 대대장을 임명하게 한 것이다. 원로원 계급의 자제만 '주홍색 띠를 두른 대대장'에 임명하는 특전은 그대로 유지되었다. 제국의 지도자 예비군에게 처음부터 막중한 임무를 부과하여 실무 경험을 쌓게 하는 것이 얼마나 중요한 일인지, 그것을 몸소 체험한 하드리아누스가 누구보다도 잘 알고 있었기 때문이다.

　다음은 하사관인데도 '로마 군단의 등뼈'라고 불린 백인대장이다. 공화정 시대의 유물로 여전히 백인대장이라고 불리긴 했지만, 실제로는 제1대의 160명을 제외하면 80명의 병사를 통솔한다. 요즘으로 치면 중사겠지만, 그렇게 번역할 수는 없다. 로마군에서는 백인대장의 4분의 1은 비록 하사관이라도 군단장이나 사령관이 소집하는 작전회의에 참석할 권리가 있었기 때문이다.

　하드리아누스는 대대장의 경우와는 달리 백인대장 인선에는 부하 병사들의 인망도 참고자료로 추가했다. 그 이유는 군단기지나 숙영지에서도 대대장에게는 장교용 숙소가 제공되는 반면 백인대장은 부하 병사들과 같은 숙소나 막사에서 함께 기거했기 때문일 것이다. 식사도 부하들과 함께 했다. 하지만 아무리 부하들한테 인기가 있어도 단지 그것만으로 백인대장이 될 수 있는 것은 아니었다. 하드리아누스는 강건한 육체와 적극적이고 개방적인 기질을 백인대장의 인선 기준으로 삼았다. 부하한테 상냥하기만 해서는 '로마 군단의 등뼈' 구실을 할 수 없기 때문이다.

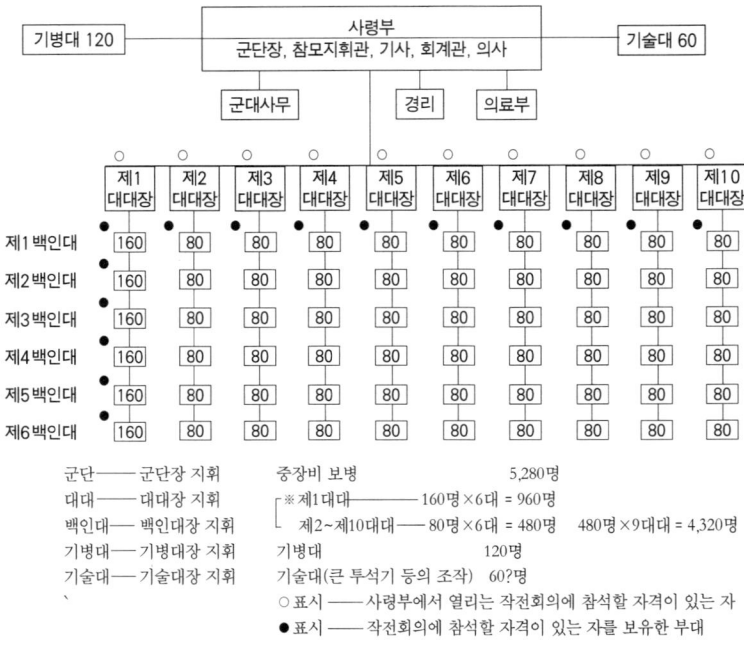

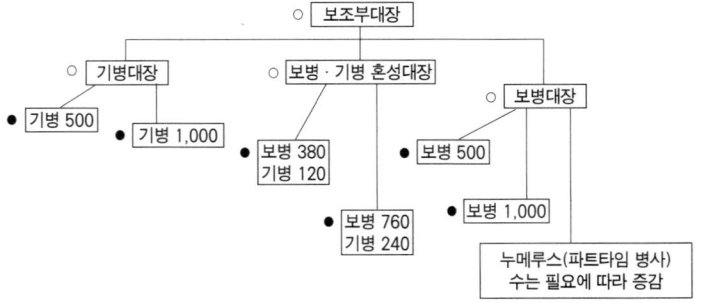

다음은 로마군의 주전력인 군단병인데, 이것도 무조건 지원자를 모으기만 하면 되는 것은 아니다. 선발 기준은 엄격했고, 시험을 통과하면 당장 입대할 수 있는 것도 아니었다. 이런 전통은 이미 옛날부터 지켜져왔지만, 얼마나 엄격하게 시행하느냐는 사령관이나 군단장에 따라 차이가 있었던 게 분명하다. 그런데 하드리아누스가 작성한 교본이 전군에 배포된 뒤로는 그것이 로마군 전체의 통일된 기준으로 정착했다.

병역 지원자는 평상시에는 17세부터 21세, 비상시에는 30세까지라는 연령 제한으로 우선 걸러진다. 동시에 로마 시민권 유무가 확인된다. 나이가 기준에 맞아도 전과자나 노예상인은 제외되었다.

신체검사에서는 체격과 시력을 검사했는데, 키는 1미터 65센티미터를 넘어야 했다.

두뇌도 시험 대상이었다. 완벽하지는 않더라도 읽고 쓰는 능력과 계산 능력이 요구되었다. 로마는 그리스어와 라틴어의 이중 언어 체계를 고수했지만, 군대의 공용어는 라틴어였기 때문에 라틴어를 잘하면 그만큼 유리해졌다.

이런 시험을 통과했다고 해서 당장 입대하는 것은 아니다. 보통 넉 달의 '수습기간'(probatio)이 있었다. 그동안 공동생활에 적합한지를 시험한다. 무기를 다루는 훈련도 실시되었다.

'수습기간'을 무사히 끝낸 사람에게만 입대가 허용된다. 소속 군단과 자기 이름이 새겨진 금속 표찰(signaculum)을 받아서 목에 걸고 황제에게 충성 서약(sacramentum)을 한 뒤에야 비로소 정식 군단병이 되는 것이다. 만기 제대까지의 복무기간은 군단병이 20년, 속주민 보조병은 25년, 해군은 26년, 근위병은 16년으로 정해져 있었다. 만기 제대할 때는 지위에 따른 퇴직금이 지급되고, 보조병한테는 퇴직금 이외에 세습권인 로마 시민권이 주어졌다.

이렇게 '질'을 중시할수록 그 '질'을 널리 제국 전역에서 찾는 경향이 강해질 수밖에 없다. 후세 역사가들은 하드리아누스가 이 경향을 조장한 장본인이라고 비난한다. 로마군에서 로마색을 없애버리고 속주민의 군대로 만들어버렸다는 것이다. 이렇게 주장하는 이들은 포르니 교수가 1963년에 발표한 『군단병의 채용』(Il Reclutamento delle Legioni)을 논거로 삼고 있다. 이 책에는 다음과 같은 도표가 실려 있다.

『군단병의 채용』에 수록되어 있는 표 (단위: 명)

	아우구스투스 ~칼리굴라	클라우디우스 ~네로	베스파시아누스 ~트라야누스	하드리아누스 ~3세기 말
본국 이탈리아	215	124	83	37
속주	134	136	299	2,019

원서에는 속주별 숫자까지 상세히 기재되어 있지만, 여기에는 속주 출신 군단병의 총수만 기록했다. 또한 이것은 육군에만 한정된 숫자이고, 해군이나 근위대는 포함되지 않았다.

그런데 이 숫자를 곧이곧대로 믿어버리면 잘못을 범하게 된다.

(1) 로마 시대의 공문서가 모두 소실되어버린 이상, 참고할 수 있는 것은 고고학 조사로 발굴된 비문뿐이다. 따라서 아직도 지하에 잠들어 있거나 민가의 건축자재로 전용되어버렸거나 아니면 파괴되어 흙으로 돌아가버린 수많은 사료가 무엇을 말하고 있는지는 알 수 없다.

(2) 이 숫자는 1년마다 조사한 통계도 아니고, 해당 시기의 로마군 전체를 합산한 것도 아니다.

(3) 로마 군단병의 총수와 만기 제대나 전사 또는 병사로 해마다 충원할 필요가 있었던 결원까지도 염두에 두지 않으면, 그것을 추측 자료로 삼을 수는 없다. 연구자들은 1개 군단에 해마다 생긴 결원을 240명 안팎으로 보고 있다.

그렇다면 다음과 같은 도표도 병기할 필요가 있지 않을까.

군단 및 군단병의 총수와 결원수(추정치)

	아우구스투스 ~칼리굴라 (9~41년)	클라우디우스 ~네로 (41~68년)	베스파시아누스 ~트라야누스 (69~117년)	하드리아누스 ~콤모두스 (117~192년)
군단 총수	25	28	30	28
군단병 총수(명)	150,000	168,000	180,000	168,000
해마다 생긴 결원(명)	6,000	6,720	7,200	6,720

요컨대 첫 번째 도표에 기록된 숫자는 전모를 정확하게 반영한 것이 아니다. 하지만 전체적인 경향은 반영되어 있다. 세월이 지나면서 로마 제국의 안전보장도 본국 이탈리아 출신자의 손에서 속주 출신자의 손으로 옮아가고 있었던 것이다.

그 이유는 번영하는 제국의 본국에 사는 로마 시민에게는 굳이 병역에 지원하지 않아도 먹고살 수 있는 길이 많이 열려 있었기 때문일 것이다. 실제로 율리우스 카이사르 시대에는 병력의 주요 공급지였던 북이탈리아가 200년 뒤에는 그 지위를 도나우강 연안지역, 즉 오늘날의 발칸 지방에 빼앗겼다. 본국 이탈리아보다 군단병 수가 적은 속주는 그리스인데, 이것도 그리스인이 통상이나 해운이나 건축미술 등 다방면에 재능이 있었기 때문임이 분명하다.

그러나 본국 출신이 아닌 자가 로마군에 가담하기 시작한 것은 카르타고의 명장 한니발과 대결한 스키피오 아프리카누스 시대까지 거슬러 올라간다. 그 후 이것은 로마군의 통상적인 형태가 되었다. 율리우스 카이사르 휘하의 로마군 기병들은 거의 다 과거의 적인 갈리아나 게르만 남자들이다. 카이사르의 뒤를 이은 초대 황제 아우구스투스는 그때까지의 관습을 명확한 형태로 제도화하여, 로마인 군단병과 속주민 보조병이 로마군의 양대 요소가 되도록 결정했다.

베스파시아누스 황제부터 트라야누스 황제까지의 시대를 경계로 하여 본국 출신 로마인과 속주 출신 로마인의 비율이 역전되었는지도 모른다. 그리고 하드리아누스 이후로는 그 차이가 점점 더 벌어져갔을 게 분명하다.

하지만 세월이 흐르면서 로마 시민권을 가진 속주민의 수가 늘어난 것도 그 원인의 하나라는 점을 잊어서는 안 된다. 우선 군단에 근무할 때 친해진 현지 여자와 결혼하여, 만기 제대한 뒤에도 기지 주변에 정착하는 사람이 많아졌다. 둘째, 만기 제대할 때 로마 시민권을 얻을 수 있도록 규정된 보조병의 존재다. 로마 시민권은 세습권이니까 그 자식은 어엿한 로마 시민이고, 아버지가 군인이었으니까 자식이 로마 군단에 지원하는 것은 아주 자연스러운 선택이었을 것이다.

요컨대 본국 출신 병사와 속주 출신 병사의 비율이 역전된 것은 본국 출신자가 병역을 기피한 결과였다고 일괄적으로 말할 수는 없다. 하물며 속주 출신인 트라야누스와 하드리아누스가 연이어 황제가 되었기 때문에 이탈리아 태생보다 속주 태생을 골라 뽑은 것은 아니었다.

일찍이 혼다 소이치로가 한 말이 생각난다. 혼다의 정신만 계승해준다면 미국인이든 다른 나라 사람이든 누가 혼다 사장이 되어도 상관없다는 것이다. 로마인들도 그런 식으로 생각한 게 아닐까. 특히 하드리아누스는 그렇게 생각했을 것이다. 그렇다면 하드리아누스는 어떻게 병사들에게 '로마인의 정신'을 주입시키려 했을까.

우선 실전 같은 맹훈련을 철저히 시켰다. 로마군의 훈련은 예부터 지독하기로 유명했지만, 같은 군단병끼리 적군과 아군으로 나뉘어 모의전투를 할 때도 양쪽 다 진지하게 싸운다. 훈련하다가 동료에게 상처를 입혀도 문책하지 않았다. 다만 훈련이 아닐 때 상처를 입히면, 휘하 병사들의 생살여탈권까지 갖고 있던 군단장에게 엄한 처벌을 받는 것을 면할 수 없었다.

이렇게 날마다 맹훈련을 거듭할 바에는 차라리 병사를 그만두고 검투사로 전직하면 더 많은 돈을 벌 수 있겠다고 생각하여 실행에 옮긴 사람도 없었던 것은 아니지만, 로마 군단에서 만기까지 복무하면 퇴직금을 받을 수 있었다. 물론 도중에 퇴역해도 몇 가지 특전을 기대할 수 있었다. 그중 하나는 제5권의 일부를 인용하면 다음과 같다.

〈카이사르는 지방의회 의원의 자격 연령, 즉 피선거권 연령을 다음 세 가지로 나누었다.
(1) 병역 무경험자—30세 이상
(2) 군단 보병으로 병역을 경험한 자—23세 이상
(3) 기병 내지 백인대장으로 병역을 경험한 자—20세 이상
또한 카이사르는 선거권은 있지만 피선거권은 없는 사람까지도 명기했다. 범죄자, 위증자, 군단에서 탈영하거나 추방된 자, 검투사, 배우, 매춘업자 등이 피선거권을 갖지 못하는 사람으로 분류되었다.〉

율리우스 카이사르가 정한 이 법은 2세기 뒤인 하드리아누스 시대에도 완벽하게 살아 있었다.

완전군장을 갖추고 행군하는 것도 빼놓을 수 없는 훈련의 하나였다. 비상시가 아닌 한, 시속 5킬로미터로 30킬로미터 안팎을 행군하는 것이 하루 할당량이다. 게다가 각자 보름치 식량을 지참하도록 정해져 있었기 때문에, 무기와 식기에 식량까지 합하면 짊어져야 하는 짐의 무게는 무려 40킬로그램이나 되었다.

하드리아누스는 병사들의 행군을 시찰할 때, 말을 타기는커녕, 졸병들과 똑같은 군장을 갖추고 함께 행군했다고 한다. 로마의 전사는 무엇보다도 먼저 고난을 견디는 법을 배울 필요가 있고, 그것은 일개 졸병도 황제도 전혀 다를 게 없다는 점을 병사들에게 가르쳐주기 위해서였다.

하드리아누스가 집착한 훈련에는 크고 무거운 공성기를 다루는 법도 포함되어 있다. 로마 군단에는 이런 종류의 병기를 관리하는 책임자는 있지만, 이 분야를 전문으로 하는 병사는 없다. 책임자의 지시에 따라 군단병이 조작한다. 군단병이라면 누구나 사용법에 익숙해져야 했다.

로마군의 그 병기를 독일 황제 빌헬름 2세(1859~1941)가 복원하여 실험해보았다는 기록이 있다. 기록에 따르면 '궁'(弓, arcus)이라고만 불린 쇠뇌에서 발사된 화살은 50미터 앞의 표적에 명중했고, 이어서 발사된 화살은 표적에 꽂혀 있던 첫 번째 화살을 보기 좋게 둘로 갈랐다고 한다. 또한 '전갈'(scorpio)이라고 불린 투석·투시기(投矢器)에서 발사된 60센티미터 길이의 강력한 화살은 340미터 떨어진 2센티미터 두께의 널빤지를 꿰뚫었다고 한다. 현대의 연구자들은 로마군이 사용한 각 병기의 사정거리도 계산하여 그림으로 설명해주었다.

이런 것을 보아도 로마군의 기계화가 그 시대의 어느 나라보다 훨씬 앞서 있었다는 주장은 옳은 것 같다. 병기 자체의 정밀도가 높을 뿐 아니라, 모두 이동할 수 있도록 만들어져 있었기 때문이다. 게다가 '전갈'은 백인대장이 지휘하는 1개 중대에 한 개씩 갖추어져 있었다. 기계화에 힘쓰는 것은 최고사령관인 황제의 책임이지만, 그 병기를 활용하는 것은 군단병의 책무라고 하드리아누스는 생각했을 것이다.

황제는 훈련 중이 아닐 때에도 기지 안에서는 엄격한 생활을 하도록 병사들에게 요구했다.

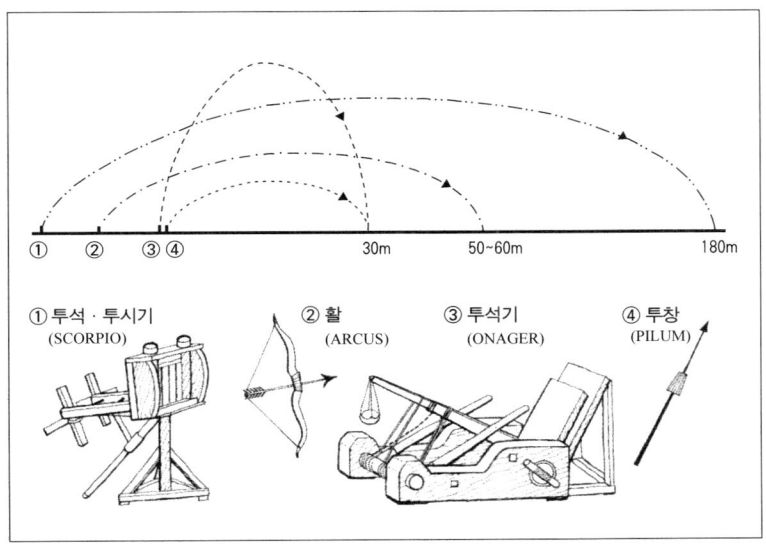

각종 병기의 사정거리

    기상, 식사, 취침 등 모든 일상생활이 나팔소리와 함께 이루어진다. 밤에 보초를 서는 동안 졸기라도 하면 당장 사형이다. 기지 안에는 로마식 도시에서 흔히 볼 수 있는 열주 회랑도 금지되어 있다. 정원도 만들 수 없다. 로마에서는 침대 모양의 의자에 한쪽 팔꿈치를 괴고 비스듬히 누워서 식사를 하는 것이 관례지만, 기지 안에서는 저녁에도 그런 식으로 식사하는 것이 허용되지 않는다. 동료의 물건을 훔치거나 하면 당장 추방이다. 항변이나 반론은 허용되지만, 백인대장을 통해야 했고, 무리를 지어 시위하는 것은 엄금되었다. 그리고 이유없이, 또는 상관의 허가도 없이 기지를 떠나는 것도 엄벌 대상이었다.

    그렇다고 하드리아누스가 매사에 엄격하기만 한 것은 아니었다. 기지 내의 병원 시찰은 거르지 않았고, 전투 중에 다친 사람과 다른 병으로 쓰러진 사람을 차별하지 않고 충분한 치료를 베풀 수 있도록 설비나 의료진이 갖추어져 있는지를 꼼꼼히 점검했다. 로마 군단에는 반드시 내과의사와 외과의사 및 간호사로 구성된 의료진이 딸려 있었고, 말이나 소를 치료하는 수의사까지 의료진에 포함되어 있었다. 그리고 군단기지에 있는 병원은 그 주변에 사는 주민에게도 개방되어 있었다. 주민들도 어떤 식으로든 기지와 관계를 맺고 있었기 때문에, 인정상으로나 정략적으로도 당연한 일이었을 것이다. 군병원에만은 정원을 허락한 것도 하드리아누스답다. 정신력만 중시해서는 일단 유사시에 충분한 전투력을 기대할 수 없다. 로마군은 병참으로 이긴다는 말을 들었다. 이런 면에서 하드리아누스의 시찰과 거기에 바탕을 둔 훈령은 감탄할 수밖에 없을 만큼 철저했다.

군단장 밑에는 기지 운영을 담당하는 두 명의 고위 관리가 있다. 하나는 경리 책임자인 회계관, 또 하나는 운영을 책임지는 기지 장관이다. 기지 장관의 주요 임무는 병기와 식량을 보충하고 저장하는 것이었다.

하지만 전선기지는 늘 적과 대치해 있다. 언제 적에게 포위될지 모른다는 걱정 때문에 많은 병기와 식량을 비축하게 되고, 결과적으로 대량의 재고를 끌어안고 있는 기지가 많았다.

재고가 너무 늘어나면 식량은 곰팡이가 슬거나 썩어서 결국 버릴 수밖에 없다. 병기도 녹이 슬어버려서 군단에 딸린 병기창에서도 손을 쓸 수 없을 만큼 망가져버린 병기가 산더미처럼 쌓인다. 그런 의도는 없더라도 결과적으로는 군량 구입에 든 비용을 낭비하게 된다.

이것을 싫어한 하드리아누스는 군단기지와 군량 공급지, 그리고 이 두 곳을 잇는 보급로의 조직화를 추진했다. 유통만 보장되면 여분의 식량까지 비축할 필요는 없기 때문이다. 그 성과는 기지의 재고가 최소한으로 줄어드는 형태로 나타났다.

여기에서도 효율을 중시하는 하드리아누스의 사고방식을 볼 수 있지만, 그것은 방위력 증강에도 나타나게 된다.

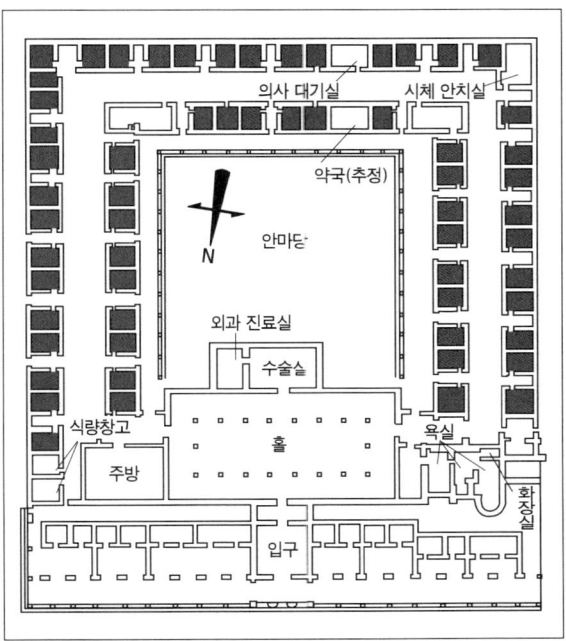

크산텐 군단기지에 있었던 군병원의 평면도(■는 병실)

  로마군은 주전력인 군단병과 그것을 보완하는 보조병으로 나뉘어 있었다. 속주민을 조직한 것이 보조부대인데, 서기 69년까지는 같은 부족 출신의 병사들로 보조부대를 편성하고, 그 부족의 부족장 일족이 지휘를 맡는 것이 관례로 되어 있었다. 그런데 네로 황제의 죽음에 뒤이어 내전이 일어났을 때, 그 혼란을 틈탄 속주의 반란에서 주역을 맡은 것이 로마군 보조병이었다. 같은 부족 출신을 한 부대에 모아놓았기 때문에 무기를 들고 로마에 반란을 일으키기도 쉬웠던 것이다.

  여기에 질색한 로마는 내전을 해결하고 제위에 오른 베스파시아누스 시대부터 속주민으로 편성되는 보조부대에 여러 부족 출신을 섞어놓도록 제도를 바꾸었다. 그리고 지휘관도 로마 군단의 고참 장교가 맡게 했다.

이렇게 되면 당연한 귀결이지만, 이름만 보조병일 뿐 실제로는 정규병에 가까워진다. 만기 제대할 때는 퇴직금도 받고 게다가 로마 시민권까지 얻을 수 있다는 것이 이 경향을 더욱 조장했다.

평화를 통치이념으로 내건 하드리아누스는 평화를 유지하려면 방위체제를 확립하는 것이 선결문제라고 믿었지만, 제국의 재정상 군단병을 늘리고 싶지는 않았다. 그의 치세에는 2개 군단을 감축하는 데 성공하기까지 했다. 하지만 보조병도 늘리고 싶지 않았다. 보조병이 군단병보다 많아서는 안 된다는 아우구스투스의 정책에 어긋나기 때문이지만, 이제 정규 병력이 되었다고는 해도 보조병은 어디까지나 속주민이다. 제국의 안전보장을 맡고 있는 로마군 안에서 수적으로나마 속주민이 로마 시민을 능가해서는 안 된다.

하드리아누스는 '누메루스'(numerus)라는 조직을 만들어 이 문제를 해결했다. '누메루스'란 직역하면 '수'(數)나 '수의 집단'이라고 할 수밖에 없지만, 정말 즉물적인 이름이 붙여진 이 조직은 주변 지역의 속주민 지원자로 편성된다. 다만 정규 조직은 아니고 병역 기간도 정해지지 않은, 말하자면 계절 노동자 같은 병사들이다. 주요 임무는 망보기이고, 전투력까지는 기대하지 않으니까 훈련을 시킬 필요도 없다. 근무 기간에는 숙식을 보장하고 게다가 약간의 봉급까지 주기 때문에, 농한기의 농민이나 일시적 실업자에게도 편리한 제도였다.

파트타임 병사니까 만기 제대할 때 퇴직금을 지급할 필요도 없고, 로마 시민권을 줄 필요도 없다. 로마 시민의 수를 지나치게 늘리지 않고도 전력을 보강할 수 있는 셈이다. 그뿐만 아니라 가난이 도화선이 되기 쉬운 반란의 불씨를 끄는 데에도 도움이 된다.

파트타임 병사인 이 '누메루스'의 수가 얼마나 되었는지는 전혀 알 수 없다. 라인강과 도나우강 방위선과 브리타니아에서는 1개 군단에 500명 안팎의 규모로 활용된 모양이다. 군단병 6천 명, 보조병 6천 명

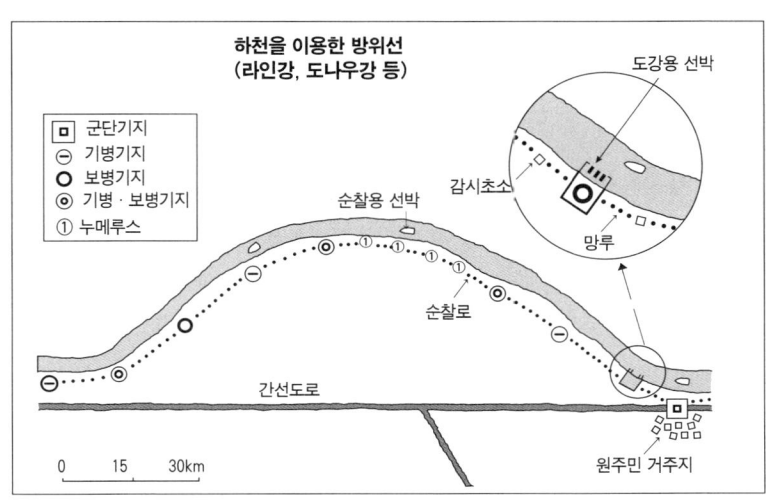

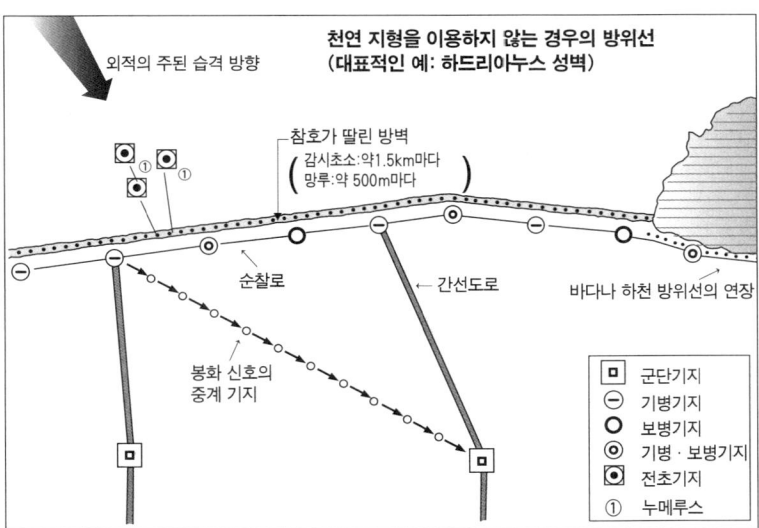

에 500명이다. 군사력 증강이라기보다 보강이라고 하는 편이 적절할 것 같다.

이상이 '게르마니아 방벽'을 포함한 라인강 방위선을 시찰하는 동안 하드리아누스가 시행한 일이다. 1년도 채 안 되는 기간에 이만한 일을 해냈으니까, '게르마니아 방위군'(Exercitus Germanicus)이라고 새겨진 통화를 발행하는 정도는 당연히 허용되어야 할 것이다. 그 후의 순행도 이런 방식으로 진행되었다. 시찰 지역이 어디든, 반드시 해야 할 일과 그 지역 나름의 문제에 대한 해결을 병행하는 방식이었다. 라인강 전선에서는 새 방벽 건설을 기획할 필요가 없었지만, 다음 순행지인 브리타니아에서는 그럴 필요가 있었다는 식으로.

그리고 하드리아누스의 문제 해결에 공통적으로 드러나는 특징은 군단기지 내부의 책임체계를 명확히 한 것이다. 조직의 기능을 향상시키려면 책임 소재를 분명히 해두는 것이 선결문제였기 때문이다. 조직에는 책임 소재가 분명해지는 것을 꺼리는 사람이 많다. 그것은 당사자 자신이 책임을 지고 싶어 하지 않기 때문이다. 다종다양한 인간이 섞여 사는 게 인간 사회니까 이런 부류의 사람이 완전히 사라지는 일은 없겠지만, 그런 사람이 다수를 차지하게 되면 그 조직의 기능은 퇴화한다.

하드리아누스는 이런 사태를 피하고 싶었다. 군단기지는 훗날 유럽의 주요 도시로 성장해간 것이 보여주듯 그 자체가 이미 로마 사회의 축소판이다. 의료시설이나 공중목욕탕은 물론, 양복점과 은행과 우체국도 있다. 군단기지에 없는 것은 병사의 아내와 아이들을 위한 시설뿐이다. 로마군은 하사관 이하의 병사들이 군복무 중에 결혼하는 것을 금지했기 때문이다. 다만 아버지가 군복무 중에 태어난 사생아라도 부모가 정식으로 결혼한 뒤에는 적출자로 인정되었다. 또한 로마 군단기지에는 무엇 때문인지 헌병이 존재하지 않는다.

하드리아누스는 군단기지의 구성원 수를 늘리지는 않았지만 줄이지도 않았다. 다만 각자의 책임 분담은 명확히 했다. 군단기지 요원별로 자세히 구분된 업무 할당표를 보고 있으면, 이래서는 남에게 책임을 떠넘기는 것은 사실상 불가능했을 거라고 통감하게 된다.

자기 행위에 책임을 지는 것이야말로 본국 이탈리아 태생보다 더 철저한 로마인이었던 하드리아누스 황제가 자기와 같은 속주 출신 병사들에게 뿌리깊이 심어주려고 애쓴 '로마인의 정신'이었다.

브리타니아

하드리아누스 황제의 치세 기간은 21년이다. 그 가운데 그가 본국 이탈리아에 있었던 것은 세 차례에 걸쳐 7년밖에 안 된다. 게다가 45세부터 58세까지의 13년은 거의 줄곧 속주를 순행하면서 보냈다.

앞에서도 말했듯이 나는 하드리아누스가 순행 중에 이룩한 업적을 크게 두 가지로 나누었다.

(1) 시찰 지역이 어디든 반드시 해야 할 일
(2) 그 지역 나름의 문제 해결

앞으로 하드리아누스의 순행을 서술할 때는 라인강 방위선 시찰을 서술할 때 설명한 (1)은 생략하고, (2)만 다루게 될 것이다. 하지만 (1)이 늘 수반되어 있었다는 것을 잊어서는 안 된다. 하드리아누스의 순행은 (1)과 (2)가 양쪽 다 이루어졌기 때문에 의미가 있는 것이고, 그렇게 오랜 세월을 그 일에 바친 하드리아누스 황제의 생각을 이해하는 일과도 연결되기 때문이다.

서기 122년, 46세가 된 하드리아누스는 봄을 기다려 라인 강어귀에서 배를 타고 브리타니아로 건너갔다. 브리타니아행은 처음부터 예정되어 있었다. 5년 전인 117년에 브리타니아의 브리간테스족이 봉기하여 제9군단이 궤멸하는 불상사가 일어났다. 갓 제위에 오른 하드리아누스가 대륙에서 군단을 파견하고, 브리타니아에 주둔해 있는 2개 군단도 반격에 나서서 반란이 진압되기는 했지만, 브리타니아의 방위체제 재구축은 더 이상 미룰 수 없는 시급한 문제가 되어 있었다.

로마는 브리타니아에 3개 군단을 상주시키고 있었다. 웨일스 지방의 카디프와 가까운 이스카(오늘날의 칼리온)에는 제2군단, 잉글랜드 서부의 데바(오늘날의 체스터)에는 제20군단, 잉글랜드 동부의 에부라쿰(오늘날의 요크)에는 제6군단이 주둔해 있다. 이들 세 곳의 군단기지와 로마가 오래전에 제패한 론디니움(오늘날의 런던)을 중심으로 한 동남부 지역 사이에 로마식 가도망이 깔려 있었던 것은 말할 나위도 없다. 그리고 체스터와 요크에서도 로마인들이 칼레도니아라고 부른 스코틀랜드 방면으로 간선도로가 뻗어 있었다. 게다가 도미티아누스 황제 시대에 로마 제국은 역사가 타키투스의 장인인 아그리콜라 장군의 적극전법으로 스코틀랜드 구석까지 제패의 손길을 뻗쳤다.

서기 117년에 반란을 일으킨 브리간테스족은, 당시에는 아직 분리되지 않았던 잉글랜드와 스코틀랜드의 접경 근처에 사는 원주민이었다. 이 부족의 원래 이름이 무엇인지는 알려져 있지 않다. 브리간테스는 로마인이 붙인 이름이다. 라틴어로 산적이라는 뜻이다. 산적을 뜻하는 영어 'brigand'는 이 라틴어에 기원을 두고 있지 않을까. 로마인이 이런 이름을 붙인 것을 보면, 로마화를 거부한 사람들이었을 게 분명하다. 로마화는 정복지의 주민을 정착시켜 농업과 목축업에 종사하게 하는 것을 목표로 삼는다.

하지만 브리간테스족 전체가 로마화를 거부한 것은 아니다. 로마인이 옮겨 심은 과일나무나 화초가 뿌리를 내리는 것과 보조를 맞추어,

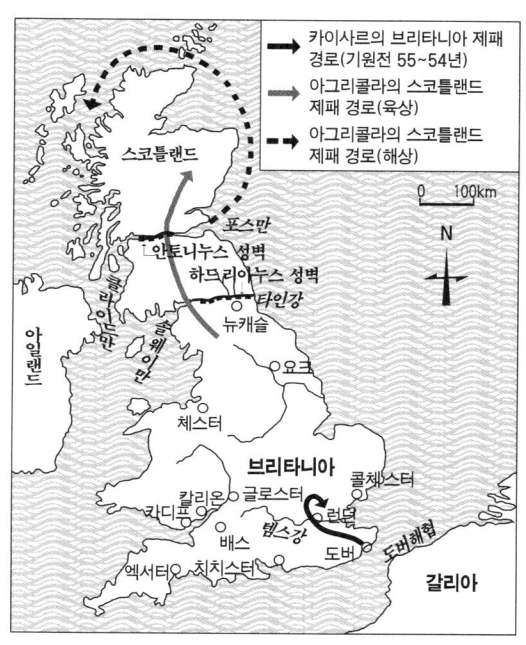

하드리아누스 황제 시대의 브리타니아
(편의상 나중에 안토니누스 피우스 황제가 세운 성벽도 넣었다)

잉글랜드 근처에 사는 브리간테스들의 로마화는 착실히 진행되고 있었다. 그들의 거주지역 남부에 사는 브리간테스들은 이제 상당한 정도로 로마화되어 있었던 것이다. 어쩌면 서기 117년의 반란은 동족이 떠나가는 데 초조해진 북부의 브리간테스들이 일으켰는지도 모른다. 그들은 로마 병사만 잔혹하게 죽인 것이 아니라, 로마 쪽에 붙은 브리간테스도 용서하지 않았기 때문이다.

로마는 패권 국가였다. 패권자에게는 그의 패권 아래 있는 자들을 보호할 책무가 있다. 하드리아누스가 생각한 브리타니아 방위체제 재구축은 구체적으로 말하면 로마화한 사람들을 어떻게 하면 '산적'으로부터 지킬 수 있느냐 하는 것이었다. 그리고 그 성과가 바로 저 유명한

'하드리아누스 성벽'이다.

고대 로마인들이 '발룸 하드리아니'(Vallum Hadriani), 현대 영국인들이 '헤이드리언스 월'(Hadrian's Wall)이라고 부른 이 성벽은 타인 강 하구에서 뉴캐슬을 지나 솔웨이만까지 80로마마일(약 117킬로미터)을 석벽과 망루와 요새로 채워버린 브리타니아 속주의 방어설비다. 하천 같은 천연 경계선을 이용하지 않았다는 점에서 '게르마니아 방벽'과 같은 개념에 바탕을 두고 있었다.

석벽만 있는 곳의 단면도는 다음 페이지의 그림과 같다. '북'은 로마 제국의 영토 밖이고, '남'은 제국의 영토 안을 가리킨다. 북쪽에서부터 하나씩 살펴보자.

① 참호 ─ 너비 9.1미터, 깊이 9미터의 V자형 참호. 성벽 위를 관통하는 감시통로에서 참호의 밑바닥까지 보이도록 되어 있다. 참호의 가장 중요한 목적은 야만족 기마병을 막는 것이고, 두 번째 목적은 무리를 지어 몰려드는 야만족 집단의 움직임을 방해하는 것이다.

② 석벽 ─ 북쪽을 향한 부분의 높이는 6미터 내지 10미터, 남쪽은 4미터 내지 6미터. 이처럼 높이가 일정하지 않은 것은 지형의 차이 때문이다. 석벽 전체의 두께는 지형에 관계없이 3미터 안팎이다.

③ 도로 ─ 석벽을 따라 뻗어 있는 길로서, 말이나 수레도 쉽게 지나다닐 수 있도록 전체가 로마식 가도로 되어 있다. 즉 완전포장 도로다. 폭도 로마 가도와 같은 2차선이다.

④ 보루 ─ 높이 3미터, 너비 6미터로, 성벽을 따라 길게 이어지는 긴 제방이다. 보루는 두 개가 나란히 만들어져 있고, 그 사이에 ⑤의 참호가 있다.

⑤ 참호 ─ 너비와 깊이가 모두 6미터 안팎.

성벽을 돌파한 기마병이 있더라도 ④와 ⑤로 저지할 수 있고, 떼지

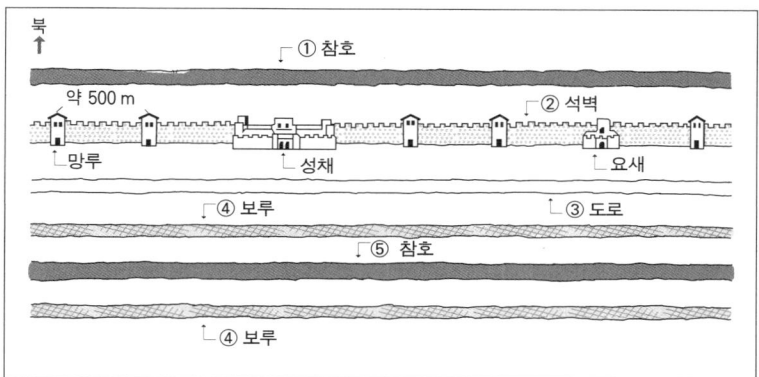

하드리아누스 성벽 모식도(模式圖)

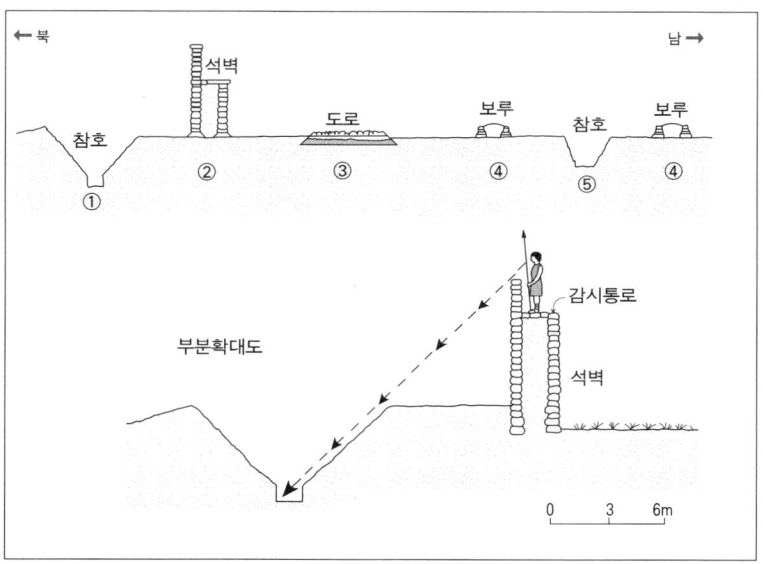

석벽뿐인 곳(망루 따위가 없는 곳)의 단면도

어 습격해오는 야만족도 이중으로 저지할 수 있다. 따라서 '하드리아누스 성벽'이란 ①부터 ⑤까지의 전체를 가리킨다.

그리고 '성벽'의 요소마다 성채와 요새와 망루가 세워지고, 그곳에는 전략상의 이유와 지형을 고려하여 수비대가 배치된다. 평지에 서 있는 성벽이라면 기병대나 기병과 보병의 혼성부대, 구릉지라면 보병부대, 망루에는 파트타임 병사인 '누메루스', 성벽 바깥에 설치된 전초기지에는 보조병과 '누메루스'의 혼성부대가 배치되는 식이다. 성채나 요새 사이의 거리는 평균 1.5킬로미터, 망루 사이의 거리는 지형에 영향을 받기 때문에 평균 500미터.

이것이 최전선이고, 이곳에서 군단기지로 로마식 가도가 뻗어 있었다. '하드리아누스 성벽'으로 막지 못해도, 요크와 체스터의 군단기지에서 출동한 주전력이 맞아 싸울 수 있는 체제로 되어 있었다.

1,900년 뒤의 '헤이드리언스 월'은 그동안의 풍상으로 손상된데다 오랫동안 채석장으로 이용되었기 때문에, 로마 시대의 다른 유적과 마찬가지로 과거를 상기하려면 상상력을 발휘할 수밖에 없다. 하지만 영국은 전통적으로 로마학이 성한 곳이다. 게다가 '성벽'은 영국 안에 있는 중요한 로마 유적이다. 그래서 이곳도 철저히 조사했고, 유적 보존에도 세심한 주의를 기울였다. 게다가 '성벽'을 따라 유적 관광객을 겨냥한 여관들도 즐비하기 때문에 초여름부터 초가을까지 주말 여행에 알맞은 곳이다. 그런데도 저속함이 눈에 띄지 않는 것은 영국다워서 흐뭇하다.

로마 시대의 유적 관리는 이탈리아에 있는 유적도 모두 영국인에게 맡겨야 한다는 것이 내 지론이지만, 브리타니아에 있는 로마 시대 유적은 질에서나 양에서 이탈리아에 훨씬 뒤진다. 영국박물관도 예외일 수 없다. 그런데 로마 시대 유물에 쏟는 영국인의 세심한 주의는 단순히 고대 로마에 대한 사랑 때문일까. 아니면 자신들이야말로 고대 로마의 계승자라는 과거 대영제국 백성의 기개가 남긴 영향일까.

어쨌거나 '하드리아누스 성벽'에 서서 강자들의 꿈이 남긴 자취를 그리워하려면, 눈이 쌓이고 찬바람이 휘몰아치는 겨울철에 갈 수밖에 없다. 이 성벽을 건설한 하드리아누스의 브리타니아 순행은 영국에서 가장 좋은 계절인 봄부터 여름까지 이루어졌지만, 건설된 '성벽'을 지키는 로마 병사들은 눈덮인 적지를 앞에 두고 찬바람이 휘몰아치는 땅에서 근무했기 때문이다. 패권 국가의 지위를 유지하는 것도 쉬운 일은 아니었다.

말이 나온 김에 덧붙여 말하면, 하드리아누스의 뒤를 이은 안토니누스 피우스 황제 시대에 이 '하드리아누스 성벽'보다 북쪽에 성벽이 또 하나 세워진다. 그것은 '안토니누스 성벽'이라고 불린다. 포스만과 클라이드만을 잇는 선에 축조되었는데, 만약 이 선이 로마 제국의 방위선으로 정착했다면 에든버러와 글래스고도 제국 안에 들어왔을 것이다. 스코틀랜드도 로마화했을 거라는 이야기다. 하지만 결국은 '하드리아누스 성벽'이 로마화한 지역과 그렇지 않은 지역의 경계선으로 고착된다. 그리고 이것은 훗날 잉글랜드와 스코틀랜드의 분리로 이어진다.

그런데 이 두 개의 '성벽'을 본 사람이라면 군사 전문가가 아니더라도 누구나 느꼈겠지만, '하드리아누스 성벽'은 직접 현지에 간 사람이 이룩한 성과인 반면 '안토니누스 성벽'은 수집한 정보를 토대로 책상 위에서 이룩한 성과였다.

하드리아누스가 서기 122년에 언제쯤 도버해협을 건너 갈리아로 들어왔는지는 확실치 않다. 하지만 그 후의 행동범위로 미루어보면, 늦여름이나 초가을에는 브리타니아를 떠났을 것이다. 병사들의 손으로 건설되어가는 '성벽'이 완성되기를 기다릴 수는 없었다. 순행해야 할 제국은 광대했다. 브리타니아는 비가 많기 때문에 '성벽'에 딸린 식량창고는 바닥을 높여 지을 수밖에 없었다. 전선에 근무하는 병사들의 위생을 배려하고 로마인답게 쾌적성도 고려하여, 줄줄 흐르는 시냇물 앞에 목욕탕도 지었다. 하드리아누스는 이런 부대시설까지 포함한 '성벽'의 완성된 모습을 끝내 보지 못하고 죽는다. 하지만 자기 생각을 실현하는 행운을 얻은 사람과 그 성과를 누리는 사람은 다른 것이 당연하지 않을까. 특히 그것이 공공의 이익을 목적으로 한 거라면 더욱 그렇다.

앞에서도 말했듯이 로마화의 우등생이었던 갈리아에는 하드리아누스가 재구축해야 할 것이 거의 없었다. 알려져 있는 것은 아베니오(오늘날의 아비뇽)를 건설한 것뿐이다. 거기서 하드리아누스는 선제 트라야누스의 아내 플로티나가 죽었다는 소식을 받았다. 뒤에서 남몰래, 하지만 표면에 나서지 않으면 안 될 경우에는 결연하게 그에 대한 지원을 아끼지 않았던 플로티나의 죽음을 하드리아누스는 어떤 심정으로 받아들였을까. 그가 쓴 『회고록』이 남아 있다 해도, 이런 사적인 감정은 기록되지 않았을 게 분명하다. 우리가 알 수 있는 것은, 플로티나의 부음을 전해들은 하드리아누스 황제가 호적상으로는 양어머니인 이 여인의 고향 네마우수스(오늘날의 님)에 그녀에게 바치는 신전을 지었다는 것뿐이다.

히스파니아

이런 이유로 갈리아에는 잠깐밖에 머물지 않았다. 하지만 그 사이에 주민들 사이의 충돌로 이집트의 알렉산드리아가 소란하다는 보고가 멀리 오리엔트에서 날아왔다. 이번만은 여느 때와 달리 그리스계 주민과 유대계 주민의 충돌이 아니었다. 소란을 일으킨 것은 소 한 마리를 둘러싼 이집트 원주민끼리의 다툼이었다.

기원전 5세기의 그리스 역사가 헤로도토스도 '옛날 일'이라고 썼을 정도니까, 이집트에는 먼 옛날부터 신성한 소에 대한 신앙이 있었던 게 분명하다. 헤로도토스에 따르면, 그 소는 보통 소가 아니라 햇빛과 달빛을 받은 소다. 그 증거는 소의 피부에 생긴 특수한 줄무늬로 나타나고, 그 줄무늬야말로 해와 달에서 받은 빛을 나타낸다고 사람들은 믿고 있었다.

그 신성한 소가 지상에 나타났다는 것이다. 다른 소에서는 볼 수 없는 줄무늬 피부를 가진 소가 발견되었다는 것인데, 기쁨에 들뜬 사람들 사이에 이 소를 어느 동네가, 그리고 누가 보유할 것인가를 둘러싸고 싸움이 일어났다. 이런 것을 믿는 사람들까지도 로마 제국의 백성이었다.

하드리아누스는 자기가 나설 것까지는 없다고 판단했다. 그래서 이집트 주재 장관에게 문제 해결을 일임했지만, 소를 둘러싸고 싸우는 사람들에게 엄중하게 자중을 요구하는 친서를 보냈다. 하지만 남이 머리를 식히란다고 해서 식힐 수 있는 사람이라면 애초부터 그런 소동은 일으키지 않는다. 조만간 이집트의 지배체제도 재구축하러 가야 한다고 하드리아누스는 생각할 수밖에 없었다. 지금은 서방에서 해야 할 일이 남아 있었다. 황제는 서기 122년에서 123년에 걸친 겨울을 에스파냐의 타라고나에서 보냈다. 그리고 타라고나에 이베리아반도의 식민도시와 지방자치단체 대표들을 소집했다.

로마 시민권 소유자의 수는 계속 늘어나고 있었다. 로마 시민도 아닌데 제국 방위에 힘썼다는 이유로 속주민인 보조병이 만기 제대할 때는 로마 시민권을 주었으니까, 단순히 계산해도 25년마다 15만 명의 로마 시민이 새로 탄생한 셈이다. 이것이 로마 제국의 국책이고, 이 제도 덕분에 로마 시민권 소유자인 군단병을 확보할 수도 있었지만, 이런 정책을 계속하면 폐해도 생긴다. 그 폐해란 종래의 로마 시민과 새로운 로마 시민 사이에 일어나기 쉬운 갈등이었다. 어쨌든 로마 시민권 소유자가 얻는 이익은 고참이든 신참이든 똑같았기 때문이다. 로마 시민법으로 보호받을 뿐 아니라 소득의 10퍼센트에 해당하는 속주세를 내지 않아도 된다는 점에서 그랬다.

이렇게 되면 옛날부터 시민이었던 자들은 새로운 시민에 대해 '신참인 주제에' 하는 기분을 갖기 쉽다. 세 개의 속주로 나뉜 이베리아반도에서는 이런 구파와 신파의 대립이 군단병 모집에 협조하지 않는 형태로 나타나고 있었다.

본국 이탈리아 출신의 자손인 고참 시민들을 통틀어 '이탈리아인'—트라야누스와 하드리아누스도 여기에 속했다—이라고 불렀는데, 군단병 모집에 대한 이들의 반응은 온건한 '거부'였다. 한편 '에스파냐인'으로 통칭되는 신참 시민들의 반응은 강경한 '거부'였다. 온건과 강경의 차이는 하드리아누스가 구파에 속해 있기 때문이었을 것이다. 신파는 구파에 속하는 황제가 자신들의 기득권을 해치는 타협책으로 나오지 않을까 우려했고, 그래서 오히려 강경한 태도를 취했다. 로마군 최고사령관이기도 한 황제로서는 어떻게든 손을 쓸 필요가 있었다.

두 파의 대표를 소집하여 타라고나에서 회합했을 때, 하드리아누스가 어떤 조정안을 채택했는지는 알려져 있지 않다. 로마인의 종래 방식으로 미루어, 고참과 신참의 구별없이 주어져 있는 권리 가운데 몇 가지를 신참 시민한테만 몇 년 유보한다는 타협책을 내놓았을지도 모른다. 그 몇 가지 권리란 속주세 면제처럼 실익을 수반하는 것이 아니라, 지방의회 의원 출마 자격 같은 것이었을지도 모른다. 인간이란 유동성만 보장되어 있으면 격차를 뜻밖에 순순히 받아들이는 법이다. 300년 전부터 로마 시민이었던 사람과 3년 전에 로마 시민이 된 사람 사이에는 그 분리가 영원히 고착되지만 않는다면 오히려 격차가 있는 편이 사회 안정에 이바지하는 경우도 적지 않다.

어쨌든 하드리아누스는 사태 수습에 성공했다. 타라고나까지 왔으면서도 고향 이탈리카에는 발길도 돌리지 않았지만, 그리고 황제 취임을 기념하는 건조물 하나 세우지 않았지만, 그것도 구파와 신파를 자극하지 않기 위한 배려였는지도 모른다.

에스파냐에 머무는 동안 한 가지 사건이 일어났다. 하드리아누스가 숙소인 총독 관저의 정원을 혼자 거닐고 있는데, 노예 하나가 칼을 들고 덮친 것이다. 도움도 청하지 않고 혼자 힘으로 습격자를 제압한 황제는 변고를 알고 뒤늦게 달려온 사람들에게 범인을 넘겼지만, 범인이 정신병 환자라는 것을 알고는 벌을 주지 말고 치료해주라고 명령했다.

이 에피소드에서 다음과 같은 것을 상상할 수 있다.

첫째, 로마 시대부터 이미 정신병자한테는 죄를 묻지 않았던 게 아닐까.

둘째, 47세를 맞이했는데도 하드리아누스의 체력은 건실했고, 스스로도 체력에 자신감을 갖고 있었던 모양이다.

고향땅에서 하드리아누스의 유일한 기분전환은 말을 타고 에스파냐의 산야를 내달리며 사냥을 즐기는 것이었다.

하지만 마치 봄이 오기를 기다리고 있었던 것처럼 하드리아누스에게 중대한 소식이 날아왔다. 파르티아 왕국이 불온한 움직임을 보이고 있다는 시리아 속주 총독의 긴급 보고였다. 같은 오리엔트에서 날아온 소식이라도, 소를 둘러싼 주민들끼리의 분쟁과는 비교가 되지 않았다. 하드리아누스는 외교도 방위의 중요 수단이라고 믿고 있었다. 황제는 몸소 현지에 가기로 결정했다.

지중해

에스파냐에서 시리아로 가는 여행이다. 로마 제국을 서쪽에서 동쪽으로 가로지르는 여행이다. 직행하기로 결정했기 때문에, 배를 타고 지중해를 서쪽에서 동쪽으로 횡단하게 되었다.

황제의 항해라고 해서 대규모 호위선단을 조직할 필요는 없었다. 해적을 공격하는 게 아니라 해적의 소굴을 소탕하는 방식으로 지중해도 오랫동안 '팍스 로마나'를 누리고 있었다. 홀가분하게 여행할 수 있다는 것이 곧 평화롭다는 증거다. 원래 거창한 것을 좋아하지 않는 하드리아누스는 쾌속선 서너 척만 거느리고 출항한 모양이다.

타라고나 항구에서 로마의 외항 오스티아까지는 계속 순풍을 만난다면 닷새, 바람이 없어서 노를 저을 필요가 있다 해도 20일 내지 25일이면 도착할 수 있다. 하지만 하드리아누스는 수도 로마에 들르지 않는다. 일단 들르면 다시 떠나기가 쉽지 않기 때문이다. 자세한 항로는 알려져 있지 않지만, 타라고나를 떠난 뒤에는 아마 사르데냐섬 남단을 왼쪽으로 바라보면서 항해하여 시칠리아섬 서쪽 끝의 마르살라에 잠시 들렀다가, 시칠리아섬 남쪽을 돌아 크레타섬 북해안을 오른쪽으로 보면서 키프로스섬으로 향한 다음, 거기서부터는 안티오키아의 외항인 셀레우키아로 곧장 뱃머리를 돌린 게 아닐까. 계절은 초여름, 이 여정이라면 한 달 남짓에 안티오키아에 들어갈 수 있었을 것이다.

율리우스 카이사르는 알프스를 넘을 때에도 틈틈이 짬을 내어 『유추론』(*De Analogia*)이라는 제목의 문장 비교론을 써서, 정적이긴 하지만 명석한 문장을 지향한다는 점에서는 동지인 키케로에게 헌정했는데, 하드리아누스는 행동범위가 넓다는 점만이 아니라 시간을 낭비하지 않는다는 점에서도 카이사르와 비슷했다. 그런 하드리아누스가 두 달 가까이 항해하는 동안 무슨 생각을 하고 있었는지 궁금해진다.

전해오는 풍문조차 남아 있지 않아서 상상할 수밖에 없지만, 주위는 온통 푸른 바다다. 그것도 거칠게 일렁이는 북해나 망망대해가 아니라, 비행기에서 내려다보면 하얀 꼬리를 길게 끌고 달리는 작은 어선까지 또렷이 알아볼 수 있는 초여름의 잔잔한 지중해였다. 지중해는 로마인들이 '우리 바다'(마레 노스트룸) 또는 '내해'(마레 인테룸)라고 부르는 바다다. 오늘날과 같은 200해리 영해 문제도 없고, 따라서 어선 나포사건도 일어나지 않는 로마 제국의 바다였다. 하드리아누스는 그로부터 2년 뒤에 착수하게 될 로마법 집대성이라도 생각하고 있지 않았을까. 이것은 상상이라기보다 공상이지만, 이 공상의 유일한 근거는 하드리아누스가 수도에 돌아온 뒤에 시작되는 이 대사업—술라가 처음 시도했고 카이사르도 시도했지만 끝내 완성하지 못한 대사업—이 착수 단계에서 이미 작업 내용이며 거기에 종사할 사람들의 인선까지 기초가 꽤 단단하게 다져져 있었다는 것이다.

오리엔트

황제를 맞이한 시리아 속주의 도읍 안티오키아에서는 파르티아 전쟁을 언제라도 수행할 수 있도록 만반의 태세를 갖추고 있었다. 그러나 하드리아누스는 파르티아 왕과의 정상회담을 통한 해결을 선택한다. 파르티아 왕국이 로마 제국에 강경한 태도로 나올 때는 국왕 자신이 원해서가 아니라 국내 강경파의 압력에 떠밀린 경우가 많았는데, 하드리아누스는 파르티아의 이런 사정을 잘 알고 있었기 때문이다. 회담장으로 정해진 유프라테스강의 작은 섬으로 가면서 하드리아누스는 군단을 대동하지 않았다.

파르티아 왕과 로마 황제의 회담 내용은 알려져 있지 않다. 하지만 결과는 알고 있다. 위기는 피할 수 있었다. 로마 제국 영토로 진격하기 위해 편성된 게 아닐까 하고 로마를 걱정시킨 파르티아군은 수도로 돌아간 국왕의 명령으로 해산했다. 덧붙여 말하면 파르티아는 로마와 달리 통상적인 경비에 필요한 병력 외에는 상비군을 두지 않은 나라다. 전쟁을 할 때만 군대를 조직한다. 그리고 파르티아의 역대 왕들이 가장 두려워한 것은, 합리적으로 대화가 통하는 로마 제국이 아니라 왕실 내부의 권력투쟁과 파르티아 북동쪽의 고원지방에 사는 부족의 침략이었다. 하드리아누스도 무조건 정상회담을 선호한 것이 아니라, 파르티아와는 정상회담이 가장 효과적이라고 판단한 것이다.

그래서 파르티아 문제는 간단히 해결되었지만, 몸은 이미 제국 동방에 와 있다. 시간을 허비하지 않는 하드리아누스는 안티오키아에서 곧장 북상하여 소아시아로 들어가, 소아시아 남부와 서부를 시찰하기로 했다.

이것은 쾌적한 여행이 되었다. 오늘날 소아시아 남부는 독일로 일하러 가는 노동자의 주요 공급지가 되었기 때문에 터키어 표준말보다 서투른 독일어가 더 잘 통하는 지방이 되어버렸지만, 로마 시대에는 1만 명을 수용할 수 있는 반원형극장이 있는 도시가 즐비했다. 1만 명을 수용하는 공공시설이 있었다는 것은 인구가 그 몇 배나 되는 대도시였다는 뜻이다. 비행기에서 내려다보면 소아시아는 온통 황야지만, 그 내부를 여행해보면 역사상의 강대국들이 쟁탈전을 벌인 것도 당연하다는 생각이 들 만큼 풍요로운 지방이었음을 알 수 있다.

로마 시대에는 이 지방이 원로원 속주였다. 즉 로마화의 역사가 길고, 따라서 정세가 안정되어 있고, 그래서 군단을 상주시킬 필요도 없는 지방이었다는 뜻이다. 이곳에는 하드리아누스가 제국의 최고통치자로서 해야 할 일도 별로 없었다. 그에게는 동경과 호기심을 만끽할 수 있는 여행이 되었을 게 분명하다.

하드리아누스는 장미꽃 섬이라는 뜻의 로도스섬도 방문했다. 로도스섬은 풍광이 아름답고 기후도 온화하고, 게다가 당시에는 학문의 중심지이기도 했다. 하드리아누스는 험하고 좁은 길을 올라가야만 도착할 수 있는 높은 벼랑 위의 린도스 신전도 방문했을 것이다. 또한 소아시아 서쪽 끝으로 돌아오면, 역사가 헤로도토스의 출생지인 할리카르나소스, 그리스 철학의 시조인 탈레스가 태어난 밀레투스, 아름다운 항구도시 에페수스가 이어져 있고, 과거 헬레니즘 국가들 가운데 하나로서 그 후에도 줄곧 학문의 중심지인 페르가몬을 지나면 호메로스의 서사시 『일리아드』의 무대가 된 트로이에 이른다.

아테네에서 꽃핀 그리스 문화는 모두 이오니아 지방이라고 불린 이곳 소아시아 서부에서 싹튼 것이다. 터키 영토가 된 지금도 이 지방을 여행할 때는 그리스 문화를 상기하지 않을 수 없으니까, 그 문화의 흔적이 아직도 충분히 남아 있는 정도가 아니라 생생하게 살아 있던 로마 시대에는 이 일대가 그리스 자체였을 것이다.

하드리아누스가 소아시아 비티니아 태생의 그리스 미소년 안티노와 알게 된 것도 어쩌면 이 무렵이었는지 모른다. 그러나 하드리아누스는 이오니아 지방을 여행한 사람이라면 누구나 당장이라도 가고 싶어지는 아테네로 직행하지 않았다. 변경을 순행하기에 알맞은 계절이 아직 남아 있었기 때문이다.

다르다넬스해협을 건너 유럽으로 들어간 황제 일행은 트라키아를 지나 북쪽으로 올라간다. 트라키아는 알렉산드로스 대왕에게 기병을 제공한 지방이고, 산악지대는 말 산지로도 알려져 있었다. 로마 군단에도 트라키아 출신 기병이 많았다.

트라키아를 지나 도착한 도나우강 방위선은 하드리아누스가 청년

하드리아누스

시절에 근무한 곳이다. 또한 제위에 오른 직후에도 수도 로마로 돌아가기 전에 돌아다니며 방위체제를 정비한 곳이다. 따라서 황제가 해야 할 일도 별로 없고 순행 속도도 빨랐다. 그래도 도나우 강어귀에서 시작하여 빈이 있는 중류까지 거슬러 올라가면서 시찰을 계속했다. 라인 강 방위선을 순행할 때 '게르마니아 방벽' 시찰도 모두 끝냈으니까, 이로써 하드리아누스는 로마군 최고사령관으로서 라인강과 도나우강이라는 제국의 양대 방위선을 모두 시찰한 셈이다.

겨울이 다가올 무렵에야 황제는 남쪽으로 발길을 돌렸다. 아카이아 속주의 도읍인 아테네에서 겨울을 날 작정이었다.

아테네

그토록 동경하던 땅을 48세가 되어서야 비로소 처음 찾은 감회는 어떤 것이었을까. 소싯적에 하드리아누스는 학우들한테 '그리스 아이'라는 별명으로 불렸고, 이를 염려한 트라야누스와 아티아누스의 결단으로 연약한 그리스 문화보다 실질강건한 로마식 생활을 익히도록 에스파냐의 시골로 돌려보내진 경험이 있었다. 이탈리아와 그리스는 지리적으로 가깝지만, 하드리아누스는 그 후 줄곧 군무와 정무로 바쁜 생활을 계속했기 때문에 그리스는 여전히 멀리 있었다. 난생처음 아테네를 찾은 하드리아누스는 겨울을 나는 정도가 아니라 반년 동안이나 그곳에 머물게 된다. 비티니아 태생의 미소년도 아테네로 불러들였을지 모른다.

하드리아누스는 구레나룻을 기른 최초의 황제로 알려져 있다. 공화정 시대에도 로마 남성들은 수염을 깎는 것이 습관이었다. 내 상상이지만, 그 당시는 로마의 융성기와 그리스의 쇠퇴기가 겹쳐 있어서, 로마인들은 내리막길을 걷고 있는 그리스인들과 동일시되기를 꺼려한 나머지 수염을 깎은 게 아닐까 하는 생각이 든다. 그리스인은 옛날부터 구레나룻을 풍성하게 기르는 것이 습관이었기 때문이다. 같은 그리스인이라도 로마인들이 존경을 아끼지 않은 알렉산드로스 대왕은 수염을 말끔히 깎은 모습으로 남아 있으니까, 이것도 수염을 깎는 습관에 장애가 되지는 않았다.

로마가 패권 국가가 되고 그리스가 로마의 패권 아래 들어간 뒤, 구레나룻은 '그람마티쿠스'로 통칭된 교사들의 상표가 되었다. 오늘날에도 누군지는 알 수 없지만 구레나룻을 기른 남자의 초상에 '그람마티쿠스'라고 적힌 것이 많다. 이런 로마에서 살아야 했던 하드리아누스는, 트라야누스가 살아 있는 동안은 아무리 그리스풍으로 꾸미고 싶어도 수염을 기르는 것을 삼갔을 것이다.

하지만 '트라야누스 원기둥'에서도 볼 수 있듯이 로마 남자들이 모두 수염을 깎은 것은 아니다. 아침마다 주인의 면도만 담당하는 노예가 필요했던 '율리우스-클라우디우스 왕조' 시대부터 1세기가 지났다. 그리스 애호가였던 네로는 조심스럽게 턱수염을 조금 길러보기도 했지만, 하드리아누스 시대가 되면 그런 배려조차 필요없어졌을지 모른다. 어쨌든 오늘날에도 남아 있는 하드리아누스의 초상들은 모두 구레나룻을 기른 모습이지만, 그 초상들은 모두 황제가 된 이후의 하드리아누스를 묘사한 것들이다. 로마 황제가 그리스풍으로 구레나룻을 길러도 이제는 스캔들이 되지 않았던 게 분명하다. 하드리아누스 이후의 황제들 중에는 구레나룻을 기른 사람이 훨씬 많다. 여인들의 머리 모양만큼 변화가 심하지는 않다 해도, 남자들의 수염 역시 일종의 유행일까.

하드리아누스가 구레나룻을 기른 것은 그리스를 방문하기 전이지만, 이때 그는 해외여행을 처음 떠난 젊은이처럼 그리스적인 것이라면 모조리 경험하며 돌아다닌다. 아테네 시내는 물론 델피, 코린트, 스파르타, 올림피아 같은 명승고적은 빠짐없이 찾아갔고, 기록에는 남아 있지 않지만 수니온곶에 서 있는 포세이돈 신전에서 수평선 너머로 떠오르는 해맞이도 빠뜨리지 않았을 것이다. 게다가 엘레우시스의 신비의식에도 열중했으니 저절로 웃음이 나온다.

엘레우시스의 신비의식은 아테네에서 그리 멀지 않은 엘레우시스에서 거행되는데, 제우스의 누이이자 농사의 여신인 데메테르와 그 딸 페르세포네에게 바치는 제의를 한밤중에, 게다가 관계자 외에는 모두 물리친 채 비밀리에 거행하기 때문에 비교(秘敎)라고 불렀다. 그리스인들은 해마다 겨울이 돌아오는 현상을 반년 동안이나 저승에 간 채 돌아오지 않는 딸과의 이별을 한탄하는 데메테르 여신의 슬픔 탓으로 여겼다. 그리스인들 사이에서는 엘레우시스의 비교가 예부터 널리 퍼진 디오니소스 신앙에 필적하는 민간신앙이었지만, 디오니소스(라틴어로는 바쿠스)에게 바치는 제의는 노래하고 춤추는 유쾌한 것인 반면, 저승과 관련된 엘레우시스의 신비의식은 한밤중에 조용히 거행되었다. 또한 신자도 엄격하게 골라 뽑았다. 디오니소스 신앙이 대중적이라면 이쪽은 엘리트적이었다. 하지만 무엇이든 이익을 기대할 수 있으니까 믿는 것이다. 엘레우시스의 비교가 신자들에게 보장한 것은 죽은 뒤의 안식이었다.

로마 황제는 '최고제사장'도 겸하고 있으니까 로마의 수호신들을 섬기는 최고책임자일 텐데, 그들 중에도 이 비교의 신자가 된 사람이 있다. 초대 황제 아우구스투스와 제4대 황제인 클라우디우스가 그렇다. 다만 냉철한 통치자인 아우구스투스는 피통치자가 된 그리스인에 대한 정치적 배려로 신자가 되었고, 클라우디우스는 황제가 되기 전에 신자가 되었다. 하지만 그리스도 로마도 다신교 사회다. 그리스 엘리트들의 신앙인 엘레우시스의 비교 신자가 되었는데도, 보수적인 원로원에서조차 비난하는 소리가 나오지 않았다. 그러나 이 신앙도 서기 381년에 테오도시우스 황제가 기독교의 국교화 칙령을 발표한 뒤 고대의 숱한 신앙과 함께 사교로 낙인찍혀 매장된다.

신비의식은 엘레우시스에 있는 깊은 동굴 속에서 한밤중에 거행되기 때문에, 참가자들은 휴대가 금지되어 있음에도 단검을 몰래 가져가는 것을 당연하게 여겼다. 하지만 하드리아누스는 무방비 상태로 의식에 참가했다. 호위병을 데려가는 것도 물론 금지되어 있다. 하드리아누스는 오래된 규칙을 충실히 지켜서 혼자 참가했다.

서유럽의 미술관이나 박물관에 전시되어 있는 하드리아누스 황제의 초상들은 황후 사비나와 나란히 놓여 있는 경우보다 그가 총애한 안티노의 초상과 나란히 놓여 있는 경우가 훨씬 많다. 그만큼 황제와 안티노의 관계는 당시에도 그 후에도 유명했다.

소아시아 북서쪽에 있는 비티니아, 소플리니우스가 트라야누스 황제의 명령을 받고 총독으로 부임했던 이 속주는 예부터 그리스계 주민이 많았던 지방이다. 따라서 이곳 태생인 그리스인은 결코 특별한 존재가 아니다. 특별한 것은 안티노의 뛰어난 미모였다.

안티노가 언제 어디서 하드리아누스와 알게 되었는지는 확실치 않고, 11월 27일에 태어난 것은 알려져 있지만 그것이 몇 년인지는 아직도 밝혀지지 않았다. 다만 죽은 해는 확실하니까 거기서 역산하고, 신격화된 사람의 특권이었던 나체 조각상에서 짐작할 수 있는 신체 연령을 감안하여 추측하면, 안티노가 하드리아누스와 알게 된 것은 열다섯 살 무렵이 아닐까 여겨진다.

원숙한 중년에 이르렀지만 가슴속에는 젊은 격정이 활활 타오르고 있는 48세의 로마 황제는 그리스인의 지적인 아름다움보다 오리엔트의 감미로운 우수를 풍기는, 그러면서도 외모는 완벽하게 그리스적인 미소년을 사랑했다. 운명적인 만남이라는 말이 있지만, 하드리아누스에게 운명적인 만남의 상대는 여자가 아니라 젊은 남자였다. 게다가 그것은 그가 오랜 꿈을 겨우 실현하여 그리스 문명권을 순행하는 여행길에 일어난 사건이었다.

이성이든 동성이든 그 '아름다움'에 민감하게 반응하는 것은 인간이 지닌 감수성의 자연스러운 발현이라고 생각한다. 그리고 아름다움에 대한 반응이 사랑으로 발전하는 것도 자연스러운 귀결이라고 생각한다. 고대 그리스는 남성의 세계였다. '남성의 세계'란 남자들이 가장 매력적인 시대를 말한다. 이 '남성의 세계'에서 여자 동성애자는 시인 사포 정도가 있을 뿐이다. 반면에 소년을 사랑한 남자 동성애자는 소크라테스와 플라톤을 비롯하여 이루 헤아릴 수 없을 만큼 많다. 그리스 문화를 사랑하면 미소년에 대한 사랑에 도달해버린다 해도 좋을 정도다.

그러나 미소년을 사랑하지 않는다고 해서 그리스적이 아니라고 할 수는 없다. 사실 그리스인 중의 그리스인인 페리클레스는 평생 동성애와 무관했고, 그가 사랑한 것은 여자뿐이었다.

하지만 페리클레스는 "우리야말로 그리스"라고 확신했던 시대의 아테네인이다. 페리클레스에게 그리스는 동경의 대상이 아니라 조국이었다. 반면에 하드리아누스에게 그리스는 동경의 땅이고, 그가 아무리 노력해도 조국이 될 수는 없는 곳이었다.

이 하드리아누스를 나는 결코 경멸하지 않는다. 그의 입장이 되어보면 잘 알 수 있다고 말하고 싶을 뿐이다.

겨울만 나고 떠날 작정이었는데 반년이나 머물러버렸으니, 하드리아누스는 그리스에서 눈을 빛내며 동경의 땅을 돌아다니는 여행자 노릇만 하고 있었던 것은 아니다. 그는 황제다. 황제니까 할 수 있는 사업이 있었다.

하드리아누스는 꿈을 꾸는 동시에 현실도 직시할 수 있는 사람이다. 그런 하드리아누스의 눈에 비친 그리스, 그중에서도 특히 아테네에서 옛 모습을 찾아볼 수 없다는 사실이 그의 가슴을 아프게 한 듯하다. 그런 안타까움이 아테네를 재건해야겠다는 생각을 떠올리게 한 게 아닐까.

아테네의 쇠퇴는 사실 아테네인에게 원인이 있다. 그리스 민족은 우수하기 때문에 해외에서 활약할 무대를 찾기도 쉬웠고, 그래서 요즘 말하는 두뇌 유출에 따른 공동화(空洞化)가 쇠퇴의 주요 원인이 되고 있었다.

이런 상태를 방치해두면 외국으로 나갈 수 없는 사람만 국내에 남게 된다. 그렇게 되면 경제력이 쇠퇴하고, 사회의 활력도 쇠퇴한다. 사회가 활력을 잃으면 사람도 물자도 들어오지 않게 된다. 로마는 그리스의 안전을 도나우강에서 지키고 있었다. 하지만 배후지가 배후지 구실을 완수해주지 않으면 진정한 안전보장은 이루어질 수 없다. 아테네를 중심으로 한 그리스 전역의 활성화는 로마 제국의 통치 문제이기도 했다.

그러나 하드리아누스는 냉철하고 현실적인 사람이다. 아무리 부흥시키려고 애써도 아테네가 페리클레스 시대로 돌아가리라고는 생각지도 않았을 것이다. 민족에도 인간과 마찬가지로 수명이 있다. 노년기에 들어선 지 오래인 아테네나 그리스를 장년기로 돌려보낼 수는 없었다.

하드리아누스는 아테네를 학예와 관광의 도시로 만들고, 그리스를 상업과 관광의 지방으로 만들려 한 게 아닌가 싶다.

로마 시대가 시작된 뒤에도 아테네는 여전히 학예의 중심지였고, 역대 로마 황제들도 '대학'을 로마로 옮기려 하지 않았기 때문에, 항구적인 지원체제만 확립하면 아테네를 학예의 도시로 만드는 일은 간단했다. 하지만 교수와 학생의 도시라는 것만으로는 사람과 물자의 유입에 별 도움이 안 된다. 그래서 하드리아누스는, 전에는 실제로 사용되고 있었지만 지금은 명승고적이 되어버린 아테네의 공공건물을 철저히 수리하고 복원했다. 또한 새 건물을 세워 아테네시에 기증했다. 화려하고 웅장한 시장, 즉 '경제 센터'까지 기증했으니 아테네시민들이 기뻐한 것도 당연하다.

그리스 전역을 관광지로 만드는 문제에서는 그리스에 옛날부터 존재한 4대 경기대회를 활성화하는 데에서 활로를 찾으려고 했다.

융성을 자랑하던 시대의 그리스에는 4대 경기대회가 있었다. 전쟁을 하다가도 중단하고 그리스의 모든 폴리스에서 사람들이 모여 경기대회를 열었다.

피티아 경기대회─4년마다 열린다. 그리스 중부의 델포이에서 열리고, 경기는 아폴론 신에게 바쳐진다.

누메이아 경기대회─2년에 한 번 열리고, 개최지는 펠로폰네소스반도 중부의 아르고스. 제우스 신에게 바쳐진다.

이스투미아 경기대회─2년에 한 번 열리고, 개최지는 펠로폰네소스반도 북동부의 코린트. 포세이돈 신에게 바쳐진다.

올림피아 경기대회─4년마다 열리고, 개최지는 펠로폰네소스반도 서부의 산중에 있는 올림피아. 제우스 신에게 바쳐진다.

이들 4대 경기대회의 조합은 꽤 잘되어 있어서, 1년에 한 번은 어딘가에서 경기대회가 열리도록 되어 있었다. 고대 그리스인들이 생각하는 '경기'는 체육경기가 주류이긴 하지만, 그것만은 아니다. 음악과 시와 연극 등, 그리스인들이 문예로 여기는 장르가 모두 포함된다. 경기대회 개최지에는 그 대회를 바치는 신을 모신 신전을 중심으로 각종 경기장이 흩어져 있고, 그 경기장들은 모두 그리스 조각이나 회화로 장식되어 있기 때문에, 경기를 관전하러 찾아온 이들은 그리스 예술의 정수도 접할 수 있다.

하드리아누스는 몸소 경기장에 나가 관전했을 뿐 아니라 우승자에게 상금을 하사하는 등 여러 가지 방법으로 이런 '이벤트'의 진흥에 힘썼다. 요점은 사람을 모으는 것이었다. 사람이 모이면 물자도 모인다. 하드리아누스는 엘리트 노선과 대중 노선을 병행하여 그리스를 활성화하려고 생각했다. 그리고 그리스에는 그 두 가지를 겸비한 것까지 있었다. 소크라테스도 찾아갔다는 저 유명한 델포이 신전의 신탁이다.

하드리아누스가 아테네를 비롯한 그리스에 그토록 정성을 쏟은 것을 두고 그리스에 대한 그 개인의 애정 탓으로 돌리는 사람이 많다. 하지만 나는 거기에 로마 제국을 통치하는 황제로서의 배려를 덧붙이고 싶다. 그가 세워서 아테네시에 기증한 제우스 올림피아 신전의 완공을 축하한다는 명목으로 'Olympeion'이라고 새긴 통화를 발행한 것은 신전이 완공된 지 3년 뒤인 128년이지만, 이것은 아테네에 신전을 세우는 것도 변경의 군단기지를 순행하는 것과 마찬가지로 하드리아누스에게는 하나의 통치행위였다는 것을 보여준다. 그래도 수리하고 복원한 구시가지와 그가 새로 지은 신시가지의 경계에 아치를 세우고, "여기까지는 테세우스(아테네 건국의 영웅)가 세운 아테네, 여기서부터는 하드리아누스가 지은 아테네"라는 문구를 새긴 것은, 남에게는 관

대해도 본질적으로는 자기중심적이었던 하드리아누스의 성격이 교묘하게 드러나버린 예다.

이런 사업을 반년 만에 모두 끝낼 수는 물론 없다. 서기 124년 가을부터 125년 봄까지의 체류 기간은 설계도를 그리고 그 설계도에 따라 건물을 짓도록 지시하고 공사를 착공시키는 것만으로 끝났다. 하지만 역시 브리타니아에 지은 '하드리아누스 성벽'과는 달랐다. '하드리아누스가 지은 아테네'는 그 완성된 모습을 자기 눈으로 다시 한번 볼 작정이었다.

그리스까지 돌아왔으니까 여기서 이탈리아로 직행할 거라고 생각한다면, 하드리아누스의 여행을 추체험할 자격이 없다. 어쨌거나 계절은 여행하기에 가장 좋은 봄철이다. 그리고 반년 동안 그리스에 머물면서 하드리아누스는 그리스에 온통 열중해버렸다. 아테네 외항인 피레우스에서 배에 오른 하드리아누스는 본국 이탈리아의 브린디시가 아니라 시칠리아섬으로 뱃머리를 돌리게 했다.

시칠리아섬은 원래 그리스 이주민이 건설한 도시가 많은 곳이다. 본국 이탈리아와는 메시나해협을 사이에 두고 있을 뿐인데도, 그리스어와 라틴어의 이중 언어 노선을 택한 로마의 방침 덕분에 로마 제국 영토가 된 뒤에도 여전히 그리스어가 상용되고 있었다. 특히 섬의 동쪽 절반은 과거에 '대그리스'(Magna Graecia)라고 불린 곳으로, 시라쿠사와 타오르미나, 메시나 등 그리스인이 세운 도시가 늘어서 있다. 하드리아누스도 그리스색이 짙은 이런 도시들을 순행했을 게 분명하다. 기록에 남아 있는 것은 당시에 이미 활화산이었던 에트나산에 올라간 일이다. 화산에 흥미가 있어서가 아니라, 에트나산에서 동쪽 바다에 떠오르는 태양을 바라보기 위해서였다. 에트나산에서 바라보는 해돋이는 일곱 빛깔의 일출이라 하여, 고대에는 유명한 장관의 하나로 꼽히고 있었다.

하드리아누스는 그해 여름이 끝날 무렵에야 수도 로마로 돌아왔다. 돌아오자마자 황제는 본국 이탈리아에 돌아온 것을 제국 전역에 알리기 위해, 그것을 새긴 은화를 발행했다. 4년 만의 귀국이라고는 하지만 '황제의 이탈리아 귀국'(Adventui Augusti Italiae)이라고 새긴 통화를 발행하여 그 사실을 알려야 했으니 웃지 않을 수 없다. 하지만 여기저기 보고 다니는 것 자체를 좋아했기 때문에 황제의 책무도 충분히 완수할 수 있었을 것이다.

그러나 일반 대중은 그런 것까지 이해해주지 않는다. 그래서 하드리아누스는 검투사가 1,835쌍이나 출전하는 대규모 검투시합을 개최하여, 순행에서 돌아온 것을 수도 로마의 시민들에게 알렸다.

이제 한동안은 본국에 진득하게 머물러 있을 거라고 누구나 생각했을 테지만, 하드리아누스가 본국에 머문 것은 겨울뿐이었다. 이듬해(126년) 봄이 되자마자 50세가 된 황제는 아프리카로 떠났다. 참으로 못 말리는 양반이다. 이래서는 아내와 사이가 좋지 않았던 것도 당연하다 싶지만, 그래도 이번은 순전히 일만 하는 여행이 되었다.

북아프리카

수도 로마의 외항 오스티아에서 배를 타고 카르타고로 달린다. 제3차 포에니 전쟁 때 소금까지 뿌려서 불모지로 만든 카르타고도 그로부터 3세기가 지난 이제는 로마 제국의 도시로서 번영을 누리고 있었다. 현대의 해양고고학자들이 로마와 카르타고를 잇는 항로의 해저에서 엄청난 양의 난파선 유물을 인양하는 작업을 진행하고 있는데, 이것은 로마 영토가 된 이후 카르타고가 포에니 전쟁 시대와 마찬가지로 북아프리카의 중요한 물산 집산지가 되었음을 보여준다. 물자만이 아니다. 하드리아누스가 원로원 의석을 주었을 뿐 아니라 소년 마르쿠스 아우렐리우스의 교육까지 맡긴 마르쿠스 코르넬리우스 프론토는 이름만 보면 라틴인 같지만, 옛날 같으면 카르타고인이었다.

카르타고를 도읍으로 하는 아프리카 속주는 로마화의 역사가 길고 안정된 속주를 의미하는 '원로원 속주'라서, 카르타고에는 갈리아의 리옹과 마찬가지로 1천 명의 병사밖에 주둔하지 않았다. 이집트를 제외하고 키레나이카에서 마우리타니아까지(오늘날 리비아에서 모로코까지) 길게 뻗어 있는 장대한 방위선을 지키면서 사막 부족의 습격에 대비하는 군단은 아프리카 속주 서쪽에 붙어 있는 누미디아 속주에 기지를 두고 있었다. 이 군단을 시찰하는 것이 이번 여행의 주된 목적이었다.

그래서 하드리아누스는 카르타고에 도착하자마자 곧장 서남쪽으로 떠났다. 북아프리카에도 그물눈처럼 깔려 있는 로마 가도를 지나 람바이시스(오늘날 알제리의 랑베즈)로 들어간다. 이곳이 아프리카 방위선을 지키는 유일한 주전력 집단인 제3군단의 기지였다.

랑베즈에서 발굴된 기념비(지금은 루브르박물관에 소장)에 새겨진 글에서 우리는 처음으로 순행 중인 하드리아누스의 '음성'을 접할 수 있다. 황제의 시찰 방문을 기념하여 세워진 이 돌비에는 황제 앞에서 훈련을 한 뒤 정렬한 병사들을 향해 하드리아누스가 연설한 내용이 새겨져 있다. 뜨거운 태양 아래서 실전 같은 훈련에 참가한 것은 제3군단 전원과 제2 히스파니아 기병대, 그리고 로마 군단에 딸려 있는 속주민 보조부대였다.

하드리아누스는 우선 군단병들의 뛰어난 전술 훈련을 치하한다. 게다가 쉴새없이 부과되는 전선 근무를 완수하는 한편 성벽이나 요새 같은 방어시설을 세우는 틈틈이 이룩해낸 성과라는 점에서 더욱 칭찬할

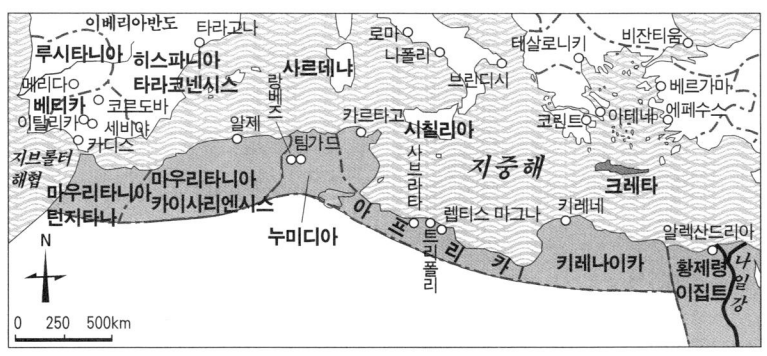

북아프리카 주변도

만하다고 말한다. 그리고 병사 개개인이 전사로서 기량을 높이면 높일수록 제국의 방위체제는 좀더 적은 인원으로도 기능을 발휘할 수 있게 되고, 결과적으로 제국의 방위비 부담이 줄어든다고 말한다.

이어서 군단장 파비우스 카툴리누스의 통솔력을 치하한다. 카툴리누스는 그로부터 4년 뒤에 황제의 천거로 집정관에 취임하게 된다.

다음은 기병대를 언급한다. 기병의 전술은 언뜻 단순해 보이지만, 그 전법을 완전히 익히려면 오랫동안 고된 훈련을 쌓아야 한다. 제2 히스파니아 기병대는 무거운 완전군장을 갖추고 긴 창을 들고 돌격하는 숙련된 전술과 압도적인 위력을 보여주었다고 칭찬한다.

끝으로 보조병들이 부대장 코르넬리아누스의 지휘에 따라 요새 건설작업에 종사한 노고를 치하한다. 하지만 그 노고야말로 군단병이나 기병대의 활동에 도움이 되고, 결국에는 너희의 집과 땅과 가족을 사막 유목민의 습격으로부터 지키는 결과가 된다고 말하는 것도 잊지 않는다.

나의 개인적 독후감에 불과하지만, 최고사령관이 휘하 장병들에게 행하는 연설로는 율리우스 카이사르의 연설에 버금가는 걸작인 것 같다. 동시대의 문헌이 하드리아누스에 대한 병사들의 지지는 절대적이라고 전하는 것도 납득이 간다.

아마 다른 순행지에서도 이런 연설은 되풀이되었을 테고, 황제의 시찰을 기념하고 먼 훗날까지 병사들이 기억할 수 있도록 같은 종류의 기념비를 세웠을 것이다. 그리고 하드리아누스는 순행지에 도착할 때마다, "나는 이렇게 황제의 책무를 수행하고 있노라"고 말하는 듯이 그 사실을 새긴 통화를 발행했다.

키레나이카에서 마우리타니아까지 이르는 전선에서 근무하는 모든 지휘관이 랑베즈의 군단기지에 소집되었다. 하드리아누스는 그들의 보고를 듣고 필요한 조치를 내렸다.

역대 황제들의 시책이 축적된 결과, 아프리카 전선도 기본은 이미 완성되어 있었다. 문제는 군사력을 요소요소에 어떻게 배치하면 가장 효율적으로 기능을 발휘할 수 있는가 하는 것이다. 리비아에서 모로코까지의 전선을 1개 군단 6천 명과 대대 규모의 기병대, 그리고 비슷한 숫자의 보조병을 합해서 많아야 2만 명이 채 안 되는 병력으로 지키는 것이므로, 효율과 기능성을 끝없이 추구하는 것은 당연하다.

사막 부족의 습격은 반드시 격퇴해야 했다. 그들은 쳐들어와서 약탈해갈 뿐, 땅을 점거하지는 않는다. 하지만 습격이 거듭되면 주민들은 더 이상 참지 못하고 해변 도시로 피난한다. 주민이 떠난 농경지는 황무지로 변한다. 그렇게 되면 남는 것은 사막화밖에 없다. 사막화를 피하고 싶으면, 농사를 계속하여 땅이 늘 초록빛을 유지하도록 노력할 수밖에 없다. 고대의 북아프리카는 오늘날처럼 사막화되지는 않았고, 녹지가 제법 많았다. 처음에는 카르타고, 다음에는 로마가 농업 진흥에 열심이었기 때문이다. 카르타고인은 농업 기술서를 가진 민족이고, 그 카르타고를 멸망시킨 로마도 페니키아어로 된 이 서적을 당장 라틴어로 번역했다. 그리고 이 두 강대국은 정착민인 농민을 비정착민인 사막 부족한테서 지켜주었다. 로마 제국이 멸망한 뒤, 과거에 대부분 유랑민이었던 북아프리카 주민은 푸른 초목이 있어야만 비도 내린다는 이치를 이해하지 못한 게 아닌가 싶다. 그리고 푸르름을 확보하는 유일한 방책은 '평화'밖에 없다는 이치도.

랑베즈를 떠난 하드리아누스는 바로 동쪽에 있는 타무가디(오늘날의 팀가드)를 방문한다. 이곳은 트라야누스 시대에 황제의 명을 받아 제3군단의 만기 제대자를 위한 식민지로 건설되었다. 도시를 세운 것은 제대를 앞둔 군단병들이었다. 퇴역한 뒤에 정착할 곳을 자기 손으로 지은 셈이다. 그 때문인지, 도시는 군단기지를 그대로 확대한 듯한 느낌을 주는 정사각형이다. 하지만 기지는 아니니까 원형극장도 있고, 물론 공공광장인 포룸도 있고, 공중목욕탕의 수는 규모가 작은 것까지 포함하면 14개나 된다. 사막지대 앞에서 완벽한 로마식 생활이 영위되고 있었던 것이다.

통칭하여 식민도시라고 부르는 이런 공동체는 대부분 현지 여자와 결혼한 제대병이 정착하여 이루어진 도시다. 로마의 중앙정부는 식민도시의 자치를 인정했을 뿐 아니라 여러 가지 특전을 주어 발전을 도왔다. 이런 도시들이 그 지방의 경제력 향상의 핵심이 되기를 기대했기 때문이기도 하지만, 안전보장 면에서도 효용이 있었기 때문이다. 어쨌든 그들은 군무의 '베테랑'이었던 사람들이다. 현역 군단병의 기지 근처에 퇴역병들의 거주지역이 있으면, 그 지방의 방위력은 훨씬 강해진다.

로마는 아프리카 전선만이 아니라 다른 전선에서도 이런 방식을 채택했다. 또한 군단기지 근처에는 '카나바이'라는 민간인 취락도 있었다. 로마의 군단기지는 고립된 존재가 아니었다. 군단기지, 보조부대 기지, 성채, 감시용 요새와 망루로 이루어진 군사적 '방벽' 바로 안쪽

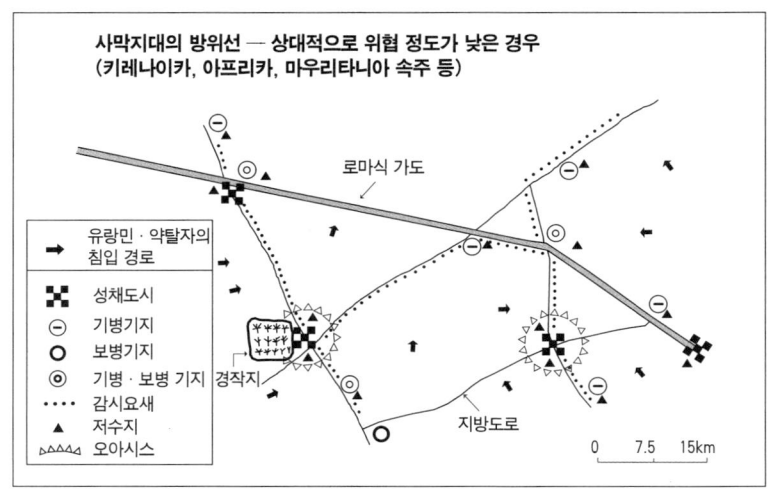
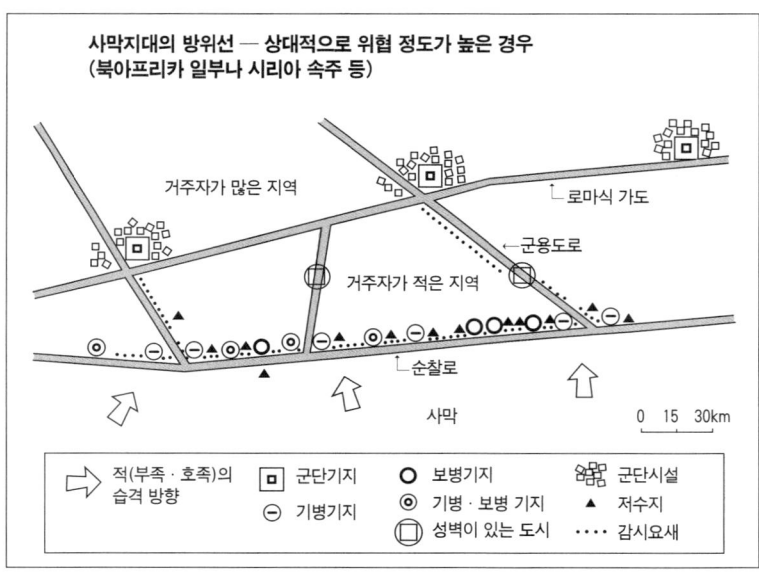

에는 기지촌이라 해도 좋은 '카나바이', 제대병들이 정착한 '식민도시', 로마가 자치권을 부여한 원주민의 '지방공동체' 등이 산재했고, 이런 지역들이 모두 로마 가도로 연결되어 훨씬 높은 기능을 발휘하는 커다란 유기체를 이루고 있었다. 그렇기 때문에 그 광대한 제국을 15만 명 안팎의 군단병으로 방위할 수 있었고, 제국 전역에 도시 기반을 마련할 수 있었던 것이다.

오늘날 유럽의 주요 도시들은 거의 다 로마의 군단기지에 기원을 두고 있다. 군단이 주둔하는 기지일 뿐이라면, 로마군이 떠나버린 뒤에는 폐허가 될 수밖에 없었을 것이다. 하지만 로마군의 기지는 민간인도 포함된 연합체였다. 민간인은 군단이 떠난 기지에 이주했고, 그래서 로마 제국이 붕괴한 뒤에도 사람들의 생활은 계속 이어질 수 있었다.

로마군 최고사령관인 하드리아누스가 시찰 여행에서 전선의 군단기지 방문을 우선한 것은 당연하지만, 가는 길에 현지 주민—로마인의 표현으로는 속주민—이 사는 '지방자치단체'를 방문하는 것도 잊지 않았다. 이들도 로마가 지켜주어야 할 대상일 뿐 아니라, 함께 제국을 지키는 사람들이었기 때문이다.

하드리아누스는 제대병의 도시인 팀가드를 방문한 뒤, 로마 가도를 따라 동쪽의 아프리카 속주(오늘날 튀니지와 리비아 북부)로 돌아가서 바닷가에 줄지어 있는 사브라타, 트리폴리, 렙티스 마그나를 차례로 방문한다. 이들 도시는 포에니 전쟁 당시에는 카르타고 영토였고, 따라서 주민들도 카르타고계였다. 오늘날에도 훌륭한 유적으로 남아 있는 렙티스 마그나(Leptis Magna)는 이곳 출신인 셉티미우스 세베루스 황제 덕분에 웅장하고 화려한 대도시로 탈바꿈했지만, 하드리아누스는 이 카르타고계 로마인 황제가 태어나기 20년 전에 이미 대규모 로마식 '공중목욕탕'을 지어서 이 도시에 기증했다. 로마 제국은 이 일대의 도시에 군단병 1개 부대도 배치하지 않았다. 목욕탕을 짓는다는 것은 곧 상수도를 정비한다는 뜻이다. 로마 시대의 북아프리카는 로마 가도가 깔리고, 산지에서 도시까지 물을 끌어가기 위한 고가 수도가 길게 이어져 있는 지방이었다.

하드리아누스는 렙티스 마그나에서 배를 타고 로마로 돌아왔다. 서기 126년 봄부터 시작된 순행이지만, 수도 로마로 돌아왔을 때는 아직 여름도 다 지나지 않은 계절이었다고 한다. 상당한 강행군이었던 게 분명하다.

그 후 약 1년 반 동안 하드리아누스는 수도 로마에서 움직이지 않았다. 이 기간에 로마법을 집대성하는 대사업에 착수했을 것이다.

『로마법 대전』

법률은 '선과 공정의 기술'(ars boni et aequi)이란 말은 하드리아누스가 이 대사업을 맡긴 법률학자 유벤티우스 켈수스가 남긴 말이다. 내가 '기술'이라고 번역한 '아르스'(ars)라는 라틴어는 이탈리아어에서는 'arte', 에스파냐어도 역시 'arte', 프랑스어로는 'art', 영어도 'art', 독일어에서는 'Kunst'로 번역되어 있다. 그리고 '선과 공정의 기술'로 여겨진 로마법은, 법률이란 시대에 따라 보완·개정되어야 한다는 로마인의 법률관을 반영하여, 크게 다음 세 시기로 나눌 수 있다.

제1기 — 기원전 753년부터 기원전 150년 무렵까지 600년. 건국 이후 이탈리아반도의 통일을 거쳐, 강대국 카르타고와 벌인 포에니 전쟁에서 승리를 거두고 지중해 세계의 완전 제패를 향해 출발할 때까지의 기간을 가리킨다. 말하자면 자국민인 라틴 민족만 염두에 두고 법률을 제정하면 되는 시대였다.

제2기 — 기원전 150년부터 서기 300년까지 450년. 많은 민족을 아우른 보편제국 로마의 시대로서, 법률도 다인종·다민족·다종교·다

문화의 공존공영에 적합한 것으로 바뀌어간다. 이 시대의 로마법은 그 자체가 이미 국제법이라고 말할 수 있다.

제3기 — 서기 4세기부터 6세기까지 약 250년. 콘스탄티누스 황제가 기독교를 국교화한 뒤부터 동로마 제국 황제인 유스티니아누스가 『로마법 대전』을 편찬할 때까지의 시대다.

한마디로 말하면 제1기와 제2기의 로마법은 진정으로 로마적이고, 제3기의 로마법은 오리엔트적·기독교적으로 바뀌었다 해도 좋을 것이다.

아직 진정으로 로마적일 수 있었던 시대에 로마법을 집대성하려고 시도한 것은 하드리아누스가 처음은 아니다. 기원전 1세기에 이미 두 권력자가 그것을 시도했다.

처음 시도한 사람은 독재관 코르넬리우스 술라였다(제3권에서 상세히 기술). 그러나 술라가 명석한 두뇌와 대담한 실행력에 목표를 향한 끈질긴 의지력도 충분했지만, 그 의지가 한결같이 발휘된 것은 아니었다. 그가 독재관에 취임하면서까지 시행하려고 애쓴 원로원 강화정책은 이루어졌지만, 그 목표를 달성한 뒤에 은퇴한 그는 법령을 집대성하는 작업에서도 '은퇴'해버렸다. 이때는 특히 형법을 집대성하는 작업을 진행하고 있었다고 한다.

다음은 율리우스 카이사르. 그는 종신 독재관이 된 뒤, 술라의 은퇴로 묻혀버린 법령 집대성 작업을 발굴하여 그 범위를 민법까지 확대한 법령 집대성에 도전했지만, 그의 의지는 브루투스 일당에 의한 암살로 좌절될 수밖에 없었다.

그러면 왜 이런 시도로부터 170년이 지난 시점에서야 하드리아누스 황제가 거기에 도전할 마음이 내켰을까.

그가 제국 각지를 순행한 목적은 방위선을 돌아다니며 쓸모없다고 판단된 것은 폐기하고 필요한 것은 살려서 제국의 안전보장체제를 정비하고 재구축하는 것이었다.

　법령 집대성도 단순히 법령을 모으기만 하면 되는 것은 아니다. 악법으로 간주되거나 시대에 맞지 않거나 하여 사실상 사문화한 법은 폐기하고, 필요한 법은 새로 제정하는 방법으로 방대해진 법령을 정비하고, 로마 사회의 규범인 로마법을 재구축하는 작업이다. 정비하고 재구축한다는 점에서는 군사도 법률도 마찬가지다. 하드리아누스야말로 진정한 의미에서 로마 제국의 '구조조정'을 단행한 사람이라고 생각한다.

　하드리아누스가 로마법 집대성 작업을 맡긴 법률학자들 가운데 세 사람은 이름이 알려져 있다. 네라티우스 프리스쿠스, 유벤티우스 켈수스, 살루비우스 율리아누스가 그들이다. 이들 세 사람이 법률 전문가였던 것은 당연하지만, 법률만 연구하는 학자 타입일 거라고 생각하면 큰 오산이다. 세 사람 다 실무 경험이 풍부하고, 게다가 법률 지식도 넓고 깊은 사람들이었다. 하드리아누스가 실무 경험이 풍부한 사람을 일부러 골라서 등용한 것은 아니다. 로마에서는 법률에 정통한 사람은 모두 실무 경험도 풍부했다. 즉 선발 기준은 법률 지식에만 두어도 충분하고, 그 기준에 합격한 사람이라면 실무 경험도 풍부할 게 틀림없었다.

　세 사람 가운데 가장 연장자로 여겨지는 프리스쿠스의 경력은 확실치 않지만, 트라야누스 시대에 이어 하드리아누스 시대에도 황제 '내각'의 일원이었다는 사실은 알려져 있다. 원로원 의원이고, 따라서 '명예로운 경력'이라고 불린 국가 요직도 다 지냈을 것이다.

　하드리아누스보다 몇 살 위인 듯한 켈수스는 트라야누스 시대에 법무관을 거쳐 집정관을 두 번이나 경험했고, 역시 하드리아누스 '내각'의 일원이었다. 남프랑스 태생으로, 39권에 달하는 『법령집』(*Digesta*) 외에 서간집과 평론집 등 다방면에 걸친 저술을 남겼다.

　하드리아누스 황제에게 발탁되었을 당시 서른 살 안팎이었을 것으로 여겨지는 율리아누스는 옛날 카르타고 영토였던 아프리카 속주 출신이다. 루키우스 옥타비우스 코르넬리우스 살루비우스 율리아누스라는 이름으로 미루어보아, 그의 조상은 정복자 로마인의 노예가 되었다가 해방되어 옛 주인의 가문 이름을 받은 카르타고인일 가능성이 크다. 제정 시대 로마에서는 이런 사례가 드물지 않았다.

이 사람도 '명예로운 경력'을 차례로 경험했다. 회계감사관, 군단 대대장, 국세청장. 국세청은 원로원 속주에서 거두어들이는 세금을 총괄하는 부서인데, 켈수스는 국세청장에 이어 황제 속주에서 들어오는 세금을 총괄하는 부서에서도 일했다. 율리아누스는 그 후 원로원 의원만 취임할 수 있는 법무관에 당선되어, 하드리아누스 시대에는 '명예로운 경력'의 중간 단계까지 승진한 모양이다.

다음 황제인 안토니누스 피우스 시대에 들어서자마자 집정관에 당선되어 황제를 최고제사장으로 모시는 제사장 가운데 한 사람이 되었고, 저지 게르마니아군 사령관을 지냈다.

율리아누스는 장수를 누린 듯, 그다음 황제인 마르쿠스 아우렐리우스 시대에도 활약하여, 이 황제 밑에서 에스파냐 타라고넨시스 속주 총독을 지냈고, 아프리카 속주 총독으로 경력을 마쳤다. 90권에 이르는 『법령집』(*Digesta*)도 남겼다.

이들 세 사람이 모두 독자적으로 『법령집』을 남긴 것으로 보아, 하드리아누스는 세 사람이 모인 편찬위원회에 '로마법 대전'을 맡긴 것이 아니라 부문별로 맡겨서, 각자 맡은 부문을 책임지고 집대성한 게 아닌가 싶다. 프리스쿠스도 몇 권인지는 알 수 없지만 『법령집』을 남겼기 때문이다. 특히 율리아누스는 황제가 원로원 의결을 기다리지 않고 발령할 수 있는 잠정조치법을 해마다 1년 단위로 집대성하는 일도 맡았다. 그는 이것을 『법령집』과는 별도의 독립된 저술로 남겼다. 이들 세 사람의 작업에서 기본자료가 된 것 가운데 하나는 공문서 보관소에 보존되어 있는 판결문이었다. 해마다 판결문을 기록하여 보존하는 것은 그해의 법무관에게 주어진 의무였다.

이 대사업이 완성되어 『로마법 대전』이 편찬된 것은 하드리아누스가 즉위한 지 14년째인 서기 131년이었다고 한다. 그 이후부터 로마 제국에서 법령이나 판례를 알 필요가 있는 사람은 정치가도 행정관도 검찰관도 변호사도 모두 자신의 '로마법 대전'을 가질 수 있게 되었다. 6세기 중엽에 동로마 제국의 유스티니아누스 황제가 『로마법 대전』(*Codex Justinianus repetitae Praelectionis*)을 편찬하기 400년 전에 이미 로마인은 자신들의 법령을 집대성한 것이다. 그리고 오리엔트적·기독교이 될 수밖에 없었던 유스티니아누스의 『로마법 대전』조차도 하드리아누스 시대에 세 법률가가 정리하여 집대성한 법령이나 판례를 엄청나게 많이 전재했다는 것이 로마법 학자들의 정설이다. 하드리아누스가 이룩한 로마법 재구축의 성과는 유스티니아누스의 『로마법 대전』에 흡수된 셈이다. 이것이 하드리아누스가 법률면에서 이룩한 업적의 역사적·법률적 의미라고 생각하지만, 그것을 깊이 탐구하는 작업은 전문가에게 맡기기로 하고, 이들 세 사람의 『법령집』에서 흥미로운 부분만 발췌하면 다음과 같다.

(1) 국가반역죄로 고발하는 것을 '금지'했다. 하드리아누스 자신이 즉위하자마자 이 죄목으로 네 명의 집정관 경험자를 처단한 것을 생각하면 위선처럼 들리지만, 그 후로는 필요가 없다고 판단한 것일까. 또한 이 법률만큼 후세의 권력자들에게 무시당한 법도 없는 것 같다는 생각이 든다.
(2) 고의에 의한 살인, 고의가 아닌 살인, 정당방위에 따른 살인을 각각 구분하여, 두 번째와 세 번째 살인은 무죄라고 못박지는 않았지

만 무죄 방향으로 한 걸음 내디딘 법률을 제정했다.

(3) 이전까지는 사형 또는 추방형에 처해진 자의 재산을 전부 몰수하여 국고에 귀속시켰지만, 이후로는 가족에게 12분의 1을 남겨주는 것으로 바뀌었다. 다만 이것은 황제의 은전이라는 형태로 이미 시행되고 있던 것을 법제화한 데 불과하다.

(4) 유산상속권을 명확하게 하는 것은 일찍부터 사유재산권을 인정하고 있던 로마인에게는 당연한 일이었지만, 하드리아누스가 제정한 법률에는 모르는 사람한테 받은 유산은 사양해야 하고 아는 사람한테 받았다 해도 그 사람에게 자식이 있을 경우에는 사양해야 한다고 규정되어 있다. 이것은 황제를 비롯한 사람들의 유형·무형의 압력에서 가족의 상속권을 보호하기 위해 취해진 조치로 여겨진다.

(5) 복무 중인 병사는 원래 결혼이 금지되어 있기 때문에 그 병사가 복무하는 동안 태어난 자식은 서출로 취급되지만, 이제는 그런 자식이라도 가족으로 간주되어 유산상속권을 인정받게 되었다.

또한 병사가 복무 중에 사망했을 때는, 군율 위반에 따른 처형으로 사망하지 않은 한, 전사든 병사든 자살이든 가족에게 유산상속권을 인정한다고 명문화했다. 이런 법률은 하드리아누스의 군사력 재구축과 같은 선상에 있는 법적 조치가 분명하다. 병사들의 사회적 환경을 향상시키기 위한 법률이라는 뜻이다.

(6) 난파선의 조난자가 해변까지 헤엄쳐왔을 때 습격하여 가진 것을 빼앗는 행위는 불문에 붙여지는 경우가 많았으나, 앞으로는 절도행위로 간주하여 엄벌에 처하게 되었다.

(7) 임신 중인 여자에 대한 처벌은 엄금한다.

(8) 노예에 관한 법률도 개정하여, 어떤 이유로든 주인이 자기 소유의 노예를 죽이거나 신체 일부를 절단하는 것을 엄금했다. 아무리 주인이라도 노예를 개인적으로 처벌하는 것은 금지되고, 처벌할 사유가

있으면 고발하여 법정 판결에 맡겨야 한다고 규정한 것이다.

또한 집 안에 노예나 하인을 가두는 감옥을 설치하는 것도 엄벌 대상이 되었다.

동시에 사유재산인 노예라도 매춘업자나 검투사 업자에게 팔아넘기는 것은 금지되었다.

주인이나 그 가족이 노예에게 살해되었을 경우, 고용인을 심문하면서 증언을 받아내기 위해 고문을 가하는 일이 잦았지만, 앞으로는 고용인을 전부 심문할 필요는 없고 살해 현장이나 그 근처에 있었던 사람만 심문하도록 규정했다.

그리고 노예가 범인으로 밝혀져 사형이 확정된 경우, 종래에는 그 집안의 노예를 모두 사형에 처하도록 규정되어 있었지만 이 조항은 폐지되고 범인만 사형에 처하도록 명문화했다. 물론 과거에도 연대책임제는 있었지만 실제로는 집행되지 않은 지 오래였다. 네로 황제 시대에 400명이나 되는 노예에게 연대책임을 물어 처형한 일이 있었는데, 그때 그들을 동정한 시민들이 격렬하게 반발하여 그 후로는 연대책임으로 처벌된 사람이 하나도 없었다.

(9) 땅에 묻혀 있던 금품이 발견되었을 경우의 소유권도 명문화했다. 이 법률에 따르면, 발견자의 소유지에서 발견된 금품의 소유권은 발견자에게 있다. 공유지의 경우, 종래에는 그 땅의 주인인 국가나 지방자치단체가 소유권을 갖도록 되어 있었지만, 소유자와 발견자가 소유권을 양분하도록 바뀌었다. 또한 타인의 소유지인 경우에도 거기서 금품을 발견한 사람과 토지 소유자가 소유권을 반씩 나누어 갖게 되었다.

얼마 전에 영국에서 한 농부가 자기 소유의 농지에서 다량의 로마 시대 동전을 발견했다는 보도가 있었다. 발견물의 소유권은 발견자인 그 농부에게 있다는데, 그렇다면 현대 영국에도 하드리아누스법이 살아 있는 것일까. 나의 관심은 땅에서 캐낸 로마 시대의 통화를 영국박물관이 몽땅 구입해주지 않을까 하는 데 있었다. 영국박물관에는 무려 10만 점이나 되는 로마 시대 동전이 소장되어 있다. 그냥 소장만 하고 있는 것이 아니라 정리하여 연구하고, 관람을 원하는 사람에게는 기꺼이 보여주기도 한다. 경매에 붙여서 여기저기 흩어놓기보다 한곳에 모아서 보존하여 사람들이 언제라도 볼 수 있게 하는 것이야말로 인류의 공동 유산에 어울리는 대우가 아닐까. 영국 농부가 발견한 동전들은 그 후 어떻게 되었는지 궁금하다.

(10) 상거래에서 무게나 길이를 잴 때 사용하는 계측기를 자신에게 유리하도록 개조한 자는 엄벌 대상이 된다. 경제활동의 기본은 정직과 공정에 있다는 것이 하드리아누스의 생각이었기 때문이다.

(11) 건축용 자재를 싼값에 구하기 위해 유서 깊은 건물을 파괴하는 행위도 금지되었다. 현대식으로 생각하면 문화재보호법일 것이다. 하지만 이 법률은 기독교가 국교로 지정되어 다른 종교가 모두 배제되자마자 완전히 사문화된다.

(12) 공중목욕탕에서 남녀가 혼욕하는 것도 금지되었다. 로마인은 신상을 통해 나체를 보는 데 익숙해져 있고, 경기대회에도 선수들이 반라로 출전하기 때문에 나체와 친숙했다. 그래서 남녀 혼욕이 금지 대상이 된 적은 그때까지 한 번도 없었다. 눈앞에 있는 아름다운 여자의 나신을 보면 살아 있는 비너스를 감상하는 기분이 들었는지도 모른다. 그래도 역시 '성희롱' 같은 행위가 전혀 일어나지 않은 것은 아니었다. '공'과 '사'의 구분에 상당히 과민했던 하드리아누스 황제는 그런 종류의 사고도 참을 수 없었을 것이다.

그런데 남녀 혼욕은 금지되었지만, 공중목욕탕은 남녀가 따로 사용하기에 적합하도록 지어져 있지 않았다. 또한 약간의 개조도 불가능할 만큼 견고한 구조로 되어 있었다. 그래서 공중목욕탕 입장시간을 남자와 여자로 구분했다. 제7시(13시)까지의 오전에는 여자, 제8시(14시)

부터 일몰(18시 전후)까지는 남자라는 식으로. 로마 시대 남자들은 해가 뜬 뒤부터 오후 1시까지 집중적으로 일하는 것이 보통이었기 때문이다. 다만 속주에서는 그 지방의 독자적인 방식으로 시간을 할당할 수 있었고, 광산이 있는 지방에서는 밤 9시까지 목욕탕 문을 열었다. 이 남녀 혼욕 금지법은 법이니까 누구나 따랐지만, 속으로 불만을 느낀 것이 남자뿐이었을까. 아니면 여자도 불만이었을까.

어쨌든 남녀 혼욕 금지에는 기독교도 이슬람교도 대찬성이었기 때문에, 느긋한 로마식 목욕은 그 후 영원히 모습을 감추게 된다.

베누스 신전

공공건축은 선제 트라야누스가 대규모로 시행한 뒤였기 때문에, 이 분야에서 하드리아누스가 남긴 업적은 특기할 만한 게 별로 없다. 다만 고대인들이 남긴 사료는 동시대인에게는 '뉴스'다. '뉴스'는 신기하고 유별나기 때문에 뉴스가 된 것이고, 통상적인 일은 뉴스가 되지 않는다. 기존의 건조물을 수리·복구하는 일은 로마인에게는 지극히 당연한 것이니까 기록될 확률도 낮아진다. 다만 가도나 교량을 수리·복구하면, 직접적인 이익을 누리는 이들은 그 일을 해준 사람에 대한 고마움을 유형의 것으로 남기고 싶은 마음이 드는 것도 당연하다.

문헌자료에 나타나지 않는 이런 종류의 사료를 후세의 우리가 추적할 수 있게 된 것은 비석이나 동판에 새긴 금석문이 발굴된 이후부터다. 거기에 따르면 하드리아누스가 제국 순행에 건축가나 엔지니어들을 데려간 것은 명확한 목적이 있기 때문임을 알 수 있다. 그는 통화에 새겨서 선전할 필요도 없는 통상적인 책무도 어김없이 수행하고 있었다. 유지·보수는 조직이 얼마나 건재하는지를 가늠하는 척도가 아닐까. 수도 로마의 도심에 서 있는 공공건조물은 하드리아누스 시대에도 이미 200년이 지나 있었고, 아피아 가도는 무려 400년이나 사용되어 왔다.

그렇긴 하지만, 사회간접자본 정비가 황제의 3대 책무 가운데 하나로 꼽힌 것이 로마 시대다. 또한 '뉴스'가 되지 않는 일만 하고 있으면, 일반 대중을 무시할 수 없는 최고권력자의 지위를 유지하기 어렵다. 하드리아누스도 그 필요성을 느끼고 있었기 때문에, 제1차 순행을 떠나기 전에 베누스(비너스)와 로마에 바치는 신전을 건립하겠다고 발표했다.

포로 로마노 동남쪽 끝, 콜로세움 앞에 세워진 이 신전은 참으로 특이했다. 종래의 건축방식으로는 하나의 신전 안에 베누스 여신과 신격화한 로마를 함께 모시게 된다. 하지만 하드리아누스가 지은 이 신전은 두 신을 따로 모셨을 뿐 아니라, 두 신전이 서로 등을 맞댄 채 반대 방향을 향하고 있다. 독창적인 이 신전들의 내부, 특히 베누스 여신을 모신 신전 내부에 늘어서 있는 원주는 모두 진홍빛의 그리스산 대리석이고, 바닥도 옅은 잿빛과 붉은빛 대리석의 모자이크였다고 한다. 로마에 바쳐진 신전의 경우는, 오늘날 등을 맞댄 부분의 내벽 일부밖에 남아 있지 않기 때문에, 원주와 바닥에 어떤 빛깔의 대리석이 사용되었는지 알 수 없다. 아무튼 웅장한 트라야누스 스타일에 비하면, 하드리아누스는 화려한 것을 좋아한 모양이다.

앞에서도 말했듯이 트라야누스는 다마스쿠스 태생의 건축가 아폴로도로스에게 모든 것을 일임했지만, 하드리아누스는 달랐다. 그는 나름대로 확실한 아이디어를 가지고, 건축가나 기사들에게는 그 아이디어를 구현하는 작업만 맡기는 타입이었다. 율리우스 카이사르 타입이라고나 할까. 건축 전문가에게는 껄끄러운 타입인지도 모른다. 아폴로도로스는 트라야누스의 기질과 요구사항만 이해하면 건축가로서의 재능을 충분히 발휘할 수 있었지만, 하드리아누스의 건축가들은 그렇지

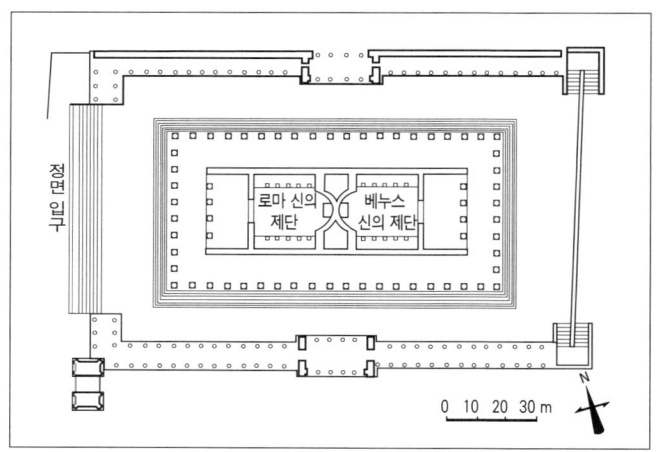

베누스와 로마 신전 평면도

못했다. 하지만 자칫하면 건축 개념에 얽매이기 쉬운 전문가가 아니었기 때문에, 카이사르는 여러 기능을 한군데에 모아놓은 포룸 양식을 생각해낼 수 있었고, 하드리아누스는 등을 맞댄 신전이라는 전대미문의 아이디어를 낼 수 있었던 게 아닐까. 다만 카이사르의 아이디어는 후임 황제들의 '포룸'에 답습되었지만, 등을 맞댄 신전은 불운하게도 그렇지 못했다. 아름답고 화려했을 게 분명한데, 그 후 아무도 이 양식을 모방하지 않았다. 베누스 여신을 참배한 다음, 밖으로 나와서 다시 반대쪽으로 돌아가 로마 신을 참배하는 방식이 사람들에게는 익숙지 않았는지도 모른다. 실로 독창적인 신전이라는 이유로 수도 로마를 찾는 속주민에게는 반드시 보아야 할 명소가 되었지만, 로마의 주민들은 어느 한쪽 신간 참배하고 또 한쪽은 생략하는 것을 황제의 독창성에 대한 응답으로 삼은 모양이다. 모방할 마음이 나지 않은 것은 속주민도 마찬가지인 듯, 로마 제국 어디에도 이런 양식의 신전은 남아 있지 않다.

이 독창적인 건축물에 대해서 전문가들은 어떤 의견을 갖고 있었을까. 아폴로도로스는 여신이 일어서면 신전 지붕이 뻥 뚫려버릴 거라고 말한 모양이다. 이 말이 하드리아누스의 귀에 들어갔다. 황제는 기분이 상했다. 딜레탕트적인 면을 찔린 것이 퍽이나 아팠던 모양이다. 하드리아누스가 즉위한 뒤 가뜩이나 공공건축을 맡을 기회가 줄어들었던 아폴로도로스는 이 일로 더욱 따돌림을 당하게 된다. 하드리아누스 자신은 예술가로 자처했을지 모르지만, 예술가라기보다는 예술 애호가였다고 나는 생각한다.

하지만 설령 딜레탕트라도 그 아이디어가 당시 최고 수준의 기술과 완벽하게 결합하면 훌륭한 성과를 낳을 수 있다. 그 좋은 예가 판테온이 아닐까.

판테온

후세에 덧붙인 부분이 조금 있는 것을 제외하면, 판테온은 오늘날에도 고대 로마 시대의 모습을 유지하고 있는 유일한 건축물이다. 원래는 기원전 1세기 말에 아그리파가 세운 신전이었다. 율리우스 카이사르는 군사적 재능이 부족한 옥타비아누스(황제가 되기 이전의 아우구스투스)를 양자, 즉 후계자로 점찍고, 그 부족한 면을 보충하기 위해 아그리파라는 젊은 병사를 발탁하여 옥타비아누스의 오른팔로 삼았다. 카이사르의 판단은 적중하여, 마르쿠스 아그리파는 아우구스투스가 황제가 되기 전에도 황제가 된 뒤에도 그의 유일무이한 충신이 된다. 게다가 아우구스투스의 외동딸 율리아의 두 번째 남편이 되어 자식을 줄줄이 낳아서, 초대 황제 아우구스투스에게 후계자까지 안겨준 의리의 사나이였다.

아그리파는 공공사업에서도 황제의 유일한 협력자가 되었다. 수도 로마에 수많은 공공건물을 지었고, '아그리파 목욕탕'이라고 불린 수도 로마 최초의 공중목욕탕은 하드리아누스 시대에도 훌륭하게 기능을 발휘하고 있었다. 카이사르의 눈에 띈 덕분에 낮은 신분에서 로마 제국의 2인자 지위까지 출세한 아그리파는 모든 신에게 바치는 '판테온'(만신전)을 건립하는 것으로 감사의 뜻을 표하려고 했다. 그래서 자신이 세운 '목욕탕' 북쪽, 카이사르가 세운 '사이프타 율리아' 서쪽에 '판테온'을 지었다. 기원전 15년 무렵의 일이다.

그러나 판테온은 그 후 몇 번이나 화재로 피해를 입는다. 석조 건축이라 해도 뜻밖에 목재가 많이 사용되었다. 기둥 위에 걸쳐놓은 들보, 목재로 떠받쳐져 있는 천장, 기와로 덮인 지붕도 그 아래 널빤지가 불에 타면 무너져내릴 수밖에 없다. 피해가 웬만하면 수리할 수도 있겠지만, 하드리아누스 시대의 판테온은 아예 헐어버리고 새로 짓는 편이 낫겠다고 여겨질 정도로 손상이 심한 상태였다. 따라서 후세의 우리가 보는 판테온은 하드리아누스가 토대부터 다시 지은 것이다. 신전 정면에는 'M. Agrippa L.F. Consul ter(tium) Fecit'라고 새겨져, 마르쿠스 아그리파가 세웠다고 명기되어 있지만, 이는 하드리아누스가 초대 건설자를 존중하여 새긴 것이다. 고고학적 조사에서도 아그리파가 세운 판테온은 원형이 아니라 사각형이었던 것으로 밝혀졌다. 같은 장소에 하드리아누스가 완전히 다른 양식으로 지은 것이다.

글로 설명하기보다 그림을 보는 편이 쉽게 이해할 수 있을 테니까 설명은 생략하겠지만, 목재를 일절 사용하지 않았고, 게다가 대담하고 독창적이라는 점에서 콜로세움과 쌍벽을 이루지 않을까 생각한다. 건축에 관해서는 누구 못지않게 딜레탕트인 나도 감탄한 것은 건물이 완벽한 원형 구조로 되어 있다는 점이다. 원형은 역학적으로 가장 견고한 구조일까. 돔 구조의 둥근 지붕을 떠받치는 시멘트 천장도 위로 올라갈수록 얇게 만들어져 있을 뿐 아니라, 위로 올라갈수록 시멘트에 가벼운 속돌이 더 많이 섞여 있다고 한다. 하중을 줄이기 위한 방책일 것이다. 다신교의 대표적 상징인 이 판테온이 기독교 시대에도 살아남

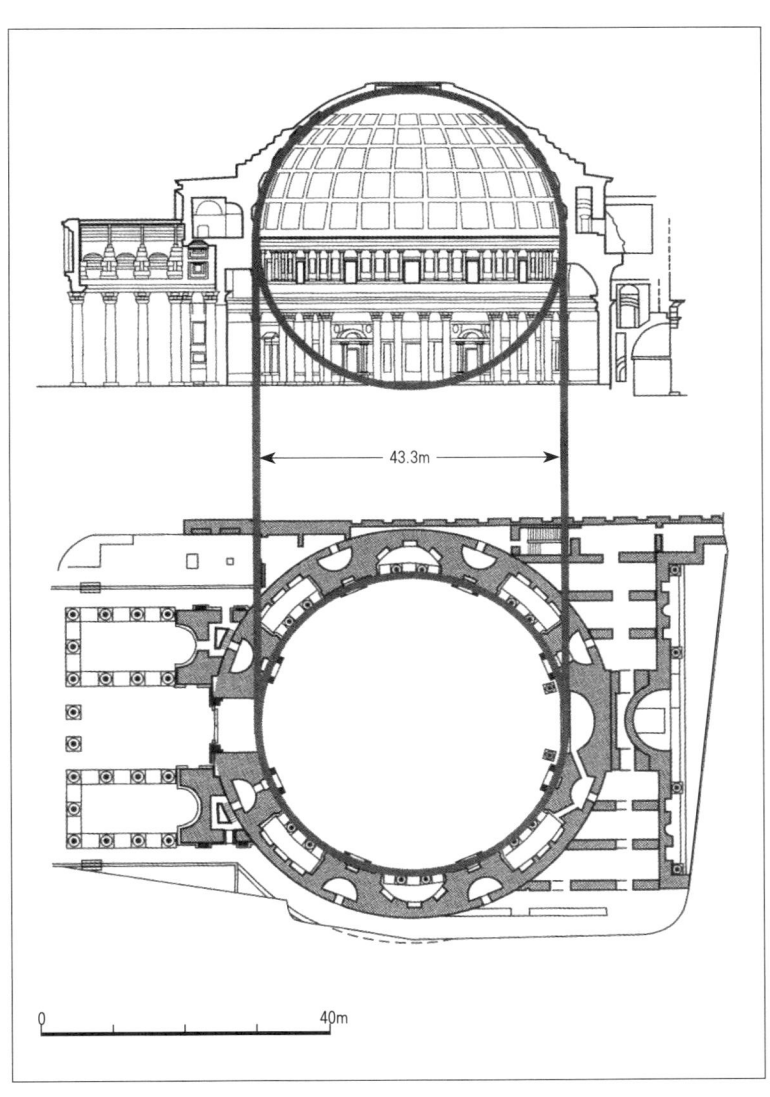

판테온(단면도와 평면도)

을 수 있었던 것은, 그 구조가 워낙 견고해서 파괴하기가 어려웠기 때문이기도 하지만, 기독교 교회로 전용되고 있었기 때문이기도 하다. 신상들이 들어서 있던 벽감(壁龕)에는 그리스도와 성인들의 석상이 대신 놓여 있었다고 한다.

오늘날에는 그런 석상들이 다 철거되어, 교회가 아니라 로마 시대의 건축물로 돌아와 있다. 본당 중앙에 서서 지붕 꼭대기에 뚫린 창문으로 로마 시대와 다름없는 푸른 하늘을 쳐다보면서 생각한다. 완벽한 원형 구조를 생각해냈을 때 하드리아누스는 그야말로 날아오를 듯한 기분이 아니었을까. 자기야말로 천재라고 생각하지 않았을까. 로마 시대에는 그런 생각을 '나는 신이다'라는 말로 표현해도 불경스럽지 않았다. 만약 그렇게 생각했다면, 그때야말로 그는 단순한 딜레탕트를 초월하여 진정한 예술가가 되었을 것이다.

빌라 아드리아나

로마 황제는 절대 권력을 부여받고 있었다. 또한 절대적인 재력의 소유자이기도 했다. 무엇보다도 풍요로운 이집트가, 그곳을 제패할 때의 정치적 이유 때문에(제5권에서 상세히 기술) 황제의 개인 영지가 되었다. 황제는 경제를 활성화할 목적으로 제국 전역에 산재한 농경지의 '지주'가 되었기 때문에, 거기서도 엄청난 수익이 들어왔다. 광산은 모두 국유화되어 있었기 때문에, 거기서 산출되는 금이나 은, 구리와 철도 생각하기에 따라서는 황제의 것이다. 또한 황제가 관할하는 이른바 황제 속주에서는 속주세를 비롯한 각종 세금이 '황제 금고'(피스쿠스)로 들어온다. 다만 금·은·동은 화폐로 주조해야 하고, 황제 속주는 곧 전선이라고 해도 좋기 때문에, '피스쿠스'는 대부분 방위비로 쓰였을 것이다.

내가 늘 생각하는 바지만, 로마 시대에는 변경에 불과했던 오늘날의 잉글랜드에서 거두어들이는 '피스쿠스'만 가지고는 그곳에 주둔해 있는 병력—3개 군단 1만 8천 명, 거의 같은 수의 보조병, 하드리아누스 시대에 신설된 '누메루스'(파트타임 병사)—의 운용비조차 충당하지 못했을 것이다. 그래도 황제들이 엄청난 부자였던 것은 변함이 없다.

그러나 도시국가로 출발한 로마에서 공식 주권자는 황제가 아니라 시민이다. 황제는 시민으로부터 권력을 위임받은 신분일 뿐이다. 아테네도 마찬가지지만, 로마에서도 유권자인 시민은 자기네 지도자에게 권력은 줄지언정 지도자가 그 권력을 이용하여 사복(私腹)을 채우는 것은 용납하지 않았다. 페리클레스는 아테네에서 30년 넘게 사실상의 독재를 했지만, 개인 재산은 한 푼도 늘리지 않았다. 율리우스 카이사르도 정치투쟁에는 물쓰듯 돈을 썼지만, 사저는 개축조차 하지 않았고, 온천이 풍부한 나폴리 근방에서 휴가를 보낼 때는 그 일대에 있는 친구들의 별장에서 신세를 졌다. 최고권력자가 된 뒤에 지은 것은 테베레강 서쪽에 있는 정원뿐인데, 그것도 유언으로 시민들에게 기증했다. 카이사르가 '체제'라면 '반체제' 쪽에 서 있던 키케로는 그 무렵 로마 최고의 고급 주택가였던 팔라티노에 저택을 소유하고 있었을 뿐 아니라, 카이사르가 신세진 바이아 별장을 비롯하여 무려 여덟 개나 되는 별장을 소유하고 있었다. 그런데 아무도 그를 비난하지 않았다.

제정 시대에 들어오면, 앞에서 말한 이유로 황제의 수입이 안정되면서 엄청난 부자가 되었다. 그런데도 초대 황제 아우구스투스는 팔라티노 언덕에 관저와 사저를 짓긴 했지만, 최고급은 입지조건뿐이고 건물 자체는 검소하기 이를 데 없었다. 또한 로마인의 생활양식에서 빼놓을 수 없는 별장도 아내 리비아 소유의 별장을 사용했을 뿐이다. 유일하게 많은 돈을 쓴 것은 카프리섬의 별장인데, 이 별장을 지은 것도 자기 소유인 이스키아섬과 나폴리시 소유의 카프리섬을 교환했기 때문에 실현되었고, 건물 자체는 호화롭지도 화려하지도 않았다.

제2대 황제 티베리우스는 본디 로마에서 손꼽히는 명문 클라우디우스 집안 출신이다. 별장은 자기 것만으로도 충분한 신분이어서, 팔라티노 언덕에 지은 관저 외에는 카프리 별장이 유명할 뿐이다. 이 별장도 풍광이 뛰어난 곳에 지었다는 점을 제외하면 건물의 규모나 호화로움에서는 원로원 의원의 별장과 별 차이가 없었다.

제3대 황제 칼리굴라는 사저도 관저도 짓지 않았지만, 호화 유람선을 지어 네미 호수에 띄운 낭비도 화근이 되어 즉위한 지 4년도 지나기 전에 암살되었다.

제4대 황제 클라우디우스는 그 자신은 낭비를 하지 않았지만, 황후인 메살리나가 사복을 채우는 데 열심이었다. 이것이 황제의 평가를 떨어뜨린 하나의 요인이 되었다.

제5대 황제 네로는 로마 도심에 '황금 궁전'(도무스 아우레아)을 세운 것으로 유명하다. 관저와 공관과 사저를 겸하는 건물에 드넓은 인공호수와 자연공원까지 갖춘 이 '황금 궁전'은, 사실은 시민을 위한 녹지대를 도심에 만들려는 대담하고도 환경친화적인 시도였지만, 여기에다 '도무스'(Domus)라는 이름을 붙인 것이 오해를 낳게 되었다. '도무스'는 시내의 개인주택을 뜻하고, '빌라'는 교외의 단독주택을 의미했다. 따라서 '황금 궁전'이란 말은 후세의 의역이고, 직역하면 '찬란하게 빛나는 사저'가 된다. 네로에게 최고 권력을 부여한 로마 시민들도 이런 의미로 받아들였다. 그래서 '찬란하게 빛나는 사저'를 지은 황제는 최고 권력을 위탁하기에는 적합하지 않다고 단죄한 것이다.

1년 남짓한 내전을 거쳐 제위에 오른 베스파시아누스도, 그 뒤를 이은 티투스도, 콜로세움은 지었지만 관저나 사저는 일절 짓지 않았다. 이것도 이들이 온전하게 치세를 마칠 수 있었던 하나의 요인으로 여겨진다. 하지만 그다음 황제는 달랐다.

도미티아누스는 공공건물도 많이 지었지만, 팔라티노 언덕에 호화로운 궁전도 지었다. 관저와 공관과 사저를 겸한 이 궁전은 다음 황제들이 증축할 필요도 없을 만큼 규모가 컸다. 그밖에도 서늘한 산악지방인 알바에는 산장을, 해변 휴양지인 치르체오에는 별궁을 지었다. 이것이 그에 대한 평가에 영향을 주지 않았을 리가 없다. 도미티아누스도 암살되었고, 네로 황제와 마찬가지로 죽은 뒤에 '기록말살형'에 처해졌으며, 그의 초상은 모두 파괴되었다.

다음 황제인 네르바는 제위에 오른 지 1년여 만에 죽었기 때문에 돈을 쓰고 싶어도 쓸 시간이 없었지만, 도미티아누스를 뒤이은 황제인 만큼 사적인 낭비로 보일 우려가 있는 일은 삼갔을 게 분명하다. 네르바의 뒤를 이은 트라야누스도 도미티아누스의 전철을 밟지 않도록 신중하게 처신했다는 점에서는 네르바와 마찬가지였다.

트라야누스는 공공건물이라면 일일이 열거할 수도 없을 만큼 많이 지었고, 에스파냐 속주 출신인데다 황제가 되기 전에는 계속 전선에서 근무했기 때문에 수도 로마에는 사저도 없었을 것으로 여겨지지만, 궁전은 일절 짓지 않고 도미티아누스 황제가 지은 것을 그대로 사용했다. 별궁은 치비타 베키아 항구 근처에 하나 지었다지만, 소플리니우스에 따르면 별궁이라기보다 별장이라고 하는 편이 적절할 만큼 소박한 것이었다고 한다. 그의 뒤를 이은 것이 하드리아누스 황제다. 하지만 하드리아누스는 나름대로 취향이 있는 사람이었다.

하드리아누스는 자신의 취향에 맞는 별궁을 갖고 싶었지만, 그것을 지을 땅을 고르는 데에는 신중했다. 시내는 물론 시내와 가까운 교외도 배제하고, 결국 로마에서 동쪽으로 30킬로미터쯤 떨어진 티부르(오늘날의 티볼리)에 별궁을 짓기로 했다.

티볼리는 몇 가지 이점을 지니고 있었다. 우선 수도 로마에서 얼마간 떨어져 있기 때문에 남의 이목을 끌 염려가 적지만, 그렇다고 너무 멀리 떨어져 있지도 않으니까 정무를 보는 데 지장을 주지도 않는다. 둘째, 전원지대여서 땅을 넓게 이용할 수 있다. 셋째, 근처에 아니에네 강이 흐르고 있어서 물을 끌어다 쓰기에 편리하다. 넷째, 수도와 '티부르티나 가도'로 이어져 있고, 티볼리부터는 '발레리아 가도'를 통해 아드리아해로 갈 수 있었다.

황제쯤 되면, 제국 각지를 순행할 때는 물론이고 사저에서 휴양 중일 때도 공무를 보아야 한다. 카프리섬의 벼랑 위에 별장을 짓고 틀어박힌 티베리우스도 바다가 거칠어지기 쉬운 겨울철에는 육로를 통해 수도 로마와 연락할 수 있는, 미세노 해군기지 근처의 별장으로 거처를 옮겼다. 해군기지 근처에 머문 것은 해로를 통해 들어오는 보고나 정보를 쉽게 받을 수 있기 때문이다. '빌라 아드리아나'(Villa Adriana), 즉 '하드리아누스의 별장'이라는 이름으로 유명해진 티볼리 별궁에도 티베리우스의 카프리 별장과 마찬가지로 공무용 공간이 마련되어 있었다. 완전포장된 로마식 가도로 수도 로마와 직결되어 있는 것은 공무에서 달아날 수 없는 황제에게는 대단히 중요한 조건이었다.

'빌라'가 언제 착공되었는지는 벽돌에 새겨진 제조공장의 상표로 짐작할 수 있다. 연구자들의 조사에 따르면, 가장 오래된 벽돌은 서기 123년에 제조되었다고 한다. 로마는 항상 벽돌 수요가 많았으니까, 벽돌공장은 대량 주문을 받아서 제조하자마자 곧장 공사 현장으로 보냈을 게 분명하다. 그래서 착공한 해가 123년이라면, 하드리아누스가 즉위한 지 6년 뒤가 된다. 이 무렵 그는 이미 순행을 떠나 있었고, 123년이면 파르티아 왕과 정상회담을 열기 위해 에스파냐에서 지중해를 횡단하여 시리아까지 항해한 해다.

그렇다면 황제가 되어 귀국한 서기 118년부터 121년까지 3년 남짓 수도에 머무는 동안 이미 별궁을 짓기로 작정하고 부지도 선정하고 기본 설계까지 생각하고 있었다는 이야기가 된다. 자기 취향에 맞는 휴식처를 갖는 것은 오래 전부터 그의 꿈이었을 게 분명하다. 공공건물도 건축가에게 일임하지 않았던 하드리아누스가 별궁 설계를 남에게 맡길 리가 없다. 제국 각지를 순행하면서도 무엇을 어떻게 지을까 궁리를 거듭했을 것이다. 그래서 완공까지는 많은 시일이 걸렸지만, 완공된 건물은 로마 시대의 어느 빌라에서도 유례를 찾아볼 수 없는 작품, 좋게 말하면 독창적이고 엄격하게 평가하면 딜레탕트적인 작품이 되었다.

별궁의 규모는 주변 지역까지 포함하면 그야말로 웅대하다. 여기에 자극을 받은 미국의 대부호 폴 게티가 미국 서해안의 말리부에 지은 저택도 면적이 그 5분의 1에 불과하다고 한다. 세계 최강이고 가장 부자 나라인 미국의 대부호도 로마 황제의 5분의 1 정도밖에 흉내내지 못했다는 게 재미있다. 하물며 이들 두 사람이 갖고 있던 권력의 크기는…….

하드리아누스 황제가 두 번째 긴 순행을 떠난 서기 128년, '빌라'는 착공한 지 5년이 지났는데도 아직 뚜렷한 형태를 이루지는 않았을 것이다. 이 별궁이 '하드리아누스적' 특징을 갖는 것은 제2차 순행 때 돌아다닌 지방에서 받은 영향에 크게 의존하고 있기 때문이다. 아마 황제는 순행지에서 티볼리로 계속 아이디어를 보냈을 것이다. 하드리아누스는 착상이든 예술품이든 수집하기를 좋아하는 버릇이 있었던 게 아닌가 싶다.

연구자들은 하드리아누스가 로마 제국 안에서도 자기 취향에 맞는 지방을 티볼리 별궁에 재현하여 자신의 세계를 만들어낼 생각이었다고 말한다. 이런 주장을 들으면, 취향에 맞는 자신의 세계를 별궁 내부

하드리아누스 별장 복원모형

에 만들려고 한 하드리아누스와 취향에 맞든 안 맞든 세계 자체가 자기에게는 집이라고 생각한 카이사르의 차이를 생각하게 된다. 이것도 속주 태생 로마인과 토박이 로마인의 차이일까. 아니면 두 사나이의 '비르투스'(그릇)의 차이일까. 그러고 보니 율리우스 카이사르에게는 수집벽이 전혀 없었다는 게 생각난다.

로마인은 'negotium'(일)과 'otium'(여가)을 구분하는 생활방식을 확립한 민족이기도 했다. 일반 시민들도 해가 뜨면 일을 시작하고 해가 지면 잠자리에 드는 일상생활을 하면서도, 오전에는 일을 하고 오후에는 여가를 즐기는 식으로 일과 여가를 구분했다. 또한 웬만한 시민은 시내의 집 외에, 농축산물을 확보하는 것이 주목적이긴 하지만 시골에도 집을 갖는 것이 보통이었다. 그러나 공인 중의 공인인 황제의 일상은 이렇게까지 명확하게 양분될 수 없다. 그래도 하드리아누스는 티볼리 별궁을 그 건축 과정까지 포함하여 자신의 '여가'로 생각하고 있었던 게 아닐까. 그래서 그렇게까지 자신의 모든 취향을 투입한 게 아닐까.

하지만 하드리아누스는 '일'을 망각할 황제는 아니었다. 트라야누스를 서술할 때 이미 소개한 일화지만, 다시 한번 상기해볼 가치는 있을 것이다.

하루는 하드리아누스가 제사를 거행하러 신전으로 가는데, 한 여자가 그를 불러세웠다. 여자는 황제에게 무언가를 청원하려고 길목에서 기다리고 있었던 것이다. 하드리아누스는 "지금은 시간이 없다"고 대답하고 그냥 지나가려고 했다. 그러자 여자는 그의 등에 대고 외쳤다.

"그러면 당신은 통치할 자격이 없습니다!"

하드리아누스 황제는 발길을 멈추고 여자의 청원을 들어주었다.

다시 '순행'에

서기 128년 여름, 52세가 된 하드리아누스는 두 번째로 긴 여행을 떠났다. 첫 번째 순행의 목적이 제국 서방을 시찰하는 것이었다면, 두 번째 여행의 목적은 제국의 동방을 시찰하는 데 있다. 긴 여행이 될 것은 처음부터 예상하고 있었던 게 분명하다. 수도 로마를 떠나기 전에, 원로원이 결의했는데도 10년 동안 계속 사양했던 '국가의 아버지'라는 칭호를 받았다. 아내 사비나한테도 '아우구스타'(황후)라는 칭호를 주었다. 최고통치자로서 맡은 바 책무를 완수하고 있다고 자부할 수 있었기 때문일 것이다. 또한 이제는 원로원이나 시민에게 자기가 겸손하다는 것을 부각시킬 필요도 없어졌다고 생각한 게 분명하다.

로마의 외항 오스티아를 떠난 배는 우선 남쪽으로 내려간다. 본국 이탈리아와 시칠리아섬을 갈라놓고 있는 메시나해협은 좁지만 물살이 빠르다. 이 해협을 빠져나간 배는 동쪽으로 뱃머리를 돌린다. 펠로폰네소스반도 남쪽을 돈 다음에는 에게해를 북상하여 동경의 땅 아테네로 향한다.

지난번에 아테네에 머문 지 3년이 지났다. 그 3년 동안, 하드리아누스가 지시해둔 대로 '테세우스의 아테네' 옆에 '하드리아누스의 아테네'가 거의 완성된 상태에 있었다. 돈이 움직이면 사람도 움직인다. 페리클레스 시대의 아테네로 되돌아갈 수는 없지만, 그래도 하드리아누스의 진흥책 덕분에 아테네는 물론 그리스 전역이 활성화되고 있었을 게 분명하다.

하드리아누스는 아테네와 그리스 각지를 돌면서 지난번과 마찬가지로 반년 동안이나 머물렀다. 지난번과 마찬가지로 엘레우시스의 신비의식에도 참가했다. 지난번과 다른 점은 지시해둔 공공건물의 준공식에 잇따라 참석했다는 점이다. 그중에서도 그리스 부흥을 상징하는 '제우스 올림피아 신전' 완공을 기념하여 'Olympeion'이라고 새긴 통화를 발행했다. 기념화폐가 아니라 일상적으로 사용되는 통화다. 하드리아누스가 그리스 활성화를 공무로 생각했다는 증거다.

그리고 아테네시민들은 하드리아누스에 대한 감사의 표시로 이 로마 황제에게 '올림피우스'라는 칭호를 선사했다. 올림포스산에 살고 있는 그리스 신들의 반열에 끼었다는 뜻이다. 이것도 그리스-로마 문명으로 한데 묶여 논의되는 경우가 많은 그리스와 로마가 사실은 여러 가지 측면에서 달랐다는 것을 보여준다. 로마인들은 살아 있는 사람의 신격화를 인정하지 않은 반면, 그리스는 왕을 곧 신으로 여기는 게 보통인 오리엔트와 가까운 탓인지, 그리스인들은 살아 있는 사람을 신격화하는 데 별로 거부반응을 보이지 않았다. 그리고 '하드리아누스의 아테네'라고 명기하기는 했지만, 하드리아누스는 자기가 세운 공공건물에 자신의 가문 이름을 붙이는 로마의 관례에 따르기를 완강히 사양했다. 그런 황제에게 로마의 지배를 받고 있는 아테네시민들이 줄 수 있는 거라고는 올림포스 신들의 반열에 넣어주는 것뿐이었는지도 모른다. 그것을 알고 있었는지, 하드리아누스는 자신의 신격화를 거부하지 않는다. 물론 그 신격화는 아테네를 중심으로 한 그리스 안에서만 통용될 뿐이고, 또한 신이 되었다 해도 그에게 독자적인 신전이 바쳐진 것은 아니고 제우스 올림피아 신전 안에 있는 제단만 바쳐졌을 뿐이다. 피통치자가 주고 싶어 하는 것을 받는 것도 통치자에게는 하나의 시책이다.

전선기지를 시찰하는 순행이 아니라 안전하고 쾌적한 그리스를 돌아다니는 순행인데도 하드리아누스는 황후 사비나를 데려가지 않았다. 미소년 안티노는 물론 말상대인 시인 플로루스도 함께 데려갔는데, 그리스 문화에 대한 애정을 공유할 수 없는 사람은 설령 아내라 해도 데려가기를 꺼렸다. 이런 점에서 그는 참으로 냉정한 남자였다. 하지만 자기 취향에 맞는 일밖에 하지 않은 네로와는 전혀 다르다. 즐거운 반년이 지난 뒤, 공무를 재개하는 것은 그에게는 지극히 자연스러운 방향전환에 불과했을 것이다.

서기 129년 봄이 오기를 기다려 피레우스에서 배를 타고 소아시아 서해안으로 향한다. 에페수스에 상륙한 뒤에는 곧장 소아시아 북부로 간다. 시노페를 중심으로 흑해에 면해 있는 소아시아 북부를 시찰하는 여행이다. 황제와 동행한 사람은 별로 많지 않았다. 쓸모없는 궁정인 따위는 한 사람도 없고, 여느 때처럼 건설 전문가가 가장 눈에 띄는 집단이다. 흑해 남쪽 연안에 늘어서 있는 도시들 중에서는 가장 동쪽에 있는 트라페주스(오늘날 터키의 트라브존)에도 갔다. 여기서 동쪽으로 50킬로미터만 가면 아르메니아 왕국이다. 이 일대에는 로마의 군단기지는 없지만, 그리스인이 세운 이 도시들은 이 지방에서 로마 지배의 '핵'이기도 했다.

흑해 지방을 순행한 뒤에는 로마 영토의 경계선을 따라 소아시아 내륙지방을 남하한다. 사탈라와 멜리테네(오늘날의 말라티아)를 시찰하기 위해서다. 아르메니아 왕국과 국경을 맞대고 있는 로마 속주는 카파도키아인데, 사탈라와 멜리테네는 그 로마의 방위선에 자리 잡고 있어서, 사탈라에는 제15군단, 멜리테네에는 제12군단이 주둔해 있었다. 황제가 이곳까지 순행한 것을 제국의 모든 백성에게 알리기 위해 하드리아누스는 'Exercitus Cappadocicus'(카파도키아 방위군)라고 새긴 통화를 발행했다.

국경의 방위시설을 하드리아누스가 어떤 식으로 시찰했는가를 짐작케 해주는 글이 남아 있다. 전후 사정으로 미루어 이 무렵 하드리아

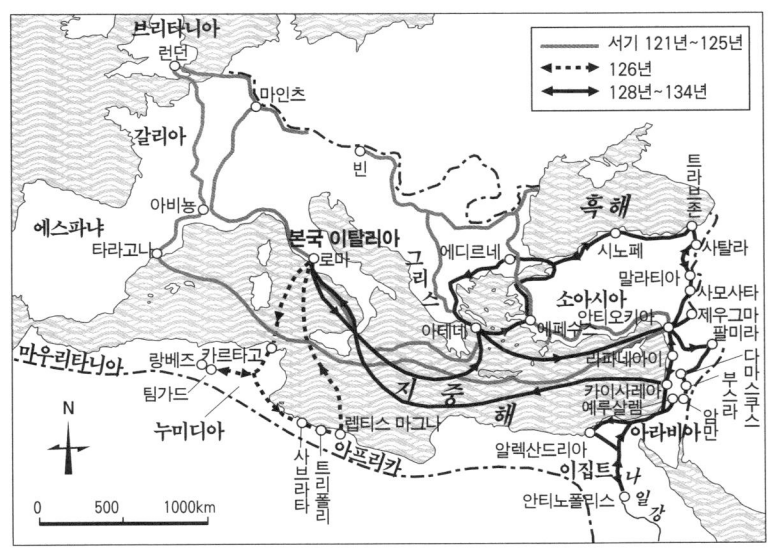

하드리아누스의 순행로

누스의 순행에 동행한 것으로 보이는 플라비우스 아리아누스가 쓴 글이다.

〈우리는 압솔루스에 있었다. 보조병으로 편성된 5개 대대가 주둔해 있는 기지다. 우리 일행은 우선 무기고를 시찰했다. 그리고 기지를 둘러싼 방벽과 그 바깥쪽에 파놓은 참호도 둘러보았다. 그런 다음 부상하거나 병든 병사들을 위문했다. 병동을 나오자, 곧장 창고로 가서 식량 비축 상태를 조사했다. 그날 안으로 가까운 성채나 요새도 시찰했다. 또한 기병들의 훈련도 참관했다. 이 기병대 기지에서도 방벽을 둘러보고, 그 바깥쪽에서 참호를 시찰하고, 병동을 방문하고, 식량창고와 무기고를 시찰하는 일을 되풀이했다.〉

그리고 병사들을 격려하는 황제의 연설도 어느 기지에서나 되풀이

되었을 것이다. 변경을 지키면서 긴장과 불편의 나날을 보내고 있는 병사들에게는 황제가 찾아와준 것만으로도 큰 격려가 되었을 것이다.

아리아누스라는 인물은 원래 소아시아 비티니아 속주의 니코메디아에서 태어난 그리스인이다. 플라비우스라는 가문 이름이 보여주듯, '플라비우스 왕조' 시대에 그의 아버지가 황제의 추천으로 로마 시민권을 얻었다. 태어난 해는 서기 95년 무렵이라고 한다. 하드리아누스보다 스무 살쯤 젊었다. 철학을 비롯한 그리스 문화를 사랑한다는 점에서는 그리스인의 혈통에 긍지를 갖고 있었지만, 로마 제국에도 적극적으로 협력했다. 깊은 교양과 명석한 두뇌, 날카로운 현실감각을 인정한 하드리아누스는 이 순행이 끝난 지 2년 뒤인 131년에 36세의 아리아누스를 카파도키아 속주 총독에 임명한다. 하드리아누스는 전선을 방위하는 이 어려운 임무를 6년 동안이나 아리아누스에게 맡겼다. 그동안 아리아누스는 북동쪽에서 쳐들어온 야만족을 격퇴하는 공도 세웠다. 그는 총독을 지내는 동안 자신의 경험을 토대로 방위 문제 전반을 논한 저술도 발표했다. 이 저술은 하드리아누스 황제에게 바쳐졌다. 앞에서 인용한 글은 이 저술에서 발췌한 것이다.

아리아누스는 하드리아누스에게 총애를 받고 중용된 행정관 겸 무장이었지만, 카파도키아 속주 총독의 임무를 완수한 뒤에 주어진 근무지는 전선이 아니라 아테네였다. 황제가 그를 아테네의 행정 책임자로 임명한 것이다. 하지만 아테네는 로마로부터 완전한 자치권을 인정받고 있는 자유도시였기 때문에, 로마의 공인이 행정에 관여할 수는 없다. 43세가 된 아리아누스는 무엇보다 먼저 아테네시민권을 얻어 사인(私人)이 될 필요가 있었다. 아리아누스 같은 유능한 무장이라면 전선에 보내는 것이 당연할 텐데도, 그런 아리아누스를 하드리아누스가 굳이 아테네로 보낸 것은 그리스 문화에 대한 사랑을 공유하고 있는 이 무장에게 아테네를 맡기고 싶은 마음의 표현이었을 것이다.

하드리아누스는 그로부터 1년 뒤에 세상을 떠나지만, 뒤를 이은 안토니누스 피우스 황제도 아테네는 아리아누스에게 맡기는 것이 상책이라고 판단했는지, 그 후에도 오랫동안 아리아누스는 맡겨진 임무를 충실히 수행했다.

아테네인이 된 뒤, 문인으로서 아리아누스의 재능이 꽃을 피운다. 문무를 겸했다는 공통점 때문에 크세노폰(고대 그리스의 군인·역사가·문필가. 소크라테스의 제자였고, 플라톤과는 경쟁자였다)을 경애했던 만큼, 아리아누스의 재능은 역사물로 결실을 맺는다. 오늘날에도 남아 있는 것은 그의 대표작인 『알렉산드로스 동방 원정기』(*Anabasis Alexandri*)다. 7권으로 된 이 작품은 오늘날에도 읽히고 있는 믿을 만한 알렉산드로스 전기로서, 클루티우스 루푸스의 10권짜리 『알렉산드로스 대왕 전기』(*Historiarum Alexandri Magni*)와 함께 높은 평가를 받고 있다.

카파도키아 전선기지를 시찰한 하드리아누스 일행은 남쪽으로 향했다. 서기 129년에서 130년에 걸친 겨울을, 시리아 속주의 도읍이자 이집트의 알렉산드리아에 필적하는 동방의 대도시 안티오키아에서 보내기 위해서였다. 그러나 시간을 낭비하지 않는 하드리아누스는 강대국 파르티아와 국경을 맞대고 있는 시리아 속주에서도 군단기지 시찰을 게을리하지 않았다. 시리아에는 3개 군단이 상주해 있고, 그중 2개 군단의 기지는 소아시아에서 안티오키아로 가는 길목에 있었다. 유프라테스강 상류의 사모사타(오늘날 터키 동남쿠의 삼사트)에 주둔하고 있는 제14군단과 제우그마(오늘날 터키의 바르키스)에 주둔하고 있는 제4군단이다. 제3군단의 기지만 안티오키아보다 남쪽인 라파네아이(오늘날 시리아의 샤마)에 있었다.

로마군은 모두 28개 군단으로 이루어져 있다. 군단기지만 해도 28곳. 거기에 보조부대 기지, 기병대 기지, 성채, 감시용 요새 등을 시찰하고, 방위체제의 한 고리를 이루고 있는 퇴역병들의 식민도시, 원주민의 지방자치단체를 시찰하는 것도 빼놓을 수 없다. 하드리아누스가 스스로 원해서 하는 일이긴 하지만, 이것은 책무라기보다 고행이었다.

어쩌면 다음 에피소드는 시찰한 어느 군단기지에서 저녁식사를 하고 있을 때 일어난 일인지도 모른다. 하드리아누스의 일행 가운데 풍자시를 장기로 하는 플로루스가 우스개 노래를 불렀다.
"황제는 되고 싶지 않아.
브리타니아인들 사이를 싸돌아다니고
(변경)을 헤매고
스키티아의 혹한에 살을 찔리니."
하드리아누스도 즉흥시를 지어 화답했다.
"플로루스는 되고 싶지 않아.
싸구려 술집을 싸돌아다니고
술통 사이를 헤매고
살찐 모기한테 살을 찔리니."
음성으로도 두 사람을 뒤따라가볼 수 있도록 라틴어 원문도 소개하겠다. 로마자를 그대로 읽으면 되니까 간단하다.
"ego nolo Caesar esse,
ambulare per Britannos,
latitare per……(……는 불명)
Scythicas pati pruinas"
"ego nolo Florus esse,
ambulare per tabernas,

소아시아 동부 및 시리아(●은 군단기지)

    latitare per popinas,
    culices pati rutunolus"

이 무렵 하드리아누스는 정말 중요한 외교를 해냈다. 장소가 어디였는지는 알 수 없지만, 아마 유프라테스강 근처의 그리스계 도시로 중동지역의 제후들을 초대한 것이다. 파르티아 왕까지 참석했으니까, 북대서양 조약기구와 바르샤바 조약기구의 참가국 대표들이 모두 모이는 일이 있었다면 그와 비슷할 것이다. 하지만 결정적인 차이가 하나 있었다. 파르티아 진영과 로마 진영 사이는 '철의 장막'으로 명확하게 분리되어 있었던 게 아니었다. 양대국의 패권 경계선 근처에 있는 약소국들은 정세를 보면서 강한 쪽에 붙곤 했다. 그래도 이처럼 처지가 늘 바뀌는 제후나 부족장들이 파르티아 왕과 로마 황제가 얼굴을 맞대는 자리에 동석하는 것만으로도 효과는 있었다.

하드리아누스는 14년 전에 트라야누스가 파르티아 수도를 공략했을 때 사로잡아 그동안 볼모로 계속 잡아두었던 공주를 파르티아 왕에게 돌려준다. 이때의 회동은 파르티아 쪽에 반로마 분위기가 고조되어 그 사태를 수습하기 위해 열린 것은 아니었다. 따라서 로마가 볼모를 돌려주는 대가로 파르티아 쪽의 양보를 얻어낼 필요도 전혀 없었다. 그런데도 볼모를 돌려준 하드리아누스의 외교 감각은 상당하다. 외교도 전투와 비슷해서, 상대가 예상치 못한 전술로 공격해야만 이길 수 있다. 다시 말하면 가장 큰 효과를 얻을 수 있다. 이때의 회담에서 중동의 평화가 확인되었다.

이듬해인 서기 130년 봄, 하드리아누스는 안티오키아를 떠나 팔미라로 간다. 지중해와 유프라테스강의 거의 중간 지점에 자리 잡고 있는 팔미라는 시리아사막 한복판에 있는 도시지만, 팔마이(야자나무)의 도시라는 이름이 말해주듯 오아시스이고, 낙타 캐러밴이 오리엔트에서 서방으로 운반하는 물산의 중계지로 번영해왔다. 경제력이 풍부한 만큼 독립의식이 강하고, 교역상의 이점 때문에 팔미라의 번영은 파르티아에도 로마에도 유익했지만, 이곳 팔미라에도 약점은 있었다. 사막의 유목민 베두인족의 약탈이 그것이다. 베두인족에게 약탈은 악행이 아니라 어엿한 직업이었다. 하지만 이런 종류의 직업은 피해자를 낳을 수밖에 없다. 약탈을 꺼린 캐러밴이 다른 교역로를 택하게 되면 팔미라는 숨통이 끊긴다. 그런데도 팔미라는 경제에만 전력투구하는 민족이 으레 그렇듯이 방위를 그다지 중시하지 않았다.

로마의 패권이 유프라테스강까지 미치게 된 뒤로는 로마가 팔미라 방위를 담당하게 된다. 그렇게 되면 당연한 귀결이지만, 팔미라도 로마 제국의 지배하에 들어왔다. 베두인족도 로마의 패권 아래 놓여 있었기 때문에, 팔미라의 부호들도 베두인족의 약탈을 걱정할 필요가 없게 되었다. 덧붙여 말하면, '직업'을 금지당한 베두인족에 대해서 로마는 변경을 방위하는 부대에 편입시키는 방법으로 생활을 보장해주었다.

로마에서 보면 팔미라는 이 지역에 적합한 극경인 유프라테스 방위선을 상징하는 존재이기도 했다. 다른 지역의 '방벽'처럼 울타리와 참호, 성벽과 요새가 끝없이 이어지는 닫힌 방위선은 아니다. 가도와 망루, 요새와 군단기지를 요소마다 건설하는 방식으로 이루어진 열린 '방벽'이다. 이런 식의 '방벽'은 북아프리카 사막 앞에도 세워졌지만, 유프라테스 방위선은 사람과 물자의 왕래를 유지하면서, 아니 오히려 장려하면서 적의 습격을 막는 방위체제의 좋은 보기다. 팔미라를 지킬 수 있으면, 그것은 열린 '방벽'인 유프라테스 방위선이 충분히 기능을 발휘하고 있다는 증거였다. 로마는 사막 한복판인 이곳 팔미라에서 안티오키아와 다마스쿠스와 홍해 연안의 아카바까지 로마식 가도를 부채꼴로 깔아놓았다. 안티오키아를 떠난 하드리아누스도 그 길을 따라가면 목적지에 닿을 수 있었다.

팔미라 방문을 마친 하드리아누스는 이번에는 다른 길로 우선 다마스쿠스로 간다. 사막이라서 거의 직선으로 뚫려 있는 로마식 가도를 230킬로미터만 가면 다마스쿠스에 이른다.

다마스쿠스 방문은 거쳐가는 정도로 끝낸 모양이다. 이 길을 택한 진짜 이유는 아라비아 속주(오늘날의 요르단)이 주둔하고 있는 제3군단의 보스트라(오늘날의 부스라) 기지를 방문하기 위해서였다. 여기서도 시찰과 훈련 참관과 격려 연설이 되풀이되었을 것이다. 그리고 이때도 'Adventui Aug(usti) Arabiae'(황제, 아라비아 순행)이라고 새긴 통화를 발행했다. 물론 황제가 중동의 사막까지 시찰하러 갔다는 사실을 제국의 모든 백성에게 알리기 위해서다.

로마 군단

　이로써 하드리아누스는 로마 제국의 주요 방위선을 모두 순행하고 시찰한 셈이 된다. 라인강과 도나우강, 브리타니아, 북아프리카, 그리고 흑해와 홍해를 잇는 유프라테스강 방위선. 황제가 몸소 시찰하면서, 필요없는 것은 폐기하고 필요한 것은 추가하여 재구축한 로마 군사력은 실제로는 어떤 모습이었을까. 좀 길기는 하지만, 로마인이 아니라 유대인의 증언을 소개하고 싶다. 다음은 플라비우스 요세푸스의 『유대 전쟁기』에서 발췌한 글이다.

　〈이 점에서도 로마인의 식견에는 경의를 표할 수밖에 없지만, 그들은 군단기지에서 일하는 노예조차도 일상의 자질구레한 일을 할 수 있도록 가르칠 뿐 아니라, 무기를 주어서 적이 공격해오면 충분히 맞서 싸울 수 있도록 훈련시킨다. 사실 로마인의 모든 군사제도를 살펴보면, 그들의 광대한 제국은 행운 덕분이 아니라 그들의 의지와 노고의 성과임을 알 수 있을 것이다.
　로마 병사들은 전쟁이 일어났을 때 비로소 무기를 드는 것이 아니다. 평화로울 때는 인생을 즐기다가 필요할 때만 무기를 들고 전쟁터로 나가는 것이 아니다. 마치 무기를 손에 들고 태어난 것처럼, 그것도 실전에서 시험해볼 기회를 기다리고 있지만은 않겠다는 듯이 날마다 훈련과 연습에 힘쓰고 있다.
　이 군사훈련의 격렬함은 실전과 전혀 다를 게 없다. 실제로 전투를 할 때와 똑같은 기백으로 혹독한 훈련을 거듭한다. 그 때문에 실제 전쟁터에서도 평정을 잃지 않고, 지쳐서 비명을 지르는 일도 없고, 전투 대형을 무너뜨리는 일도 없다. 그래서 거의 언제나 승리를 얻는다. 어떤 적도 그들만큼 엄격한 군단생활을 하지 않는다. 로마 병사와 다른 나라 병사 사이에 뚜렷한 격차가 생기는 것도 바로 그 점이다. 그들에게 군사훈련은 피 흘리지 않는 실전이고, 실전은 피 흘리는 훈련이라고 해도 지나친 말이 아닐 것이다.

로마 군단병은 적의 기습에 허를 찔리는 일도 극히 드물다. 적지로 쳐들어갔을 때 그들이 맨 먼저 하는 일은 적과 맞서는 것이 아니다. 방책을 둘러친 견고한 숙영지를 짓는 일이 우선이다. 아무데나 숙영지를 짓지도 않는다. 입지조건을 엄밀하게 검토한 다음, 입지가 결정되면 모두 나서서 작업을 시작한다. 전략적 필요 때문에 평탄하지 않은 땅에 숙영지를 지을 수밖에 없을 때는 땅을 평탄하게 고르는 공사까지 해치운다. 평탄한 땅이 아니면 방어에 적합한 사각형 진지의 유효성을 충분히 활용할 수 없기 때문이다. 이처럼 로마 병사들은 공병도 겸하고 있기 때문에, 로마군은 다량의 작업도구까지 짊어지고 행군하게 된다.〉

하룻밤을 묵어도 견고한 숙영지를 짓는 것은 공화정 때부터 로마가 변함없이 고수한 방식으로, 근대전의 전문가들도 높은 평가를 내리고 있다. 병사들은 여차하면 도망칠 곳이 있어야 용감하게 싸울 수 있고, 전투에서 지더라도 숙영지로 도주하여 공포에서 해방된 상태로 마음의 평정을 되찾을 수 있으니까, 다음번 전투에서 지난번의 패배를 만회하기도 쉬워진다는 것이 이들의 의견이다. 견고하고 안전한 진지를 만드는 데 드는 수고는 병사들을 심리적으로 우위에 서게 하는 이점으로 충분히 보상된다는 뜻이다.

로마군에 대한 유대인의 평가는 계속된다.

〈숙영지 안에는 수많은 천막이 늘어서 있고, 그 바깥쪽에는 통나무를 늘어세운 울타리가 방벽이 되어 숙영지 전체를 둘러싸고 있다. 그 방벽에는 요소마다 망루가 세워진다. 게다가 망루와 망루 사이에는 투석기를 비롯한 대형 병기가 배치되어 언제라도 사용할 수 있도록 준비되어 있다.

사각형 진지의 네 변에는 출입문이 하나씩 만들어진다. 이 출입문은 이동식 대형 병기나 대오를 짠 병사들이 드나드는 데 지장이 없는 너비로 되어 있다.

숙영지 내부는 중앙 도로로 양분되어, 한쪽에는 저장소나 병동이나 장교용 막사가 늘어서고, 또 한쪽은 병사들의 천막이 차지하는 것이 보통이다. 그리고 숙영지 한복판에는 마치 신전처럼 군단장의 막사가 높고 넓게 설치된다.

이 숙영지가 항구적인 기지로 승격하는 경우에는 그대로 도시화할 수 있다. 병사들이 집결하는 장소는 광장으로, 병기창은 직공들의 공방으로, 군단장이 장교들을 소집하는 회의장은 공회당(바실리카)으로 바꾸기만 하면 되기 때문이다. 병사들은 단 하룻밤을 묵는 경우에도 숙영지를 둘러싼 울타리까지 익숙한 손놀림으로 놀랄 만큼 빠르고 견고하게 만들어낸다. 필요하면 울타리 바깥쪽에 깊이와 너비가 각각 4큐빗(약 2미터)이나 되는 참호까지 파버린다. 이것만으로도 웬만한 촌락 못지않다.

숙영지 건설이 끝나면 병사들은 각자 천막으로 들어간다. 땔감과 식량과 물을 배급하는 일까지 모든 일을 그날의 당번 소대가 질서정연하게 수행한다.

제멋대로 식사를 시작하는 것은 누구에게도 허용되지 않는다. 모든 일은 나팔소리를 신호로 이루어진다. 취침도, 4교대제인 야간 보초도, 기상도 나팔소리가 신호다.

해가 뜨기 조금 전에 울리는 나팔소리에 기상한 병사들은 각자 백인대장 앞에 정렬한다. 부하 점호를 마친 백인대장은 상관인 대대장에게 보고하러 간다. 그리고 대대장들은 한데 모여 군단장에게 보고하러 간다. 군단장은 그들에게 그날의 행동을 지시한다. 군단장의 훈령은 보고가 올라올 때와는 반대방향으로 병사들에게 전달된다. 이 명령 하달 방식은 실전에서도 그대로 지켜지기 때문에, 전투 중에도 전술 변화가 신속 정확하게 전달된다. 따라서 로마군은 공격도 후퇴도 일사불란하게 해낼 수 있다.

숙영지를 떠나는 경우에도 모든 것은 나팔소리를 신호로 진행된다. 게으름을 피우는 사람은 아무도 없고, 모두 작업에 참가한다. 첫 번째 나팔소리에 천막을 걷고 짐을 꾸린다. 두 번째 나팔소리가 울리면 짐을 수레에 싣고 대형 병기와 말과 소를 끌어낸다. 그것들이 숙영지 밖에 집결한 광경은 한 줄로 늘어선 경마들이 일제히 출발하는 광경이라도 보는 듯하다. 이어서 세 번째 나팔소리가 울려퍼진다. 뒤처진 자들을 불러내고, 모두 각자의 위치에 정렬한 것을 확인시키기 위해서다. 그런 다음에야 숙영지를 둘러싼 울타리에 불을 지른다. 적에게 이용당할 경우의 피해에 비하면, 새로 건설하는 수고가 훨씬 낫다고 생각하기 때문이다.

출발 준비가 끝나면, 군단장 오른쪽에 서는 포고 담당관이 라틴어로 전투 준비는 되었느냐고 세 번 거듭해서 묻는다. 병사들도 세 번 거듭해서, 오른손을 비스듬히 쳐드는 로마식 경례와 함께 일제히 큰 소리로 "준비 완료!"라고 대답한다.

이어서 행군이 시작된다. 모두 전쟁터에 포진해 있을 때와 똑같이 각자의 위치를 지키면서 조용하고 질서정연하게 나아간다. 군단병들은 흉갑과 투구를 착용하고 허리에는 칼을 찬다. 왼쪽에 찬 글라디우스 칼은 좀 길고, 오른쪽 옆구리에 찬 칼은 짧다. 사령관 주위를 둘러싼 보병부대는 긴 창과 둥근 방패만 든다. 나머지 군단병은 투창과 직사각형 방패 이외에 톱과 곡괭이, 도끼, 창칼, 운반하는 데 쓰이는 굵은 가죽띠, 가죽도 자를 수 있는 대형 나이프, 쇠사슬, 사흘치 식량을 모두 짊어진다. 짐수레를 끄는 소나 당나귀보다 군단병이 훨씬 무거운 짐을 짊어지고 다니는 듯한 느낌이다.

기병들은 오른쪽 옆구리에 칼을 차고, 왼손에는 긴 창을 들고, 안장 옆에는 방패를 매달고, 날카롭고 긴 화살이 든 화살통을 등에 메고 행군한다. 기병이라도 투구와 흉갑은 보병과 같은 모양이다(로마인들에게 기병과 보병은 사회적 지위를 나타내는 분류가 아니라 기능상의 차이에 따른 분류에 불과했지만, 이 유대인 필자에게는 그것이 자못 놀라웠던 모양이다). 사령관 주변을 지키는 기병이라 해도, 장비는 전쟁터에서 양쪽 날개에 배치되는 기병과 다르지 않다. 그리고 로마군에서는 행군할 때 어느 군단이 선두에 설 것인지를 제비뽑기로 결정한다.

이상이 로마군의 숙영지 건설 방식과 행군 방식과 군장 방식이다. 전투에서도 그들은 무엇 하나 무계획적으로 하지 않는다. 계획은 행동으로 이어지고, 행동은 다음 계획으로 이어진다. 따라서 잘못을 저지르는 경우가 극히 적다. 또한 잘못을 저질러도 금세 만회할 수 있다.

게다가 로마인은 생각지도 않은 행운으로 성공하는 것보다는 차라리 정황을 엄밀히 조사한 뒤에 실패하는 쪽이 낫다고 생각한다. 계획 없는 성공은 조사의 중요성을 망각시킬 위험이 있지만, 완벽하게 조사한 뒤에 실패하는 것은 두 번 다시 실패를 되풀이하지 않기 위한 효과적인 훈련이 된다고 생각하는 것이다. 그리고 행운으로 인한 성공은 누구의 공적도 아니지만, 정황 조사를 완벽하게 하면 설령 실패하더라도 최소한 대책만은 충분히 강구했다는 위안을 얻을 수 있다.

로마인은 군대를 통해 육체만이 아니라 정신까지 단련했다. 군사훈련은 공포심을 극복하고, 엄격한 군율은 집단생활에 필요한 사항을 가르친다. 로마군에서 사형에 처해지는 죄는 탈영죄만이 아니다. 사소한 태만조차도 그것이 군단 전체의 안전을 좌우하는 경우에는 중벌을 받는다. 그리고 권위를 가지고 두려움의 대상이 되는 것은 법률보다 사령관이다. 그렇다고 사령관이 그저 엄하기만 한 것은 아니다. 칭찬할 만한 병사에게는 포상을 아끼지 않는 방법으로 엄격함과 균형을 유지한다. 따라서 로마군에서 지휘관에 대한 복종은 절대적이다. 그것은 평시에도 전시에도 변함이 없고, 이것이야말로 로마군을 일사불란하게 움직이는 하나의 유기체로 만드는 요인이다.

전쟁터에서 로마 병사들은 전열을 흐트리지 않고, 전우와 함께 움직일 때도 하나의 개체처럼 움직이고, 귀는 명령을 놓치지 않고, 눈은 깃발을 놓치지 않고, 손과 발은 훈령에 따라 신속하게 움직인다. 적의 수적 우세도, 적지에서 싸우는 데 따른 불리함도, 행운의 여신의 의향까지도 그들의 사기를 꺾지 못한다. 마치 그들 자신이 운수보다 강하고 확실하다고 굳게 믿고 있는 것 같다.

우선 가능한 한 많은 정보를 모으고, 그것을 토대로 정황을 판단하고, 그 판단을 토대로 계획을 세우고, 그 계획이 따라 행동을 개시하는 것이 로마 민족이다. 게다가 결정한 일을 실행에 옮긴 뒤의 높은 효율성은 결정할 때까지의 주도면밀함과 쌍벽을 이룬다. 그들의 제국이 동쪽으로는 유프라테스강, 서쪽으로 대서양, 북쪽으로는 도나우강과 라인강에 이를 만큼 광대해진 것도 경탄할 일이 아니라 오히려 당연하다. 정복자의 노력에 비하면 정복한 비장이 아직 좁다 해도 지나친 말이 아닐 것이다.

지금까지 로마군에 대해 길고 상세하게 서술했지만, 그것은 결코 로마군을 칭찬하기 위해서가 아니다. 그들에게 정복당한 것은 정복당한 자의 결함 때문이라기보다 로마인의 뛰어난 자질 때문이라고 피정복자들을 위로하고, 혹시라도 반란을 꿈꾸고 있는 자들에게는 그들의 적인 로마인이 어떤 민족인가를 보여줌으로써 그들의 폭거를 단념시키기 위해서다. 또한 로마군의 조직에 대한 서술이 이런 일에 관심이 있는 이들에게 도움이 되지 않을까 하는 바람도 담겨 있다.〉

유대인의 칭찬은 이해할 수 있지만, 이래서는 마치 로마군이 정교한 군사기계에 불과한 듯한 인상을 받기 쉽다. 하지만 로마 군단병은 단순한 '톱니바퀴'가 아니라 살아 있는 인간이었다. 전사한 병사의 묘비명을 두 가지만 소개하고 싶다. 로마인은 본인이 생전에 써놓은 글귀를 묘비에 새기는 것이 보통이었다.

〈나는 살아 있는 동안 줄곧 진심으로 즐겁게 술을 마셨다. 그러니까 그대들도 살아 있는 동안 마음껏 술을 즐겨다오.〉

〈평화를 위해 일익을 담당하자고 굳게 맹세했다. 그리고 그 맹세를 지켰다.
다키아인을 죽이겠다고 맹세했다. 그 맹세도 지켰다.
개선식에 참가하여 야단법석을 떨고 싶었다. 그것도 만끽할 수 있었다.
수석 백인대장이 되어 그 지위가 약속하는 영예와 보수를 얻고 싶었다. 그것도 얻었다.
여신의 나체를 경배하고 싶었다. 그것도 경배했다.〉

그렇지만 『유대 전쟁기』의 저자는 로마 병사들의 인간성에 관심이 있었던 것이 아니라 로마군의 기능성에 관심이 있었다.
요세푸스에 관해서는 제8권에서 상세히 서술했지만, 서기 1세기 후반에 살았던 유대인으로 로마인과 유대인이 공생할 수 있다고 생각한 사람이었다. 로마에 반란을 일으킨 유대군 지휘관으로 로마군과 직접 대결한 경험도 있다. 위의 글도 유대 반란 진압군 총사령관이었던 베스파시아누스 휘하의 로마군을 직접 목격하고 쓴 증언이다. 직접 눈으로 보고, 왜 로마군이 막강한지를 고찰한 것이다.

요세푸스가 본 것은 서기 70년 무렵의 로마군이니까, 하드리아누스가 재구축하려고 애쓴 130년 무렵의 로마군과는 다르다고 말할지도 모른다. 하지만 효율적으로 기능을 발휘하는 조직은 시간의 흐름과는 무관한 존재다. 효율성과 기능성의 요인이 무엇인가 하는 것만이 그 조직을 결정하기 때문이다.

또한 요세푸스가 본 것은 유대 전쟁이라는 전시의 로마군이었다. 공세 일변도였던 트라야누스 시대의 로마군은 요세푸스가 서술한 베스파시아누스 휘하의 로마군과 마찬가지로 충분히 기능을 발휘하고 있었을 것이다. 하지만 하드리아누스는 평화 시대에도 동등한 기능성을 로마군에 요구했다. 그것만이 세금을 올리지 않고 평화를 지킬 수 있는 유일한 방책이었다. 전시에 훌륭히 기능을 발휘하는 군대라고 해서 평시에도 반드시 그런다고는 할 수 없지만, 평시에 충분히 기능을 다하는 조직은 전시에도 효율적으로 움직일 수 있는 법이다. 하드리아누스가 제국의 변경을 시찰하고 순행하면서 치세의 태반을 보낸 것도 평시에도 충분히 기능을 발휘하는 방위체제를 확립하기 위해서였다.

로마 황제의 책무는 '안전'과 '식량'의 보장이다. 하지만 '안전' 보장이 우선이다. 안전만 보장되면, 사람들은 자기한테 필요한 식량을 스스로 생산할 수 있다. 그것이 가능한 상태로 세상을 만들어주는 것이 통치자의 책임이다. '식량' 보장은 개인의 노력으로도 이룰 수 있지만, '안전' 보장은 개인의 노력을 넘어서는 과제이기 때문이다. 전쟁은 되도록 피한다는 방침으로 일관했으면서도, 하드리아누스가 방위체제 확립에는 남보다 훨씬 많은 노력을 아끼지 않은 것은 이 점을 근거로 방위의 필요성을 충분히 인식하고 있었기 때문이다. 그 때문에 '브리타니아인들 사이를 싸돌아다니고, 변경의 땅을 헤매고, 스키타이의 혹한에 살을 찔려도' 참을 수밖에 없었다. 정말이지 일반인의 눈으로 보면, '황제는 되고 싶지 않다'였다.

다마스쿠스에서 홍해 연안의 아카바까지는 트라야누스 황제 시대에 건설된 로마 가도가 뚫려 있다. 유프라테스 방위선의 요충 가운데 하나인 보스트라 군단기지 시찰을 끝낸 하드리아누스는 그 길을 거쳐 필라델피아(오늘날 요르단의 수도 암만)로 갔다. 그러나 여기서부터는 남하를 계속하지 않고 유대 속주에 발을 들여놓는다. 로마 제국의 화약고였던 유대의 통치체제를 재구축하기 위해서였다.

이 문제 많은 속주에는 북부에 제6군단, 남부에 제10군단이 상주해 있었다. 이것은 서기 70년에 이스라엘 함락으로 끝난 유대 전쟁 뒤에 이루어진 조치였다. 그 당시 유대에 상주해 있던 로마 군단은 1개 군단뿐이었지만, 트라야누스 황제 말기에 다시 일어난 반란을 진압한 뒤 2개 군단으로 증강되었다.

군단 수를 줄이기 위해 애쓰고 있던 하드리아누스는 유대 주둔군을 더욱 증강하기 위해 새 군단을 편성할 마음은 전혀 없었다. 유대 주둔군을 늘린다면 다른 방위선에서 이동시킬 수밖에 없는데, 그것도 현재 상태로는 불가능했다. 현재 주둔해 있는 2개 군단의 전력으로 지하에서 항상 마그마가 끓고 있는 듯한 유대를 진정시키지 않으면 안 된다. 하드리아누스가 결단을 내려야 할 문제는 군단기지를 어디에 어떻게 배치하느냐 하는 것이었다.

제6군단은 유대 북부의 스키토폴리스에 주둔시키기로 결정했다. 전통적으로 친로마적 도시인 지중해 연안의 카이사레아에서도 가깝고, 다른 속주이긴 하지만 보스트라에 주둔해 있는 제3군단과 공동 전선을 펴면 유대 북부 일대를 진정시킬 수 있었기 때문이다.

문제는 예루살렘을 포함한 유대 남부를 담당하고 있는 제10군단의 기지를 어디에 두느냐 하는 것이었다. 서기 70년에 반란을 진압한 베스파시아누스 황제는 예루살렘 시내에 군단을 주둔시켰지만, 하드리아누스는 그 상태를 지속시키느냐 마느냐를 결정해야 했다.

하드리아누스는 예루살렘 시내가 아니라 바로 북쪽에 제10군단 기지를 두기로 결정한다. 그리고 그 기지를 중심으로 한 도시를 '아일리아 카피톨리나'라고 이름 붙였다. 아일리우스는 하드리아누스의 가문 이름이다. 따라서 '아일리아'는 '하드리아누스의 땅'이라는 뜻이 된다. 카피톨리노는 수도 로마의 일곱 언덕 가운데 하나로, 최고신 유피테르를 비롯한 신들에게 바쳐진 신전들만 서 있는 로마인의 성역이다. 자신들의 성역인 예루살렘에서 엎어지면 코 닿을 곳에 이런 이름을 붙인 도시가, 더구나 자신들을 제압하는 것이 목적인 군단의 기지로 나타났을 때, 유대인들은 과연 어떤 심정이었을까. 유대교는 다른 신들을 일절 인정하지 않음으로써 성립되는 일신교다. 카피톨리노 언덕은 패자의 신들에게까지 '로마 시민권'을 주어 받아들이는 로마식 다신교의 상징이었다.

그뿐만 아니라 하드리아누스는 유대교도의 할례를 금지했다. 아니, 단순히 금지한 게 아니라, 범죄자에게 할례를 강제하여 할례를 경멸하는 태도를 분명히 했다. 유대교도에게 할례는 자신이 유대교도임을 육체에 각인시키는 중요한 일이었지만, 유대교를 믿지 않는 사람에게는 쓸데없이 육체를 손상시키는 야만적인 관습으로밖에 보이지 않았다.

이 두 가지 조치는 지하의 마그마가 꿈틀대기 시작하는 계기가 되었다. 그렇지만 이 시점에서는 마그마가 폭발하는 단계까지는 나아가지 않았다. 앞에서 소개한 요세푸스의 '충고'가 그의 동포인 유대교도에게도 영향을 주었고, 그래서 유대인들이 망설인 것은 아니다. 자신들만이 신에게 선택받은 민족이고, 따라서 옳고 뛰어나다고 굳게 믿는 독실한 유대교도가 무엇보다 강력하게 거부한 것은 타민족의 충고에 귀를 기울이는 것이었다. 요세푸스는 유대인이지만, 그들의 눈으로 보면 로마에 몸과 마음을 팔아넘긴 배신자였다. 당장 반란이 일어나지 않은 것은, 반란에도 그에 따른 준비가 필요했기 때문일 뿐이다.

그런데 하드리아누스는 유대 민족의 신앙심에 깊은 상처를 줄 게 뻔한 이 두 가지 조치를 왜 굳이 시행했을까. 아일리아 카피톨리나에 건설된 제10군단 기지 안에는 전부터 유대교회가 있었다. 그 유대교회는 파괴되고, 그 자리에는 그리스-로마의 최고신 유피테르를 모신 신전이 세워졌다고 한다.

로마 황제인 하드리아누스도 그리스를 애호한 나머지, 오리엔트에 사는 그리스인들이 공통적으로 품고 있던 반유대 감정에 물들어버린 것일까. 오리엔트에 사는 그리스인과 유대인은 옛날부터 사이가 나빴다. 헬레니즘 시대에 오리엔트 일대를 지배한 것은 그리스인이었고, 유대인은 오랫동안 그 지배를 받았던 것이 첫 번째 이유다. 게다가 양쪽 다 경제적 능력이 뛰어난 민족인 만큼, 이해관계가 상충해 있었다는 이유도 있다. 그리고 로마가 지배자가 된 뒤에 그리스인은 로마에 협력했는데 유대인은 종교적 이유를 내세워 협력하지 않은 것이 세 번째 이유다. 유대인이 지배자 로마에 요구한 것은 그리스인과 유대인의 평등화였지만, 그것은 사회 안에서의 평등화가 아니라 경제활동 면에서의 평등화였다. 사회 안에서의 평등화를 요구하면, 권리에는 반드시 따라다니는 의무도 완수해야 한다. 그 의무는 공무와 군무에 종사하는 것이고, 그러려면 로마 황제에 대한 복종을 선언해야 하고, 그런 짓을 하면 자기네 신한테만 복종하도록 규정되어 있는 유대교 교리에 어긋나버리기 때문이다. 그런 유대인들에게는 이런 의무가 부과되지 않는 경제활동 면에서의 평등화만 확보되면 충분했다. 그러나 그들의 이런 생활방식이 의무를 완수함으로써 로마 제국에 협력하고 있는 그리스계 주민의 반감을 샀다.

하드리아누스는 단순히 그리스인과 문화를 공유하고 있다는 이유만으로 그리스인의 이런 반유대 감정도 공유했을까. 아니면 방위체제를 확립하기 위해 뛰어다닌 그에게는 계속 협력을 거부하는 유대교도가 밉살스럽게 보였을까. 하지만 그가 유대 민족 전체를 싫어한 것은 아니다. 유대인 중에도 당시에는 로마군에서 승진을 거듭한 티베리우스 알렉산드로스나 요세푸스처럼 로마인과 공생하는 쪽을 선택한 사람들이 적지 않았다. 하드리아누스가 혐오한 것은 공생에 필수불가결한 협력을 계속 거부하는 광신적인 유대교도였다.

상당히 무신경하거나 아니면 의도적인 도발로밖에 보이지 않는 일을 했는데도, 하드리아누스가 유대에 머무는 동안은 아무 일도 일어나지 않았다. 이 정도면 유대를 진정시키는 데 성공했다고 생각했는지, 하드리아누스는 짧은 유대 방문을 마치고 이집트로 발길을 돌린다. 헬레니즘 왕국의 하나였던 이집트도 2세기 동안 로마의 지배를 받은 지금은 그 넓은 지역에 1개 군단만 상주시키면 충분할 만큼 정세가 안정되어 있었다. 경제력도 훨씬 풍부하고 땅도 넓은 이집트를 1개 군단으로 충분히 유지할 수 있는데, 해안지역에 늘어서 있는 그리스계 도시들을 제외하면 모두 가난하고 땅도 손바닥만 한 유대-팔레스타인에는 2개 군단을 상주시키지 않으면 안 된다. 방위체제의 기능을 향상시키려고 애쓰는 하드리아누스인 만큼, 이 차이에 대해서는 남보다 훨씬 예민했을지도 모른다.

이집트

이집트에는 사비나 황후를 불러들였다. 그리스의 도시들은 그리스 문화에 관심이 있는 사람에게나 흥미를 주지만, 이집트에는 일반인도 매혹시키는 이국 정취가 넘쳐흐른다. 특히 유럽인의 눈에는 이국 정서가 풍부해 보이는 모양이다. 그것은 근대와 현대의 서구인, 그중에서도 가장 서구적인 영국인이 이집트에 강한 관심을 갖는 데에도 드러나 있다. 문화에는 취미가 없는 사비나 황후도, 그 측근인 로마의 상류층 부인들도 이집트에서는 즐겁게 지낼 수 있을 거라고 하드리아누스는 생각했는지도 모른다. 웬일로 그가 아내한테 서비스를 한 것이다.

하지만 자기중심적인 성격의 하드리아누스가 아내를 데리고 관광이나 다니면서 시간을 보낼 턱이 없다. 알렉산드리아에서 이집트 장관이 관장하는 속주 통치기관을 순시하고, 알렉산드리아와 가까운 니코폴리스 기지로 가서 제2군단을 시찰한 뒤에는 체재 기간의 적지 않은 부분을 자기 취미에 맞는 방향으로 사용했다.

그 하나로 역사가들이 서술하고 있는 것은, '무세이온'이라는 그리스어 명칭으로 통용된 저 유명한 '알렉산드리아 도서관'을 방문한 일이었다.

'도서관'이라고 불린 것은 프톨레마이오스 왕조가 이집트를 다스리던 시대에 수집한 만 권의 서적(두루마리)을 소장한 곳이었기 때문이다. 하지만 이 서적들은 대부분 기원전 1세기 중엽에 율리우스 카이사르가 알렉산드리아에서 전쟁을 치를 때 불타버렸다. 그래도 그 후 서적 수집이 재개되어, 옛날만큼은 아니지만 '도서관'이라는 이름에 부끄럽지 않은 규모로 회복되어 있었다.

서적이 모여 있는 곳에는 그것을 공부하려는 사람들도 모여든다. 도서관이 연구기관으로 바뀌어가는 것은 당연한 이치이기도 하다. 로마의 지배하에 들어간 뒤에도 '무세이온'을 가진 이집트 알렉산드리아는 여전히 그리스 아테네와 소아시아 서부의 페르가몬, 로도스섬과 더불어 로마 세계의 최고 학부였다. 아니, 인문계가 주류인 아테네나 로도스섬과는 달리 이집트의 알렉산드리아는 인문계와 자연과학계를 망라한 종합대학이었다고 말해야 할지도 모른다.

덧붙여 말하면, 율리우스 카이사르의 집안은 명문 중의 명문이긴 했지만 유복하지는 않아서, 기원전 1세기에 로마 상류층이 최고 브랜드로 생각한 '아테네에서 교육받은 그리스인' 가정교사를 고용할 여유가 없었다. 교양이 높고 아들 교육에도 열심이었던 카이사르의 어머니 아우렐리아는 그래서 명성보다 내실을 택한다. 의아들의 교육을 맡을 가정교사로, 알렉산드리아의 '무세이온'에서 공부한 갈리아인을 선택한 것이다. 오늘날로 치면 영국의 옥스퍼드나 케임브리지 대학, 미국의 하버드나 프린스턴 대학에서 수학한 인도인이나 싱가포르인을 가정교사로 채용하는 거나 마찬가지다.

독일의 역사가 몸젠이 "로마 역사상 유일한 창조적 천재"로 평가한 율리우스 카이사르는 모국어인 라틴어에서부터 당시 국제어였던 그리스어, 생각이나 시야를 넓히는 철학과 역사, 논리적 사고와 전달방법을 익히는 논리학과 수사학, 조화의 감각을 기르는 수학과 음악에 이르기까지 모든 것을 '네이티브'가 아닌 갈리아인에게 배운 셈이다. 이런 카이사르였기에, 의료업에 종사하는 의사와 교육에 종사하는 교사에게는 민족이나 종교나 피부색에 관계없이 로마 시민권을 준다는 법을 최초로 제정하여 이들의 사회적 지위를 높이고 경제적 혜택(로마 시민권을 가지면 속주세를 낼 의무가 없었다)을 주려고 애썼는지도 모른다.

제정으로 바뀐 뒤에도 이런 연구기관에 대한 로마 상류층의 지원은 계속되었다. 지원에는 황제가 솔선수범했다. 트라야누스 황제의 아내 플로티나는 그리스 철학 연구소의 명예소장 같은 일을 맡았다. 그녀에게는 여러 가지로 학자들의 편의를 돌봐주고 연구를 후원해주는 역할이 기대되었다. 하드리아누스가 아테네를 지원한 것도 이와 같은 선상에 있다고 생각해도 좋다.

그중에서도 특히 알렉산드리아의 '무세이온'에서 공부하는 학자들의 사회적 지위와 경제적 안정에는 로마 황제가 직접 관여하고 있었다. 그들에게 주는 연금을 황제의 개인 영지인 이집트 속주에서 들어오는 세금으로 충당했기 때문이다. 요컨대 하드리아누스가 '무세이온'을 방문한 것은 후원자로서 자기가 후원하는 기관을 방문한 것이었다.

학자들은 심포지엄이라도 열어서 황제를 영접했을 것이다. 심포지엄은 라틴어로 '심포시움', 그들이 사용하는 그리스어로는 '심포시온'이지만, 요컨대 연구 성과를 발표하고 그것을 통해 지적 교류가 이루어지는 자리다. 하드리아누스에게 요구된 역할은 학문 세계 바깥에 사는 사람답게 잠자코 경청하는 것이었겠지만, 그는 그렇지 않았다.

황제는 날카롭고 매서운 비판으로 학자들에게 논쟁을 걸었다. 게다가 학자들의 주장을 완벽하게 논박하기까지 했다. 이 기록을 남긴 역사가들은 하드리아누스가 자신의 지력을 과시하고 싶어 했다고 평했다. 사실 그런 자리에서는 황제답게 의젓한 태도로 귀를 기울이고 있는 편이 좋았을지도 모른다. 하지만 하드리아누스는 참을 수 없었을 거라고 나는 생각한다.

자신의 책무를 다하고 있느냐 아니냐가 하드리아누스의 인물 평가 기준이었다. 사회적 지위는 고려된다 해도 이차적인 기준에 불과했다. 그런 하드리아누스에게는 일개 병사라는 신분도, 속주 태생이라는 출신도 평가를 좌우하는 결정적인 조건은 되지 않는다. '무세이온'의 학자들은 황제한테 연금을 받고 있는 처지다. 연구에 헌신한다는 이유로 봉록을 받는 이상, 연구에 전력을 다해야 한다. 학자들을 학문적으로 궁지에 몰아넣어 결국 그들의 학설을 뒤엎었을 때, 하드리아누스는 그런 식으로 생각한 게 아닐까. 각자가 책임을 완수하는 것은 군대나 행정만이 아니라 학문 세계에서도 똑같이 중요하다고 생각한 게 아닐까.

하지만 논박당한 학자들은 이 의미를 깨닫지 못한 모양이다. 그중 한 사람이 나중에 30개 군단(사실은 28개였지만)을 등에 업고 있는 사람한테 어떻게 반론을 제기할 수 있겠느냐고 불평한 말이 전해오고 있다. 하지만 고명한 학자들과 황제 사이에 벌어진 논쟁을 방청하고 있던 젊은 학자들 중에는 하드리아누스의 속내를 짐작한 사람도 있지 않았을까. 그 때문이라는 확증은 없지만, 하드리아누스가 알렉산드리아를 방문했을 당시 서른 살 안팎이었던 프톨레마이오스는 그로부터 몇 년 뒤 천문학과 수학, 지리학의 혁명적 집대성인 방대한 저서를 간행했다. 또한 하드리아누스가 방문했을 당시 페르가몬에서 막 태어난 갈레노스도 나중에 알렉산드리아의 무세이온에서 의학을 연구하고, 그 성과인 해부학 저서를 간행하여, 로마 시대의 높은 의학 수준을 후세에까지 전하게 된다. 1,300년 뒤에 레오나르도 다 빈치가 해부학 분야로 관심을 돌리게 되는 것도 갈레노스의 저서를 읽은 것이 계기가 되었다.

이 에피소드가 보여주듯, 하드리아누스는 결코 만만한 권력자가 아니었다. 로마 시대 사람이 쓴 유일한 하드리아누스 전기인 『황제실록』(*Historia Augusta*)의 저자는 하드리아누스를 다음과 같이 평하고 있다.

〈시와 문학에 관해서는 상당한 소양을 갖추고 있었다. 수학과 기하학, 회화에도 꽤 높은 수준의 이해력을 갖고 있었다. 게다가 악기 연주와 노래도 좋아해서 기능을 향상시키는 데 열심이었다. 악기와 노래를 연습할 때도 남몰래 숨어서 하지 않았다.

자신이 사랑한 사람들을 노래한 사랑의 시도 몇 편 지었다.

무예에서는 제일급의 달인이었다. 검투사가 사용하는 복잡하고 위험한 무기까지도 자유자재로 다룰 줄 알았다.

성격은 복잡했다. 엄격한가 하면 상냥하고, 친절한가 하면 까다롭고, 쾌락적인가 하면 금욕적이고, 쫌쫌이가 야박한가 하면 시원시원하고, 불성실한가 하면 더없이 성실하고, 잔혹해 보일 정도로 무자비할 때가 있는가 하면 딴사람처럼 온화하게 관용을 베푸는 식이다. 요컨대 변덕스럽다는 점에서는 한결같았던 것이 하드리아누스가 사람을 대하는 태도였다.〉

위의 글에서 특히 '성격은 복잡했다'는 말로 시작되는 마지막 부분은 하드리아누스를 언급할 때 빼놓을 수 없는 일급 사료가 되어 있다. 소설가 유르스나르도 『하드리아누스의 회상』에서 이 대목을 인용하고 있다. '변덕스럽다는 점에서는 한결같았다'는 대목을 읽고 웃지 않을 사람은 없을 것이다. 하지만 하드리아누스가 단순히 변덕스러운 성격의 소유자였을까. 아니면 위의 글을 쓴 저자와는 인간관이 다른 사람이었을까. '친절'을 예로 들어 검증해보자.

『황제실록』의 하드리아누스 부분을 읽으면서 고개를 끄덕이는 사람은 누구한테나 친절하지 않으면 친절한 사람이 아니라고 생각하는 듯하다. 그런데 하드리아누스는 친절하게 대할 가치가 있는 사람한테만 친절했던 게 아닐까.

누구한테나 친절하게 대하는 것이 본분인 성직자 같은 사람들은 제쳐놓고, 속세에 있는 사람이 누구한테나 친절하다는 것은 실제로는 아무한테도 친절하지 않다는 뜻이 아닐까. 하드리아누스는 로마 황제라는 최고권력자였기 때문에, 사람들은 그에게 누구한테나 똑같이 친절하기를 요구했을 것이다. 하지만 그는 그렇지 못했다. 그래서 엄격해야 할 때는 엄격하게, 상냥하게 굴어도 좋을 때는 상냥하게, 친절하게 대할 만한 사람한테는 친절하게, 그럴 가치가 없는 사람한테는 까다롭게 굴었다. 또한 쾌락에 탐닉해도 좋을 때는 마음껏 쾌락을 맛보지만, 절제가 필요할 때는 금욕자로 표변한다. 인색할 필요가 있을 때는 남이 어떻게 생각하든 아랑곳없이 인색하게 굴고, 포상을 주는 것이 당연하다고 생각되면 주위 사람들이 놀라서 눈이 휘둥그레질 만큼 아낌없이 상을 준다. 성실하게 대할 만하다고 판단된 사람에게는 더없이 성실한 태도를 취하지만, 그럴 필요가 없다고 판단된 사람에게는 불성실한 정도가 아니라 거짓말까지도 서슴지 않는다. 용서할 필요도 없다고 생각한 사람은 인정사정 없이 몰아세우지만, 반대로 상대의 공적을 인정한 경우에는 더없이 온화하고 너그럽고 정중한 태도로 대한다.

'변덕스럽다는 점에서는 한결같았던' 것이 아니라, 자신에게 충실하게 행동했다는 점에서는 '한결같았던' 게 아닐까.

다만 이런 하드리아누스적 '기준'에 따라 사람을 대하는 태도가 결정되면, 같은 인물도 때와 경우에 따라 다른 대우를 받을 가능성이 충분하다. 이것이 사람들을 혼란시켰고, 그 결과가 '변덕스럽다는 점에서는 한결같았다'는 평가로 나타난 게 아닐까.

하드리아누스를 이해하는 데 도움이 될 만한 에피소드를 하나 더 소개하고 싶다.

『황제열전』의 저자인 수에토니우스는 하드리아누스보다 여섯 살쯤 나이가 많고, 로마의 관저에서 근무하는 관료였다. 소플리니우스가 친구로 다루고 있는 것으로 보아 소플리니우스나 타키투스 등의 문인 동아리에 속해 있었던 게 분명하고, 관료보다는 문필가로 이름이 높았던 사람일 것이다. 율리우스 카이사르부터 도미티아누스 황제까지 12명을 다룬 『황제열전』은 오늘날과 마찬가지로 당시에도 많은 독자를 얻고 있었다. 덧붙여 말하면, 하드리아누스 이후의 황제들을 대상으로 삼아 서기 300년경에 저술된 『황제실록』은 수에토니우스의 『황제열전』을 이어받아 그 속편으로 쓰인 것으로 되어 있다. 무엇 때문인지 네르바와 트라야누스는 빠져 있지만.

어쨌거나 수에토니우스가 생전부터 단순한 일개 관료가 아니었던 것은 확실하다. 그는 주인이 오랫동안 자리를 비운 황궁에도 쉽게 드나들 수 있는 사람이었을 것이다. 또한 『황제열전』은 나중에 쓰인 『황제실록』과 비교해도 가십적인 색채가 더 짙은 작품이다. 그런 작품을 쓴 저자라면 남들보다 훨씬 가십에 관심이 많았을 테고, 역시 입방아를 좋아하기로는 누구한테도 뒤지지 않는 궁중 여인들한테 환영받는 타입이었을 것이다. 하드리아누스는 이 수에토니우스를 해임하여 황궁에서 쫓아냈다.

사비나 황후한테 버릇없이 굴었다는 것이 이유였다. 아내를 사랑하지도 않으면서, 그런 아내한테 버릇없이 굴었다고 내쫓다니, 너무 가혹한 처사라고 세상 사람들은 수에토니우스를 동정했다. 하지만 사랑하든 않든 사비나는 황제의 아내였다. 윗사람이 아랫사람을 허물없이 대하는 것은 상관없지만, 그 반대는 용납할 수 없다는 것이 하드리아누스의 생각이었다.

하드리아누스처럼 복잡한 성격의 소유자는 가까이에 있는 사람들에게는 분명 다루기 어려운 존재다. 하드리아누스의 진심을 이해하지 못하는 한, 그에게 휘둘릴 수밖에 없기 때문이다. 그러면 하늘이라도 쳐다보면서 '변덕스럽다는 점에서는 한결같았다'고 중얼거리고 체념할 수밖에 없다. 사비나 황후도 하드리아누스 곁에 계속 머물러 있기가 얼마나 어려운가를 무의식적으로라도 깨닫고 있었던 게 아닐까. 하지만 계속 옆에 있기가 어렵다는 것을 깨닫고도 하드리아누스 가까이에 줄곧 머물 수밖에 없는 사람도 있었다.

미소년 안티노

황후에 대한 배려라기보다 자신의 호기심을 채우기 위해 하드리아누스는 나일강 유람을 떠난다. 나일강 유람은 이집트를 방문하는 로마 황제에게는 상례처럼 되어 있는 행사였다. 이집트는 배를 타고 나일강을 거슬러 올라가다가 이따금 배에서 내려 강변에 서 있는 신전을 방문하면 보아야 할 것을 전부 볼 수 있는 나라이기도 하다. 나일강 유람은 곧 명승고적 관광이 되는 셈이다. 그리고 부인들이 동행한다. 하드리아누스의 순행은 대개 몇 명의 수행원만 거느린 금욕적인 여행이었지만, 이번에는 그런 여행이 아니었던 게 분명하다.

화려한 어용선(御用船)이 알렉산드리아에서 300킬로미터 이상 상류로 거슬러 올라갔을 때 사고가 일어났다. 황제의 총애를 받는 상대로 이제는 모르는 사람이 없는 안티노가 나일강에서 익사한 것이다. 역사가들은 하나같이 그 소식을 들은 하드리아누스가 아녀자처럼 울었고, 아무도 황제를 위로할 수 없었다고 전한다.

정말 실수로 강물에 빠져 죽었을까. 하지만 로마인들 사이에는 뜻밖에도 수영이 유행했고, 같은 배에 타고 있던 사람들이 미처 알아차리지 못했다는 것도 이상하다.

그렇다면 실수로 배에서 떨어진 안티노를 나일강의 주인이라고까지 일컫는 악어가 공격했고, 변고를 알아차린 사람들이 안티노를 건져냈을 때는 이미 악어한테 물려죽은 뒤였을까.

지금은 사라진 하드리아누스의 자필 회고록을 믿는다면, 안티노는 점술가가 예언한 하드리아누스의 죽음을 예방하기 위해 자신을 희생한 것일까. 그렇다면 스스로 택한 죽음이다. 그리고 사랑하는 사람을 구하기 위해 자신을 희생하는 것만큼 지고한 사랑은 없다.

로마 사회에서는 소년에 대한 사랑이 소크라테스 시대의 아테네처럼 당당한 시민권을 얻지는 못했다. 로마의 유력자들 사이에서 아름다운 청소년에 대한 사랑은 절대로 해서는 안 될 일은 아니었지만, 드러내놓고 공공연히 해도 좋은 일은 아니었다. 그래서 로마적인 것을 중요하게 여기는 사람들은 안티노에 대한 하드리아누스의 공공연한 사랑에 차가운 눈길을 던지고 있었다. 로마 역사가들의 기술이 이 사건과는 거리를 두고 싶은 것처럼 냉담한 것도 저간의 사정을 보여준다. 안티노의 변사에 대한 황후의 반응은 알려져 있지 않다. 하지만 이 사고가 일어난 뒤에도 황후는 아무 일도 없었던 것처럼 유쾌하게 나일강 유람을 계속했다니까, 안티노의 죽음을 일개 하인의 죽음 정도로 처리하고 하드리아누스를 동정조차 하지 않은 것은 상상하기 어렵지 않다. 하드리아누스는 안티노가 황제를 죽음에서 구하기 위해 자신을 희생했다는 소문을 퍼뜨리려 했지만, 황후는 『황제실록』의 저자와 마찬가지로 그 말을 믿지 않았던 게 아닐까.

사고사일 가능성도 별로 없고 희생적인 죽음도 아니었다면, 안티노는 왜 자살했을까.

지금까지 남아 있는 수많은 초상 조각으로 미루어보아, 안티노는 서기 131년에 죽었을 때 20대 초반이었을 것으로 여겨진다. 소년과 하드리아누스가 언제 어디서 알게 되었는지는 모르지만, 하드리아누스가 소년의 출생지인 비티니아를 찾은 서기 124년으로 가정하면 안티노는 당시 15세 안팎이었을 것이다. 하드리아누스는 그 후 무려 7년 동안 이 소년을 측근에 두었다.

안티노의 초상을 보면서 느끼는 것은 지성이 전혀 없다는 점이다. 용모는 완벽하고 게다가 관능적이지만, 지성을 엿보게 해주는 것은 그림자도 없다. 무심코 볼을 만져보고 싶어질 만큼 풋풋한 소녀가 소년

안티노

으로 모습을 바꾸었을 뿐이다. 지성이 넘쳐흐르는 하드리아누스의 얼굴과 비교해보면 너무 어울리지 않아서, 그렇기 때문에 서로 융화할 수 있었나 하는 생각마저 든다. 하지만 하드리아누스는 융화를 계속 유지하기가 무척 어려운 남자이기도 했다.

후세의 연구자들 중에는, 소년기에서 청년기로 접어들어 용모가 쇠퇴하는 것을 느낀 안티노가 그 때문에 하드리아누스의 총애를 잃을까 두려워 스스로 죽음을 택했다고 설명하는 사람도 있다. 보통 청년이라면 20세 무렵은 용모가 쇠퇴하기는커녕 날로 아름다워질 나이지만, 소년애의 대상이 된 사람은 그 나이를 고비로 내리막길을 걸을 수밖에 없는지도 모른다.

그러나 한 걸음 더 파고들어, 안티노를 남자가 아니라 여자로 생각하고 그의 심경에 다가가보면 어떨까.

여자가 남자의 마음을 잡아두기 위한 최선책은 남자 곁에 계속 붙어 있는 것이 아니라 오히려 남자 곁을 떠나는 것이다. 따라갈 수도 없는 곳으로 영원히 떠나버리는 것이다. 하드리아누스는 옆에서 보면 기분이 변덕스러운 남자였다. 불쾌감을 드러낼 때도 적지 않았을 것이다. 친절할 때도 왜 친절한지, 그 이유까지는 이해할 수 없었을지도 모른다.

같은 비티니아 태생의 그리스인이라도 아리아누스는 안티노와 달랐다. 전선을 담당한 사령관이자 문인이기도 한 아리아누스와는 하드리아누스도 그리스 문화에서부터 로마군의 방위체제까지 대화할 수 있는 주제가 많았다. 황제는 이 젊은 부하를 각별히 사랑했지만, 그들의 사랑은 지성으로 이어져 있었다. 그러나 황제와 미소년 사이에는 그것이 없었다. 시를 쓰고 리라를 타고, 그 이상의 아름다움은 없다고 여겨질 만큼 완벽한 얼굴을 보여주었다 해도, 그것만으로는 하드리아누스의 마음을 붙잡아둘 수 없다. 그리고 그리스의 미소년도 이제는 나이로나 육체적으로 성숙한 어른이 될 수밖에 없는 시기에 이르러 있었다.

안티노는 하드리아누스의 사랑을 영원히 잡아두기 위해 죽음을 택한 건 아닐까. 그렇다면 그의 소원은 완벽하게 이루어졌다고 말할 수밖에 없다.

안티노를 잃은 하드리아누스는 아녀자처럼 엉엉 울어서 어떻게 손쓸 도리가 없었다지만, 그것만이 아니다. 적어도 비탄에만 잠겨 있었던 것은 아니다. 우선 죽은 안티노를 신격화했다. 이집트에는 나일강에 사는 악어한테 잡아먹힌 사람은 신이 된다는 전설이 있었으니까, 사람들을 쉽게 납득시킬 수 있었다.

이어서 황제는 사고가 일어난 곳의 건너편 강가에 '안티노폴리스'(안티노의 도시)를 건설했다. 그리고 이 도시에 그리스계 이집트인을 대거 이주시켰다. 사람들은 황제의 명령에 따라 그리스풍 도시로 세워진 안티노폴리스로 기꺼이 이주했기 때문에, 강제할 필요도 없을 정도였다. 또한 나일강 연안의 이 도시에서 사막을 가로질러 수에즈만까지 로마식 가도를 개설했다. 이 가도는 수에즈만을 따라 홍해까지 연장되었기 때문에, 안티노폴리스는 그 후 동방에서 들어오는 물산을 홍해에서 나일강으로 운반하고, 나일강을 따라 알렉산드리아로 운반하는 중계지로서 번영을 누리게 된다. 아녀자처럼 운 것치고는 너무나 하드리아누스적이고 제국의 최고통치자다운 냉철한 조치였다.

　게다가 이 시기에 하드리아누스는 소년 시절부터 품었던 꿈까지 실현했다. 아라비아산 준마를 몰고 사자를 사냥하고 싶다는 꿈을 마침내 이룬 것이다. 55세라는 나이에 도전하듯 체력을 과시했다. 어쩌면 안티노가 하드리아누스에게 내려질 재앙을 막기 위해 자신을 제물로 바쳤다는 생각을 누구보다도 하드리아누스 자신이 믿으려고 애썼는지도 모른다.

　안티노가 죽은 뒤, 하드리아누스는 여느 때의 자신으로 돌아왔다. 황제는 건설공사가 시작된 안티노폴리스를 떠났고, 황후 일행은 로마로 돌아갔다. 다시 혼자가 된 황제는 우선 시리아의 안티오키아로 갔다가 거기서 소아시아를 북상하여 흑해로, 거기서 다시 서쪽으로 발길을 돌려 그리스의 아테네로 들어간다. 가는 길에 '하드리아노폴리스'라고 이름지은 도시를 건설했다. 오늘날 터키의 세 번째 도시가 된 에디르네가 바로 하드리아노폴리스다. 에디르네라는 이름은 '하드리아누스'를 터키식으로 읽은 것이다.

　황제는 뛰어난 조각가를 쉽게 모을 수 있는 아테네에서 죽은 안티노의 초상 조각을 대량으로 만들었다. 사랑하는 사람의 아름다움을 영원히 남기려고 결심한 것 같다. 종교적인 느낌은 전혀 주지 않고, 그래서 고대의 관능 그 자체인데도, 긴 기독교 시대를 거치고도 이만큼 남아 있으니까 원래는 엄청나게 많았던 게 분명하다. 하지만 하드리아누스는 그런 초상들을 그리스 동쪽의 로마 세계에는 곳곳에 뿌려놓았지만, 로마에는 사저인 '빌라 아드리아나' 이외에는 어디에도 놓아두지 않은 듯하다. 하물며 신이 된 안티노에 대한 신앙이 제국 서방에도 뿌리를 내리도록 애쓴 흔적은 전혀 없다. 아무리 애석한 마음을 감추지 않았다 해도, 역시 이런 면에서 로마인의 심정에 대한 배려는 잊지 않았던 것이다.

그러나 하드리아누스를 덮친 불행은 사랑한 젊은이의 죽음만이 아니었다. 그 직후 유대가 드디어 불을 뿜었다. 아테네에 머물고 있다가 이 소식을 들은 하드리아누스는 겨울철에 접어들었는데도 당장 안티오키아로 돌아간다. 정확한 정보를 모아 그것을 토대로 직접 대책을 강구하기 위해서였다.

유대 반란

하드리아누스가 할례를 금지하고 '아일리아 카피톨리나'를 건설한 것은 유대교도에 대한 의도적인 도발이 아니었을까 하는 생각을 아무래도 떨쳐버릴 수가 없다. 할례는, 다른 민족이 어떻게 생각하든 유대교도에게는 자신들의 존재 증명이었다. 이것을 금지하는 행위는 패자에게도 종교의 자유를 인정해온 로마의 방침에 어긋난다.

로마가 유대인과 직접 관계를 갖게 된 지 200년, 공화정 말기의 최고권력자나 제정 시대의 황제들 가운데 할례를 금지한 사람은 아무도 없었다. 그뿐만 아니라 초대 황제 아우구스투스 이후로는 유대교도의 특수성을 인정하는 정책으로 일관해왔다. 하물며 유대교도가 성도로 여기는 예루살렘에서 엎드리면 코 닿을 곳에 아일리아 카피톨리나라는 이름만으로도 로마 도시임이 분명한 군단 도시를 건설한다는 건 아무도 생각조차 하지 않았다.

제위에 오른 뒤 줄곧 깊은 통찰력을 보여온 하드리아누스가 유대의 이런 특수 사정을 몰랐을 리 없다. 실제로 이 유대 문제가 '디아스포라'(이산)로 해결된 뒤, 하드리아누스는 할례 금지령을 해제하지는 않았지만 엄격한 실시까지는 요구하지 않았고, 묵인 상태로 돌아가는 것도 내버려두었다. 그의 참뜻은 할례를 영원히 금지하는 데 있지 않았다.

200년 동안 이따금 충돌은 있었지만, 로마는 유대교도에 대해 거의

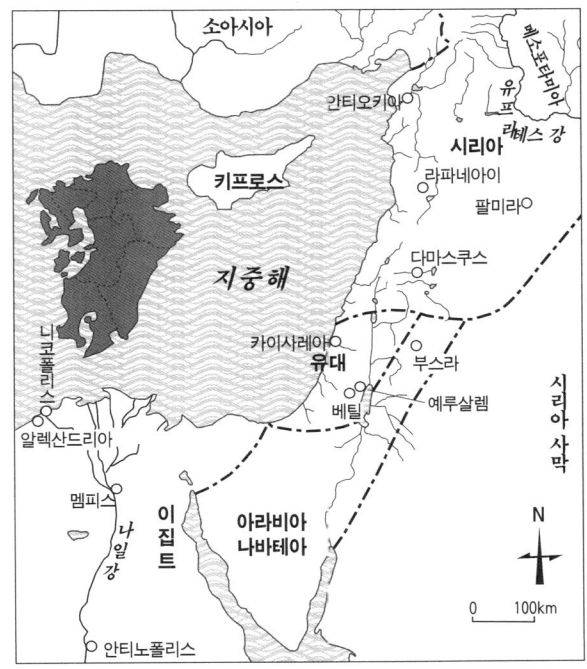

전쟁 이전의 유대 주변도

일관되게 관용정책을 펴왔다. 하지만 여기에는 명확한 조건이 하나 있었다는 점도 잊어서는 안 된다. 다신교인 로마 세계에서 일신교를 믿는 것도 인정하고, 할례 관습도 인정하고, 일신교도라는 이유로 제국의 공무나 군무에 참여하지 않는 것도 인정하고, 다른 사람들이 일하는 토요일을 안식일로 삼는 등의 생활 관습도 모두 인정하되, 제국의 통치에 반항하는 언동만은 절대 용납하지 않는다는 조건이다. 이곳에 아라비아 속주(오늘날의 요르단)를 새로 추가한 것은 트라야누스 황제이고, 그것을 계승하여 흑해에서 홍해까지의 동방 방위선을 확립한 것은 하드리아누스 황제였다. 유대는 이 아라비아 속주 안쪽에 자리 잡고 있다. 이 유대 땅이 로마의 지배 밑에서 안정되는 것은 제국의 방위

제2부 하드리아누스 황제 385

전략 면에서도 점점 중요해지고 있었다.

제8권에서도 말했지만, '보편' 제국 안에서 스스로 '특수'를 선택한 유대교도의 거주지역이 흑해 북쪽이나 어디 다른 곳이었다면 로마인도 문제삼을 필요가 없었다. 하지만 그들이 사는 일대는, 북쪽은 시리아 속주, 동쪽은 아라비아 속주, 남쪽과 서쪽은 이집트 속주에 둘러싸인 지역이었다. 게다가 유대교도는 결코 얌전하다고 말할 수 없었다.

그러나 모든 유대교도가 신정국가 건설을 슬로건으로 내걸고, 그것을 허용하지 않는 로마에 반항한 것은 아니다. 크든 작든 어느 도시에건 유대인 집단촌이 있다고 할 만큼 그들의 이산 경향은 강했지만, 동방의 도시에 사는 유대인들은 같은 도시에 사는 그리스계 주민과는 이따금 충돌해도 로마 제국과의 공생은 받아들이고 있었다. 반면에 유대 본국에 사는 유대인에게는 유대교도로서의 순수성이 더 강하게 남아 있었다. 다른 문명과의 접촉이 적을수록 순수성을 유지하기가 쉽기 때문일 것이다. 그 때문인지 로마에 반항하는 움직임은 유대 본국, 그중에서도 유대의 중심인 예루살렘에서 일어나는 게 보통이었다.

서기 131년 가을에 일어난 유대 반란에는 지도자가 두 명 있었다. 바르 코크바(Bar Kokhba)와 라비 아키바(Rabbi Akiba)가 그들이다. 코크바는 구세주를 자처하며 반란을 선동했고, 유대교회 사제인 아키바는 단순한 반항이 아니라 성전이라고 주장하여 종교면에서 코크바를 지원했다. 바르 코크바는 히브리어로 '별의 아들'을 의미했기 때문에 구세주를 자칭했지만, 라비 아키바는 그 말을 받아 이렇게 절규한다. "바르 코크바야말로 유대의 왕이고 구세주다!"

유대 사회만이 아니라 모든 인간 사회에서 되풀이되는 현상이지만, 과격파가 세력을 갖기 시작하면 온건파는 자취를 감춘다. 예루살렘 안에도 적지 않았던 온건파지만, 이제는 과격파로 기울거나 연고를 찾아

국외로 떠나서 순식간에 세력을 잃어버렸다. 또한 서기 131년 당시 예루살렘에 있었던 로마 병력은 분견대 정도였던 모양이다. 유대에 주둔해 있는 2개 군단 가운데 1개는 북부의 갈릴리 지방에 있고, 아일리아 카피톨리나 기지가 완성되기를 기다리는 제10군단은 일부만 남쪽에 있고 대부분은 카이사레아에 있었다. 예루살렘이 바르 코크바가 이끄는 과격파의 수중에 떨어지는 것은 간단했다. 이 급박한 소식이 아테네에 있던 하드리아누스에게 전해진 것은 이 무렵이었던 모양이다.

이듬해인 서기 132년 벽두에, 예루살렘을 장악한 코크바는 은화와 동전을 주조한다. 화폐 발행은 독립을 가장 단적으로 보여주는 상징적인 행위였기 때문이다. 그 통화의 앞면에는 '예루살렘', 뒷면에는 '이스라엘 해방 제1년'이라는 문구가 새겨져 있었다. '이스라엘 해방 제2년'이라고 새겨진 동전까지는 발굴되었다. 하지만 예루살렘 안에서도 로마의 화폐가 많이 유통되고 있었다. 로마 제국에서는 황제가 바뀌어도 발행 당시의 황제 얼굴을 새긴 화폐는 그대로 통용되었으니까, 이 무렵 예루살렘에서 유통되고 있던 화폐는 베스파시아누스, 도미티아누스, 네르바, 트라야누스, 그리고 하드리아누스 황제가 발행한 화폐였다. 코크바는 이 통화들을 수거했지만, 녹여서 새 화폐로 주조하는 것은 생각지 않고 황제의 얼굴이 새겨진 면을 망치로 두드려 짓뭉개기만 하고 다시 주인에게 돌려주었다.

치밀한 계획도 없고 자금도 부족하고 병력을 충원할 전망도 없이 시작한 반란이었지만, 초기에는 분명 성공을 거두었다. 해외 거주지에서도 지원병이 모여들기 시작했다. 그리고 무기도.

무기를 조달하는 방법은 꽤 교묘했다. 로마 군단기지는 현지의 무기 제조업자와 구매 계약을 맺는다. 유대인 업자들은 그 계약에 따라 제작한 무기를 기지에 반입하는데, 제조 단계에서 일부러 불량품을 만들었다. 로마군은 불량품을 인정하지 않는다. 특히 하드리아누스가 시찰한 뒤에는 사소한 결함도 눈감아주지 않고 퇴짜를 놓았다. 제조업자들은 로마군이 구입하지 않은 불량품을 코크바에게 빼돌렸다.

유대 상인들은 로마군의 전력을 약화시키는 데에도 활약했다. 포도주 구매 계약을 맺은 상인은 독을 섞은 포도주를 군단기지에 팔았다. 죽지는 않았지만, 앓아 누운 병사들이 많았다.

이렇게 상인들까지 협력한 결과, 유대-팔레스타인 일대의 로마군에 대한 보급은 완전히 끊겨버렸다. 게다가 때마침 지진이 일어나자 유대인들은 로마 제국의 붕괴를 목격하는 듯한 기분이 들었다.

시리아의 안티오키아에서는 하드리아누스가 반격을 위한 전략을 짜고 있었다.

우선 유대에 주둔해 있는 제6군단과 제10군단을 동원하기로 결정한다. 하지만 2개 군단이면 통상적으로는 1만 2천 명인데, 앓아 누운 병사가 많고 결원이 보충되지 않아서 1만 명 정도밖에 동원할 수 없었다. 보조부대의 기병 2개 대대와 보병 4개 대대를 합해도 1만 4천 명 정도였다. 이들의 지휘는 유대 속주 총독인 루푸스에게 맡긴다.

북쪽의 시리아 속주에서는 유대와 가까운 라파네아이(오늘날 시리아의 샤마)에 주둔해 있는 제3군단에 출동 명령이 내렸다. 이 군단의 지휘는 특별히 시리아 속주 총독 마르켈루스가 맡기로 했다.

동쪽의 요르단에서는 아라비아 속주에 주둔해 있는 제3군단에 출동 명령이 내렸다. 이 군단에는 보조병으로 베두인족 2개 대대가 추가되었다.

남서쪽의 이집트에서도 1개 군단이 소집되었다. 여기에는 시리아의 다마스쿠스에서 편성된 보조병 1개 대대가 추가되었다.

그밖에 라인강과 다키아 속주, 도나우강 전선에도 대대 규모로 소집 명령이 내린다. 이때도 로마군은 여느 때처럼 로마인과 갈리아인, 에스파냐인, 트라키아인, 그리스인, 갈라티아인, 아랍인, 반란에 가담하지 않은 유대인 등 여러 민족의 혼성군이었다. 총병력은 4만 정도였을 것이다.

하드리아누스 황제는 이 진압군의 총지휘를 브리타니아 속주 총독인 율리우스 세베루스에게 맡기기로 결정했다. 이동 명령은 이미 내려져 있었으니까, 하드리아누스는 처음부터 세베루스를 총사령관으로 점찍어놓았던 게 분명하다. 지난번 유대 반란 때 네로 황제가 브리타니아 제패로 이름을 날린 베스파시아누스를 총사령관에 발탁한 일을 본받은 것이다. 로마군에서의 지위는 시리아 속주 총독인 마르켈루스가 훨씬 높았다.

세베루스를 발탁한 이유도 네로 때와 똑같았다. 게릴라 전술에 맞서서 훌륭한 공을 세웠다는 게 이유였다. 비가 많은 칼레도니아(오늘날의 스코틀랜드)의 산야와 건조한 유대의 사막은 전혀 다르지 않은가 하는 생각도 들지만, 스코틀랜드의 숲은 사막에 많은 바위 동굴과 마찬가지고, 숲속을 뚫고 들어가는 길은 현지 주민밖에 모르듯이, 사막 동굴 깊숙한 곳에서 다른 동굴로 통해 있는 길은 외지인에게는 미로나 마찬가지다. 칼레도니아도 팔레스타인도 평원에 진을 치고 싸우는 회전 방식이 쓸모없다는 점에서는 비슷했다.

제국의 북서쪽 끝에서 남동쪽 끝까지 먼 길을 달려와야 하는 세베루스가 도착하기를 기다려, 전선 사령부도 안티오키아에서 카이사레아로 이동했을 것이다. 하드리아누스는 전쟁터에 나가지 않기로 결정했지만, 카이사레아에는 전쟁이 끝날 때까지 머물게 된다. 그리고 선제 트라야누스가 벌인 전쟁에 모두 참가했던 다마스쿠스 태생의 건축가 아폴로도로스도 이제는 늙은 모습으로 전선 사령부에 나타났다. 예루살렘 공략전에 사용할 병기의 개량을 하드리아누스가 의뢰했기 때문이다. 전쟁이 본격적으로 시작된 단계에서 하드리아누스의 머리에는 이미 전쟁을 끝낼 전망이 서 있었던 것이다. 이번의 유대 반란도 서기 70년 당시와 마찬가지로 예루살렘 함락으로 끝나리라는 것을 그는 분명히 내다보고 있었다.

　유대 북부의 갈릴리 지방은 간단히 제압되었다. 유대 중부로 진격한 세베루스는 전군을 대대 단위의 소부대로 나누어 반격하는 융단폭격식 전술로 전략을 바꾼다. 이 전략은 시간이 걸리기는 했지만 성공은 확실했다. 로마군의 본격적인 반격은 아무리 빨라도 132년 여름 이후에 시작되었을 것으로 여겨지지만, 유대 전쟁은 이듬해인 133년 말까지 계속되었다.

　유대 반란에서는 늘상 일어나는 현상이 이때도 일어났다. 교조주의자들의 과격성이 갈수록 심해지는 것은 숙명이라 해도 좋다. 순수하려고 노력할수록 약간의 불순조차 용납할 수 없게 되는 법이다.
　바르 코크바가 용납하지 않은 것은, 하드리아누스의 금지령을 받아들인 결과든 아니든 할례를 받지 않은 사람들이었다. 코크바는 할례를 하지 않은 남자의 예루살렘 출입을 금지했다. 할례가 예루살렘에 거주하는 조건이 된 것이다. 이를 어긴 사람은 사형에 처하기로 결정했다.
　유대인 중의 온건파는 머리에 물을 뒤집어쓰는 세례로 할례를 대신한 경우가 적지 않았다. 하지만 구세주를 자칭하는 코크바도, 그를 지지하는 아키바도 이 세례를 거부했다.
　할례를 세례로 대신한 유대인은 대부분 기독교도였다. 이리하여 정통을 자처하는 유대교도의 기독교 탄압이 시작되었다. 기독교도는 코크바를 구세주로 인정하지 않았다. 그들에게 유일한 구세주는 예수 그리스도였기 때문이다. 이런 이유도 있어서, 코크바와 그 추종자들의 기독교도 탄압은 목숨까지 위협할 정도로 점점 과격해졌다.
　서기 70년에 예루살렘이 함락되었을 때 이미 유대교도와 기독교도는 같은 유대인인데도 사이가 나빠져서 서로 멀어지기 시작했다. 하지만 단절까지는 이르지 않았다. 그런데 132년부터 유대교도와 기독교도는 서로 상대에게 결정적인 적대감을 갖게 된다. 그리고 이 감정은 20세기까지 계속된, 아니 어쩌면 지금도 완전히 사라지지 않은 비극적인 적개심으로 발전하게 된다.

서기 134년 초, 느리지만 착실히 그물을 끌어당기는 느낌으로 진행되던 유대 전쟁도 예루살렘 함락을 끝으로 막을 내렸다. 예루살렘은 64년 전과 똑같이 불타고 철저히 파괴되었다.

실제로 양쪽이 맞부딪쳐 싸우기 시작했을 때부터 치면 2년 만에 끝난 이 전쟁에서 유대인들이 틀어박혀 있던 요새 50개는 모두 파괴되고, 985개나 되는 마을이 잿더미가 되었고, 50만이나 되는 유대인이 목숨을 잃었다. 포로는 가축과 같은 값이나 그보다 헐값에 노예로 팔렸다. 그래도 팔리지 않고 남은 포로들은 가자로 보내져, 그들이 파괴한 도시의 복구공사에 강제로 동원되었다.

그래도 저항의 불길이 완전히 꺼진 것은 아니었다. 예루살렘 남서쪽에 있는 베틸이 제2의 '마사다'(사해[死海] 서해안의 언덕 요새. 서기 73년, 900여 명의 광신적 유대교도가 이곳에 틀어박혀 로마에 저항하다가 전원 자결했다)가 되었다. 하지만 이곳도 136년에는 전멸한다. 바르 코크바는 전사하고, 포로가 된 라비 아키바는 고문을 받다가 죽었다.

마사다에서도 그랬듯이 베틸에서의 마지막 저항도 이제 로마인에게는 문제삼을 필요도 없는 사소한 일에 불과했다. 134년 초의 예루살렘 함락으로 유대 전쟁은 끝났다고 생각한 것이다. 하드리아누스 황제는 원로원 앞으로 전쟁 종결을 알리는 친서를 보냈다. 다만 승전보치고는 기운이 없다. "그대들과 그대의 아들들이 건재한 것은 대단히 기쁜 일이다. 나도, 내 병사들도 양호한 상태에 있음을 보고한다."

로마 쪽도 희생이 컸던 게 아닐까 하고 추측하는 연구자가 적지 않지만, 그것을 실증할 사료는 존재하지 않는다. 유대 쪽 사료도 바르 코크바를 유대의 영웅으로 칭송하고, 베틸 항전의 마지막 불꽃이 꺼진 서기 136년 9월 26일이 공교롭게도 서기 70년 당시 예루살렘이 함락된 날과 같은 날이었던 것이 유대 민족의 비극을 숙명짓고 있다고 한탄하고, 독이 든 포도주로 로마 병사가 많이 쓰러진 사실은 기록하고 있지만, 로마 쪽의 손실에 대해서는 언급하고 있지 않다. 내 상상으로는 하드리아누스도 역시 지친 게 아닌가 싶다. 그의 나이도 벌써 58세였다. 그것도 2년 반 동안이나 시찰도 순행도 떠나지 못하고 전선 사령부에 못박혀 있는 동안 58세가 된 것이다.

'디아스포라'

황제는 전쟁 수행은 휘하 장수에게 맡겼지만, 예루살렘이 함락된 뒤의 전후처리는 남에게 맡기지 않았다.

유대는 이제 더 이상 유대라고 불리지 않고, 팔레스타인이 공식 명칭이 되었다.

예루살렘이라는 이름도 사라지고, 아일리아 카피톨리나로 바뀐다. 예루살렘 시내의 복구도 로마식 도시 계획에 따라 이루어지게 되었다. 현대 예루살렘 시가지의 기본 라인에 유대 민족에게는 최대의 적인 하드리아누스 황제의 도시 계획이 그대로 남아 있는 것을 보면 웃음이 나온다. 로마인이 만든 도시의 중앙로는 북쪽에서 남쪽으로 관통하는 것이어야 한다. 현대 예루살렘의 다마스쿠스 문에서 시작되는 중앙로도 바로 그렇게 뚫려 있다. 그밖에도 곳곳에 하드리아누스의 '손길'이 남아 있는데, 유대교도에게는 여전히 성도인 예루살렘의 현재 모습이 유대교도의 반란을 근절하기 위해 누구보다도 과격한 방책을 쓴 사람의 계획으로 이루어졌다는 사실은 역사의 아이러니라고 할 수밖에 없다.

서기 134년에 끝난 유대 반란은, 예루살렘에서 유대교도를 모조리 추방하라는 하드리아누스의 명령에 따라 유대인의 '디아스포라', 즉 이산(離散)을 초래했기 때문이다.

'디아스포라'(Diaspora)라는 말은 '씨뿌리기'라는 뜻도 있으니까 반드시 나쁜 의미만은 아니다. 유대인은 그리스인과 마찬가지로 옛날부터 '디아스포라'의 경향이 강했다. 이익이 된다고 여겨지면 어디로든 이주하고, 거기서는 반드시 자신들만의 공동체를 만들어왔다. 다른 민족이 건설한 곳으로 이주하기는 할망정 그 민족과 융합하지는 않았다. 하지만 이런 종류의 이주는 자발적인 '이산'이지 강제된 '이산'은 아니었다.

강제적인 '디아스포라'로는 우선 기원전 700년대에 아시리아의 강요로 이루어진 이주를 들 수 있다. 이어서 기원전 600년 무렵에는 바빌로니아로 강제 이주당했다. 이것은 역사상 '바빌론 유수'라고 불린다. 그리고 아득히 먼 옛날로 거슬러 올라가면, 이집트에서 노예가 되어 있던 유대인을 이끌고 조국으로 돌아온 모세의 고사도 있다.

그 후로는 일어나지 않았던 강제 '이산'을 하드리아누스가 결행한 것이다. 다만 아시리아나 바빌로니아는 우수하고 통일된 노동력을 확보하는 것도 목적으로 삼았지만, 하드리아누스는 그런 목적도 갖고 있지 않았다. 하드리아누스가 강요한 '이산'은 그 행선지를 지정하지 않았다. 예루살렘 거주를 금지했을 뿐, 그다음은 각자 마음대로 연고를 찾아 원하는 곳으로 가라는 것이었다. 또한 유대인 전원을 대상으로 한 것이 아니라 유대교도만 추방했고, 그것도 예루살렘에 사는 것만 금지했다. 예루살렘이 항상 반란의 진원지가 되었기 때문이다.

하드리아누스의 금지령은 예루살렘 이외의 유대, 이제 팔레스타인으로 이름을 바꾼 옛 유대 땅에 사는 유대교도는 대상으로 하지 않았다. 또한 제국의 수도 로마를 포함한 해외 도시에 거주하는 유대교도도 대상에서 제외되었다. 로마 제국의 통치에 반대하지 않는 한 관용으로 대한다는 아우구스투스 황제 이후의 정책을 하드리아누스도 고수한 것이다. 그러나 예루살렘 이외의 지역에 사는 유대교도라도 로마에 반항하면 당장 '이산'이 기다리고 있다는 사실을 명심할 수밖에 없었을 것이다. 치세 초기에 이미 하드리아누스는 반란을 일으켜 원주민을 죽인 키프로스섬의 유대인에 대해 키프로스 출입을 금지한 전례가 있었기 때문이다.

이리하여 유대인은 또다시 조국을 잃었다. 원로원 의결을 거쳐 135년부터 공식 발효한 '디아스포라'는 20세기 중엽에 이스라엘 국가가 수립될 때까지 계속된다. 하드리아누스의 마음을 차지하고 있었던 한 가지 문제는 완벽하게 해결되었다. 그 후 유대교도의 대규모 저항은 완전히 자취를 감춘다.

이제 로마사를 이야기할 때 유대 민족을 언급할 필요가 없어진 이상, 여기에 이르기까지의 경과를 돌이켜보는 것도 로마인과 유대인의 관계를 이해하는 데 도움이 되지 않을까 생각한다.

로마인과 유대인

기원전 63년, 동방을 제패하고 있던 폼페이우스가 로마인으로는 처음으로 유대와 공식 접촉을 했다. 당시 내분 상태에 있던 유대는, 명성이 지중해 세계를 뒤덮었다는 이 로마 장수에게 조정을 의뢰한다. 폼페이우스는 그런 유대인에게 정교일치의 통치체제를 재고하라고 요구했다.

로마의 종교에는 경전이 없다. 따라서 전문 사제계급도 존재하지 않는다. 경전(또는 성서)을 일반 신자들도 이해할 수 있도록 해석해주는 것이 사제의 존재이유이기 때문이다. 유대교는 경전이 주도하는 종교였다. 따라서 사제계급의 권력은 절대적이었고, 정치도 경전에 따라 이루어져야 한다는 것이 그들의 생각이었다. 반면에 경전이 없고 따라서 전문 사제계급도 존재하지 않는 로마에서는 자연스럽게 정교분리가 정착되어 있었다.

당연한 일이지만, 유대는 정치와 종교를 분리하라는 폼페이우스의 요구를 거부했다. 그러자 폼페이우스는 무력으로 제패할 수밖에 없다고 판단하고 예루살렘으로 진격한다. 석 달에 걸친 공방전 끝에 유대도 로마의 패권에 굴복했다. 다만 이때는 폼페이우스의 명령으로 예루살렘을 둘러싼 성벽만 파괴되었을 뿐이고, 유대는 시리아 속주 총독의 관할 아래 들어가긴 했지만 자치는 계속 인정받는 상태였다.

기원전 47년, 폼페이우스와의 권력투쟁에서 승리하여 로마 세계 최고권력자의 지위를 확립한 율리우스 카이사르는 이집트를 제패하고 돌아오는 길에 유대에 들른다. 지난해에 알렉산드리아에 머물고 있을 때 이미 경제활동에서는 유대인한테도 그리스인과 평등한 권리를 인정했지만, 정치면에서도 카이사르는 폼페이우스와는 다른 생각을 하고 있었다.

카이사르는 유대인들의 부탁을 받아들여, 유대교의 최고제사장을 다시 유대 정부의 우두머리로 인정해주었다. 유대에서는 정치와 종교를 분리하지 않아도 좋다는 것이다. 다만 로마에 반항하지 않는다는 조건을 명확히 한 상태에서 취한 관용정책이었다. 그로부터 3년 뒤 카이사르가 브루투스 일당에게 암살되었을 때 많은 유대인이 눈물을 흘리며 슬퍼했다고 한다.

여기서 문득 이런 생각이 든다. 카이사르가 그린 청사진을 토대로 로마 제국을 창설한 아우구스투스가 카이사르의 다른 많은 아이디어와 마찬가지로 이 유대 대책도 답습했다면, 그 후 로마와 유대의 관계는 전혀 다른 방향으로 나아가지 않았을까.

폼페이우스를 우두머리로 받든 원로원과 카이사르가 격돌한 것은 광대해진 로마 제국의 통치방식을 둘러싼 의견 차이 때문이었다. 원로원파는 로마 사회의 엘리트인 300명(제정 시대에 들어온 뒤에는 600명으로 증원된다)의 원로원 의원이 국가를 통치해야 한다고 생각하는 사람들로 이루어져 있다. 정치사에서 과두정이라고 불리는 체제다. 카이사르는 이렇게 생각하는 원로원 체제 고수파와 정면으로 대립한다. 그 이유는 우선 300명의 합의로 나라를 통치해야 하기 때문에 통치 효율이 떨어진다는 것. 둘째, 원로원 계급의 경직화를 피할 수 없기 때문에 계급 간의 유동성도 사라질 수밖에 없다는 것. 셋째, 패자까지도 동화시켜 공동운명체로 만들어야만 제대로 기능을 발휘할 수 있는 제국을 유지하는 데에는 지도자 계급을 고정화하는 체제는 적절하지 않다는 것.

원로원 주도의 공화정을 주창한 폼페이우스나 키케로나 브루투스 같은 공화파가 승리했다면 로마는 계속 공화국으로 남았겠지만, 그와 동시에 후세의 영국이나 프랑스처럼 본국이 식민지를 지배하는 형태의 제국이 되었을 것이다. 하지만 승리한 것은 카이사르였다. 그리고 로마는 본국과 속주가 일체화함으로써 공동운명체가 되어가는 보편 제국으로의 길을 걷게 되었다.

보편 제국 로마의 전체적인 조감도는 다음과 같다.

로마가 정복했을 당시의 서방은 통일 국가가 존재하지 않고 수많은 부족이 난립하여 항쟁을 거듭하는 상태에 있었다. 그런 부족들을 정복한 로마는 피정복자가 한데 모여 사는 촌락이나 그 주변을 '지방자치단체'(무니키피아)로 인정하고, 그 내부에서는 자치권을 부여한다. 부족장과 그 일족에게는 세습권인 로마 시민권을 주어 제국에 편입시켰다. 그와 동시에 로마 시민권 소유자인 군단병이 만기 제대한 뒤의 정착지로 요소요소에 '식민도시'(콜로니아)도 건설한다. 당시의 고속도로였던 로마 가도는 현지인의 '지방자치단체'와 로마인의 '식민도시'를 연결하면서 그물눈처럼 깔린다. 제국 서방에서는 '무니키피아'와 '콜로니아'가 로마 패권의 '핵'이었다.

　반면에 동방은 로마인에게 정복되기 전의 역사가 서방과 달랐다. 그리스와 그 동쪽 지역은 '도시국가'(폴리스)와 '왕국'의 역사가 길다. '케이스 바이 케이스'의 달인인 로마인은 동방에서는 폴리스와 왕국을 지배의 '핵'으로 삼았다. 잠재적 방어기지이기도 한 '콜로니아'도 동방에는 별로 많지 않다. 폴리스의 전통을 이어받은 그리스계 도시들이 로마의 패권에 협조적이었기 때문이다. 도시 안에서는 완전한 자치가 보장되고, 인근 도시와 다툼이 벌어지면 중재도 해주고, 게다가 외적의 위협으로부터도 지켜주니까 로마의 지배가 그리스인에게 불편하지 않았던 것도 당연하다. 또한 로마는 중앙집권적 왕권에 익숙해져 있는 지방에서는 기존 왕국을 로마의 동맹자로 삼아서 자신의 패권 아래에 편입시키는 정책을 택했다. 이 동방에도 제국의 동맥인 로마 가도망이 깔린 것은 말할 나위도 없다.

　이처럼 중앙집권과 지방분권이 공존한 것이 로마 제국의 모습이었고, 그 때문에 유대 일대에 특이한 통치 형태가 존속하는 것도 용납할 수 있다는 것이, 로마 제국의 광대함을 머릿속에 명확히 그릴 수 있었던 최초의 인물인 카이사르의 생각이 아니었을까.

　물론 '보편'의 한 귀퉁이에 자리 잡고 있는 '특수'가 이질분자인 것은 분명하다. 유대인은 선민사상의 소유자이고, 다른 신을 인정하지 않는 일신교도라는 데 확고한 자부심을 가진 사람들이었다. 『유대 전쟁기』의 저자인 요세푸스는 유대 민족을 변호하는 『아피온에 대한 반론』에서 이렇게 말했다.

〈유대인과 같은 율법에 따라 살고 싶어 하는 이민족은 환영하지만, 율법은 공유하지 않고 생활의 편의만 공유하기 위해 들어오려는 이민족은 거부하는 것이 옳다고 율법에도 쓰여 있다.〉

이것을 동시대의 로마인이 보면 어떻게 될까. 역사가 타키투스는 이렇게 서술하고 있다.

〈유대교도는 자기들과 생활방식이 다른 사람에게, 겉으로 드러내지 않을 때라도 항상 격렬한 증오심을 품고 있다.〉

타키투스는 타민족의 신을 일절 인정하지 않는 유대교는 종교가 아니라 미신에 불과하다고 단언하기까지 한다.

현실 생활에서도 신이 용납하지 않는다는 이유로 공직이나 병역에 종사할 의무를 다하지 않고, 그러면서도 경제적 권리만은 평등을 요구하는 유대인은 공동체의 다른 구성원들에게는 참기 어려운 존재였을 것이다. 그중에서도 특히 황무지에 도시를 건설하고 항로를 개척하고 그 항로를 직접 돌아다니며 물산을 나르는 그리스계 주민들로서는, 다 건설된 도시에 어느새 눌러앉아서, 항로를 개척하기는커녕 위험한 바다에는 나가지도 않고 그저 남들이 실어오는 물건을 팔아서 돈을 버는 것밖에 생각지 않는 유대계 주민들에게 좋은 감정을 가질 수 없었던 것도 당연하다. 제국 동방에서의 소란은 거의 다 그리스계와 유대계 주민 사이에서 일어났다. 그리고 클라우디우스 황제의 『알렉산드리아인에게 보내는 편지』에도 나타나 있듯이, 로마는 이 두 민족의 분쟁을 중재하는 일에 나설 수밖에 없었다.

자신의 패권 아래 있는 사람들을 중재하려고 애쓰는 것은 패권자의 책무 가운데 하나다. 따라서 로마도 거기에 필요한 노력은 아끼지 않았다. 하지만 그리스나 로마 사람들과 유대인은 자유에 대한 개념도 달랐다.

자유에는 선택의 자유도 포함된다고 생각하는 사람은 그리스-로마적인 자유의 개념을 갖고 있다고 말할 수 있다. 그런데 유대교도와 근대까지의 기독교도에게는 선택의 자유가 자유에 포함되지 않는다. 무엇보다도 먼저 신의 가르침에 맞는 국가를 건설하는 것이 그들에게는 자유다. 이 자유가 인정되지 않는 상태에서는 아무리 공직이나 병역을 면제받고 토요일이나 일요일에 쉴 수 있다 해도 이들 쪽에서는 자유가 없다고 느끼는 것이 당연하다.

이것이 유대 민족이라면, 그 특수성을 전면적으로 받아들여, 팔레스타인에 정교일치의 유대교 국가를 건설하고 싶다는 그들의 숙원을 들어주면 되지 않는가. 다행히 선민사상을 지닌 유대인은 자신들의 생활방식을 다른 민족한테도 퍼뜨리려는 의욕이 별로 없었다. 수가 너무 늘어나면 신의 선택을 받은 민족이라는 희소성이 줄어들기 때문이다. 유대교가 포교활동을 한다는 이야기는 들어본 적도 없다. 그렇다면 제국 한 귀퉁이에 사제계급이 통치하는 나라가 존재하는 것도 허용할 수 있지 않을까. 아니, 유대인이 그것으로 만족하고 온건해진다면 제국을 통치하는 데에는 오히려 편리하지 않았을까. 제국 동방의 여러 도시에 사는 유대인이 문제를 일으키는 것은 근본적으로 본국 유대에서 그 '자유'가 달성되지 않는 것을 원통하게 여겼기 때문이다.

또한 유대인의 경제적 권리를 그리스인과 동등한 수준으로 끌어올린 카이사르의 정책도 상기할 만하다. 종교에 종속된 생활방식 때문에 고립되기 쉬운 유대인 사회와 제국을 연결하는 '혈관'은 경제활동이기 때문이다. 카이사르가 유대 민족의 고립을 막아야 할 필요성을 느낀 것은 인도적인 이유 때문이 아니다. 고립은 과격화의 온상이었기 때문이다.

그러나 카이사르의 뒤를 이은 아우구스투스는, 다른 면에서는 카이사르의 생각을 모두 답습했지만 유대 문제에 대해서만은 카이사르만큼 깊이 생각지 않았다. 아우구스투스는 보기 드문 '정치적 인간'(호모 폴리티쿠스)이었지만, 진정으로 전략적인 청사진을 그릴 수 있는 사람은 아니었다. 하지만 '호모 폴리티쿠스'로서는 카이사르도 능가할 정도였던 아우구스투스인 만큼, 이 특수한 유대인에 대해서는 같은 유대인인 헤로데스(헤롯) 왕에게 통치를 맡겨 간접 통치를 하는 게 상책이라고 생각했다. 헤로데스에게 통치를 맡기면 또 한 가지 이점이 있었다. 헤로데스는 전제군주여서, 최고제사장을 비롯한 사제계급이 정치에 관여하는 것을 결코 용납하지 않았다. 헤로데스의 통치가 계속되는 한 유대의 정교분리도 실현되는 것이다. 아우구스투스도 역시 정치와 종교는 분리되어야 한다는 서방식 사고방식에 얽매여 있었던 것일까.

유대 문제에 대한 아우구스투스의 이런 대처방식이 그 후 로마 제국의 유대 정책을 결정했다. 헤로데스 왕이 죽은 뒤에도 아우구스투스는 신정정치를 부활시키고 싶다는 유대인의 소원을 거부하고, 로마에서 파견한 장관의 직접 통치를 선택한다. 그 대신 유대인에게는 광범위한 자유가 주어졌다. 살인을 제외하고는 모든 범죄에 대한 사법권까지 인정했다. 70명의 장로로 구성된 의회까지 만들어 후원해주었다.

아우구스투스의 관점에서 보면, '자유'는 모두 주었다고 생각했을 게 분명하다. 그러나 유대인은 여전히 '자유'가 없다고 생각했다. 불행한 오해였다.

로마와 유대의 문제를 다루는 연구자들은 크게 두 부류로 나뉜다. 한쪽은 로마가 얼마나 유대를 탄압했는가를 실증하려고 애쓰는 사람들이고, 또 한쪽은 로마가 유대에 대해 계속 관용정책을 취하면서 얼마나 참을성있게 대했는가를 실증하려고 애쓴다. 하지만 나에게는 이것도 쓸데없는 수고로 여겨진다. 유대가 자신들이 얼마나 탄압받았는가를 아무리 강조해도 로마인은 이해할 수 없었을 터고, 반대로 로마가 자신들이 얼마나 참을성있고 너그럽게 대했는가를 아무리 강조해도 유대 쪽에서는 여전히 자유를 달라는 외침밖에 일어나지 않았을 테니까.

특히 아우구스투스의 뒤를 이은 티베리우스 황제는 유대인을 세심하게 배려했다. 하지만 아무리 선의를 가지고 애써도 상대는 알아주지 않는다. 그것을 보면 애당초 길을 잘못 든 폐해를 통감하게 되지만, 역사가 타키투스가 말했듯이 "티베리우스 시대에 유대가 평화로웠던" 것은 확실하다. 하지만 황제가 이런 식이면, 그 신하인 장관은 오직 유대인을 자극하지 않는 데에만 집착하거나, 로마법을 어기고 예수 그리스도를 처형해버리는 일까지 일어난다. 구세주를 자처하는 유대 젊은이의 죽음을 강력하게 바란 것은 예루살렘을 좌지우지할 만큼 유대 사회에 영향력이 큰 사제계급이었기 때문이다.

그러나 당초에는 그리스인과 유대인 사이의 중재자였던 로마인도 시대가 흐름에 따라 달라진다. 로마에 대한 유대인의 태도가 강경해진 데 따른 변화였는지도 모른다. 그래도 칼리굴라 황제 말기에 일어난 사고(제7권에서 상세히 기술)를 제외하면, 다음 황제 클라우디우스가 유대 통치를 다시 유대인에게 맡기는 방식을 시도한 탓도 있어서 관용노선은 계속 유지되었다. 그런데도 유대 쪽의 증오는 점점 강해질 뿐이었고, 그에 따라 로마 쪽의 초조감도 높아진다. 구체적으로는 유대에 파견된 장관들의 통치가 점점 가혹해졌다. 그 결과가 네로 황제 말기에 일어난 대규모 반란이다. 카이사르가 죽은 지 110년, 여기까지 오면 이제 로마도 정교일치의 국가 건설은 용납하지 않는다는 입장에서 물러설 수 없게 되었다. 그리고 유대인은 유대인대로, 자신들한테는 오직 그 자유만이 '자유'라는 태도를 바꾸지 않았다. 기원전 1세기에 로마가 패권자로 등장했을 당시만 해도 유대인은 그때까지의 지배자인 그리스인을 내쫓아주었다는 이유로 로마인에게 호감을 품었지만, 서기 1세기에는 이미 과거의 호의가 적의로 바뀌어 있었다.

유대 반란은 결국 로마에 전쟁을 강요했다. 서기 66년 여름에 일어나 70년 가을에 예루살렘 함락으로 끝난 이 전쟁은, 네로 황제의 죽음과 그 직후의 내전으로 1년 반 동안 중단되긴 했지만, 4년여에 걸친 전쟁이었다. 이때 반란을 진압한 베스파시아누스와 티투스는 나중에 둘 다 로마 황제가 되었다. 전쟁의 경과는 제8권에서 이미 기술했으니까 여기서는 생략하겠지만, 전쟁 이후의 유대는 전쟁 이전과는 전혀 다른 상태에 놓이게 되었다.

첫째, 예루살렘 안의 자치기구였던 '70인 장로회의'가 해산되었다.

둘째, 그때까지는 1개 대대도 상주하지 않았던 예루살렘에 1개 군단이 상주하게 되었다. 이제 내부의 자치조차 인정되지 않는 직할통치가 시작된 것이다.

셋째, 그때까지는 본국 유대에 살든 해외의 유대인 거주구역에 살든 유대교도라면 누구나 1년에 한 번씩 2드라크마를 예루살렘 신전에 봉헌할 의무가 있었지만, 베스파시아누스 황제는 예루살렘 신전이 아니라 로마의 유피테르 신전에 헌금하도록 바꾸었다. 베스파시아누스로서는 유대 사제계급의 돈줄을 끊어서 반로마 운동을 진정시키려 했을 뿐이다. 하지만 이것은 유대교도에게는 참을 수 없는 굴욕인 동시에 그들의 신에게도 죄를 짓는 일이었다.

그리스 화폐인 드라크마는 로마 화폐인 데나리우스 은화와 같은 가치를 갖는다. 헌금액이 1인당 2드라크마였다는 연구자들의 주장이 옳다면, 1인당 2데나리우스가 된다. 베스파시아누스 시대에 군단병의 연봉이 225데나리우스니까, 2데나리우스는 병사 연봉의 120분의 1에 해당한다. 10년 뒤인 도미티아누스 황제 시대에는 연봉이 300데나리우스로 인상되니까, 서기 84년 이후를 기준으로 하면 병사 연봉의 150분의 1에 불과하다. 물건을 살 때마다 내는 매상세(내지는 소비세) 세율은 100분의 1이다. 상당히 가난한 유대인이 아니라면 2드라크마 정도는 별로 부담스럽지 않았을 것이다. 하지만 문제는 액수가 아니었다.

모세의 '십계명' 가운데 첫 번째 계명은 유대의 신 이외에는 어떤 신도 섬기지 말라는 것이다. 이 계명을 지켜야 하는 유대교도에게는 아무리 적은 액수라 해도 유피테르 신에게 바친다는 것 자체가 이미 그들의 신이 정한 율법에 어긋나는 행위다.

로마의 카피톨리노 언덕에 서 있는 유피테르 신전에 헌금할 의무는 유대교도한테만 부과되었기 때문에 이 헌금을 '유대인세'라고 불렀는데, 이 호칭이 정착된 것은 유대인들에게 환영받았기 때문이다. 그들은 1년에 한 번씩 내는 2드라크마를 유피테르 신에게 바치는 헌금이 아니라 유대인에게 부과된 세금으로 여기고 싶었던 것이다. 그들로서는 당연한 심정이다. 하지만 이것도 로마인과 유대인 사이에 생긴 문화적 마찰이었다.

그래도 타키투스를 흉내내어 말하면 "베스파시아누스, 티투스, 도미티아누스, 네르바, 그리고 트라야누스 치세 말기까지 유대는 평화로웠다." 그러나 그 평화는 활활 타오르는 원한을 속에 끌어안은 '평화'일 뿐이었다.

유대 문제에 이성적으로 대처한 트라야누스 황제는 유대인들한테도 결코 나쁜 황제는 아니었다. 그런데 트라야누스가 강대국 파르티아를 상대로 전쟁에 전념하고 있을 때 그 배후를 찔렀으니, 서기 115년에 일어난 유대 반란에 대해 로마가 격분한 것도 무리는 아니다. 로마인은 서약을 어기거나 남의 곤경을 기화로 제 이익을 꾀하는 것을 몹시 싫어한다. 게다가 로마 쪽에서는 유대인이 적국 파르티아와 내통하여 반란을 일으켰다는 정보를 입수했는데, 그게 사실이라면 이것은 분명 배신행위이자 매국행위였다. 이때의 반란은 유대 본국보다 키프로스나 키레나이카 같은 해외의 유대인 거주지역으로 퍼진 것이 특징이지만, 그 때문에 로마는 오히려 단호한 조치를 취한다. 트라야누스의 뒤를 이은 하드리아누스가 맨 먼저 해결해야 했던 과제 가운데 하나가 이 반란의 진압이었다.

이 시점에서는 일단 '평화'가 회복되었지만, 하드리아누스는 지하에 숨어 있는 마그마를 완전히 제거하여 유대를 영원히 진정시켜야겠다고 생각한 게 아닐까. 로마와 유대의 관계가 다른 방향으로 나아갔을지도 모르는 카이사르 시대로부터 170년이 지났다. 이제 로마는 제국의 질서 유지만을 유대 대책의 목적으로 삼을 수밖에 없었다. 하드리아누스가 그밖에 무엇을 할 수 있었겠는가. 그래서 굳이 할례를 금지하고 아일리아 카피톨리나를 건설하는 등의 무모한 짓을 하면서까지 유대교도를 도발한 게 아닐까. 그리고 유대인들이 그 도발에 응해 반란을 일으키자, 그에 대한 징벌로 예루살렘에서 유대교도를 완전히 추방하여 유대인의 '디아스포라'를 단행한 게 아닐까.

하드리아누스가 유대교도의 세력을 꺾음으로써 기독교도가 멋대로 설치게 해주었다고 비난하는 연구자도 있다. 하지만 하드리아누스가 탄압한 것은 로마의 통치에 반항하는 유대교도뿐이었고, 반항하지 않은 유대교도는 탄압하지 않았다. 로마에 대해 점점 급진화하는 유대 과격파와 결별한 유대인들이 당시의 기독교도였다. 기독교도는 로마의 통치에 반항하지 않았다. 따라서 그들은 예루살렘에 계속 살 수 있었다.

다만 반항하든 않든 유대교도에 대해 하드리아누스가 냉정했던 것은 분명하다. 하드리아누스는 자신들만이 진리를 가지고 있고 그 진리는 유일무이한 자기네 신뿐이라는 그들의 사고방식을 싫어했다. 하드리아누스가 보기에 그것은 인간성도 분별하지 못하는 오만이었다. 그는 다른 신을 믿는 사람들을 경멸하고 증오하는 이들에게서 신을 사랑하는 나머지 인간을 미워하는 성향을 발견했다. 하드리아누스는 거기에 동의할 수 없었던 것이다. 그리스-로마 문명의 자식이라면 당연한 사고방식이다. 도그마에 안주하지 않고 항상 의심을 갖는 것이 그리스 철학의 기본이었기 때문이다. 이 시기의 기독교도가 유대교도처럼 로마에 항거하여 반란을 일으켰다면, 하드리아누스는 그들도 주저없이 탄압했을 것이다.

예루살렘이 함락된 서기 134년 봄, 하드리아누스 황제는 카이사레아에서 배를 타고 어디에도 들르지 않은 채 곧장 로마로 향했다. 6년 만의 귀국이었다. 해야 할 일은 모두 끝냈다는 생각을 품고 귀국했을 게 분명하다. 그가 제위에 오른 지도 어언 17년이 지나고 있었다.

여생

서기 134년 초, 하드리아누스는 예루살렘 함락을 지켜보고 뒤처리를 지시하자마자 귀국길에 올랐다. 6년 만에 들어온 황제에게 원로원은 개선식 거행을 허락했지만, 하드리아누스는 이를 사양한다. 그리고 전선에서 유대 전쟁을 지휘한 총사령관 세베루스에게 그 영예를 양보했다. 하드리아누스가 양보했다 해도, 세베루스에게는 최고사령관인 하드리아누스와 똑같은 개선식은 허용되지 않는다. 그러니까 네 필의 백마가 끄는 전차가 아니라 백마를 타고 개선식을 거행했을 것이다. 제정으로 넘어온 뒤 로마에서는 네 필의 백마가 끄는 전차를 타고 개선식을 거행하는 것은 로마군 통수권자인 황제에게만 허용되었고, 일부 군대를 지휘하는 사령관은 공화정 시대의 약식 개선식을 거행할 권리만 갖고 있었다. 아마 세베루스는 2년 뒤에 베틸이 함락되어 반란의 불길이 완전히 꺼질 때까지 기다렸다가 귀국하여 개선식을 거행했을 것이다. 그동안 원로원은 황제가 제출한 법안을 채택하여, 예루살렘에서 유대교도를 완전히 추방하기로 결정했다. 유대인의 '이산'은 공식적으로 로마 제국의 정책이 되었다. 하지만 그토록 유대교도에게 모욕감을 준 할례 금지에 대해서는 한마디도 언급되지 않았다.

6년 만에 귀국한 하드리아누스는, 6년 만에 그를 대한 원로원 의원들의 눈에는 딴사람이라고 할 정도는 아니지만 사람이 달라졌다는 인상을 주었을 게 분명하다.

나중에 『황제실록』의 저자가 평했듯이, 원래부터 하드리아누스는 그를 진정으로 이해하지 못하는 사람에게는 복잡한 성격의 소유자였다. 엄격한가 하면 상냥하고, 친절한가 하면 까다롭고, 쾌락적인가 하면 금욕적이고, 쏨쏨이가 야박한가 하면 시원시원하고, 불성실한가 하면 더없이 성실하고, 잔혹해 보일 정도로 무자비할 때가 있는가 하면 딴사람처럼 온화하게 관용을 베푸는 식이었다. 그런데 두 번째 장기 순행을 마치고 돌아와, 로마 사회에서는 '장년기'(Virilitas)에서 '노년기'(Senilis)로 접어드는 나이가 되자, '변덕스럽다는 점에서는 한결같았다'에서 '모든 점에서 한결같았다'로 바뀌어버렸다. 매사에 엄격하고 까다롭고 쾌락적이고 인색하고 불성실하고 무자비하여, 요컨대 보통 사람들이 결점으로 여기는 성향으로 일관하게 된 것이다.

많은 연구자는 그 원인을 노령에서 찾으려고 한다. 인내심이 부족한 것이 노인의 특징 가운데 하나임은 확실하다. 하지만 하드리아누스가 귀국한 서기 134년에 그의 나이는 58세에 불과했고, 세상을 떠난 138년에는 62세였다. 고대에는 유아 사망률이 높아서 평균 연령은 낮았지만, 70세나 80세가 되어도 정정한 사람은 얼마든지 있었다.

로마 시대의 역사가들은 하드리아누스의 변화를 질병 탓으로 돌린다. 『황제실록』에는 이런 구절이 있다.

〈제국 전역을 순행하고, 게다가 호우나 혹한이나 혹서를 무릅쓰고 여행할 때가 많았기 때문에, 그것이 건강을 해쳐서 병상에 몸져눕고 말았다.〉

귀국한 뒤, 하드리아누스가 병석에 몸져누운 채 4년을 보내다가 죽음을 맞은 것은 아니다. 공적인 책무도 비난받지 않을 만큼은 해냈고, 사적인 취미에도 시간과 관심을 기울였다. 다만 체력 감퇴만은 감출 수 없었다. 체력은 계속 쇠퇴할 뿐이었다.

젊은 시절부터 건강에 자신감을 갖는 데 익숙해져 있어서, 육체적인 혹사도 태연히 견뎌온 하드리아누스로서는 자유롭게 행동할 수 없다는 것만으로도 분통이 터졌을 것이다. 병약하게 태어난 몸을 조심조심 어르고 달래며 살아온 아우구스투스의 노년과는 달랐다.

그러나 하드리아누스의 이런 '변화'에는 노쇠와 질병 이외에 또 한 가지 원인이 있는 것으로 여겨진다. 해야 할 일은 이제 전부 끝냈다는 생각도 그의 변화를 초래한 원인이 아닐까. 일을 다 끝냈다고 생각하면 정신적 긴장이 풀리게 마련이다. 그것이 원래부터 자기중심적인 성격을 자제하고 있던 긴장감을 그에게서 빼앗은 건 아닐까.

황제의 책무 수행에 전념하고 있던 시기의 하드리아누스는 권력 유지에 민감했다. 권력은 해야 할 일을 하는 데 반드시 필요한 기반이었기 때문이다. 그 권력을 유지하기 위해서는 자기절제를 잊어서는 안 되었다. 바꿔 말하면 항상 남에 대한 배려가 필요했다. 하지만 책무를 다 마친 이상, 권력 유지에 신경을 쓸 필요도 줄어들었다. 원로원이나 민중의 평판에 신경쓸 필요도 없어졌다. 하드리아누스가 인기보다 업적을 중시한 지도자였다는 점을 잊어서는 안 된다. 반대로 업적보다 인기를 중시하는 지도자라면 평생 동안 남에게 마음을 쓰고 배려해야 할 것이다.

배려가 부족해진 하드리아누스를 보여주는 두 가지 일화를 소개하고 싶다.

여러 가지 정황으로 미루어보아, 장소는 콜로세움이었던 게 분명하다. 그렇다면 그곳에서 진행되고 있었던 것은 검투시합이었을 것이다. 검투시합은 로마인들이 무척 열광한 두 가지 볼거리 가운데 하나인데, 그날도 콜로세움은 5만 명이 넘는 관중의 함성으로 들끓고 있었다. 그 시끄러움을 견딜 수 없게 된 하드리아누스가 포고관을 불렀다. 포고관은 황제를 늘 따라다니기 때문에 그때도 바로 뒤에 대기하고 있었다. 황제는 사람들을 조용하게 하라고 명령했다. 포고관은 그런 명령을 하면 관중이 황제에게 반감을 품을 거라고 순간적으로 생각했다. 그래서 포고관은 귀빈석 앞으로 나아가 관중을 향해 두 팔을 높이 들어올렸다. 그것을 본 관중은 황제가 뭔가 말하고 싶어 하는 줄 알고 잠잠해졌다. 조용히 황제의 말을 기다리는 관중을 향해 포고관은 외쳤다. "바로 이것을 황제께서는 바라고 계신다."

관중은 폭소를 터뜨렸다. 하드리아누스는 비로소 자신의 명령에 사려가 부족했음을 깨달았다. 그리고 포고관에게 감사의 말로 보답했다.

또 한 가지 에피소드는 '키르쿠스 막시무스'(이탈리아어로는 치르코 마시모)라고 불린 대경기장을 무대로 전개되었다. 이곳의 수용 인원은 콜로세움과는 비교도 되지 않는다. 율리우스 카이사르가 15만 명을 수용할 수 있도록 개조했고, 도미티아누스와 트라야누스가 그것을 또 증축하여 최대 25만 명까지 수용할 수 있는 경기장이었다. 2천 년 뒤인 오늘날에도 유례를 찾아볼 수 없는 규모다. 이 대경기장에서 열리는 경기 가운데 가장 인기가 높았던 것은 네 필의 말이 끄는 전차 경주였다. 많은 경주마와 전차와 기수를 항상 유지해야 했기 때문에 엄청난 경비가 들었고, 오늘날의 자동차 경주에서 '포퓰러 원'(Formula One)과 비슷한 팀이 조직되어, 팀끼리 겨루는 체제로 되어 있었다. 주요한 팀만 해도 네 개였고, 이들은 각각 흰색·붉은색·푸른색·초록색으로 구분되어 있었다. 네 필의 말을 다루어야 하니까, 무엇보다도 숙련된 기수가 필요했다. 말을 다루는 솜씨가 뛰어난 소년을 스카우트하거나 적당한 노예를 훈련시켜 기수로 키운다. 전차 경주팀은 저마다 완벽한 영업 조직을 갖추고 있었다.

넓은 트랙을 일곱 바퀴 돌아서 골인하면 경주가 끝난다. 이것을 하루에 몇 차례 되풀이한 모양이다. 그런데 그날은 한 사람의 기수가 계속 승리했다.

관중의 열광은 대단했다. 귀빈석에 앉아 있는 하드리아누스를 향해 관중의 함성이 파도처럼 밀려왔다. 관중은 그 기수를 노예 신분에서 해방시켜주라는 뜻으로 계속 '자유'를 외치고 있었다.

경기장에서는 포고관이 아무리 소리를 질러도 소용이 없다. 또한 그날의 포고관은 콜로세움 때처럼 재치를 부리지 않았는지도 모른다. 포고관은 황제가 불러주는 대로 받아쓴 플래카드를 들고 장내를 한 바퀴 돌았다. 거기에는 이렇게 적혀 있었다.

"너희들에게는 노예의 해방을 요구할 권리가 없다. 그리고 이런 법률 위반을 나한테 요구할 권리도 없다."

드넓은 경기장을 둘러싼 관중석 구석구석까지 차가운 침묵이 흘렀다. 물론 하드리아누스의 대답이 옳다. 하지만 아무리 그렇다 해도 그런 식으로 대답하는 것은 문제라는 생각이 든다. 과거의 하드리아누스라면 관중의 소원을 들어주었을 게 분명하다.

전차 경주의 꽃인 기수는 검투사와 마찬가지로 반드시 노예는 아니고, 높은 수입에 끌려 이 위험한 직업을 선택하는 자유민도 많았다. 하드리아누스가 자기 돈으로 노예를 사서 자유를 주었다 해도 그 기수는 그대로 기수 일을 계속했을 가능성이 크다. 그렇게 되면 소유주가 우수한 기수를 잃을 염려도 없었다. 그만큼 인기있는 기수라면 소유주도 급료를 주고 있었을 것이다. 로마인들은 노예한테도 돈벌이 기회를 주었기 때문에, 로마에는 스스로 번 돈으로 자신의 자유를 되찾는 '해방노예'라는 계급이 존재했던 것이다. 그리고 이 경우에는 당사자인 기수만이 아니라 관중도 만족할 수 있으니까 만사가 해피엔드로 끝났을 것이다. 역시 하드리아누스는 까다로워져 있었다.

매사에 까다롭게 변한 하드리아누스가 마음의 평안을 찾은 곳이 티볼리에 지은 별궁, 즉 '빌라 아드리아나'였다.

'빌라 아드리아나'는 하드리아누스 황제의 추억을 모아놓은 곳이다. 추억이란 회상하고 싶은 대상이니까, 하드리아누스가 제 눈으로 보고 제 발로 밟은 순행지를 모두 망라하지는 않았다. 우선 브리타니아에 세운 '하드리아누스 성벽'은 티볼리의 빌라에 모아놓은 '추억' 속에 들어가지 않았다. 그가 빌라에 모아놓은 것은 아테네의 고등교육기관이고 아리스토텔레스가 창설한 것으로도 유명한 리케이온(라틴어로는 리케움), 아테네시의회인 프리타네이온, 이국 정서가 물씬 풍기는 이집트의 카노푸스 등이었다. 하지만 원래의 형태를 그대로 옮겨놓은 것은 아니다. 그런 건물이나 그것이 서 있는 장소가 그에게 준 인상을 상징적인 형태로 바꾸어 옮겨놓았다. 연구자들은 이건 어디이고 저건 어느 지방인가를 명확히 하고 싶어 하지만, 진정한 속뜻은 하드리아누스만이 알고 있었던 게 아닐까. '하드리아누스 별궁'은 당시의 로마식 별장과는 전혀 다른, '복잡한 성격'의 하드리아누스에게 어울리는 복잡한 구조의 빌라가 되었다.

하드리아누스는 순행길에 구입한 수많은 미술품을 이곳에 모아놓았다. 아마 순행지에서 계속 사들여 이곳으로 보냈을 것이다. 대부분

모자이크에 남아 있는 기수의 모습

은 그리스 전성기의 조각상을 본떠 만든 복제품이지만, 복제품이라 해도 그 수준은 놀라울 정도다. 원작의 복제품이 계속 만들어진 그리스에서 구입한 것일까. 아니면 우수한 조각가를 찾아내어 로마로 보내서 만들게 했을까. 어쨌든 미술에 관한 하드리아누스의 감각이 얼마나 뛰어났는지를 보여주는 걸작들뿐이다.

로마인의 보통 별장과 다른 점은 조상들의 초상 조각이 없다는 것인데, 생각해보면 로마사를 빛낸 조상이 없는 속주 출신 황제로서는 당연한 일이었는지도 모른다.

또한 로마 지도층이 자택에 즐겨 놓아둔 그리스 철학자나 시인이나 극작가의 초상도 하드리아누스의 빌라에는 거의 놓여 있지 않다. 그 대신 수없이 많은 것이 남녀의 조각상이었다. 나체도 있고 옷을 입은 것도 있다.

그리스인들은 인간의 아름다운 육체만큼 아름다운 것은 없고 그 아름다움을 가장 잘 나타내는 것은 나체라고 믿었기 때문에, 신들에게만 나체로 표현될 수 있는 특권을 주었다. 그래서 현실의 인간이라도 나체의 아름다움을 표현하고 싶으면 신으로 만들어버렸다. 화살통을 매단 가죽띠를 오른쪽 어깨에서 왼쪽 옆구리로 비스듬히 메게 하면 아

'빌라 아드리아나'의 일부(복원모형)

폴론 신이 되고, 포도송이를 들게 하면 디오니소스(라틴어로는 바쿠스) 신이 된다. 이 생각을 계승한 것이 로마인이다. 따라서 로마 황제라도 나체로 묘사되어 있으면 죽어서 신격화된 뒤에 만들어진 작품으로 보아야 한다. 하드리아누스 컬렉션의 특징은 역사적 위인들의 초상이 거의 없다는 점이다. 따라서 황제의 나체상도 없다. 그리스 신들을 제외하면 나체로 표현되어 있는 것은 젊고 아름다운 안티노의 모습뿐이다.

안티노만이 아니라 아폴론과 디오니소스의 초상도 바라보고 있으면 '지성'보다는 '관능'이 훨씬 강하게 다가온다. 그리스 전성기의 조각가였던 피디아스나 프락시텔레스의 아폴론상이나, 헬레니즘 시대에 제작된 알렉산드로스 대왕의 초상을 본떠 만든 하드리아누스 시대의 멋진 복제품을 가까이에 놓아둘 수 있다면, 제멋대로 행동하기 쉽고 때로는 바보 같은 말도 하는 젊은이와 함께 사는 것보다 훨씬 부드러운 즐거움에 잠길 수 있지 않았을까.

하드리아누스의 빌라에는, 다채로운 대리석 무늬가 아름답게 새겨진 바닥에 최소한의 가구만 놓아둔 실내에도, 가까운 곳에서 강물을 끌어들인 맑은 연못가에도, 아름다운 조각상들이 말없이 늘어서 있었다. 하지만 이 빌라의 주인만은 발걸음 가볍게 그 조각상들 사이를 거닐 수 없었다. 하인의 부축을 받지 않으면 정원으로 통하는 계단도 내려가지 못하게 됐으니, 하드리아누스의 불쾌감에도 동정이 간다. 체력 감퇴는 확실히 진행되고 있었다. 게다가 오랫동안 자리를 비워도 기능을 발휘할 수 있도록 '내각'을 비롯한 제국의 통치기구를 정비해둔 덕에, 황제가 병석에 누워 있어도 제국을 통치하는 데에는 전혀 지장이 없었다. 이것이 하드리아누스에게는 오히려 좋지 않았다. 그 자신의 뛰어난 조직력 덕분에, 예순 살이 된 하드리아누스는 빌라에 틀어박히는 것말고는 할 일이 없어져버린 것이다.

노동은 두 종류로 나뉜다. 하나는 일상적인 노동이고, 또 하나는 평생에 걸친 노동이다. 후자의 결함은 일을 끝내고 나면 할 일이 없어져버린다는 것이다. 하드리아누스에게 유일하게 남은 일은 자신을 뒤이을 황제를 결정하는 것이었다.

후계자 문제

귀국한 지 2년이 되어가던 서기 136년, 환갑이 지난 하드리아누스는 후계자 선정을 더 이상 미룰 수 없다는 것을 깨닫는다. 체력 감퇴는 이제 숨길 수 없었고, 더 이상 후계자 선정을 미루면 황제의 직무 태만이 된다. 사비나 황후와의 사이에는 자식이 없었다. 따라서 누구를 양자로 삼느냐가 곧 후계자 선정이 된다.

이것은 주지의 사실이었기 때문에, 원로원 유력자들은 만나기만 하면 이 문제를 화제로 삼았지만, 누구나 '카드'를 갖고 있는 것은 아니다. 이들 가운데 '카드'를 갖고 있다고 확신했기 때문에 누구보다도 적극적으로 움직인 것이 하드리아누스의 매부인 세르비아누스였다.

하드리아누스의 하나뿐인 누나 도미티아 파울리나와 결혼한 세르비아누스는 트라야누스나 하드리아누스와 마찬가지로 에스파냐 속주 출신 로마인이다. 나이는 트라야누스보다 여덟 살 위, 하드리아누스보다는 서른한 살이나 연상이었다. 트라야누스가 네르바 황제에게 후계자로 지명되어 로마군 최고사령관이 되자, 그 후임으로 트라야누스의 임지였던 고지 게르마니아 속주 총독이 된다. 네르바가 죽고 트라야누스가 제위에 올랐을 때에도 고지 게르마니아 속주 총독으로서, 로마 귀환보다 라인강 방위선 강화를 우선한 새 황제 트라야누스에게 앞장서서 협력하기도 했다.

트라야누스가 총지휘를 맡은 다키아 전쟁에도 군단을 이끌고 참가했을 게 분명하다. 하지만 트라야누스가 치른 전쟁에 꼭 필요한 장군이 될 만한 군사적 재능은 없었던 모양이다. 그 덕분에 하드리아누스가 즉위한 직후에 일어난 장군들의 숙청을 면할 수 있었다. 로마 사회의 엘리트라면 당연히 거쳐야 하는 '명예로운 경력'의 정점인 집정관을 트라야누스 시대에 두 번, 하드리아누스 시대에 한 번, 합해서 세 번이나 경험했다. 게다가 황제의 매부니까, 원로원의 유력자로 여겨지는 것도 당연했다. 하지만 이런 환경이 세르비아누스를 우쭐하게 만들었다.

그 성격으로 보아 하드리아누스는 가족에게 냉담했을 것이다. 친어머니가 죽은 해도, 누나가 죽은 해도 기록에 남아 있지 않다. 하드리아누스가 가족을 특별히 배려하거나 가족을 위해 무언가를 했다면, 가십을 좋아하는 역사가들이 놓칠 턱이 없다. 이런 하드리아누스를 서른 살이나 나이가 많은 매부는 끝내 이해하지 못했을 것이다. 황제의 매부에게는 손자가 있었다. 당시 열여덟 살이었던 페다니우스 푸스쿠스다. 하드리아누스에게는 생질손에 해당한다.

이 손자야말로 황제의 후계자 자리에 가장 가까이 있다고 믿은 세르비아누스가 실제로는 어떤 식으로 움직였는지에 대해서는 알려진 바가 없다. 원로원의 유력자라는 지위를 이용하여 의원들 사이에 푸스쿠스를 옹립하자는 이야기를 퍼뜨리려고 비밀 회합을 거듭했는지도 모른다. 그런데 이것이 하드리아누스의 귀에 들어갔다.

하드리아누스는 남이 배후에서 무언가를 획책하는 것을 극도로 싫어하는 사람이었다. 자신의 능력에 자신감이 있었기 때문에, 남의 주도로 게다가 은밀하게 일이 꾸며지는 것을 무엇보다도 싫어했다. 황제 암살 음모가 있었느냐 하는 것보다, 마땅히 황제가 주도해야 할 일인데 세르비아누스가 멋대로 움직인 것 자체가 하드리아누스의 비위를 건드렸다. 황제는 근위대 병사들을 세르비아누스의 저택에 보내, 황제 암살 음모를 꾸몄다는 죄목으로 할아버지와 손자에게 자결을 강요했다.

찬물을 뒤집어쓴 듯한 기분이 든 것은 원로원 의원들이다. 90세의 노인과 성년식을 막 끝낸 젊은이가 법정에서 변명할 기회도 얻지 못한 채 제거되었다. 로마법은 국가반역죄로 고발하는 것을 무효로 규정했다. 하드리아누스는 이 조항이 포함된 로마법 집대성을 명령하여 완성시킨 사람이다. 그런데 그 황제가 스스로 정한 법률을 어겼다. 원로원은 하드리아누스가 즉위한 직후에 네 명의 유력자가 숙청된 사건을 생각해내고 태도가 강경해졌다.

사실 하드리아누스에게는 얼마 전부터 염두에 두고 있던 후계자 후보가 있었다. 황제는 강경해진 원로원에 대한 대책을 겸하여, 매부와 그의 손자를 죽인 일을 떨쳐버리기라도 하듯 후계자를 공표했다. 당시 서른 살 안팎이었다는 케이오니우스 콤모두스다. 하드리아누스의 양자로 들어가면서 이름을 아일리우스 카이사르로 바꾸었다. 당시에는 에트루리아라고 불린 토스카나 지방 출신이니까, 본국 이탈리아 태생의 로마인이다. 하드리아누스가 즉위한 직후 숙청된 네 사람 가운데 하나인 니글리누스의 딸과 결혼했고, 그 사이에 낳은 아들이 당시 여섯 살이었다.

당연한 일이지만, 원로원의 반응은 냉담했다. 콤모두스가 미남이라서 하드리아누스가 후계자로 골랐다고 말하는 의원도 있었다. 안티노가 황제의 총애를 받기 전에는 콤모두스가 하드리아누스의 상대였기 때문에 후계자가 된 거라고 떠들고 다니는 의원도 있었다. 아일리우스 카이사르는 눈이 푸른색이었다. 2천 년 전에도 금발에 푸른 눈이 미남의 조건이었다니 웃음이 나오지만, 로마 시대에도 역시 푸른 눈은 미남의 조건이었다.

하드리아누스의 양자가 되어 다음 황제로 선정된 아일리우스는 미남이었을 뿐만 아니라 행동거지에 감도는 기품도 또래 젊은이들을 압도하고 있었다. 또한 원로원 의원들의 평가와는 달리 연약한 성격도 아니었다. 우아하고 고상한 취향에, 연설할 때도 세련된 표현을 장기로 삼았지만, 듣는 사람을 설득하는 힘은 충분히 갖고 있었다. 후계자 선정에 납득하지 않는 사람들은 아일리우스가 오비디우스나 마르티알리스의 문학을 좋아한다는 것도 반대 이유로 삼았지만, 쓸데없이 장황한 베르길리우스나 걸핏하면 장중해지는 호라티우스의 문학보다는 기지가 넘치는 오비디우스나 마르티알리스의 문학을 좋아했을 뿐이고, 이것은 개인의 취향 문제에 불과하다. 특별히 교양이 많다고는 말할 수 없지만, 지도자가 되기에는 충분한 교양을 갖추고 있었다. 게다가 가정을 소중히 여기는 남자였다.

이건 내 상상이지만, 하드리아누스가 그를 후계자로 선정한 데에는 자기가 즉위한 직후 권력 기반을 확립하기 위해 숙청한 네 사람에게 속죄하고 싶은 마음도 있지 않았을까. 아일리우스 카이사르가 제위에 오르면, 그다음은 아들이 뒤를 잇는 것이 순리다. 지금 여섯 살인 이 소년에게는 숙청당한 네 사람 가운데 하나인 니글리누스의 피가 흐르고 있었다.

아일리우스 카이사르

이 후계자 선정이, 원로원이 비난하는 것처럼 하드리아누스의 변덕이나 즉흥적인 착상이었다고는 생각할 수 없다. 그는 양자 결연을 공표하는 동시에 황제의 특권인 '호민관 특권'을 아일리우스에게 나누어주고, '군통수권'도 주었다. 후계자 결정을 시민과 함께 축하하는 뜻에서, 3억 세스테르티우스나 들여 검투사 시합과 전차 경주대회를 주최하기도 했다. 또한 앞면에는 아일리우스의 옆얼굴, 뒷면에는 자애의 여신(피에타스)을 새긴 은화도 발행했다. 하드리아누스는 건강을 희생하면서까지 재구축에 전념한 제국을 아일리우스 카이사르에게 계승시키려고 진심으로 생각하고 있었을 것이다.

하지만 적절한 황제감으로 여겨진 이 청년은 병을 앓는 몸이었다. 이제 와서 생각해보면 결핵이 아니었나 싶다. 병은 노인이나 앓는 것이라고 생각하고 있던 하드리아누스에게는 그런 지병이 있는 사람에 대한 이해가 부족했고, 동정도 하지 않았다. 신체를 단련하면 회복될 거라고 믿어버렸다.

해가 바뀐 서기 137년, 하드리아누스는 군단 지휘를 경험해야 한다면서 그해의 집정관에 선출된 아일리우스 카이사르를 전선으로 보냈다. 그것도 충분히 도시화한 쾰른이나 마인츠, 또는 쾌적한 생활이 보장되는 안티오키아가 아니라 판노니아 속주의 부다페스트로 파견했다. 부다페스트도 항구적인 기지화가 이루어져 있기는 했지만, 도나우강 연안의 최전선 기지다. 지형이나 기후에서도 로마 군단기지 중에서는 여건이 열악한 편이었다.

이곳에서의 생활은 아일리우스의 건강에 치명적인 타격을 주었다. 겨울을 로마에서 보낸다는 구실로 1년도 채 안 되어 귀국했지만, 원래 호리호리했던 몸이 유령처럼 변해 있었다. 이듬해인 서기 138년 1월 1일에 열릴 원로원 회의에서 후계자로 지명해준 황제에게 감사 연설을 해야 했지만, 그 전날 밤 많은 피를 토하고 숨을 거두었다.

하드리아누스는 새해가 시작되는 1월 1일에 상을 입는 것은 적절치 않다는 이유로 국상을 금했다. 또한 이 무렵에는 걸핏하면 짜증을 내면서 "무너지는 벽에 몸을 기대버렸다"고 스스로 울화통을 터뜨리고, "3억 세스테르티우스나 낭비해버렸다"고 경망스러운 말까지 했지만, 그래도 1년 남짓한 기간이나마 '카이사르'라는 제위 계승자의 칭호를 갖고 있던 사람을 그 신분에 어울리게 장사지내라고 명령했다. 얼마 전부터 짓기 시작한 새 황제묘에 매장되는 영예는 준 것이다. 하드리아누스는 아우구스투스가 건설한 황제묘가 '만원'이 되었다는 이유로 새 황제묘를 짓기 시작했다. 이 '묘'(Mausoleum)는 르네상스 시대에 교황청 성채로 개조되어 '카스텔 산탄젤로'라고 불리게 되었고, 지금도 테베레강 서안에 우뚝 솟아 있다.

아일리우스 카이사르가 졸지에 죽어버렸기 때문에, 하드리아누스는 빨리 다른 후계자를 결정해야 했다.

하드리아누스는 10여 년 전부터 한 소년을 주목하고 있었던 것 같다. 이 소년이 바로 다음다음 황제가 될 마르쿠스 아우렐리우스인데, 당시 이름은 마르쿠스 안니우스 베루스였다. 에스파냐 출신으로 하드리아누스의 신임이 두텁고 집정관도 두 번이나 경험한 마르쿠스 안니우스의 손자다. 로마에서 태어나 아버지를 일찍 여의고 할아버지 슬하에서 자란 소년은 여섯 살 때 이미 '기사계급'이 되었고, 여덟 살에 제사장으로 뽑혔다. 황제의 추천이 없었다면 절대로 불가능한 출세였다. 황제가 된 뒤에 그리스어로 『명상록』을 썼을 정도니까, 소년 시절부터 공부를 좋아했고, 그중에서도 특히 그리스 철학의 일파인 스토아 철학에 심취해 있었다. 하드리아누스 황제는 진리에 대한 탐구심이 강한 이 소년을 '안니우스 베리시무스'(진리를 좋아하는 안니우스)라는 별명으로 부르면서 놀릴 정도였다. 그의 성(姓)인 '베루스'는 '참된, 진리의, 진실한' 등의 뜻을 갖고 있기 때문에, 그것을 이용하여 만든 별명이었다. 그런데 '안니우스 베리시무스'는 아직 열여섯 살에 불과했다. 마흔 살에 즉위한 하드리아누스는 너무 젊은 나이에 황제가 되는 것을 용인할 수 없었다.

서기 138년 1월 24일은 하드리아누스의 예순두 번째 생일이었다. 하드리아누스는 이제 친지와 친구를 초대하여 잔치를 베푸는 일은 하지 않게 되었지만, 그래도 이날은 한 사람을 초대했다. 황제의 초대를 받고 티볼리의 별궁을 찾아간 인물은 안토니누스였다. 아버지는 나르보넨시스라고 불린 오늘날의 남프랑스 출신이지만, 안토니누스 자신은 로마 근교의 라누비오에서 태어났다. 나이는 52세. 물론 원로원 의원이고, 게다가 '내각'의 단골 멤버이기도 했다. 하드리아누스가 장기 순행을 떠날 때면 수도를 맡길 만큼 신뢰하는 사람 가운데 하나가 안토니누스였다. 아들은 일찍 죽고, 슬하에는 딸뿐이었다.

찾아온 안토니누스에게 하드리아누스는 그를 양자로 삼고 싶다는 뜻을 전했다. 다만 조건이 있었다. 철학을 좋아하는 안니우스와 죽은 아일리우스 카이사르의 아들인 루키우스를 양자로 삼으라는 조건이었다. 안니우스는 이제 17세를 앞두고 있었고, 루키우스는 8세가 되어가고 있었다. 그날 안토니누스는 잠시 생각할 여유를 달라고만 대답하고, 황제와 함께 황제의 생일을 축하했다.

한 달 뒤에 안토니누스는 다시 티볼리를 방문했다. 황제의 제의를 삼가 받겠다는 것이 그의 대답이었다.

하드리아누스는 당장 그 사실을 공표했다. 황제는 안토니누스를 양자로 맞이했고, 안토니누스는 안니우스와 루키우스를 양자로 삼았다고 공표한 것이다. 그와 동시에 원로원 의결을 요구하지 않고 황제 독단으로 결정할 수 있는 잠정조치법을 발령하여, 양자 결연에 관한 법률을 개정했다. 몇 살이었는지는 확실치 않지만, 로마법에는 양부와 양자 사이에 일정한 나이 차이가 있어야 한다고 규정되어 있었기 때문이다. 하드리아누스와 안토니누스의 나이 차이는 열 살에 불과했다.

안토니누스를 후계자로 지명한 것은 원로원에서 호평을 받았다. 안토니누스가 누구한테나 호감을 주는 사람이었기 때문이다. 이렇게 후계자 선정이 끝난 뒤에야 비로소 하드리아누스도 황제로서 해야 할 일을 모두 끝낸 셈이 되었다.

죽음

봄기운이 티볼리의 '하드리아누스 별궁'을 감싸기 시작했는데, 그곳에 살고 있는 황제의 가슴은 조금도 명랑해지지 않았다. 고대인이 기록한 병명은 믿을 수 없으니까 실제로 무슨 병을 앓고 있었는지는 확실치 않지만, 하드리아누스의 병세가 계속 악화된 것만은 분명하다. 이제는 하인이 부축해도 걷지를 못하고, 하인 두 사람이 멘 가마에 누운 채 넓고 아름다운 정원을 산책할 수밖에 없었다.

로마의 남자들, 그중에서도 특히 엘리트를 자처하는 사람들은, 인간으로서의 기능을 제대로 수행할 수 없게 된 뒤에도, 다시 말해서 노망이 든 뒤에도 계속 사는 것을 수치로 생각했다. 그런 지경에 이르게 되면 로마 지도층에 속하는 남자들은 스스로 곡기를 끊어 자결하는 것을 조금도 이상하게 생각하지 않았고, 주변 사람들도 충분히 납득했다.

늙은 황제를 측근에서 모시는 하인들 가운데, 언행이 조용하면서도 눈치가 빨라서 하드리아누스가 특히 총애하는 젊은 노예가 있었다. 하루는 황제가 이 노예에게 단검을 건네주면서, 그것으로 내 가슴을 찌르라고 명령했다. 젊은 노예는 깜짝 놀라, 그런 짓은 도저히 할 수 없다고 눈물을 흘리며 용서를 구했다. 하드리아누스는 실망했지만, 그 이상은 강요하지 않았다.

하지만 언제 또 그런 명령을 받게 될까 겁이 난 노예는 이 일을 안토니누스에게 보고했다. 놀란 안토니누스는 티볼리로 달려와 황제에게 말했다. "병환 때문에 피할 수 없는 심신 쇠약은 위엄을 가지고 견뎌내지 않으면 안 됩니다."

하드리아누스는 격분했다. 이런 충고를 받는 신세가 되어버린 자신에게도 화가 났지만, 안토니누스에게 알린 노예한테는 더욱 화가 나서 사형에 처하겠다고 고함을 지르며 주위 사람들에게 마구 화풀이를 했다. 노예의 신변을 걱정한 안토니누스가 그 젊은이를 숨겨버렸을 정도였다.

그 후에도 하드리아누스는 자살하고 싶다는 소망을 버리지 않았다. 그때마다 안토니누스는 빌라로 달려갔다. 설득한다기보다 애원했다. "그런 짓을 하시면 저는 아버지를 죽인 패륜아가 됩니다." 그러고는 단검을 숨겨버렸다.

하드리아누스는 또 울화통을 터뜨렸다. 단검을 사용한 자살은 두세 번 시도해보았지만, 그때마다 제 가슴조차 찌를 수 없을 만큼 기력이 쇠진한 것을 통감할 뿐이었다. 그런데 단검마저 빼앗아버린 것은 이제 그가 철없는 어린애와 똑같이 취급되고 있다는 뜻이었다.

티볼리의 별궁에는 하드리아누스의 순행에 줄곧 동행한 그리스인 의사가 있었다. 이 충직한 시의에게 하드리아누스는 절대 비밀로 하라는 엄명과 함께 독약 조제를 명령했다. 시의는 황제의 명령에 따를 의무가 있었다. 하지만 명령에 따르면 범죄를 저지르게 된다. 시의는 하드리아누스의 명령을 거역할 수도 없었지만, 따를 수도 없었다. 오랫동안 모셨고 게다가 진심으로 경의를 바쳐온 사람의 부탁이기 때문에 안토니누스에게 알릴 수도 없었다. 이튿날 아침, 시의는 스스로 조제한 독약을 먹고 죽은 시체로 발견되었다.

이 사건은 하드리아누스에게 자제심을 되찾아주었다. 그는 더 이상 죽기 위한 방법을 찾지 않게 되었다. 스스로 자신에게 화가 나 있으니까, 그것을 해결하는 방법은 병을 치료하는 것뿐이다. 하지만 완쾌는 절망적이었다. 어디에도 터뜨릴 곳이 없는 짜증은 원로원에서 그 배출구를 찾았다.

티볼리에서 원로원을 향해 고발의 화살이 날아갔다. 안토니누스는 과녁이 된 사람들을 우선 정식 재판에 회부하기로 했다. 그리고 그 재판도 되풀이하여 연기했다. 하지만 하드리아누스에 대한 원로원 의원들의 생각은 이때 남발된 고발로 말미암아 결정적으로 악화되었다. 『황제실록』의 저자는 이 하드리아누스를 "이제 누구나 꺼리고 싫어했다"고 말한다. 안토니누스는 그런 '아버지'에게 바다에라도 가서 환경을 바꾸어보는 게 어떠냐고 권했다. 티볼리의 별궁은 넓고 쾌적하긴 했지만, 바닷바람을 쐴 수는 없었다.

나폴리에서 서쪽으로 20킬로미터쯤 떨어진 바닷가의 바이아에 황제의 별장이 있었다. 원래는 공화정 말기의 철학자 키케로의 별장이었지만, 키케로가 죽은 뒤 아우구스투스가 그 아들한테서 사들여 황제의 사유재산이 되어 있었다. 역대 황제들이 개축을 거듭하여 이제는 넓은 별궁으로 변모해 있었다. 온천도 풍부한 이 일대는 공화정 시대부터 이미 로마 상류층의 별장이 즐비한 휴양지로 유명해져 있었지만, 베수비오 화산 폭발로 폼페이와 그 주변 도시들이 매몰된 이후로는 넓은 나폴리만에서도 베수비오 화산과 반대쪽에 있는 포추올리와 바이아, 미세노 일대가 로마인이 즐겨 찾는 휴양지로 명성이 높아지고 있었다.

티볼리의 별궁을 떠난 하드리아누스는 '티부르티나 가도'(티부르로 가는 길)를 지나 로마로 향한다. 사위에 장막을 둘러친 가마를 타고 갔을 게 분명하다. 수도 로마에 들어갔다 해도 동쪽으로 들어가서 남쪽으로 나왔을 뿐, 가마를 세우려 하지도 않았다. 근대적인 가도를 창시한 로마인도 순환선의 개념은 갖고 있지 않았기 때문에, 시내에 들어가지 않고는 로마를 통과할 수가 없었다.

로마에서는 '오스티아 가도'(오스티아로 가는 길)를 통해 해안으로 나와서 그대로 바다를 따라 남하했거나, 아니면 '아피아 가도'(아피우스의 길)를 따라 테라치나까지 곧장 남하했을 것이다. 테라치나로 갔다면, 거기서부터는 바다를 따라 남하하여 나폴리만에 이르는 '도미티아나 가도'(도미티아누스의 길)를 택했을 게 거의 틀림없다. 바이아에 갈 때는 도미티아누스 황제가 건설한 이 길이 다른 어느 길보다도 가깝고 쾌적했다. 해외로 웅비하는 기운에 가득 차 있던 기원전 8세기의 그리스인이 이탈리아반도에 세운 최초의 도시가 쿠마이인데, 도미티아나 가도를 지나 그곳까지 가면 바이아는 바로 코앞이다. 계절은 초여름, 카프리섬을 포함한 나폴리 일대가 가장 아름답고 쾌해지는 계절이기도 했다.

바이아 별장에 도착한 하드리아누스가 손을 담그면 파랗게 물이라도 들 것처럼 짙푸르고 잔잔한 바다를 바라보면서 무슨 생각을 했는지는 알 도리가 없다. 하지만 시는 한 수 지었다.

animula vagula blandula,
hospes comesque corporis,
quae nunc abibis in loca,
pallidula rigida nudula,
nec ut soles dabis iocos.

번역하면 다음과 같다.

어찌할 바를 모르는 내 가련한 영혼이여,
오랫동안 내 육신의 손님이고 반려였던 내 영혼이여,
이제 어둡고, 춥고,
과거의 네가 무엇보다 좋아한 농담을 나누는 즐거움도 없는 세계로,
내려가지 않으면 안 될 때가 온 것 같구나.

서기 138년 7월 10일, 하드리아누스는 급보를 받고 달려온 안토니누스가 보는 앞에서 숨을 거두었다. 62세 5개월 16일의 생애였고, 21년의 치세 뒤의 죽음이었다.

민중의 반응은 알려져 있지 않지만, 원로원 의원들은 황제의 죽음을 기뻐했다. 새 황제 안토니누스가 하드리아누스의 죽음을 보고하기 위해 소집한 원로원 회의에서 적지 않은 수의 의원이 선제의 신격화를 거부하는 동의안을 제출했다.

신격화되지 않은 황제는, 생전에 집요하게 신격화를 거부한 티베리우스 황제를 제외하면 칼리굴라와 네로, 도미티아누스뿐이다. 하드리아누스도 악명 높았던 이들 세 황제와 같은 대열에 끼게 된다. 특히 네로와 도미티아누스는 죽은 뒤에 로마인에게는 무엇보다 불명예스러운 '기록말살형'에 처해졌다. '기록말살형'이 원로원에서 의결되면, 생전

의 모든 업적은 공식 기록에서 말소되고, 초상은 파괴되고, 비문도 그 이름 부분만 지워진다. 원로원이 하드리아누스를 '기록말살형'에는 처하지 않았지만, 네로와 도미티아누스의 선례가 있는 이상, 신격화 거부 결의는 '기록말살형'으로 이어지는 전 단계라고 보지 않으면 안 된다. 안토니누스는 눈물을 흘리다시피 하면서 선제의 신격화를 의원들에게 요구했다.

　결국 원로원은 황제의 열의에 양보하여 하드리아누스의 신격화를 의결했다. 이때 신격화가 실현되지 않고 그 여세로 '기록말살형'까지 의결되었다면, 제국을 재구축한 하드리아누스의 노고는 후세에 전해지지 않고 역사의 어둠 속으로 사라져버렸을지도 모른다. 이 일이 있은 뒤, 안토니누스는 '자비로운 사람'을 뜻하는 '피우스'라는 별명으로 불리게 되었다. 그래서 역사에서도 안토니누스는 '안토니누스 피우스'라는 이름으로 불린다.

　이 안토니누스 피우스가 즉위한 지 5년째, 즉 하드리아누스가 죽은 지 5년째 되는 서기 143년 4월 21일, 로마 건국 기념제가 열렸다. 이 축제에 초빙된 소아시아 태생의 철학자 아일리우스 아리스티데스는 안토니누스 황제와 원로원 의원들 앞에서 강연을 했다. 그 일부를 소개하고 싶다.

〈이제는 나 같은 그리스인도, 아니 다른 어느 민족도, 가고 싶은 곳은 어디든 마음대로 갈 수 있는 세상이 되었다. 신분증명서를 신청할 필요도 없이, 자유롭고 안전하게 원하는 곳으로 여행할 수 있다. 로마 시민권 소유자라는 것만으로 충분해졌다. 아니, 구태여 로마 시민일 필요도 없다. 로마의 패권 아래서 함께 사는 사람이라는 것만으로도 자유와 안전이 보장된다.

　일찍이 호메로스는 노래했다. 지상은 만인의 것이라고. 로마는 시인의 이 꿈을 구현했다. 당신들 로마인은 산하에 들어온 모든 땅을 측량하고 기록했다. 그리고 그 후에도 하천에는 다리를 놓고, 평지는 물론 산지에도 가도를 건설하여, 제국의 어느 지방에 살든 쉽게 왕래할 수 있도록 정비했다. 게다가 제국 전역의 안전을 위한 방위체제를 확립하고, 인종과 민족이 달라도 함께 살아가기 위한 법률을 정비했다. 이런 모든 일을 통하여 당신들 로마인은 로마 시민이 아닌 자에게도 질서있고 안정된 사회에 사는 것이 얼마나 중요한 것인가를 가르쳐주었다.〉

건국을 경축하는 제전의 기념 강연을 의뢰받은 사람이니까, 제국 전역에 이름이 알려진 학자이고 나이도 안토니누스 피우스 황제와 같은 50대나 선제 하드리아누스와 같은 60대의 저명인사일 거라고 생각하는 것은 당연하다. 하지만 아리스티데스가 이 강연을 한 것은 스물여섯 살 때였다. 황제와 원로원은 고명한 학자들을 다 제쳐놓고, 소아시아에서 태어나 아테네에서 학식을 인정받기 시작한 소장 학자를 초빙한 것이다. 이 찬사는 기득권 세대의 입에서 나온 것이 아니라 다음 시대를 살아가야 하는 젊은 세대의 입에서 나온 것이었다.

물론 이 찬사는 로마의 모든 지도자에게 해당된다. 하지만 그 강연이 열린 것은 하드리아누스가 죽은 지 불과 5년 뒤였다. 1,800년 뒤의 한 연구자는 하드리아누스를 이렇게 평했다. "속주민들이 로마로 대표를 보내 자신들의 요구사항을 호소한 것이 아니라, 황제가 친히 속주를 돌아다니며 속주민들의 목소리에 귀를 기울였다." 이 평가야말로 하드리아누스의 묘비명에 가장 어울리는 찬사가 아니었을까.

제3부
안토니누스 피우스 황제
[재위: 서기 138년 7월 10일~161년 3월 7일]

행복한 시대

안토니누스 피우스 황제의 치세를 트라야누스 황제나 하드리아누스 황제처럼 연대순으로 추적하는 것은 거의 불가능하다. 왜 그런지는 읽어나가다 보면 저절로 알게 되겠지만, 한마디로 요약하면 특기할 만한 새로운 일을 하나도 하지 않은 것이 그가 황제로서 책무를 수행하는 방식이었기 때문이다.

후세는 네르바가 제위에 오른 서기 96년부터 트라야누스·하드리아누스·안토니누스 피우스를 거쳐 서기 180년에 마르쿠스 아우렐리우스가 사망할 때까지를 '오현제 시대'라고 부르게 되지만, 동시대의 로마인들은 '황금 시대'(Saeculum aureum)라고 불렀다. 그리고 진정한 의미에서 '황금'(aureum)이라는 수식어를 붙일 만하다고 평가한 세 황제에게는 각각 다음과 같은 수식어구를 바쳤다. 황제의 이름이 책의 제목이라면, 이 수식어구는 부제(副題) 같은 느낌을 준다.

트라야누스 — '지고의 황제'(Optimus Princeps)

하드리아누스 — '로마의 평화와 제국의 영원'(Pax romana et Aeternitas imperii)

안토니누스 피우스 — '질서 있는 평온'(Tranquilitas ordinis)

이것으로도 알 수 있듯이, 제국 전역을 평온한 질서가 지배한 것이 안토니누스 피우스의 치세 23년이었다. 그렇기 때문에 '뉴스'가 되기 어렵다. 황제의 신변에 스캔들 냄새라도 진동한다면 가십을 좋아하는 연대기 작가들을 기쁘게 해주었겠지만, 그런 것도 전혀 없다. 극적인 생애를 보내지도 않았고 추문과도 무관하다면, 동시대의 역사가들만이 아니라 후세의 전기작가들에게도 '벅찬' 존재다. 그래서 그의 전기는 『황제실록』에 포함된 것을 제외하면 오늘날까지 전혀 없다고 해도 좋은 상태가 계속되고 있다. 동시대인들의 호기심도 자극하지 않았지만, 후세의 학자나 작가들의 호기심도 자극하지 않은 셈이다.

그러나 안토니누스 피우스도 훌륭한 '현제'(賢帝)였다. 이탈리아 르네상스 시대의 정치사상가 마키아벨리에 따르면, 지도자에게는 다음 세 가지 조건이 필수불가결하다. '역량'(Virtus)과 '행운'(Fortuna), 그리고 '시대적 필요성'(Necessita)이다. 역량이 있고 행운을 만나도, 시대의 요청에 부응할 수 있는 재능이 부족하면 좋은 지도자는 아니라는 것이 마키아벨리의 생각이었다.

트라야누스나 하드리아누스와 마찬가지로 안토니누스 피우스도 '질'은 다르지만 이 세 가지 조건을 충족시키고 있었다. 피통치자에게 행복한 시대란 이 세 가지 조건을 두루 갖추고 있으면서도 '질'이 다른 지도자가 차례로 배턴을 넘겨받는 시대인지도 모른다.

한때 일본에서는 국회의원 선거를 치를 때마다 "나서고 싶어 하는 사람보다 내세우고 싶은 사람을 뽑자"는 말이 나오곤 했지만, 이 말은 지금도 생명력을 잃지 않은 것 같다. 이 기준에 비추어보면, 트라야누스 황제는 '나서고 싶어 하는 사람'과 '내세우고 싶은 사람'의 비율이 반반인 타입인 듯하고, 하드리아누스 황제는 분명 100퍼센트 '나서고 싶어 하는 사람'이다. 그리고 지금부터 이야기할 안토니누스 피우스 황제는 100퍼센트 '내세우고 싶은 사람'이라 해도 좋다. 하지만 안토니누스 피우스는 '내세우고 싶은 사람'으로도 충분히 해나갈 수 있었던 시대에 제위를 물려받았다는 점을 잊어서는 안 된다.

제위에 오른 안토니누스 피우스는 'Imperator Caesar Titus Aelius Hadrianus Antoninus Augustus Pius'라는 공식 이름을 갖게 되었다. 그의 집안은 원래 오늘날의 남프랑스인 나르보넨시스 속주의 론강 근처에 있는 네마우수스(오늘날의 님) 출신이다. 2천 년 뒤인 지금도 남아 있는 '르 퐁 뒤 가르'(Le Pont du Gard)라는 수도교(水道橋)로 유명한 도시이고, 로마 시대에는 갈리아의 주요 도시들 가운데 하나였다. 이 님은 원주민인 갈리아인의 촌락을 로마가 '지방자치단체'로 인정한 곳이고, 트라야누스와 하드리아누스의 출신지인 이탈리카처럼 로마 군단병이 만기 제대한 뒤에 정착할 곳으로 건설된 도시는 아니다. 다시 말해서 율리우스 카이사르 덕분에 원로원 의원이 된 님 출신은 본국 이탈리아에서 이주한 사람들이 아니라 '로마화한 갈리아인'이라고 불린 사람들이다. 요컨대 안토니누스 피우스의 조상은 트라야누스나 하드리아누스의 조상과는 달리 로마에 정복된 갈리아인이었다.

다만 선대의 두 황제가 속주에서 태어나 로마로 이주한 제1세대인 반면, 안토니누스 피우스는 제3세대나 제4세대가 된다. 늦어도 할아버지 대부터는 본국 이탈리아로 완전히 거처를 옮겨서, 고향에는 집도 땅도 없는 상태였다.

그러나 생각해보면 속주 출신을 새삼 문제삼는 경향은 오히려 후세의 우리에게 더 강한 것 같아서 재미있다. 로마 시대에는 속주 출신임을 의식할 수밖에 없었던 제1세대를 제외하면, 그 후로는 별로 문제삼지 않았다. 제국은 하나의 대가족(라틴어로는 파밀리아)이라는 것이 속주를 포함하여 제국 전역에 사는 사람들의 공통된 의식이었기 때문이다. 더구나 제3세대나 제4세대의 속주 출신 로마 시민인 안토니누스 피우스한테는 속주의 흔적도 찾을 수 없다. 할아버지와 아버지가 집정관을 지낸 집안에서 태어난 그는 몸도 마음도 완전한 로마인이었을 것이다.

그는 서기 86년 19일에 라누비오에서 태어났다. 86년이면 도미티아누스 황제가 한창 활동하고 있던 시기이고, 라누비오는 수도 로마에서 아피아 가도를 따라 30킬로미터쯤 남쪽으로 내려간 곳에 있다. 아버지가 공무로 자주 집을 비웠기 때문인지, 할아버지 댁에서 어린 시절을 보냈다. 그 후 할아버지가 돌아가시고 아버지도 여의었는지, 한동안 외할아버지 슬하에서 성장했다. 로마에서 아우렐리아 가도를 따라 북쪽으로 20킬로미터쯤 올라간 곳에 있는 롤리오에 외할아버지의 별장이 있었다. 그는 소년기부터 청년기까지 이곳에서 살았다. 철저한 교육을 받으면서 건강하고 아름답게 성장한 젊은이는 누구한테나 사랑을 받은 듯, 친가와 외가의 두 할아버지를 비롯하여 많은 친척으로부터 유산을 물려받았다. 원로원에 들어가기 전에 이미 안토니누스는 로마에서 손꼽히는 부자가 되어 있었다. 로마인들은 피붙이에게만 유산을 남기는 것이 아니라, 장래가 유망한 젊은 친척에게도 그를 후원하는 의미에서 유산을 물려주었다. 그래서 아우구스투스가 창설한 '상속세'가 고대 로마의 중요한 수입원이 될 수 있었던 것이다. 통칭 '20분의 1세'인 상속세는 로마 시민에게만 부과되었고, 육친이 상속하는 경우에는 면제되었기 때문이다.

원로원 계급으로 태어난 사람은 엘리트로 태어난 자의 책무인 '명예로운 공직'을 맡는 것이 당연하게 여겨진 시대였다. 안토니누스도 트라야누스 황제 시대인 서기 111년에 회계감사관에 선출되었다. 역시 트라야누스 시대인 116년에는 원로원에 들어가는 동시에 법무관에 선출되었다. 하드리아누스 시대인 120년에는 집정관에 선출되었고, 그 후 한동안은 순행 등으로 본국을 비울 때가 많은 하드리아누스 황제로부터 국정을 위임받은 '내각'의 일원으로 활동했다. 그리고 49세부터 50세까지 1년 동안은 전직 집정관 자격으로 아시아 속주 총독을 지낸다. 이때 베푼 선정은 수도 로마에서도 평판이 나서, 원로원 인사의 유효성을 보여준 사례가 될 정도였다.

이 경력을 보면 한눈에 알 수 있지만, 안토니누스의 경력은 원로원 인사의 전형이라 해도 좋다. 황제가 임명한 직책은 하나도 없다. 다시 말해서 전선에 근무한 경험이 전혀 없다. 속주 총독을 지내긴 했지만, 근무지는 문명도가 높기로 제국에서도 손꼽히는 소아시아 서부의 아시아 속주였다. 이곳에는 군단병도 주둔하지 않고, 관저 경비조차 현지인 보조병에게 맡기고 있다. 로마 황제는 로마군 최고사령관이자 제국 안전보장의 최고책임자였다. 군대를 지휘해본 경험이 전혀 없다는 것은 황제에게는 결함이 될 수밖에 없었다.

그러나 안토니누스가 물려받은 로마는 트라야누스가 도나우강 방위선을 확립하고 하드리아누스가 방위체제를 재구축한 뒤의 제국이다. 난세에는 적임자가 아니었을 게 분명한 안토니누스라도, 통상적인 행정만 관리하면 되는 평상시의 제국은 얼마든지 통치할 수 있다. 하드리아누스가 안토니누스를 후계자로 지명한 것도 이런 현실을 알고 있었기 때문일 것이다. 그리고 안토니누스 자신도 통치를 맡은 제국의 상태를 누구보다 잘 이해하고 있었다. 그것이 그를 선대의 두 황제에 버금가는 현제로 만들게 된다.

최고권력자의 지위에 오르면, 대개는 측근을 비롯한 협력자를 교체한다. 하지만 안토니누스는 전혀 그렇지 않았다. 본국 이탈리아에 상주해 있는 유일한 군사력인 근위대 대장에는 황제의 심복을 임명하는 것이 보통인데 그 자리도 교체하지 않았으니까, 하드리아누스의 인사를 그대로 유지하는 것도 이 정도면 정말 철저하다. 근위대장은 그 후에도 무려 20년 동안이나 지위를 유지했고, 이제 그만 은퇴하고 싶다고 자청한 뒤에야 겨우 안토니누스가 고른 사람으로 교체되었다고 한다. 하드리아누스의 인사는 철저한 적재적소 위주였고, 게다가 그것이 충분히 기능을 발휘하고 있었기 때문이지만, 안토니누스에게도 나름대로 인간관이 있었기 때문이기도 하다. 사람은 오랫동안 한 가지 일을 맡기면 그 일을 잘하게 된다는 것이 그의 생각이었다. 그리고 나름의 생각을 관철한다는 점에서는 안토니누스도 상당한 고집쟁이였다.

하루는 아내인 파우스티나가 남편의 인색함을 불평했다. 그러자 황제는 이런 말로 아내를 나무랐다.

"당신도 참 어리석군. 제국의 주인이 된 지금은 전에 가졌던 것조차 우리의 것이 아니오."

어쨌든 이런 말도 하는 사람이다.

"국가 소유로 돌려야 할 재산을 필요하지도 않은데 소비하는 것만큼 비열한 행위는 없다."

안토니누스 피우스가 이런 생각을 한 만큼, 황제 즉위를 시민들과 함께 축하한다는 명목으로 나누어주는 '일시 하사금'(congiarium)도 선대 황제들처럼 황제 금고에서 지출하지 않고 개인 돈으로 냈다. 수도 로마에 사는 시민권 소유자(17세 이상의 남자)가 20만 명이라 치고, 거기에 제국 방위선을 지키는 군단병 16만 8천 명을 더하면, 이때 '보너스'를 받은 사람은 36만 8천 명에 이른다. 그들에게 1인당 75데나리우스씩 나누어주었다니까, 안토니누스의 개인 재산에서 나간 돈은 무려 2,760만 데나리우스나 된다.

이 황제의 일상생활은 일개 원로원 의원이었던 시절과 전혀 다름이 없어서, 풍족하기는 했지만 호화롭지는 않았다. 우선 화려한 별궁 따위는 일절 짓지 않았다. 전부터 소유하고 있던 별장과 황제가 되어 상속받은 별궁을 이용하는 것만으로 만족했다. 안토니누스가 즐겨 찾은 별장만 해도 8개나 되니까, 새로 지을 필요도 없었을 것이다. 이제 황제가 된 이상, 하드리아누스가 지은 티볼리의 빌라, 도미티아누스 황제가 지은 치르체오의 별궁, 티베리우스가 틀어박혔던 카프리섬의 별장도 그의 소유가 되었을 텐데, 무엇 때문인지 이 세 곳에는 발길을 돌리지 않았다. 내가 보기에는 다른 어느 별궁보다도 이 세 곳이 아름다운 것 같은데 말이다.

세상 사람들은 이런 안토니누스를 욕심 없는 사람이라고 평가했다. 하지만 욕망이 적다는 것은 상상력이 부족하다는 증거이기도 할 것이다. 그의 치세가 하드리아누스의 치세와는 다른 형태로 진행된 것도, 게다가 나름대로 상당한 성과를 올린 것도, 안토니누스의 성격에는 그런 방식이 적합했기 때문일 것이다. 52세의 새 황제는 제위에 오르자마자 자기 생각을 공표했다.

우선 순행은 떠나지 않고, 수도 로마와 본국 이탈리아에 계속 머물면서 제국을 통치하겠다고 선언했다.
그 이유로 안토니누스 피우스는 다음 두 가지를 들었다.
(1) 제국의 중추인 수도 로마에 머무는 편이 더 많은 정보를 모을 수 있고, 그 정보를 토대로 정책을 결정하거나 긴급조치를 발령하기에도 편리하다.
(2) 황제가 순행할 때 순행지인 도시나 지방자치단체가 부담하는 비용이 절약된다.
첫 번째는 안토니누스의 생각이 옳다. 문제는 정보가 들어오기 쉽고 명령이 전달되기 쉬운 조직이 만들어져 있느냐 아니냐에 달려 있다. 앞에서도 말했듯이 황제에게 들어오는 정보는 크게 두 종류다. 첫째는 총독을 비롯한 국가공무원들의 보고, 둘째는 속주나 그밖의 곳에서 보내오는 청원이다.
하드리아누스 황제를 서술할 때 막판에 소개한 아리스티데스는 서기 143년에 황제와 원로원 의원들 앞에서 강연할 때 이런 말도 했다.

〈속주 통치의 책임자인 총독이라도 정책을 결정하거나 속주민의 청원을 받았을 경우, 조금이라도 의문을 느끼면 당장 황제에게 편지를 보내 지침을 청하는 것이 로마 제국이다. 총독은 황제의 지시가 내릴

때까지 기다린다. 마치 지휘자의 신호를 기다리는 합창단처럼.〉

그리고 전쟁터로 가는 유능한 사령관과 똑같은 가치관으로 정보 수집의 중요성을 인식하고 있던 로마인은 안전하고 빠른 정보 전달에 대해서도 항상 배려를 아끼지 않았다. 로마 제국의 국영우편제도는, 역대 황제들이 정비에 노력을 쏟은 결과 정보 전달의 양대 요소인 안전성과 신속성이 그 시대치고는 대단하다고 말할 수밖에 없는 수준에 이르러 있었다. 육상에서는 역참마다 말을 갈아타면서 목적지를 향해 로마 가도망을 내달린다. 해상에서는 항구에 들어갈 때마다 가장 일찍 출항하는 배로 갈아타고 운반하는 방식이 민간우편에서도 일반화되어 있었다. 아리스티데스는 이런 말도 한다.

〈황제는 정보 전달만 보장되면 어디에 있어도 통치할 수 있다. 제국 변경에 있어도 편지만 보내면 통치할 수 있다. 황제의 편지는 작성되자마자 날개 달린 전령(그리스어로는 헤르메스, 라틴어로는 메리쿠리우스)이 나르기라도 하듯 빠르고 안전하게 목적지에 닿는다.〉

다음은 안토니누스가 든 두 번째 이유를 살펴보자. 순행을 떠나지 않는 이유 가운데 하나가 순행지의 경제적 부담을 줄이기 위해서라면, 하드리아누스가 너무 딱하다. 물론 황제와 그 일행을 맞이했는데 비용이 전혀 들지 않을 수는 없다. 하지만 하드리아누스의 순행은 황후도 동행하지 않은 변경 시찰이 대부분이었고, 황제를 수행하는 일행도 주로 기술자였으니까 돈이 들지 않는 사람들이다. 숙소도 시찰 중에는 군단기지의 병영 막사이고, 겨울을 나기 위해 도시에 머물고 있을 때도 총독 관저가 있으면 거기에 머물고, 총독 관저가 없는 도시에서는 그 도시의 유력자 집에 신세를 지는 방식을 고수했다. '경제적 부담'이라고 하기에는 너무 미미하다. 그리고 시찰 결과 필요하다고 판단되면 군단병을 동원하여, 즉 국비를 들여서 방위체제를 정비하고, 가도와 다리도 놓아주었다. 경제면에서도 이익을 본 것은 오히려 순행지 쪽이었다.

따라서 안토니누스 피우스가 든 두 번째 이유는 구실에 불과하다고 생각한다. 공표하기는 꺼렸겠지만, 진짜 이유는 오랫동안 황제의 부재를 견딘 수도 로마와 본국 이탈리아 주민의 불만을 해소하는 것이 첫 번째였고, 두 번째로는 안토니누스 자신의 건강을 염려했기 때문일 것이다. 하드리아누스가 말년에 심신이 무너지는 것을 안토니누스는 가까이에서 지켜보았다. 하드리아누스는 41세에 황제가 되었다. 안토니누스가 제위에 오른 것은 52세였다. 『황제실록』의 저자와 마찬가지로 안토니누스도 하드리아누스를 말년에 괴롭힌 병의 원인은 그의 오랜 변경 시찰에 있다고 판단했는지도 모른다. 티베리우스는 56세에 황제가 된 뒤에도 23년이나 장수를 누렸는데, 이 사람은 줄곧 본국 이탈리아에 머문 채 제국을 다스렸다. 장수하려면 몸을 혹사하지 말아야 한다고 안토니누스는 생각한 게 아닐까. 그리고 하드리아누스가 재구축한 제국은 황제가 직접 시찰하러 나가지 않아도 충분히 기능을 발휘하고 있었다. 이리하여 안토니누스 피우스는 62세에 사망한 하드리아누스보다 훨씬 장수를 누려 75세까지 살게 된다.

안토니누스 피우스는 선제의 업적을 거의 다 계승하면서 불편한 것만 조금씩 조정했지만, 즉위한 직후에 선제의 뜻에 어긋나는 일 두 가지를 감행했다.

첫째, 하드리아누스가 말년에 원로원 의원들을 마구잡이로 고발했는데, 이를 안토니누스 피우스는 황제 즉위를 기념한 사면이라는 형태로 무효화했다. 선제의 악정을 바로잡겠다고 말함으로써 양아버지의 명예를 손상시키고 자신의 선정을 과시하는 따위의 야비한 짓은 하지 않았다. '아버지'가 살아 있다면 반드시 했을 일이라고 말하면서 고발을 취소했다. 이렇게 되면 원로원 의원들도 시민들도 정말 '자비로운 사람'(피우스)이라고 느낄 수밖에 없다.

선제의 뜻에 어긋나는 두 번째 일은 하드리아누스의 뜻에 따라 양자로 삼은 안니우스와 루키우스의 약혼녀를 바꾼 것이다. 하드리아누스는 두 소년의 신부감을 간택하고 벌써 약혼까지 해놓았다. 17세인 안니우스(나중에 마르쿠스 아우렐리우스 황제)의 약혼녀는 하드리아누스의 후계자로 지명된 뒤 병사한 아일리우스 카이사르의 딸이었고, 루키우스(아일리우스 카이사르의 아들)의 약혼녀는 안토니누스의 딸이었다. 하지만 안토니누스의 딸은 여덟 살인 루키우스의 짝이 되기에는 나이가 너무 많았다. 30세의 젊은 나이에 피를 토하고 죽은 아일리우스 카이사르를 애석하게 여기는 하드리아누스의 심정은 존중한다 해도, 안토니누스 피우스는 두 아들이 일찍 죽고 큰딸도 해산하다가 죽었기 때문에 남은 자식이라고는 작은딸 하나뿐이다. 나이로는 그 딸과 안니우스가 짝을 짓는 것이 자연스러웠다. 또한 안토니누스 피우스 황제는 자기 다음은 안니우스, 그다음이 루키우스라고 생각했던 모양이다. 안니우스의 약혼녀를 자기 딸로 바꿀 수만 있다면, 피를 나눈 딸이 다음번 황후가 되는 것이다.

하지만 안토니누스는 이런 일도 독단으로 결정하고 밀어붙일 사람이 아니다. 안니우스를 불러 의견을 물었다. 당시 17세인 미래의 '철인 황제'는 잠시 생각한 뒤에 '아버지'의 생각에 동의했다.

인격자

안토니누스 피우스 황제의 방식은 매사가 이런 식이었다. 정책도 법안도 반드시 '내각'이나 '아미쿠스'(친구)라고 부른 측근 브레인들과

안토니누스 피우스

의논한 뒤에 결정했다. 하지만 무엇을 해야 좋을지 몰라서 남의 의견을 청한 것은 아니다. 그는 로마 제국의 통치가 어떻게 이루어져야 하는가를 명확히 이해하고 있었다. 남의 의견을 존중하고 독단을 피한 것은, 독단으로 일관한 하드리아누스의 후임 황제였기 때문이고, 그의 성격 자체가 '사전 교섭'으로 자기 생각을 정책화하는 방식에 적합했기 때문이다. 그리고 시대도 그런 방식을 허용했다.

『황제실록』이나 그밖의 역사책에 따르면 안토니누스는 이런 남자였다.

미남, 그것도 군중 속에 섞여 있어도 눈에 띄는 타입의 미남이다. 키가 훤칠하고, 노인이 되어도 이 육체의 선은 허물어지지 않았다. 다만 키 큰 사람이 흔히 그렇듯이 등을 새우처럼 구부리는 버릇이 있었고, 구부정한 허리를 교정하기 위해 토가 속에 코르셋을 입고 있었다.

행동거지는 기품이 있었고, 그러면서도 얼굴 표정은 늘 밝고 온화했다. 저음인데도 목소리가 쩌렁쩌렁 울렸고, 연설은 평이하고 명료했다.

청중을 열광시키지는 않지만 사람들의 가슴에 깊이 파고드는 이야기꾼이어서, 연설보다는 좌담의 명수라고 말하는 편이 적절하다.

훌륭한 교양을 갖춘 만큼 교육을 중시했기 때문에, 후계자인 두 젊은이의 교육을 직접 책임지고 관리했다. 카르타고 태생의 철학자 프론토에게 원로원 의석을 주고 젊은 안니우스의 교육을 맡긴 것은 하드리아누스였지만, 이 카르타고 사람에게 또 다른 후계자인 루키우스의 교육도 맡기기로 결정한 것은 안토니누스였다.

봄볕처럼 온화하고, 무슨 일이든 온건하게 해결하려고 애쓰고, 균형 감각이 뛰어나고, 허영심은 전혀 없다. 이렇게 되면 당연한 귀결이지만, 그는 진정한 보수주의자였다.

하드리아누스가 강행하여 유대교도에게 반란의 빌미를 제공한 할례 금지령은, 서기 134년에 예루살렘이 함락되고 유대인 '이산'(디아스포라)이 실현된 뒤에는 하드리아누스 자신도 입에 올리지 않게 되었지만, 안토니누스는 사실상 사문화한 이 금지령의 해제를 분명히 했다. 하지만 유대교도만을 대상으로 한 예루살렘 거주 금지령까지 해제된 것은 아니었다. 해제된 것은 할례 금지령뿐이고, '이산'을 명령한 법률은 계속 살아남아서 그 후 1,800년 동안 유대 민족의 역사를 결정했다.

로마 황제의 최대 책무인 제국의 안전보장에서도 안토니누스 황제는 모든 전선을 시찰하며 방위체제를 재구축한 하드리아누스의 업적을 그대로 계승했지만, 자신의 이름이 붙은 전선을 딱 하나 남겼다. '하드리아누스 성벽'에서 북쪽으로 120킬로미터 떨어진 곳에 구축된 60킬로미터 길이의 '안토니누스 성벽'이 그것이다. 게다가 그 북쪽에는 스코틀랜드 땅 깊숙이 뚫고 들어가듯 망루를 늘어 세우고, 그 전방에 기지까지 건설했다. 서기 139년부터 142년까지 브리타니아에 주둔한 3개 군단을 못박아둔 원주민 반란을 진압한 뒤에 이루어진 대책이다.

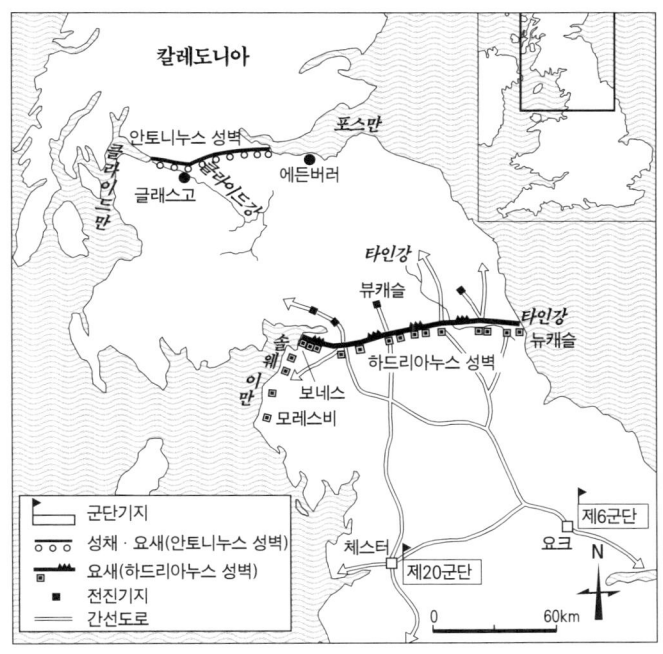

브리타니아

   그러나 이 '안토니누스 성벽'은 '하드리아누스 성벽'을 대신하는 것이 아니라, 성벽을 이중으로 세워 보강한 데 불과했다. '안토니누스 성벽'이 로마 제국의 국경으로 바뀌었다면, 그 안쪽에 자리 잡고 있었던 에든버러와 글래스고도 로마화의 물결을 피하지 못했을 것이다. 하지만 로마인들은 자신들의 고속도로망을 거기까지 연장하지는 않았다. 또한 요크와 체스터에 있는 군단기지를 옮기지도 않았다. 결국 칼레도니아(후세의 스코틀랜드)는 로마 문명권 바깥에 머물게 되었다.

   안토니누스 피우스 황제 시대의 로마 군단 주둔지에 대한 기록이 남아 있다(다음 페이지의 별표 참조). 이것도 하드리아누스가 확립한 체제를 바꾸지 않고 계승한 데 불과하지만, 방위에만 전념하겠다는 뜻을 명확히 한 하드리아누스와 안토니누스 시대, 즉 제국 전성기에 로마의

군단 배치 일람표

	속주명	군단 수	군단명	기지 (당시 지명)	기지 (현재 지명)	현재 국가
라인강 방위선	브리타니아	3	제2 아우구스타 제20 발레리아 빅트릭스 제6 빅트릭스 피아 피델리스	이스카 실루룸 데바 에부라쿰	칼리온 체스터 요크	영국 영국 영국
라인강 방위선	저지 게르마니아	2	제1 미네르바 제30 울피아	본나 카스트라 베테라	본 크산텐	독일 독일
라인강 방위선	고지 게르마니아 및 게르마니아 방벽	2	제8 아우구스타 제22 프리미게니아 피아 피델리스	아르겐토라테 모곤티아쿰	스트라스부르 마인츠	프랑스 독일
도나우강 방위선	가까운 판노니아	3	제10 게미나 제14 게미나 제1 아듀트릭스	빈도보나 카르눈툼 브리게티오	빈 페트로넬 수니	오스트리아 오스트리아 헝가리
도나우강 방위선	먼 판노니아	1	제2 아듀트릭스	아퀸쿰	부다페스트	헝가리
도나우강 방위선	가까운 모에시아	2	제4 플라비아 제7 클라우디아	싱기두눔 비미나키움	베오그라드 코스트라츠	유고슬라비아 유고슬라비아
도나우강 방위선	먼 모에시아	3	제1 이탈리카 제11 클라우디아 제5 마케도니카	노바이 두로스토룸 트로에스미스	스비슈토프 실리스트라 이글리차	불가리아 불가리아 루마니아
도나우강 방위선	다키아	1	제8 게미나	아풀룸	알바이울리아	루마니아
유프라테스강 방위선	카파도키아	2	제12 풀미나타 제15 아폴리나리스	멜리테네 사탈라	말라티아 사다크	터키 터키
유프라테스강 방위선	시리아	3	제14 플라비아 제4 스키티카 제3 갈리카	사모사타 제우그마 라파네아이	삼사트 바르키스 샤마	터키 터키 시리아
유프라테스강 방위선	팔레스타인	2	제6 페라타 제10 프레텐시스	스키토폴리스 아일리아 카피톨리나	베트셰안 예루살렘	이스라엘 이스라엘
	아라비아	1	제3 키레나이카	보스트라	부스라	시리아
	이집트	1	제2 트라야나	니코폴리스	알렉산드리아 북동	이집트
	누미디아	1	제3 아우구스타	람바이시스	랑베즈	알제리
	히스파니아	1	제7 게미나	레기오	레온	에스파냐

합계: 28개 군단   군단병: 168,000명(주전력)
　　　　　　　　　보조병: 140,000명 안팎(보조병력 또는 특수 기능 병력)
　　　　　　　　　누메루스(파트타임 병사): 3만 내지 4만 명

　　해군 — 미세노, 라벤나, 프레쥐스 등의 군항 외에도 도버해협, 라인강, 도나우강, 흑해 등에
　　　　도 배치되어 있었다. 해군에는 해병, 노잡이, 키잡이는 물론 의사까지 포함되어, 육
　　　　상 전력인 군단과 비슷한 조직을 갖추고 있었다.

안전보장이 어떤 식으로 이루어지고 있었는지를 알 수 있다. 로마의 지도자들은, '평화'란 이상이 아니라 현세에서 누려야 하는 이익이고, 평화를 위해서는 물심양면의 투자가 필수불가결하다고 확신했다. 현대식으로 말하면 전쟁 억지력으로서 군사력을 보유한다는 사고방식일 것이다.

억지력으로서의 군비(軍備)가 이만큼 완벽하면, 로마 제국에 항거하려는 사람도 행동을 개시하기 전에 다시 한번 생각지 않을 수 없고, 섣불리 행동에 나설 수는 없을 것이다. 그 때문인지 안토니누스 피우스의 23년 치세 동안 로마 군단을 괴롭힌 것은 앞에서 말한 브리타니아뿐이었다. 다른 방위선에서도 이따금 외침이 있었지만, 황제가 사후에 보고를 받을 만큼 쉽게 수습되었다. 파르티아 왕이 여느 때처럼 국내의 압력에 떠밀려 로마에 강경한 태도로 나오려 했을 때도 안토니누스가 보낸 편지 한 통으로 문제를 해결할 수 있었다. 재미있게도 안토니누스 피우스는 하드리아누스보다 훨씬 동방 전제군주들의 호감을 샀다고 한다. 하드리아누스 시대에는 로마 방문을 거부했던 카스피해 근처의 부족장도 안토니누스 시대에는 로마를 방문하여 복종하겠다는 뜻을 밝혔다. 만사형통이라는 느낌으로 로마 제국은 평화를 구가하고, 제국 시민들은 평화의 과실인 경제적 번영을 누리는 나날이었다.

그러나 아무리 인간의 지혜를 다 짜내도 천재지변은 피할 수 없다. 23년의 치세 동안 수도 로마에서 대화재가 일어나 340세대가 불에 탔고, 안티오키아에서는 지진과 화재로 도시 일부를 재건해야 했고, 카르타고 도심에서 화재가 일어나 큰 피해를 입는 등, 천재지변이 잇따랐다. 특히 지진대에 위치한 소아시아 서부 일대와 로도스섬을 지진이 덮쳤을 때는 황제가 대책위원회를 설치할 필요가 있을 정도였다. 테베레강의 홍수도 전혀 없지 않았고, 아라비아 속주에서는 전염병이 발생했고, 남프랑스의 나르보넨시스는 화재로 잿더미가 되었다.

이런 재해가 발생할 때마다, 제2대 황제 티베리우스가 확립한 이후 오랫동안 답습된 로마식 대책이 실행되곤 했다. 그 대책은 세 종류로 이루어져 있었다. 우선 황제가 의연금을 보내 피해자들에게 나누어준다. 그와 동시에 가까운 군단기지에서 파견된 병사들이 '기반 시설'을 복구한다. 또한 로마에서는 황제가 잠정조치법을 발령하여 속주세를 면제한다. 몇 년 동안 면제할지는 피해 규모에 따라 결정되었지만, 3년 내지 5년이 보통이었다.

통상적인 행정만 하고 있으면 무사태평하다는 느낌을 주는 안토니누스의 치세였지만, 만사가 태평하게 돌아가고 있었던 것도 황제가 주의를 게을리하지 않았기 때문이다. 경제 상황이 좋으면 어느새 공무원 수가 늘어나버리지만, 안토니누스는 국가 재정이 흑자인데도 '구조조정'을 잊지 않았다. 일도 하지 않고 봉급을 받는 자는 가차없이 해고했다. 그리고 안토니누스는 무슨 일을 하든 반드시 그 이유를 분명히 했지만, 공직자를 해고할 때도 다음과 같이 이유를 설명했다.

"책임을 다하지 않는 자가 계속 보수를 받는 것만큼 국가에 해롭고 헛된 행위는 없다."

하드리아누스가 크레타 출신 서정시인인 메소메데스에게 주고 있던 연금도 액수를 줄였다. 작품도 발표하지 않고, 따라서 연금을 줄 가치가 있는 재능이 있는지 어떤지 알 수 없다는 것이 그 이유였다.

안토니누스는 공공을 위해 사유재산을 쓰는 것이야말로 부자로 태어난 사람의 책무라고 믿어 의심치 않았지만, 거창한 것만이 아니라 아주 사소한 것에도 사유재산을 썼다. 안토니누스도 트라야누스나 하드리아누스와 마찬가지로 자주 공중목욕탕에 모습을 나타냈는데, 그의 경우에는 목욕탕에서 알몸으로 만나는 사람들한테 작은 선물을 했다. 황제가 가는 날 그 목욕탕을 이용한 사람들의 입장료는 무료였다. 레저 시설인 공중탕 입장료는 정치적 이유로 낮게 억제되어 있었기 때문에, 요금 자체는 대단한 액수가 아니다. 하지만 공짜라면 누구나 좋아하는 법. 그 덕분에 안토니누스가 가는 날은 그 목욕탕 입장객이 크게 늘어나서, 원로원 계급이나 기사계급에 속하는 사람들은 오히려 그곳을 피하게 되었다.

황제란 공복 중의 공복이라고 믿은 안토니누스인 만큼, 무엇을 하느냐만이 아니라 어떻게 하느냐에서도 남의 모범이 되어야 한다고 생각했다. 해야 할 일은 선대의 두 황제가 거의 다 해주었기 때문에, 그 뒤를 이은 안토니누스는 어떻게 하느냐에만 전념하면 되었다.

안토니누스에 따르면 일은 철저하고 명쾌하고 간략하게 해야 하고, 공정성과 투명성이 절대적인 조건이었다. 연고나 정실로 친지나 친구를 등용하는 것은 되도록 피했다. 친구나 친지를 자신과 동등하게 대했고, 그래서 상대들도 지나치게 황제에게 의존해서는 안 되었다.

그렇다면 완전하게 민주적인 사람이었을까. 이 질문에 대해서는 '로마식으로' 민주적이었다고 대답할 수밖에 없다. 하드리아누스가 10년 동안이나 계속 사양한 '국가의 아버지'라는 존칭을 안토니누스는 즉위한 지 불과 1년 뒤에 수락했다. 아내 파우스티나에게도 자신이 황제에 즉위할 때 황후(아우구스타)라는 존칭을 주었다. 하지만 그는 로마 제국의 모든 주민에게 성심성의껏 '아버지' 노릇을 하려고 생각했다. 그리고 무엇을 했느냐가 아니라 어떻게 했느냐로 그것을 보여주려 했던 게 아닐까.

제위에 오른 지 3년째 되던 해에 파우스티나 황후를 여읜 안토니누스는 아내의 유산에 자신의 재산을 보태서 파우스티나 재단이라고 불러도 좋은 기금을 설립했다. 죽은 아내의 이름을 붙인 이 재단은 불우한 소녀들에게 결혼 자금을 지원하는 것을 목적으로 삼고 있었다.

이렇게 흠잡을 데 없는 인격자는 자칫하면 숨막히는 존재가 되기 쉽지만, 안토니누스의 경우는 유머 감각이 있고 얼굴에는 늘 온화한 웃음이 감돌고 있어서 남에게 경원당하는 것을 막아주었다.

궁중에서는 자주 동맹국 제후나 속주의 유력자들을 초대하여 연회를 베푸는데, 안토니누스가 주인 역할을 맡으면 로마 황제의 향연인데도 전원 별장의 만찬으로 변모해버린다. 그것은 그가 별장이나 산장에서 고기나 생선, 채소나 과일을 가져다가 요리하기 때문이었다. 게다가 요리가 나올 때마다 그 재료를 어디서 구했는지를 손님들에게 일일이 설명한다. 포도 수확철에는 많은 로마인처럼 일을 쉬고 별장에 가서 투니카 차림으로 농부들과 함께 일하고, 그 포도로 담근 포도주가 익어가는 과정을 지켜보는 것이 안토니누스 황제에게는 가장 큰 기쁨이었다. 하드리아누스가 사냥을 좋아한 반면, 안토니누스 피우스는 낚시를 좋아했다. 안토니누스에게는 완벽한 시골 신사라는 느낌이 늘 따라다녔다.

신사에게는 행동거지에서 품위와 온화함을 잃는 것이 허용되지 않는다. 남을 꾸짖을 때도 품위있고 온화한 태도를 허물어뜨리면 안 된다. 하루는 '아들' 안니우스(미래의 철인 황제 마르쿠스 아우렐리우스)가 가정교사의 죽음을 슬퍼하며 울고 있는 것을 보았다. '아버지'는 '아들'에게 말했다.

"현인의 철학도 황제의 권력도 감정을 절제하는 데에는 아무 도움도 되지 않을 때가 있다. 그럴 때는 자신이 사나이라는 것을 상기하고 참을 수밖에 없다."

하드리아누스 황제의 위탁을 받아 안니우스를 가르친 카르타고 출신의 철학자 프론토는, 그 젊은이가 성장하여 마르쿠스 아우렐리우스라는 이름으로 제위에 오르자, 옛 제자에게 편지를 써서 보냈다. 이 편지에서 프론토는 지금은 고인이 된 하드리아누스와 안토니누스를 비교하고 있다.

〈하드리아누스에게 친밀한 애정을 품고 있었다고는 말할 수 없다. 그를 대할 때면 그 명석한 사람의 뜻에 어긋나지 않도록 조심하는 게 고작이었다. 마치 전쟁의 신 마르스나 저승의 신 플루토 앞에 서기라도 한 것처럼 바싹 긴장하곤 했다. 왜 그런 기분이 들었느냐고? 애정을 품으려면 자신감과 친밀감이 필수불가결하기 때문이다. 그와 나 사이에는 친밀감이 서로 통하지 않았고, 따라서 그의 앞에서는 나 자신에게 자신감을 가질 수 없었다. 나는 그를 진심으로 존경하고 있다. 하지만 친밀한 애정을 품고 있었다고는 도저히 말할 수 없다.
안토니누스는 정반대다. 나는 해를 사랑하듯, 달을 사랑하듯, 아니 인생을 사랑하듯, 사랑하는 이의 숨결을 사랑하듯 그를 사랑하고 있었다. 그리고 내가 그에게 친밀한 애정을 품고 있듯이 그도 나에게 친밀한 애정을 느낀다고 언제나 확신할 수 있었다.〉

하드리아누스와 안토니누스 피우스가 타인에게 주는 인상의 차이를 이 글만큼 명료하게 말해주는 것은 없다. 하지만 사료는 검증하지 않고는 참고할 수 없다. 가장 쉬운 검증 방법은 이 편지에 거명된 사람들이 접촉했을 당시의 나이와 지위를 비교하는 것이다. 옛 카르타고 땅에서 태어나 젊었을 때 로마로 나와서 변호사로 성공한 프론토가 하드리아누스한테 제위 계승자로 점찍힌 마르쿠스 아우렐리우스의 교육을 위탁받은 것은 서기 138년이었다.
그해에 하드리아누스는 62세. 원래 복잡한 성격에다 병고까지 겹쳐서 점점 까다로워져가고 있었다. 측근에서 모시는 사람들도 금방이라도 터질 듯한 종기를 만지듯 조심한 시기였다. 후계자로 지명한 안토니누스에게 황제 권한의 절반을 물려준 뒤이긴 했지만, 여전히 하드리아누스는 20년 동안 제국을 통치한 최고권력자였다.

그 앞에 선 프론토는 서기 100년 무렵에 태어난 것으로 알려져 있으니까, 이 무렵에는 38세가 될까 말까 한 나이였다. 38세의 젊은이가 62세의 노인 앞에 서면 긴장하게 마련이다. 더구나 상대는 로마 황제다. 그뿐만 아니라 노령과 병고로 남을 배려할 여유도 잃어버린 상태였다.

안토니누스 피우스 황제는 서기 143년에 또 다른 '아들'인 루키우스의 교육까지 맡겼다니까, 이 황제와 카르타고 태생의 교육자는 밀접하게 접촉했을 것이다. 그리고 하드리아누스와 프론토의 나이 차이는 스물네 살이었지만, 안토니누스와 프론토의 나이 차이는 열네 살에 불과했다. 스승인 프론토와 제자인 마르쿠스 아우렐리우스의 나이 차이는 스무 살이다.

하지만 이런 환경의 차이를 고려한다 해도 하드리아누스와 안토니누스의 성격 차이는 감출 수 없다. 하드리아누스는 건강할 때도 따뜻한 햇볕을 쬐어 상대의 긴장감을 풀어주지도 못하고, 조용하고 맑은 달빛으로 상대의 기분을 달래주지도 못하는 성격이었다. 하지만 이런 성격이었기 때문에 진정한 의미의 구조조정, 즉 재구축을 이룩할 수 있었다. 인격이 원만한 사람이 대개혁의 추진자가 된 경우는 하나도 없다.

하지만 사람들한테 친밀한 애정을 받는 것도 마키아벨리가 지도자의 조건으로 꼽은 세 가지 가운데 하나인 '비르투'—이 이탈리아어의 어원은 라틴어인 '비르투스'(Virtus)—임은 틀림없다. 이 경우 '비르투스'는 '역량'이라고 번역하기보다 '덕'(德)이라고 번역해야 할 것이다. 그러니 하드리아누스의 경우에는 '비르투스'를 '역량'이라고 번역하는 편이 적절하고, 안토니누스 피우스의 경우에는 '덕'이라고 번역하는 편이 적절하다.

그런데 마르쿠스 아우렐리우스는 자신과 관계가 깊었던 두 사람, 소년 시절부터 아껴준 하드리아누스와 제위 계승자에게 필요한 경험을 쌓을 기회를 아낌없이 베풀어준 안토니누스 피우스를 어떻게 보고 있었을까. 『명상록』을 읽어보면 그것을 엿볼 수 있다.

마르쿠스 아우렐리우스

『명상록』은 로마의 최고권력자가 쓴 저술로는 율리우스 카이사르의 『갈리아 전쟁기』와 『내전기』 이후에 나온 유일한 책이다. 그밖에도 술라, 티베리우스, 클라우디우스, 트라야누스, 하드리아누스, 셉티미우스 세베루스가 회고록이나 전쟁기를 썼다지만, 제국 말기와 뒤이은 중세의 기독교 시대에 모두 사라져버리고 오늘날까지 남아 있는 것은 카이사르와 마르쿠스 아우렐리우스의 저술뿐이다.

마르쿠스 아우렐리우스 황제는 자기가 누구한테 무엇을 배웠는가를 인명별로 열거하는 것으로 『명상록』을 쓰기 시작했다. 우선 할아버지, 아버지, 어머니, 스승(프론토 여기에 들어간다), 몇몇 학자 등을 열거한 뒤, 양아버지인 안토니누스 피우스에게 특히 많은 지면을 할애하고 있다. 그러면서도 자신을 양자로 삼는 조건으로 안토니누스 피우스에게 제위를 물려준 하드리아누스에 대해서는 한마디도 언급하지 않는다. 어쩌면 언급하지 않았다는 것 자체가 하드리아누스에 대한 이 철인 황제의 견해를 나타내는지도 모른다.

그러면 후세가 '철인 황제'라고 부르게 되는 마르쿠스 아우렐리우스는 안토니누스 피우스를 어떻게 생각하고 있었을까. 그 부분은 이렇게 시작된다. 좀 길지만 전부 소개하겠다.

〈아버지에게서 나는 온화한 성품과, 심사숙고한 뒤에 결정한 일은 단호하게 실행하는 불변의 의지를 가질 것을 배웠다. 사람들이 뒤쫓는 명예 따위에서 허영을 구하지 말고, 노동과 근면을 사랑하고, 공익을 위해 건의하는 말에는 기꺼이 귀를 기울이고, 상벌을 가할 때는 그 공과에 따라 공정하게 할 것과, 상황에 따라 준엄하거나 관용을 베풀거나 해야 할 때는 경험을 통해야 한다는 것 등을 나는 아버지로부터 배웠다.

또한 내가 관찰한 바에 따르면 그분은 미소년들에 대한 정욕을 자제했다.(이것은 특히 하드리아누스를 염두에 둔 평가임이 분명하다.) 또한 그분은 다른 시민들보다 당신이 더 나을 게 없다고 생각했다. 아버지는 신하에 대해서도 식사할 때나 다른 지방으로 떠날 때 갖추어야 할 절차나 일체의 구속을 면제해주었다. 따라서 어떤 긴급한 사정으로 아버지한테 예의나 절차를 소홀히 한 사람에게도 늘 관대했고 한결같았다.

또한 아버지는 모든 중요한 사항을 처리하면서 주도면밀하고 참을성 있게 검토하고 연구했으며, 표면에 드러나는 사실만 가지고 판단하여 조사를 중단하게 하는 일이 결코 없었다. 또한 아버지는 친구들을 오래 사귀고 보호했으며, 금세 싫증을 내거나 애정을 남발하는 일이 없었으며, 어떤 경우라도 만족스럽고 쾌활하게 처신했다. 그리고 모든 일은 미리 살펴 극히 사소한 일이라도 빈틈없이 처리했으며, 세속의 갈채나 모든 아첨은 미리 저지시켰다.

또한 국가를 통치하는 데 필요한 모든 문제에 부단한 주의를 기울여 좋은 통치자가 되도록 노력했으며, 이런 행위들로 생기는 비난에 대해서는 강한 인내로 견뎌냈다. 아버지는 신들을 충분히 신봉했으되 미신적으로 신봉하지 않았으며, 선심을 베풀어 민중의 환심을 사려고도 하지 않았다. 또한 민중을 위하는 척하면서 농락한 일도 없었고, 매사에 냉철하고 성실한 태도로 임했기에 결코 비열한 사상, 비열한 행위를 내보이지 않았으며, 결코 신기한 취미에 빠지는 일도 없었다. 반면에, 생활에 유쾌함과 윤택함을 더해주는 행운을 잡을 수 있는 기회가 생기면, 아버지는 과시하거나 주저하지 않고 그 방법들을 받아들였다. 그리하여 그것들을 소유했을 때는 꾸밈없이 즐거움을 누렸으며, 그렇지 못했을 때는 압박감에 시달리는 일 없이 스스로 자유로움을 느꼈다. 어느 누구도 그분을 궤변가라든지 교양없고 경솔한 공론가라고 비난하지 않았다. 오히려 모든 사람이 그를 가리켜 원숙하고 완성된 인격의 소유자로서 아첨을 초월하여 자타(自他)의 어떤 일도 관리할 수 있는 사람이라고 인정했다.

한편 아버지는 참된 철학자를 존경했고, 위선적인 철학자들에 대해서는 아무리 세간에서 명성이 자자해도 경멸했으며, 그들의 학설에 현혹되는 일도 없었다. 또한 좌담 자리에서도 늘 원만하여, 어떤 경우라도 무례한 태도를 보이는 일이 없이 좌중을 유쾌하게 이끌었다.

그분은 육체의 건강에 세심한 주의를 기울였지만, 그렇다고 해서 삶에 지나치게 집착하지도 않았다. 또한 신체적 외모에 대해서도 특별히 신경쓰지 않았으며, 그렇다고 전혀 무관심하지도 않았다. 그러므로 의사의 진찰이나 약제사의 처방을 받을 필요가 거의 없었다.

그분은 웅변이나 법률, 윤리학 등에 특별한 재능이 있는 사람들에 대해 유쾌히 앞장서서 길을 열어주었다. 또한 그들이 실력에 합당한 명성을 얻을 수 있도록 후원해주었다. 그러면서도 국가의 제도나 법률에 위배되는 일이 없게 처신했다.

그분은 변화나 불안정을 싫어해서, 한 장소에서 한 가지 일에 몰두하기를 즐겼다. 그러므로 그분은 심한 두통을 겪은 뒤에라도 즉시 기분을 바꾸어 활기차게 본래의 일로 돌아올 수 있었다.

그분에겐 비밀이 많지 않았다. 있다 해도 그건 극히 드문 일로서, 그것도 오직 국가의 중대사에 한정된 것뿐이었다. 그분은 공공건물을 짓거나 시민들에게 볼거리나 하사금을 제공하는 일도 늘 신중하게 경제에 주안점을 두고 시행했다. 그분은 자기가 해야 할 일만을 행할 뿐, 개인적 행위에 따른 헛된 명성을 추구하지 않는 사람이었기 때문이다.

나는 사생활에서도 많은 것을 그분에게 배웠다. 목욕은 반드시 하루 일을 끝낸 뒤에 할 것. 호화 저택을 짓는 데 열의를 쏟지 말 것. 식사에 필요 이상의 관심을 갖지 말 것. 옷의 양과 색깔에 신경쓰지 말 것. 시중드는 노예의 용모에 호기심을 갖지 말 것. 그분이 롤리오에서 보내준 편지를 보면, 그곳 별궁의 회랑을 수리할 때 낭비가 없도록 얼마나 세심한 주의를 기울였는가를 알 수 있다. 투스쿨룸의 별궁을 수리할 때도 역시 낭비를 피하려는 노력을 아끼지 않았다.

그분은 공사를 불문하고 무례한 행동도, 뻔뻔스러운 행동도 하지 않았으며, 남과 과격하게 맞서는 일도 없었다. 세간에서는 "땀까지 관리한다"고 말하지만, 그분의 모든 언행은 심사숙고의 결과였기 때문에 때와 장소에 완벽하게 적합했고, 그것이 그분의 언행에 질서와 일관성과 조화를 주었다.

그분을 생각하면 떠오르는 말이 있다. "많은 사람이 절제하지 못하고 지나치게 향락에 빠져 있으나, 절제하면서도 얼마든지 향락을 동시에 누릴 수 있다." 크세노폰이 소크라테스에 대해 쓴 글인데, 이 말은 그분에게도 그대로 적용할 수 있다. 어느 한쪽에 치우치거나 빠져듦이 없이 양쪽 모두 건전하게 누릴 수 있다는 것이다.

죽음이 가까운 나이에도 그분은, 원기왕성했던 시절의 건강과 기력이 쇠퇴하면 그 결함을 온건함과 차분함으로 벌충할 수 있다는 것을 알고 있었다. 그것은 내 스승이었던 클라우디우스 막시무스도 보여준 청렴하고 꿋꿋한 불굴의 정신을 갖고 있다는 증거이기도 했다.〉

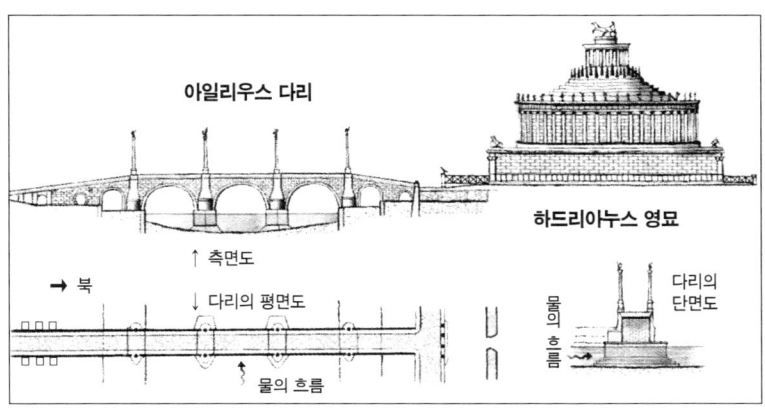

하드리아누스 영묘와 아일리우스 다리(복원도)

이래서는 마르쿠스 아우렐리우스 황제가 하드리아누스에 대해 한마디도 언급하지 않은 이유를 알 만하다. 이 말을 듣고 생각났지만, 선대의 두 황제, 특히 트라야누스 황제가 공공건물을 마구 세운 덕분에 안토니누스 피우스 황제 시대에 지어진 공공건물은 아주 적었다.

'하드리아누스 영묘'라고 불리는 테베레강 서안의 황제묘는 하드리아누스가 죽은 지 1년 뒤인 139년에 완공되었으니까, 하드리아누스가 생전에 착공한 것을 안토니누스가 이어받아 완공한 것이다. 이곳은 훗날 교황청 성채로 개조되어 카스텔 산탄젤로라고 불리게 되는데, 이 영묘에는 137년에 사망한 사비나 황후, 138년 벽두에 사망한 아일리우스 카이사르, 그리고 같은해 여름에 사망한 하드리아누스의 유해가 매장되었다. 그 후 안토니누스의 아내 파우스티나도 이곳에 묻혔고, 그로부터 20년 뒤에는 안토니누스 자신도 거기에 묻히게 된다.

테베레강 이쪽에서 '황제묘'로 직행할 수 있도록 다리도 놓인다. 이 다리 또한 하드리아누스의 계획에 따른 것이었다. 안토니누스는 이 돌다리를 '폰스 아일리우스'(아일리우스 다리)라고 명명했다. '하드리아누스 다리'라는 뜻이다. 아일리우스는 하드리아누스의 가문 이름이었다.

안토니누스 황제가 착공한 건축물은 이 다리말고는 단 하나, 신격화된 하드리아누스를 모신 신전뿐이다. 판테온 바로 근처에 있고, 오늘날에는 관세청 따위로 쓰이고 있지만, 신전 오른쪽에 늘어서 있던 코린트식 원기둥밖에 남아 있지 않다. 그것도 11개의 원기둥 사이가 시멘트로 완전히 메워져 있다. 하지만 건재했을 당시에는 동쪽으로 면한 입구 앞에 광장이 펼쳐져 있었다. 완성된 것은 서기 145년, 하드리아누스가 죽은 지 7년 뒤였다.

이 '신격 하드리아누스 신전'(Templum divus Hadriani)이 다른 신격들에게 바쳐진 사원과 다른 점은 벽면을 장식하고 있었을 38개의 인물상이다. 벽면에 부조된 이 초상들은 로마 제국을 구성하고 있던 38개 속주를 우의적으로 표현한 것이다. 오늘날 로마와 나폴리의 미술관에 남아 있는 것은 그 가운데 16개에 불과하지만, 이것을 보면 속주가 공화정 시대처럼 로마에 굴복한 형태가 아니라 대등하게 자기 존재를 주장하는 모습으로 표현되어 있음을 누구나 알아차릴 것이다. 속주민은 이제 더 이상 피정복민이 아니라, 정복자인 로마인과 동화하여 융합한 존재가 되어 있었다. 카라칼라 황제가 로마 제국 전역의 모든 자유민에게 로마 시민권을 준 것은 서기 212년, 하드리아누스 신전이 완공된 지 67년밖에 지나지 않았을 때의 일이다.

각 속주를 우의적으로 표현한 부조는 제국 전역을 시찰하고 순행하는 데 치세의 태반을 보낸 하드리아누스 황제의 신전에는 정말 어울리는 장식이다. 어쩌면 이것도 하드리아누스의 아이디어가 아닐까 하는 생각이 든다.

그밖에는 안토니누스 피우스가 손댄 공공건물이 하나도 없다. 마르쿠스 아우렐리우스가 말했듯이 안토니누스는 기존 건조물이나 가도, 다리, 수도교를 보수·유지하는, 중요하긴 하지만 수수한 일로 만족하고 있었다.

행운과 행복으로 충만한 23년을 보내고 찾아온 서기 161년 봄, 롤리오 별장에 머물고 있던 황제는 저녁식사를 마치자마자 먹은 것을 다 토해버렸다. 그날 밤부터 이튿날까지 고열이 계속되었다. 수도 로마에서 제위 계승자인 40세의 마르쿠스 아우렐리우스와 31세의 루키우스 베루스가 달려왔다. 그 이튿날 근위대장이 불려왔다. 반년만 지나면 75세가 되는 안토니누스 피우스는 국장을 너무 화려하게 치르지 말라는 말만 남기고 조용히 숨을 거두었다.

로마인들은 노인의 죽음을 자연스러운 일로 받아들였기 때문에, 고인을 애석하게 여기는 것은 육친뿐이라고 생각한다. 하지만 안토니누스의 경우에는 마치 젊은이가 요절하기라도 한 것처럼 원로원도 로마 시민도 속주민도 한결같이 그의 죽음을 깊이 애도했다. 누구나 '안토니누스 피우스'(자비로운 안토니누스)의 죽음을 아쉬워했다.

'국가의 아버지'

하드리아누스 황제를 서술할 때 막판에 소개한 아일리우스 아리스티데스를 다시 등장시켜, 안토니누스 피우스 황제에 대한 서술을 마무리짓고 싶다. 당시 20대 후반에 접어들었다는 소아시아 태생의 그리스인 학자는 안토니누스 피우스 황제와 원로원 의원들 앞에서 이렇게 말을 이었다.

〈로마 세계는 마침내 광대한 지역에서 민주적 통치체제를 실현했다. 그것은 과거의 그리스 도시국가를 대형화한 것이라 해도 좋다. 지도층은 시민들 가운데 재능이 풍부한 사람들로 구성되어 있고, 그들의 출신지는 모든 속주에 골고루 퍼져 있기 때문에, 제국 전역을 통치하는 것은 제국 전역에서 모인 인재라는 이야기가 된다.

그들은 모두 로마 시민권 소유자로 태어났거나 나중에 시민권을 부여받은 사람들인데, 이들 개개인의 재능과 행정 및 군사 면에서의 훌륭한 조직화로 광대한 제국의 통치가 이루어지게 되었다. 다시 말해서 제국을 대표하는 인물과 조직이 원활하게 기능을 발휘함으로써 제국이 통치되고 있는 것이다.

전쟁은 이제 국경에서만 벌어질 뿐이고, 제국 내부의 분쟁은 완전히 모습을 감추었다. 제국 안에는 평화와 번영과 행복이 구석구석 침투해 있다. 제국 바깥에 살면서 자나깨나 부족 싸움에 몰두하는 자들이 불쌍해 보일 정도다.

로마는 만인에게 문호를 개방했다. 따라서 다른 인종, 다른 민족, 다른 문화가 한데 섞여 움직이는 로마 세계는 그곳에 사는 모든 사람이 각 분야에서 제각기 맡은 일에 힘쓰는 사회를 만들어냈다. 공통된 축제일에는 황제가 주최하는 제의가 거행되지만, 민족이나 종교에 따라 각자의 제의도 자유롭게 거행되고 있다. 이는 각자가 자신의 존엄성과 정의를 유지하는 데 도움이 된다.

로마는 누구한테나 통하는 법률을 마련하여, 인종이나 민족이 다르고 문화를 공유하지 않아도 법을 중심으로 공존공영할 수 있다는 것을 보여주었다. 그리고 이 생활방식이 사람들에게 얼마나 이익이 되는가를 보여주기 위해 수많은 권리도 보장해주었다.

이 로마 세계는 하나의 커다란 집이다. 그곳에 사는 사람들 모두에게 로마 제국이라는 대가족의 일원임을 날마다 상기시켜주는 커다란 집이다.〉

서기 143년에 강연한 내용이니까, 이 글에 언급되어 있는 것은 안토니누스의 치세 5년째에 접어든 로마 제국이고, 따라서 안토니누스 피우스의 치세 마지막을 장식하기에는 부적당하다고 생각하는 사람도 있을지 모른다.

사실 그 말이 옳다. 안토니누스의 치세는 그 후로도 18년이나 계속되었기 때문이다. 하지만 이것을 로마 가도망이 만들어지기 시작할 때부터 완성될 때까지의 과정과 비교해보면 '부적당하지 않다'는 것을 알게 되리라 생각한다.

개념으로 보나 철저한 시공으로 보나 오늘날의 고속도로망에 비견되는 로마 가도망은 기원'전' 312년부터 만들어지기 시작하여 하드리아누스 황제 시대인 기원'후' 130년 무렵까지 무려 4세기 반이나 걸려 완성되었다. 로마 세계의 형성도 이와 비슷하다. 속주민에게도 원로원을 개방하여 속주까지 공동운명체 안으로 끌어들인 것은 율리우스 카이사르다. 그 후의 황제들도 적극적이냐 소극적이냐의 차이는 있지만 이 기본 방침에 따랐다.

그리고 로마의 이런 방식이 피정복민의 컨센서스까지 획득하려면 그들에게도 그것이 이익을 가져다주는 수단이 되어야 한다. 군단의 신속한 이동을 목적으로 건설된 로마 가도가 그 주변 주민들의 경제력 향상으로 이어진 것과 같은 이치다.

아무리 완벽하게 만들어진 조직이라도 시간이 흐르면 노화하여 시대에 걸맞지 않게 되는 것은 피할 수 없다. 따라서 기능을 유지하거나 향상시키기 위해서는 개혁이라는 이름의 대책이 필요해진다. 제9권에서 다룬 황제들만으로 한정하면, 다키아를 정복하여 도나우강 방위선을 강화하는 데 성공한 트라야누스와 제국 전역을 순시하여 제국의 통치체제와 방위체제를 재구축한 하드리아누스가 '개혁'을 담당한 황제였다. 이들의 뒤를 이은 안토니누스의 책무는 '개혁'이 아니라 개혁을 '정착'시키는 일이었다.

아리스티데스의 강연이 서기 143년의 로마 건국 기념일이 아니라 안토니누스가 죽기 전인 서기 160년 4월 21일에 이루어졌다 해도, 소아시아 출신인 이 그리스인은 똑같은 말을 하지 않았을까.

그리스인의 역사와 로마인의 역사를 구분짓는 가장 명확한 차이는 무엇일까. 그리스인의 역사는 도시(폴리스)들 사이의 항쟁의 역사이고, 로마인의 역사는 내부의 권력투쟁은 있었지만 도시나 부족들 사이의 항쟁은 없었다는 점이 아닐까.

로마 제국에서는 그리스 문화를 애호하는 네로 황제나 도미티아누스 황제가 그렇게 열심히 노력했는데도 올림피아식 경기대회를 로마에 이식하는 데 성공하지 못했다. 4년에 한 번은 도시들이 전쟁을 멈추고 올림피아에 모여 신체적 기량이나 글재주나 음악적 재능을 겨룬다는 이념이 로마인과는 무관했기 때문이다. 로마가 정복한 뒤, 서방에서는 부족집단이 '지방자치단체'로 바뀌고, 동방에서는 '도시'(폴리스)들이 저마다 자치권을 가지고 패권자 로마의 산하에 들어갔다. 이제 부족 간 투쟁과 도시 간 투쟁은 과거의 것이 되어버렸다. 너무 자주 말해서 지겹게 느껴지더라도 나는 몇 번이고 되풀이 말하겠다. 인간에게 가장 중요한 것은 안전과 식량을 확보하는 것인데, '안전'이 보장되어야만 비로소 '식량'도 보장된다고. 따라서 '평화'야말로 최고의 가치라고.

하드리아누스와는 달리 수도 로마에 머물면서 제국을 통치한 안토니누스가 진심으로 바란 것은 커다란 집으로서의 로마 제국을 확립하는 것이었다. 그는 제국 안의 모든 사람이 그 큰 집에서 한데 어울려 사는 대가족의 일원이 되기를 바라고, 그런 통치를 실행했다.

황제에게 주어지는 '국가의 아버지'(파테르 파트리아이)라는 존칭을 하드리아누스는 줄곧 사양하다가 10년 뒤에야 받았다. '국가의 아버지'란 황제로서 이룩한 업적에 대해 주어지는 존칭이라고 생각했기 때문이다. 반대로 안토니누스는 제위에 오른 것과 거의 동시에 '국가의 아버지'라는 칭호를 수락했다. 이는 안토니누스가 '국가의 아버지'를 문자 그대로의 의미로 받아들였음을 보여준다.

　같은 로마 황제지만, 트라야누스와 하드리아누스는 통치자로서 치세를 마쳤고, 안토니누스 피우스는 아버지 역할로 일관했다. 마르쿠스 아우렐리우스가 묘사한 안토니누스는 그야말로 이상적인 아버지의 상(像)이 아닌가.

연대	로마 제국			그밖의 세계
	본국	서방 속주	동방 속주	
서기 53년		9월 18일, 마르쿠스 울피우스 트라야누스, 에스파냐 남부 베티카 속주의 이탈리카에서 탄생.		
54년	클라우디우스 황제 사망, 네로 즉위.			
55년	역사가 타키투스 탄생.			(중국) 후한 초대 황제인 광무제 사망. 명제 즉위(57년).
61년		브리타니아가 봉기하지만 로마군에 진압.		
66년			제1차 유대 전쟁(70년까지).	(중국) 이 무렵, 낙양성 서쪽에 백마사 건립(67년).
68년	네로 자살. 그 후 약 1년 사이에 갈바 · 오토 · 비텔리우스가 차례로 제위에 오름.			
69년	베스파시아누스, 제9대 황제에 즉위. 플라비우스 왕조 시작.			
70년			로마군의 예루살렘 함락.	
75년	트라야누스, 시리아 속주 총독에 임명된 아버지를 따라 '주홍색 띠를 두른 대대장'으로 부임.			
76년		1월 24일, 푸블리우스 아일리우스 하드리아누스, 에스파냐의 이탈리카에서 탄생.		
77년	트라야누스, 라인강 방위선 군단으로 전속.			
79년	베스파시아누스 사망. 맏아들 티투스가 즉위. 베수비오 화산 폭발.			

81년	티투스 사망. 9월 14일, 도미티아누스, 제위에 오름. 트라야누스, 회계감사관에 선출.			(중국) 이 무렵, 반고(班固)의 『한서』(漢書) 완성.
83년	트라야누스, 원로원에 들어감.			
86년	하드리아누스(10세), 대부인 트라야누스 및 아티아누스의 지시에 따라 로마로 이주. 9월 19일, 라누비오에서 안토니누스(나중에 안토니누스 피우스 황제) 탄생.	하드리아누스의 아버지 사망.		
87년	트라야누스, 법무관에 선출.	도미티아누스, 다키아로 진격하지만 실패.		
88년		트라야누스, 에스파냐 주둔 제7군단 군단장에 임명. 율리아누스, 도미티아누스 황제의 명령으로 도나우강을 건너 다키아에 설욕하지만 본거지 공략은 단념.		
89년		고지 게르마니아군 사령관 사투르니누스의 반란. 에스파냐의 트라야누스가 황제로부터 반란 진압 명령을 받음. 사투르니누스의 자결로 반란 종결.		
90년	트라야누스, 황제의 추천으로 91년 집정관에 선출.	하드리아누스, 대부의 지시에 따라 고향 이탈리아로 돌아감.		(중국) 반초(班超), 서역도호가 되다 (91년)
92년		트라야누스, 고지 게르마니아군 사령관에 임명. 고지 게르마니아 속주 총독도 겸임.		(중국) 반고(班固)의 옥사.
93년	하드리아누스, 로마로 돌아가 시민권과 상속을 심사하는 직책을 맡음.			

94년		하드리아누스, 부다페스트 군단기지에 '주홍색 띠를 두른 대대장'으로 파견. 도미티아누스, 다키아와 강화 체결.		(중국) 반초, 서역의 50여 개국을 한에 복속.
96년	9월 18일, 도미티아누스 황제 암살. 향년 44세. 원로원, 네르바를 황제로 승인. **네르바, 제12대 황제에 즉위.** 원로원, 도미티아누스를 '기록말살형'에 처하기로 결의		하드리아누스, 먼 모에시아 속주의 제5군단으로 전속.	
97년	10월 27일, 네르바가 트라야누스를 후계자로 지명.			(중국) 반초, 감영(甘英)을 대진국(大秦國: 로마 제국)에 파견(97년).
98년	트라야누스, 네르바와 함께 집정관에 취임. 1월 27일, 네르바 황제 사망. 향년 71세. 타키투스, 『아그리콜라』 집필. 타키투스, 『게르마니아』 집필 (100년까지)	1월 28일, 하드리아누스, 쾰른에 머물고 있는 트라야누스에게 네르바의 부음을 알림. **트라야누스, 제13대 황제에 즉위.** 트라야누스, 라인강 전선에 그대로 머물다가 겨울에 도나우강 연안으로 떠남.		
99년	초여름, 트라야누스, 황제에 즉위한 뒤 처음으로 로마로 귀환.			
100년	소플리니우스, 보결 집정관에 취임.			
101년	하드리아누스, 회계감사관에 선출. 3월 25일, 트라야누스, 로마를 떠나 다키아 공략에 나섬.	제1차 다키아 전쟁. 로마의 연전연승.		
102년	하드리아누스, '원로원 의사록 담당관'에 임명. 하드리아누스, 트라야누스의 종손녀 사비나와 결혼. 겨울, 트라야누스, 로마로 돌아와 개선식을 거행.	다키아와 강화 성립(제1차 다키아 전쟁 종식). 다키아는 사실상 로마의 속국이 됨.		

103년	원로원, 트라야누스에게 '다키쿠스'라는 칭호를 부여.	이 무렵 도나우강에 '트라야누스 다리' 건설.	(중국) 이 무렵, 채륜(蔡倫)이 종이 발명(103년). (인도) 이 무렵, 『마누 법전』 성립(103년).
105년	6월 4일, 트라야누스, 다키아로 다시 떠남(제2차 다키아 전쟁).	봄철에 다키아가 강화를 파기하고 로마군 숙영지를 습격. 제2차 다키아 전쟁. 하드리아누스, 본에 주둔하는 제1군단 군단장으로 참전.		
106년	하드리아누스, 법무관에 선출. 타키투스, 『동시대사』 집필 (109년까지). 트라야누스, 로마로 개선. 다키아, 로마의 속주로 편입.	봄에 로마군이 다시 도나우강을 건너 다키아로 진격. 여름에 다키아의 수도 사르미제게투사가 함락. 다키아 왕 데케발루스 자결. 그 일대의 다키아 주민은 북부 변경으로 강제 이주(제2차 다키아 전쟁 종식).	로마, 아라비아(오늘날의 요르단)를 합병, 아라비아 나바테아 속주로 삼음.	
107년	연초에 트라야누스의 개선식 거행. 하드리아누스, 먼 판노니아 속주 총독에 임명. 트라야누스의 심복인 술라 사망.			
108년	하드리아누스, 이듬해 담당 집정관에 선출.			
110년			파르티아 왕 파코루스 사망. 그 후 아르메니아 왕위를 둘러싸고 파르티아와 아르메니아의 대립 격화.	
111년	안토니누스, 회계감사관에 선출.		트라야누스, 비티니아 속주를 원로원 속주에서 황제 속주로 변경. 가을, 소플리니우스, 비티니아 속주 총독으로 부임(113년 봄까지). 트라야누스와 편지 교환.	

112년	1월 1일, '트라야누스 포럼' 완공.		하드리아누스, 아테네시로부터 '아르콘' 칭호 받음.	
113년	5월, 다키아 전쟁을 묘사한 '트라야누스 원기둥'이 공개됨. 트라야누스, 아르메니아와 파르티아의 대립을 기회로 파르티아를 원정하기로 결정, 10월 27일 로마를 떠남.		트라야누스의 파르티아 원정에 하드리아누스도 동행하여 시리아 총독에 임명.	
114년	여름, 트라야누스, 원로원으로부터 '옵티무스'(지고)라는 칭호를 받음.		봄, 트라야누스, 시리아 속주의 도읍인 안티오키아에서 파르티아로 떠남. 로마군, 파르티아와 싸워 메소포타미아 북부를 장악. 아르메니아, 로마의 속주로 편입.	
115년	타키투스, 『연대기』 집필(117년까지). 원로원, 트라야누스에게 '파르티쿠스'라는 존칭을 부여.		봄에서 가을에 걸쳐 로마군이 티그리스강까지 진격. 유대 일대에서 반란이 일어나 이집트·키레나이카·키프로스로 파급.	
116년	안토니누스, 원로원에 들어가는 동시에 법무관에 선출.		겨울(또는 115년 말), 로마군이 월동 중인 안티오키아에서 지진 발생. 트라야누스도 가벼운 부상. 파르티아의 수도 크테시폰을 로마군이 점령. 파르티아 왕 오스로에스는 수도가 함락되기 전에 도주. 이 무렵, 로마 제국의 판도가 최대에 이름. 페르시아만까지 진격한 트라야누스가 겨울철 숙영을 위해 연말에 다시 안티오키아로 돌아오자, 메소포타미아에서 일제히 반란이 일어남.	
117년	트라야누스의 유해가 로마로 귀환. 개선식 거행.	브리타니아에서 브리간테스족이 봉기, 주둔 중인 로마 군단을 궤멸시킴.	트라야누스, 병석에 눕다. 7월 말, 하드리아누스에게 뒷일을 부탁하고 안티오키	

			아에서 귀국길에 오름. 8월 9일, 트라야누스, 양자로 삼겠다는 뜻을 하드리아누스에게 전달. 같은 날, 킬리키아의 셀리누스에서 트라야누스 황제 사망. 향년 63세. **하드리아누스, 제14대 황제에 즉위.** 8월 11일, 동방군단 장병들이 하드리아누스에게 충성 서약. 11월, 하드리아누스, 군단을 이끌고 동방 전선을 떠남.	
118년	하드리아누스의 대부인 아티아누스가 대장을 맡고 있는 근위대 병사가 4명의 집정관 경험자를 살해. 7월, 하드리아누스, 로마로 귀국. 하드리아누스, 체납세 탕감 조치 발표.			
120년	안토니누스, 집정관에 선출.			
121년	하드리아누스, 갈리아를 향해 로마를 떠나다. 최초의 순행 개시.	4월 26일, 마르쿠스 안토니누스 베루스(나중에 마르쿠스 아우렐리우스 황제) 탄생. 하드리아누스, 리옹에서 '게르마니아 방벽'을 거쳐 라인강 방위선 시찰.		
122년	트라야누스의 아내 플로티나 사망.	하드리아누스, 라인 강어귀에서 브리타니아로 건너감. 브리타니아에서 '하드리아누스 성벽' 건설을 지시. 여름부터 가을 사이에 도버해협을 건너 갈리아로 들어와 아비뇽을 건설. 트라야누스의 아내 플로티나의 부고를 받고, 그녀의 고향인 님에 신전 건립. 겨울에는 에스파냐로 가서 타라고나에서 월동.	이집트에서 소란이 일어남. 하드리아누스, 이집트 속주 장관에게 진압을 명령.	

123년	이 무렵 로마 근교인 티볼리에 '하드리아누스 빌라' 착공.	봄, 하드리아누스, 파르티아의 불온한 움직임을 알고 예정을 변경하여 시리아로 출발.	파르티아와의 위기를 피한 하드리아누스는 그대로 소아시아를 시찰. 이듬해까지 소아시아를 순행하고 트라키아로 가다. 도나우강 방위선을 시찰하고 빈까지 가다.	
124년			하드리아누스, 가을부터 이듬해 봄까지 아테네에 체류. 이곳에 제우스 신전을 건립.	
125년	봄, 하드리아누스, 그리스를 떠나 시칠리아를 방문한 뒤 늦여름에 로마로 귀환.			
126년	봄, 하드리아누스, 두 번째 순행(아프리카 시찰). 여름, 아프리카 순행을 마치고 로마로 귀환. 하드리아누스, 네라티우스 프리스쿠스 등 세 사람에게 로마법 집대성을 명령.			
128년	여름, 하드리아누스, 세 번째 순행(동방 시찰).		하드리아누스, 아테네에 도착.	
129년			하드리아누스, 아테네를 떠나 소아시아와 시리아를 시찰하고 안티오키아에서 월동.	
130년	12월 15일, 루키우스 케이오니우스 베루스(나중에 루키우스 베루스 황제)가 로마에서 탄생.		하드리아누스, 유대를 시찰. 예루살렘 근교에 '아일리아 카피톨리나' 건설. 유대교도의 할례 금지. 유대를 시찰한 뒤 이집트로 떠남.	
131년	하드리아누스가 편찬을 지시한 『로마법 대전』 완성.		나일강 유람 중에 하드리아누스의 총애를 받던 안티노가 익사. 하드리아누스, 이집트를 떠나 안티오키아와 터키를 돌	

132년			고 아테네로 떠남. 가을, 예루살렘을 중심으로 바르 크크바와 라비 아키바가 이끄는 유대교도의 반란. 연초에 코크바 등이 예루살렘을 장악. 하드리아누스, 아테네에서 안티오키아로 출발. 로마군의 반격 개시.	(중국) 후한의 장형(張衡), 천구의와 지진계를 제작.
134년	봄, 하드리아누스, 로마로 귀환.		연초에 로마군이 예루살렘을 함락. 유대교도의 반란이 사실상 끝남. 하드리아누스, 반란에 가담한 유대교도를 예루살렘에서 추방, 유대 속주의 이름을 '팔레스타인'으로 바꿈.	
135년			안토니누스, 아시아 속주 총독에 임명(136년까지).	
136년	하드리아누스, 매부(세르비아누스)와 그 손자를 황제 암살 음모 혐의로 처형. 하드리아누스, 아일리우스 카이사르를 양자로 삼고 후계자로 지명.		9월 26일, 유대교도 반란군이 농성 중이던 최후의 요새 베틸이 함락.	
137년	아일리우스 카이사르, 집정관에 선출되어 판노니아 전선에 파견. 하드리아누스의 아내 사비나 사망. 섣달 그믐날, 이튿날 원로원에 등원하기 위해 로마로 돌아와 있던 아일리우스 카이사르가 피를 토하고 사망.			
138년	하드리아누스, 생일인 1월 24일 안토니누스를 사저로 초대하여 양자 결연을 제의. 2월, 안토니누스가 양자 결연을 수락. 안토니누스, 하드리아누스			

연표 467

	의 요청에 따라 마르쿠스 아우렐리우스와 루키우스 베루스를 양자로 삼음. 하드리아누스, 프론토에게 마르쿠스 아우렐리우스의 교육을 위탁. 7월 10일, 하드리아누스, 바이아의 별장에서 사망. 향년 62세. **안토니누스, 제15대 황제에 즉위.** 하드리아누스의 신격화를 둘러싸고 안토니누스와 원로원이 대립. 하드리아누스를 변호한 안토니누스는 그 후 '안토니누스 피우스'(자비로운 안토니누스)라고 불리게 됨.		
139년	'하드리아누스 영묘' 완공.	브리타니아에서 원주민 반란.	
140년	안토니누스 피우스의 아내 파우스티나 사망.		
142년		브리타니아 반란 진압. 안토니누스 피우스, 하드리아누스 성벽 북쪽에 안토니누스 성벽 건설.	
143년	안토니누스 피우스, 프론토에게 루키우스 베루스의 교육을 맡김.		(인도) 이 무렵, 쿠샨 왕조의 카니시카 왕 즉위 (143년).
145년	'신격 하드리아누스 신전' 완공.		
161년	3월 17일, 안토니누스 피우스, 로마 근교의 롤리오 별궁에서 사망. 향년 75세.		

참고문헌

제1차 사료
- 갈레노스(Claudios Galenos, 서기 129년~199년)
  『그리스의 해부학』
- 마르티알리스(Marcus Valerius Martialis, 서기 40년경~103년경)
  『풍자시집』
  『구경거리』
  『선물』
- 수에토니우스(Gaius Suetonius Tranquillus, 서기 69년경~122년 이후)
  『황제열전』
- 아리스티데스(Publius Aelius Aristides Thedorus, 서기 117년~185년경)
  『변론집』
- 아리아누스(Flavius Arriauns, 서기 95년경~175년)
  『알렉산드로스 동방 원정기』
  『인도 역사』
- 아풀레이우스(Lucius Apuleius, 서기 125년경~180년경)
  『황금 나귀』
  『마법에 관하여』
  『변명』
- 요세푸스 플라비우스(Josephus Flavius, 서기 37년~100년)
  『유대 전쟁기』
  『고대 유대』
  『아피온에 대한 반론』
  『자서전』

- 유베날리스(Decimus Junius Juvenalis, 서기 50년경~130년경)

  『풍자시집』
- 타키투스(Publius Cornelius Tacitus, 서기 56년경~120년경)

  『연대기』

  『역사』

  『게르마니아』

  『아그리콜라』

  『변론집』
- 파우사니우스(Pausanius, 서기 143년~176년)

  『그리스 안내기』
- 프론토(Marcus Cornelius Fronto, 서기 100년경~166년경)

  『서간집』
- 플루타르코스(Plutarchos, 서기 50년경~120년 이후)

  『영웅전』
- 대(大)플리니우스(Gaius Plinius Secundus, 서기 23년~79년)

  『박물지』
- 소(小)플리니우스(Gaius Plinius Caecilius Secundus, 서기 61년~113년경)

  『서간집』

  『송가』
- 필론(Philon Judaeus, 기원전 30년경~서기 45년)

  『명상 생활』

후세에 쓰인 역사서 및 연구서

Abramson, E., *Roman Legionaries at the Time of Julius Caesar*, London, 1979.

Albertario, E., *Introduzione storica allo studio del Diritto Romano Giustinianeo*, Milano, 1935.

Alexander, W.H., *The "Psychology" of Tacitus*, 『Classical Journal』 47, 1952.

Alfieri, N., *I fasti consulares di Potentia*, 『Athenaeum』 26, 1948.

Alföldi, A., *The Moral Barrier on Rhine and Danube*, 『Congress of Roman Frontier Studies』, 1949.

Amatucci, A.G., *La letteratura di Roma imperiale*, 『Storia di Roma』 25, Bologna, 1947.

Arangio Ruiz, V., *Pubblicazioni della Società Italiana per la ricerca dei papiri Greci e Latini in Egitto*, Firenze, 1933.

Arias, P.E., *Domiziano. Saggio storico con traduzione e commento della "Vita" di Svetonio*, Catania, 1945.

Arnold, E.V., *Roman Stoicism*, Cambridge, 1911.

Audollent, A., *Carthage romaine*, Paris, 1901.

Baatz, D., *Der römische Limes. Archäologische Ausflüge zwischen Rhein und Donau*, Berlin, 1975 ; *Die Wachttürme am Limes*, Stuttgart, 1976.

Badlan, E., *Roman Imperialism in the Late Republic*, Pretoria, 1967.

Ballif, Ph. & Patsch, C., *Die römischen Strassen in Bosnien und der Herzegowina*, Wien, 1893.

Baradez, J.L., *Fossatum Africae*, Paris, 1949 ; *Organisation militaire romaine de l'Algérie antique et l'evolution du concept défensif de ses frontières*, 『Revue internationale d'histoire militaire』 13, 1953 ; *L'Enceinte de Tipasa: Base d'opéerations des troupes venues de Pannoinie sous Antonin Le Pieux*, 『Quintus Congressus Internationalis Limitis Romani Studiosorum』.

Barclay, J, M.G., *Jews in the Mediterranean Diaspora: From Alexander to Trajan*, University of California Press, 1996.

Barker, P., *The Army and Enemies of Imperial Rome*, London, 1972.

Baviera, G., *Le due scuole dei giureconsulti romani*, 『Scritti giuridici』, Palermo, 1909.

Beguin, P., *Psychology et verité historique, Réflexions sur un récent ouvrage de critique tacitéenne*, 『Antiquité Classique』 23, 1954.

Bell, H.I., *Jews and Christians in Egypt*, London, 1924.

Bennett, J., *Trajan, Optimus Princeps*, Indiana University Press, 1997.

Besnier, M., *L'île Tibérine dans l'antiquité*, Paris, 1901.

Betti, E., *Diritto Romano*, Padova, 1935.

Bianchi Bandinelli, R., *Roma, L'arte romana nel centro del potere*, Milano, 1969.

Biondi, B., *Il diritto romano*, 『Storia di Roma』 20, Bologna, 1957.

Birley, A.R., *Hadrian's Wall: An Illustrated Guide*, Ministry of Public Building and Works, London, 1963 ; *Hadrian: the Restless Emperor*, Routledge, 1998.

Birley, E.B., *The Brigantian Problem and the First Roman Contact with*

Scotland, 『Roman Britain and the Roman Army(RBRA)』 pp.31~47 ; *Britain after Agricola and the End of the Ninth Legion*, 『RBRA』 pp.25~28 ; *Britain under the Flavians: Agricola and His Predecessors*, 『RBRA』 pp.10~19 ; *Hadrianic Policy*, 『Carnuntina』 pp.26~33 ; *Alae and Cohortes Milliariae*, 『Corolla Memoriae Erich Swoboda Dedicate』 pp.54~67 ; *Hadrian's Wall and Its Neighbourhood*, 『Studien zu den militärgrenzen Roms』 pp.6~14.

Blake, M.E., *Ancient Roman Construction in Italy: from the Prehistoric Period to Augustus*, Washington, 1947 ; *from Tiberius through the Flavians*, Washington, 1959 ; *from Nerva through the Antonines*, Philadelphia, 1973.

Bloch, H., *I bolli laterizi e la storia edilizia romana*, Roma, 1947.

Boatwright, M.T., *Hadrian and Cities of the Roman Empire*, Princeton University Press, 2000.

Boeswillwald, E., Cagnat, R. & Ballu, A., *Timgad, une cité africaine sous l'Empire romain*, Paris, 1892~1905.

Boethius, A. & Ward Perkins, J.B., *Etruscan and Roman Architecture*, Harmondsworth, 1970.

Bonfante, P., *Storia del diritto romano*, Milano, 1923.

Bowersock, G.W., *A Report on Arabia Provincia*, 『Journal of Roman Studies』 61, 1971 ; *Limes Arabicus*, 『Harvard Studies in Classical Philology』 80, 1976.

Brand, C.E., *Roman Military Laws*, London, 1968.

Breeze, D.J. & Dobson, B., *Hadrian's Wall*, London, 1980.

Brizzi, G., *I sistemi informativi dei Romani*, Wiesbaden, 1982 ; *Studi militari romani*, Bologna, 1983 ; *Annibale, strategia e immagine*, Perugia, 1984.

Brogan, O., *The Roman Limes in Germany*, 『Archaelogical Journal』 92, 1935.

Bruce, J.C., *Handbook to the Roman Wall*, Newcastle, 1966.

Bruère, R.T., *Tacitus and Pliny's Panegyricus*, 『Classical Philology』 49, 1954.

Burn, A.R., *The Government of the Roman Empire from Augustus to the Antonines*, London, 1952.

Cagnat, R., Merlin, A. & Chatelain, L., *Inscriptions Latines d'Afrique*, Paris, 1923.

Cagnat, R. & Gauckler, P., *Les monuments historiques de la Tunisie*, Paris, 1898.

Campbell, J.B., *The Emperor and the Roman Army*, Oxford, 1984.

Cary, M., *The Geographic Background of Greek and Roman History*, Clarendon

Press, Oxford, 1949.
Casson, L., *Ships and Seamanship in the Ancient World*, Princeton University Press, 1971.
Castagnoli, F., Cecchelli, C., Giovannoni, G. & Zocca, M., *Topografia e urbanistica di Roma*, 『Storia di Roma』 22, Roma, 1958.
Castagnoli, F., *Topografia e urbanistica di roma antica*, Bologna, 1969.
Chapot, V., *La frontière de l'Euphrate de Pompée à la conquête arabe*, Paris, 1907 ; *The Roman World*, London, 1928.
Charlesworth, M.P., *Trade Routes and the Commerce of the Roman Empire*, Cambridge University Press, 1926.
Chatelain, L., *Inscriptions Latines du Maroc*, Paris, 1942.
Cheesman, G.L., *The Auxilia of the Roman Imperial Army*, Oxford, 1914.
Clarke, M.L., *The Roman Mind. Studies in the History of Thought from Cicero to Marcus Aurelius*, London, 1956.
Clausetti, E., *L'ingegneria militare dei romani*, Roma, 1942.
Coarelli, F., *Roma(I grandi monumenti)*, Verona, 1971.
Cochrane, C.N., *Christianity and Classical Culture. A Study of Thought and Action from Augustus to Augustine*, Oxford, 1940.
Collingwood, R.G., *Roman Britain*, Oxford, 1934.
Conde de Aquiar, *Italica*, Barcelona, 1929.
Connolly, P., *The Roman Army*, London, 1975 ; *Greece and Rome at War*, London, 1981.
Cook, S.A., Adcock, F.E. & Charlesworth, M.P. (ed.), *The Cambridge Ancient History, vol. X: The Augustan Empire, 44 B.C.~A.D. 70*, Cambridge, 1952 ; *vol. XI: The Imperia Peace, A.D. 70~192*, Cambridge, 1956.
Corbier, M., *L'aerarium Saturni et l'aerarium militare*, Paris, 1975.
Corpus Inscriptionum Latinarum, Berlin, 1891~1916.
Costa, E., *Crimine e pene*, Bologna, 1921.
Crema, L., *L'architettura romana*, Torino, 1959.
Crook, J., *Consilium Principis. Imperial Councils and Counsellors from Augustus to Diocletian*, Cambridge, 1955.
Davies, O., *Roman Mines in Europe*, Oxford, 1935.

Davies, R.W., *The Daily Life of the Roman Soldier under the Principate*, 「Aufstieg und Niedergang der Römischen Welt」1.

Decei, A., *Le pont de Trajan à Turnu-Severin*, 「Anuarul inst. stud. clas.」1, 1932.

Degrassi, A., *I fasti consolari dell'impero romano, 30 B.C~A.D. 613*, Roma, 1952 ; *L'amministrazione delle città*, 「Guida allo studio della civiltà romana antica」, Napoli, 1959.

Delbrück, H., *History of the Art of War I*, Westport-London, 1975.

De Martino, F., *Storia economica di Roma antica*, Bari, 1980.

Dessau, H., *Inscriptiones Latinae Selectae vol, I~III*, Berlin, 1954~55.

Devijver, H., *Prosopographia militiarum equestrium*, Louvain, 1976~87.

Diesner, H.J., *Kriege des Altertums*, Berlin, 1971.

Dill, S., *Roman Society from Nero to Marcus Aurelius*, London, 1905.

Divine, A.D., *The Northwest Frontier of Rome. A Military Study of Hadrian's Wall*, London, 1969.

Donnadieu, A., *La Pompéi de la Provence: Fréjus*, Paris, 1927 ; *Fréjus: le port militaire de Forum Iulii*, Paris, 1935.

Drinkwater, J.F., *Roman Gaul*, London, 1983.

Durry, M., *Les cohortes prétoriennes*, Paris, 1968.

Espérandieu, E., *Inscriptions Latines de la Gaule I, II*, Paris, 1928~29.

Fentress, E.W.B., *Numidia and the Roman Army*, Oxford, 1979.

Ferri, S., *Arte romana sul Reno*, Milano, 1931 ; *Arte romana sul Danubio*, Milano, 1933.

Fink, R.O., *Roman Military Records on Papyrus*, Princeton, 1971.

Forbes, R.J., *Studies in Ancient Technology I~VI*, Leiden, 1955~58.

Forni, G., *Il reclutamento delle legioni da Augusto a Diocleziano*, Milano-Roma, 1953 ; *Contributo alla storia della Dacia romana*, 「Athenaeum」36, 1958~59 ; *Limes*, Roma, 1959 ; *Sull'ordinamento e impiego della flotta di Ravenna*, 「Atti Conv. Int. Studi Antichità di Classe」, Faenza, 1968 ; *Esperienze militari nel mondo romano*, 「Nuove questioni di storia antica」, Milano, 1968 ; *Esercito e marina di Roma antica*, Amsterdam, 1987 ; *Estrazione etnica e sociale dei soldati delle legioni nei primi tre secoli dell'impero*, 「Aufstieg und Niedergang der Römischen Welt」1.

Frank, T. (ed.), *An Economic Survey of Ancient Rome, II, Egypt* (Johnson), Baltimore 1936 ; *III, Britain* (Collingwood), *Spain*(Van Nostrand), *Sicily* (Scramuzza), *Gaule* (Grenier), Baltimore 1937 ; *IV, Africa* (Haywood), *Syria* (Heichelheim), *Greece* (Larsen), *Asia Minor* (Broughton), Baltimore 1938 ; *V, Rome and Italy of the Empire* (Frank, T.), Baltimore 1940 ; *VI, General Index* (Broughton & Taylor), Baltimore 1940.

Freis, H., *Die cohortes urbana*, 『Epigraphische Studien』, Bonn, 1967.

Frere, S.S., *Britannia: A History of Roman Britain*, London, 1967.

Frova, A., *The Danubian Limes in bulgaria and Excavations at Oescus*, 『Congress of Roman Fronitier Studies』, 1949.

Gabba, E., *Sulla storia romana di Cassio Dione*, 『Riv. Stor. Ital.』 67, 1955 ; *Storici greci dell'impero romano da Augusto ai Severi*, 『Riv. Stor. Ital.』 71, 1959 ; *Per la storia dell'esercito romano in età imperiale*, Bologna, 1974 ; *Tecnologia militare antica*, 『Tecnologia, economia e società nel mondo romano』, Como, 1980.

Garbsch, J.G., *Der Spätrömische Donau-Iller Rhein Limes*, Stuttgart, 1970.

Garzetti. A., *L'Impero da Tiberio agli Antonini*, 『Storia di Roma』 6, Istituto di studi romani, Bologna, 1960 ; *Problemi dell'età traianea: Sommario e testi*, Genova, 1971.

Gatti, C., *Riflessioni sull'istituzione dello stipendium per i legionari romani*, 『Acme』 23, 1970.

Gatti, G., *Il viadotto della via Aurelia*, 『Bullettino Comunale』 68, 1940.

Geiger, F., *Philon von Alexandreia als sozialer Denker*, Stuttgart, 1932.

Giardini, A., *Società romana e produzione schiavistica*, Bari, 1981.

Giuffré, V., *La letteratura "De re militari"*, Napoli, 1979 ; *Il diritto militare dei Romani*, Bologna, 1980.

Giuffrida Ientile, M., *La pirateria tirrenica, Momenti e fortuna*, Roma, 1983.

Gonella, G., *Pace romana e pace cartaginese*, Istituto di studi romani, 1947.

goodenough, E.R., *The Politics of Philo Iudaeus. Practice and Theory, with a General Bibliography of Philo*, New Haven, 1938.

Grant, M., *Roman Coins as Propaganda*, 『Archaeology』 5, 1952 ; *Roman Imperial Money*, Edinburgh, 1954.

Gray, W.D., *A Political Ideal of the Emperor Hadrian*, 「Annual Report of the American Historical Association」, 1914.

Grenier, A., *Manuel d'archéologie gallo-romaine*, Paris, 1934.

Grilli, A., *Il problema della vita contemplativa nel mondo greco-romano*, Milano, 1953.

Gsell, St., *Les monuments antiques de l'Algérie*, Paris, 1901 ; *Inscriptions Latines d'Algerie I*, Paris, 1932.

Guey, J., *Essai sur la guerre parthique de Trajan*, Bucarest, 1937.

Hammond, H., *Pliny the Younger's Views on Government*, 「Harvard Studies in Classical Philology」 49, 1938.

Harmand, L., *L'Occident romain: Gaule, Espagne, Bretagne, Afrique du Nord* (31 B.C.~A.D. 235), Paris, 1960.

Hatt, J.J., *Histoire de la Gaule romaine*, Paris, 1959.

Heitland, W.E., *Agricola: A Study of Agriculture and Rustic Life in the Greco-Roman World from the point of view of labour*, Cambridge, 1921.

Highet, G., *Juvenal the Satirist*, Oxford, 1954.

Hoffiller, V. & Saria, B., *Antike Inschriften aus Jugoslavien I, Noricum und Pannonia Superior*, Zagreb, 1938.

Hohl, E., *Die Historia Augusta und die Caesares des Aurelius Victor*, 「Historia」 4, 1955.

Hopkins, K., *Conquerors and Slaves*, 「Sociological Studies in Roman History」, Cambridge, 1978.

Humble, R., *Warfare in the Ancient World*, London, 1980.

Ilari, V., *Gli Italici nelle strutture militari romane*, Milano, 1974 ; *L'interpretazione storica del diritto di guerra romano fra tradizione romanistica e giusnaturalismo*, Milano, 1981.

Inscriptiones Graecae vol. I~XIV, Berlin, 1873.

Inscriptiones Italiae, l'Unione Accademica Nazionale (ed.), Roma, 1931.

Jalabert, L., Mouterde, R. & Mondésert, C., *Inscriptions grecques et latines de la Syrie I~V*, Beyrouth, 1929~59.

Jarrett, M.G. & Mann, J.C., *Britain from Agricola to Gallienus*, 「Bonner Jahrbücher」 170, 1970.

Jens, W., *Libertas bei Tacitus*, 『Hermes』 84, 1956.

Johnson, R., *Roman Forts of the 1st and 2nd Centuries in Britain and the German Provinces*, London, 1983.

Jordan, H. & Hülsen, Ch., *Topographie der Stadt Rom im Alterthum I, 1~3*; *II*, Berlin, 1878~1907.

Jullian, C., *Histoire de la Gaule vol. V, VI*, Paris, 1920.

Kalinka, E. & Heberdey, R., *Tituli Asiae Minoris*, Vienna, 1944.

Kennedy, D.L., *Archaeological Explorations on the Roman Frontier in North-East Jordan*, Oxford, 1982.

Keppie, L.J.F., *The Making of the Roman Army*, London, 1984.

Kromayer, J. & Veith, G., *Antike Schlachtfelder*, Berlin, 1903~12; *Heerwesen und Kriegsführung*, München, 1928.

Lacey, R.H., *The Equestrian Officials of Trajan and Hadrian*, Princeton, 1917.

Lanciani, R., *Storia degli scavi di Roma I~VI*, Roma, 1902~04; *L'antica Roma*, Roma, 1970; *La distruzione di Roma antica*, Milano, 1971.

Lander, J.L., *Roman Stone Fortifications*, Los Angeles, 1984.

Laur-Belart, R., *The Late Limes from Basel to the Lake of Constance*, 『Congress of Roman Frontier Studies』, 1949.

Lazzati, G., *Apologia di Aristide*, Venegono, 1938.

Lepper, F.A., *Trajan's Parthian War*, Oxford, 1948.

Levi, A., *Storia della filosofia romana*, Firenze, 1949.

Levi, M.A., *La Politica estera di Roma antica*, 『Istituto per gli stude di politica internazionale』, Milano, 1942; *Aspetti sociali della poesia di Giovenale*, 『Studi Funaioli』, Roma, 1955.

Liberati, A. & Silverio, F., *Organizzazione militare: esercito, vita e constumi dei romani antichi 5*, Roma, 1988.

Lugli, G., *Roma antica, Il centro monumentaie*, Roma, 1946; *Il Vaticano nell'età classica*, Firenze, 1946; *Fontes ad Topographiam veteris urbis Romae pertinentes*, Roma, 1952~69; *La tecnica edilizia romana*, Roma, 1957; *Itinerario di Roma antica*, Milano, 1970.

Luttwak, E.N., *The Grand Strategy of the Roman Empire*, Baltimore-London, 1979.

MacDonald, W., *The Architecture of the Roman Empire*, New Haven, 1965.
MacMullen, R., *Proceedings of the International Congresses of Roman Frontier Studies*. 1. Newcastle 1949. *The Congress of Roman Frontier Studies*, Durham, 1952 ; 2. Carnuntum 1955. *Carnuntina. Ergebnisse der Forschung über die Grenzprovinzen des römischen Reiches*, Gratz, 1956 ; 3. Rheinfelden 1957. *Limes-Studien. Vorträge des 3. internationalen Limes-Kongresses in Rheinfelden*, Basel, 1959 ; 4. Nitra 1957. *Limes Romanus-Konferenz*, Bratislava, 1959 ; 5. Zagreb 1961. *V Congressus Internationalis Limitis Romani Studiosorum*, Zagreb, 1963 ; 6. Stuttgart 1964. *Studien zu den Militärgrenzen Roms. Vorträge des 6. internationalen Limeskongresses in Süddeutschland*, Köln-Gratz, 1967 ; 7. Tel Aviv 1967. *Roman Frontier Studies 1967: Proceedings of the Seventh International Congress of Frontier Studies*, Tel Aviv, 1971 ; 8. Cardiff 1969. *Roman Frontier Sutdies 1969. Eight International Congress of Limesforschung*, Cardiff, 1974 ; 9. Mamaia 1972. *Actes du IX congrés international d'études sur les frontières romaines*, Bukarest, 1974 ; 10. Bonn 1974. *Studien zu den Militärgrenzen Roms II: Vorträge des 10. internationalen Limeskongresses in der Germania Inferior*, Bonn, 1977 ; 11. Budapest 1976. *Limes. Akten des XI internationalen Limeskongresses*, Budapest, 1977 ; 12. Oxford 1979. *Papers presented to the International Congress of Roman Frontier Studies*, Oxford, 1980 ; 13. Aalen 1983. *Studien zu den Militärgrenzen Roms III. 13 internationalen Limeskongress*, Stuttgart, 1986.
Magie, D., *Roman Rule in Asia Minor*, Princeton, 1950.
Mann, J.C., *A Note on the Numeri*, 『Hermes』82, 1954 ; *Legionary Recruitment and Veteran Settlement*, London, 1982 ; *The Role of the Frontier zone in Army Recruitment*, 『Quintus Congressus Internationalis Limitis Romani Studiosorum』.
Manna, M.G., *Le formazioni ausiliarie di guarnigione nella provincia di Numidia da Augusto a Gallieno*, Roma, 1970.
Manni, E., *Recenti studi sulla Historia Augusta*, 『Par. Pass.』8, 1953.
Marchesi, C., *Della Magia*, Bologna, 1955.
Marchetti, M., *Le provincie romane della Spagna*, Roma, 1917.
Marenghi, G., *Caratteri e intenti del Periplo di Arriano*, 『Athenaeum』35, 1957 ;

Sulle fonti del Periplo di Arriano, 『St. Ital. Fil. Class.』 29, 1957 ; Periplus maris Euxini, 『Collana di studi greci diretta da V. De Falco』 29, Napoli, 1958.

Marquardt, J., De l'organisation militaire chez les Romains, Paris, 1891.

Marin Y Peña, M., Instituciones militares romanas, Madrid, 1956.

Marsden, E.W., Greek and Roman Artillery, Oxford, 1971.

Mattingly, H., Coins of the Roman Empire in the British Museum I(Augustus to Vitellius), London, 1923 ; II(Vespasian to Domitian), 1930 ; III(Nerva to Hadrian), 1936 ; IV(Antoninus Pius to Commodus), 1940.

Merlin, A., Inscriptions Latines de la Tunisie, Paris, 1944.

Middleton, P., The Roman Army and Long-Distance Trade, 『Trade and Famine in Classical Antiquity』, Gambridge, 1983.

Mihailov, G., Inscriptiones Graecae in Bulgaria repertae I, II, Sofia, 1956~58.

Momigliano, A., An Unsolved Problem of Historical Forgery. The Scriptores Historiae Augustae, 『Journ. Court. & Warb. Inst.』 17, 1954.

Mommsen, T., Digesta, Corpus Iuris Civilis (ed.), Berlin, 1902 ; Le provincie romane da Cesare a Diocleziano, Torino-Roma.

Nash, E., Pictorial Dictionary of Ancient Rome, London, 1968.

Nesselhauf, H., Tacitus und Domitian, 『Hermes』 80, 1952.

Oliver, J.H., The Ruling Power. A Study of the Roman Empire in the Second Century after Christ through the Roman Oration of Aelius Aristides, Philadelphia, 1953.

Orgeval, B.d', L'empereur Hadrien: Oeuvre législative et administrative, Paris, 1950.

Osgood, R.E. & Tucker, R.W., Force, Order, and Justice, The Johns Hopkins Press, 1967.

Packer, J.E., The Forum of Trajan in Roma: A Study of the Monuments, University of California Press, 1997.

Pareti, L., Storia di Roma e del mondo romano, Torino, 1960.

Paribeni, R., L'Italia imperiale da Ottaviano a Teodosio, Milano, 1938 ; Optimus Princeps, Messina, 1969.

Parker, H.M.D., The Roman Legions, Chicago, 1980.

Parker, S.Th., Romans and Saracens. A History of the Arabian Frontier,

Winona Lake, 1986.

Passerini, A., *Legio*, 「Dizionario Epigrafico」 4, Roma, 1949 ; *Le forze armate*, 「Guida allo studio della civiltà romana antica」, Roma, 1959 ; *Le coorti pretorie*, Roma, 1969.

Pellati, Fr., *I monumenti del Portogallo romano*, 「Historia」 5, 1931.

Pepe, L., *Marziale*, Napoli, 1950.

Petersen, H.E., *Governorship and Military Command in the Roman Empire*, Harvard University, 1953.

Phillips, E.D., *Three Greek Writers on the Roman Empire, Aristides, Crisostomus, Plutarcos*, 「Class. & Med.」 18, 1957.

Pichler, F., *Austria romana*, Wien, 1902~04.

Pighi, G.B., *Lettere latine d'un soldato di Traiano*, Bologna, 1964.

Pippidi, D.M., *Periplus maris Euxini*, 「Athenaeum」 36, 1958.

Platner, S.B. & Ashby, Th., *A Topographical Dictionary of Ancient Rome*, Oxford, 1929.

Poidebard, A., *La trace de Rome dans le désert de Syrie*, Paris, 1934.

Ramsay, A.M., *The Speed of the Roman Imperial Post*, 「Journal of Roman Studies」 15, 1925.

Rechnitz, W., *Studien zu Salvius Iulianus*, Weimar, 1925.

Reddé, M., *Mare nostrum*, Paris-Roma, 1986.

Rémondon, R., *Palmyra under the Aegis of Rome*, 「Journal of Roman Studies」 53, 1963.

Reynolds, P.K.B., *The Vigiles of the Ancient Rome*, Oxford, 1926.

Riccobono, S., *Corso di Diritto Romano*, Milano, 1933~35.

Richards, G.C., *The Composition of Josephus' Antiquities*, 「Classical Quartery」 33, 1939.

Rickman, G., *Roman Granaries and Store Buildings*, Cambridge, 1971.

Robertson, A.S., *The Antonine Wall*, 「Congress of Roman Frontier Studies」, 1949.

Romanelli, P., *Leptis Magna*, Roma, 1925 ; *La vita agricola tripolitana attraverso le rappresentazioni figurate*, 「Afr. Ital.」 3, 1930 ; *Storia delle province romane dell'Africa*, Roma, 1959.

Rossi, L., *Trajan's Column and the Dacian Wars*, London, 1971.

Rostagni, A., *Storia della letteratura latina II: L'impero*, Torino, 1952.
Rostovtzeff, M., *La vie économique des Balkans dans l'antiquité*, 『Rev. internat. des ét. balc.』, 1935.
Rostovzev, M., *Storia economica e sociale dell'impero romano*, Firenze, 1933.
Rowell, H.T., *The Honesta Missio from the Numeri of the Roman Imperial Army*, 『Yale Classical Studies』 6, 1939.
Roxan, M., *Roman Military Diplomas*, London, 1985.
Salway, P., *The Frontier People of Roman Britain*, Cambidge, 1965.
Scazzoso, P., *Plutarco interprete barocco della romanità*, 『Paideia』 12, 1957.
Schönberger, H., *The Roman Frontier in Germany: An Archaeological Survey*, 『Journal of Roman Studies』 59, 1969.
Schwartz, J., *Note sur la famille de Philon d'Alexandrie*, 『Ann. Inst. Phil. Hist. Or.』 13, 1953.
Scivoletto, N., *Plinio il Giovane e Giovenale*, 『Giorn. It. Fil』 10, 1957.
Seaby, H.A., *Roman Silver Coins II, 1~2: Tiberius to Domitian. Nerva to Commodus*, London, 1955.
Serafini, A., *Studio sulle Satire di Giovenale*, Firenze, 1947.
Sherwin-White, A.N., *The Letters of Pliny: A Historical and Social Commentary*, Oxford, 1966 ; *The Roman Citizenship*, Oxford, 1973.
Sirago, V.A., *La proprietà di Plinio il Giovane*, 『Antiquité Classique』 26, 1957 ; *Funzione politica della flotta misenate*, Puteoli, 1983.
Speidel, M.P., *Exploratores. Mobile Elite Units of Roman German*, 『Epigraphische Studien』 13, Köln-Bonn, 1983.
Stark, F., *Rome on the Euphrates, the Story of a Frontier*, New York, 1968.
Starr, Ch.G., Jr., *Civilization and the Caesars. The Intellectual Revolution in the Roman Empire*, Ithaca, 1954 ; *Aurelius Victor, Historian of Empire*, 『Amer. Hist. Rev.』 61, 1955~56 ; *The Roman Imperial Navy*, 1960.
Straub, J., *Studien zur Historia Augusta*, Bern, 1952.
Strong, E., *Art in Ancient Rome*, London, 1930.
Sutherland, C.H.V., *Coinage in Roman Imperial Policy, 31 B.C.~A.D. 68*, London, 1951.
Swoboda, E., *Traian und der Pannonische Limes, Empereurs romains*

d'Espagne, Centre nationale de la recherche scientifique.

Syme, R., *Some Friends of the Caesars*, 『American Journal of Philology』 77, 1956 ; *Tacitus I, II*, Oxford, 1958.

Tcherikover, V., *The Jews in Egypt in the Hellenistic-Roman Age in the Light of the Papyri*, Jerusalem, 1945.

Terzaghi, N., *Storia della Letteratura latina da Tiberio a Giustiniano*, Milano, 1934.

Toynbee, J., *The Hadrianic School*, Cambridge, 1934 ; *Roman Medallions, their Scope and Purpose*, 『Num. Chron.』, 1944.

Tozer, H.F., *A History of Ancient Geography*, Cambridge, 1935.

Tracy, S., *Philo Iudaeus and the Roman Principate*, Williamsport (U.S.A), 1933.

Traub, H.W., *Pliny's Treatment of History in Epistolary Form*, 『Transactions and Proceedings of the American Philological Association』, 86, 1955.

Valentini, R. & Zucchetti, G., *Codice topografico della città di Roma I-IV*, Roma, 1940~53.

Van Berchem, D., *On Some Chapters of the Notitia Dignitatum Relating to the Defense of Gaul and Britain*, 『American Journal of Philology』 76, 1955.

Vendrand-Voyer, J., *Normes civiques et métier militaire à Rome sous le Principat*, Clermont-Ferrand, 1983.

Vidman, L., *Fasti Ostienses*, Praha, 1957.

Vielmetti, C, *I discorsi bitinici di Dione Crisostomo*, 『St. It. Fil. Class.』 18, 1941.

Viereck, H.D.L., *Die römische Flotte. Classis Romana*, Herford, 1975.

Vitucci, G., *Ricerche sulla praefectura urbi in età imperiale (sec. I-III)*, Roma, 1956.

Von Fritz, K., *Tacitus, Agricola, Domitian and the Problem of the Principate*, 『Classical Philology』 52, 1957.

Wagner, W., *Die Dislokation der römischen Auxiliarformationen in den Provinzen Noricum, Pannonien, Moesien und Dakien von Augustus bis Gallienus*, Berlin, 1938.

Ward Perkins, J.B., & Reynolds, J.M., *The Inscriptions of Roman Tripolitania*, Roma, 1952.

Warry, J., *Warfare in the Classical World*, London, 1980.

Watson, G.R., *The Pay of the Roman Army: The Auxiliary Forces*, 『Historia』 8, 1959 ; *The Roman Soldier*, New York, 1981.

Webster, G., *The Roman Imperial Army*, London, 1974.

Westermann, W.L., *The Slave Systems of Greek and Roman Antiquity*, 『Mem. Amer. Philos. Soc.』 40, Philadelphia, 1955.

West, L.C., *Imperial Roman Spain: the objects of trade*, Oxford, 1929.

Wethered, N.H., *The Mind of the Ancient World. A Consideration of Pliny's Natural History*, London, 1937.

Wheeler, R.E.M., *The Roman Frontier in Mesopotamia*, 『Congress of Roman Studies』, 1940.

White, L.T., *The Transformation of the Roman World: Gibbon's Problems after Two Centuries*, University of California Press, Berkeley, 1966.

Whittaker, C.R., *Trade and Frontiers of the Roman Empire*, 『Trade and Famine in Classical Antiquity』, Cambridge, 1983.

Wickert, L., *Die Flotte der römischen Kaiserzeit*, 『Würzburger Jahrbücher f. die Altertumswiss.』, 1949~50.

Wilkes, J.J., *Dalmatia: History of the Provinces of the Roman Empire*, London, 1969.Fink, R.O., *Roman Military Records on Papyrus*, Princeton, 1971.

로마인 이야기 ⑨
현제賢帝의 세기

지은이 **시오노 나나미**
옮긴이 **김석희**
펴낸이 **김언호**
펴낸곳 **(주)도서출판 한길사**

등록 • 1976년 12월 24일 제74호
주소 • 10881 경기도 파주시 광인사길 37
www.hangilsa.co.kr
E-mail: hangilsa@hangilsa.co.kr
전화 • 031-955-2000~3
팩스 • 031-955-2005

ROMA-JIN NO MONOGATARI IX
KENTEI NO SEIKI
by Nanami Shiono

Copyright ⓒ 2000 by Nanami Shiono

Original Japanese edition published by Shincho-Sha Co., Ltd.
Korean translation rights arranged with Nanami Shiono
through Japan Foreign-Rights Centre

제1판 제 1 쇄 2000년 11월 13일
제1판 제67쇄 2023년 9월 15일

Published by Hangilsa Publishing Co., Ltd., Korea

값 17,500원
ISBN 978-89-356-5260-0 04900

● 잘못 만들어진 책은 구입하신 서점에서 바꿔드립니다.